自閉症學生之教育

楊蕢芬 著

作者簡介

楊蕢芬

美國德州大學奧斯丁分校哲學博士，主修情緒障礙。曾任國立高雄師
範大學特殊教育系副教授，現於美國德州勞委會擔任研究員。目前主
要研究興趣為情緒障礙和自閉症學生的教學、身心障礙者的職業復
健。

序　言

　　自閉症的盛行率在一九六〇年和一九七〇年代很低，只有萬分之四左右，我國於一九九〇至一九九一年間所進行的全國第二次特殊兒童人口普查發現，自閉症的盛行率比國外還低，只有萬分之一‧七，可說相當罕見。但近年來國內外的調查都發現，自閉症的盛行率大為增加，國外高達萬分之二十以上，我國的「特殊教育統計年報」亦發現自閉症學生的人數逐年增加，二〇〇四年的盛行率為萬分之七‧七，使自閉症學生的教育工作更顯重要。

　　本書撰寫之初，原本只是想將筆者在高雄師範大學任教時，當時授課「自閉症教育」一科的講義和研習資料進行整理，使那些原本計畫跟筆者學習的學生或老師，在筆者離職後，可以有資料參考。但當筆者進一步統整資料時發現，自閉症領域的研究近年來有很大的進展，過去我們對自閉症或其他廣泛發展障礙的了解甚少，經學界數十年來的努力，有很多新發現，使筆者過去授課時所用的講義不再適用，需重新整理。例如雷特症的病因，過去學界雖有基因突變的假設，但不確定得病原因，並且認為只有女性患者，新近的分子遺傳研究發現，雷特症和 X 染色體之 MeCP2 基因突變有關，並發現男性MeCP2 基因突變患者。這些訊息由於過新，一些已出版的自閉症相關書籍都未提及，為了呈現最正確的資訊，筆者需大量閱讀研究報告，然後再綜合摘要研究結果，使撰寫本書的難度比原本預計要高很多。

　　筆者撰寫本書時，主要致力於達成三大目標：第一為更新我國現有的自閉症資訊，例如在病因方面，增加新近的腦部、分子遺傳和神經化學方面的研究結果；在教育方面，則是介紹最近特殊教育的發展趨勢，例如學科替代測驗、功能評量，以及正向行為支持等。

　　其次，自閉症領域較為獨特的地方是經常會出現某種神奇療法，宣稱可以治療自閉症，使家長或社會大眾一窩蜂地追求。並且，學界

常會出現論戰、意見不合的地方，從盛行率多寡到哪種介入法有效，各種話題都可能引發論戰，各方常堅持己見，多認為自己的研究結果最正確，別人的結論有問題。因此，本書在撰寫時，盡量從客觀的角度著手，著重實證研究結果，而非傳播效果，其中努力的方向就是第三篇「教學與介入」部分，增加「研究結果與效能」之討論，探討各種介入法的功效，供老師和家長在選擇介入法時之參考。由於自閉症學生的介入法非常多，有些介入法在資料蒐集階段發現，學界已確定該法無效，由於需討論的議題很多，最後這些無效的方法被刪除，例如溝通和語言介入法中的「助長式溝通」（facilitated communication），以及感覺與動作介入法中的「聽覺統合」（auditory integration）。筆者認為刪除這些議題，並不會影響本書架構的完整性，多花一些時間探討有效的教學法，可能比追求無效的神奇療法更為務實。筆者建議對自閉症兒童之療育尚無概念之家長，可以先閱讀第十五章「統整性介入方案」，了解哪些介入法對自閉症兒童具有療效，不要道聽塗說，盲目追求各種介入法，而錯失兒童介入的關鍵期。

本書撰寫的第三目標為增加台灣本土的資訊，不只是呈現歐美的研究結果，其中和國外書籍最大不同的地方為，介紹我國特有的鑑定與安置系統。筆者過去在高師大服務時，一直擔任高雄市鑑輔會委員，經常處理中小學鑑定與安置方面的爭議，筆者發現很多老師、家長和醫療人員，對近年來迅速發展的特殊教育不甚了解，因此，希望該章節能協助老師和家長了解我國的特殊教育制度。

本書前後共花了三年左右才完成，開始時由於筆者的健康狀況較差，進展很緩慢，當時並將工作減到最少，只剩下一些研究計畫，但也因此，當今年健康狀況較好時，有較多的時間撰寫，可以趕在今年六月前完成。本書之出版要特別感謝筆者家人之鼓勵與支持，尤其是外子，若不是他不斷地打氣與督促，很難趕在今年完成。另外，也要感謝心理出版社同仁的協助，尤其是總編輯林敬堯先生和本書的執行編輯李晶小姐，由於他們在編輯上的協助，使本書能夠出版。本書撰

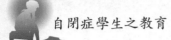

寫過程中，正逢筆者的祖母廖笑女士於二〇〇四年四月十六日病故，
她可說是影響筆者一生最深遠的人物，若不是她經年的付出與關愛，
就沒有今天的我。因此，願將本書獻給她，紀念她這一生對我的養育
之恩。

楊蕢芬

於美國德州
二〇〇五年六月

目　錄

表目錄

圖目錄

第一篇

定義、特徵和病因

第一章 / 認識自閉症

　　本章介紹自閉症與其他廣泛發展障礙，第一節敘述自閉症的定義和精神醫學診斷標準；第二節描述其他廣泛發展障礙，包括雷特症、兒童期崩解症、非典型自閉症，以及未明示廣泛發展障礙等；第三節則是說明亞斯伯格症和高功能自閉症，並比較二者的差異。

第一節　自閉症的定義和診斷

一、堪那自閉症

　　自閉症（autism 或 autistic disorder）又叫做「早發幼兒自閉症」（early infantile autism）、「兒童期自閉症」（childhood autism）、「堪那自閉症」（Kanner's autism）、「堪那症候群」（Kanner's syndrome）、「幼兒精神病」（infantile psychosis）（World Health Organization, WHO, 1992b; American Psychiatric Association, APA, 2000），或「孤獨症」（中國大陸用語），在各種身心障礙中，算是一種較難令人了解的障礙。自閉症的英文「autism」乃是兩個希臘字「aut-」和「-ism」的組合，「aut」（autos）的意思是「自己」（self），「ism」則是「傾向或狀態」，因此，自閉症英文字的原義就是一個人經常被自己占有，或全神貫注於自己的意思（Trevarthen et al, 1998）。

最早使用「自閉」這個名詞的是瑞士精神科醫師尤今・布魯樂（Eugene Bleuler），他於一九一三年用「自閉式思考」（autistic thinking）一詞來描述精神病患在社會互動中的退縮行為（Bleuler, 1913）。當時醫界多半認為，自閉症兒童的主要問題為思考缺乏現實、邏輯，固著於幻想，並多沿用成人的診斷，認為這群兒童乃是罹患精神病，較常用的診斷名稱如「兒童期精神病」（childhood psychosis）或「兒童期精神分裂症」（childhood schizophrenia）（Trevarthen et al., 1998），這個趨勢直至理歐・堪那（Leo Kanner）醫生於一九四三年發表〈情感接觸的自閉困擾〉（Autistic disturbances of affective contact）一文，才有所改變。

堪那在論文中，雖採用布魯樂的「自閉」一詞來描述自閉症兒童，但和布魯樂不同的是，他認為這群兒童的主要問題為情感接觸障礙，不是思考障礙。在堪那的報告中，他描述十一名（八男三女）年齡小於十一歲的個案，他們多半在兩歲半（三十個月）以前即發病，而一般罹患精神分裂症的成人發病較晚。堪那歸納這十一名兒童的症狀，其主要的行為特徵包括（Kanner, 1943）：

■ 無法和人及情境建立關係，父母描述個案的行為，如自我滿足（self-sufficient）、像在貝殼中、喜歡獨自一人、行為旁若無人、完全忘記自己、像有沉默的智慧、缺乏發展正常的社會自覺、行為就像被催眠一樣等。這群兒童表現極端的自閉孤獨，不像精神分裂症的成人或兒童，乃是從已建立的關係中退縮。

■ 一般嬰兒四個月大時，當父母要抱他，能調整動作等待擁抱，但這群兒童在二或三歲時，仍無法發展出期待被父母擁抱的動作。

■ 語言發展遲緩，能命名物品，強記物品名詞的能力好，但卻無法正常使用語言。到二或三歲時，所運用的字詞、數字就像無意義的音節，不是為了達到語言溝通的目的。當孩子有組合句

　　子的能力時，說話經常像鸚鵡重複句子，有時會立即仿說，有
　　時是延宕仿說。介係詞運用有困難，但可以正確使用複數和時
　　態，代名詞反轉經常將「我」說成「你」。

■ 有餵食困難，對太大的聲音或移動的物品表現出害怕的反應。

■ 表現單一重複的行為，缺乏自發性的活動，強烈想要維持同一
　性。當改變作息、家具陳設、模式或次序時，會讓孩子表現出
　強烈失望的反應，直到物品回覆原狀時，才平息風暴。維持同
　一性的傾向，導致任何事未完成會引起孩子的困擾，例如每個
　活動從開始到結束，必須要按照原來的樣子，如走路回家時一
　定得經過某地才可以。

■ 和物品有好的關係，有興趣的物品可以玩好幾個小時，例如旋
　轉東西。

■ 和人的關係非常不同，極端喜歡獨處。每位孩子進診療室時，
　不會注意周遭的人，而是注意積木、玩具或其他物品。當有其
　他的孩子在時，這群兒童不會和他們玩，而是自己玩自己的。

■ 較注意人的照片，而不是人本身。

■ 有良好的認知潛能，身體發育正常，並且出身於高級知識份子
　的家庭。

　　其後，堪那將自閉症的主要症狀歸納為二：極端孤獨（extreme al-
oneness）、被保持同一性所占有（preoccupation with the preservation
of sameness），並指出兒童多發病於二歲前（Eisenberg & Kanner,
1956）。

　　在堪那發表報告之後，很多精神科醫生紛紛提出自閉症兒童的診
斷標準，例如歐尼茲和雷特歐（Ornitz & Ritvo, 1968）觀察一百五十
名個案，認為自閉症兒童主要有五方面的障礙，分別為：

　㈠知覺（perception）：在聽覺、視覺、觸覺、嗅覺、味覺、前庭
　　方面有障礙，使自閉症兒童對刺激過分有感覺、過分敏感、易
　　受刺激，或是沒反應。

㈡**動作行為**：拍打手、搖晃手指頭、旋轉、腳尖走路、衝撞動作、用某種姿勢等。

㈢**關係**：視覺接觸異常、缺乏社會性微笑、抱時柔軟無力或僵硬、怪異或固執地使用玩具、不會玩躲躲貓、缺乏情感反應。

㈣**語言**：缺乏說話的發展、鸚鵡式仿說、代名詞反轉、聲音無調或無節奏。

㈤**發展的情況和次序**：發展遲緩、發展過早、學會的技能變不會、在發展測驗上表現分散參差。

和堪那不同的是，歐尼茲和雷特歐認為，自閉症兒童最重要的特徵是*知覺障礙*，而不是極端孤獨和同一性。

藍多秀特和克蘭西（Rendle-Short & Clancy, 1968）則提出自閉症兒童十四項行為特徵，包括：(1)不易與其他兒童混在一起玩；(2)聽而不聞好像聾子；(3)抗拒學習；(4)不害怕危險；(5)不能接受作息的改變；(6)用手勢表達需要；(7)不當的發笑和傻笑；(8)不愛被擁抱；(9)明顯地過動；(10)沒有眼神接觸；(11)不當的依戀某些物品；(12)旋轉物品；(13)持續怪異的玩法；(14)冷漠的態度。以上十四項行為特徵中，有六項特徵（2、3、4、6、7、9）在堪那的診斷標準中並未提及。

二、「自閉症」或「兒童期精神分裂症」？

從一九四三年至一九七〇年代，精神醫學界對自閉症主要的爭議之一在於，「自閉症」是否應該和「精神分裂症」分為兩個症狀？當時，精神醫學界大都傾向認為自閉症乃是兒童期精神分裂症，例如，堪那醫生雖然認為「早發幼兒自閉症」和成人精神分裂症不同，但他仍然主張自閉症屬於「兒童期精神分裂症」（Kanner, 1949），乃是早期精神分裂症的特徵。因此，當時精神醫學診斷參考的分類系統，例如美國精神醫學會出版的《精神異常診斷和統計手冊》（*Diagnostic and Statistic Manual of Mental Disorders*, DSM）第一版（DSM-I）

（APA, 1952）和第二版（DSM-II）（APA, 1968），以及聯合國世界衛生組織（World Health Organization）出版的《國際疾病分類第八版》（*International Classification of Diseases*, ICD-8）（WHO, 1967），均將自閉症的分類歸於「精神分裂症」（schizophrenia）。

　　一九七〇年代以後，很多有關自閉症的研究紛紛出籠，不少研究顯示，自閉症和精神分裂症在疾病發生年齡、性別比率、心理特質、社經地位、對治療的反應等都不同（Rutter, 1971; Kolvin, 1971），因此，一些學者例如英國的盧特（Rutter, 1971）和文英（Wing & Gould, 1979）建議，應該將自閉症獨立為一症狀。盧特（Rutter, 1971）指出，最具區別力的自閉症症狀為：(1)自閉孤獨的；(2)語言發展遲緩；(3)代名詞反轉和仿說；(4)對聲音缺乏反應；(5)多方面的或是輕微的具有儀式性和強迫性的現象；(6)刻板固執的動作，包括手和手指頭，或是複雜的全身動作。

　　一九七八年，盧特歸納當代的自閉症研究，提出自閉症的三大診斷特徵分別為（Rutter, 1978）：

　　㈠**社會關係障礙**：五歲前，缺乏依戀行為、缺乏眼對眼視覺接觸；五歲以後，缺乏和其他兒童一起玩的行為、有交友障礙、缺乏同理心、接收他人的感覺和反應有困難。

　　㈡**語言技巧障礙**：語言發展遲緩、有意義運用物品能力發展遲緩、很少參與假裝遊戲、理解口語能力受損等；對同時有智障的兒童，很少學會說話；對有語言能力者，經常有立即仿說或延宕仿說的行為，語言很少用在社會溝通上。

　　㈢**堅持同一性**：在遊戲模式的變化和想像上，顯得僵硬和有限的；強烈依戀物品；被一些活動所占據，例如公車路線、火車時刻表、顏色、數字、形狀；儀式性和強迫性的現象；抗拒環境的改變，若移動家具或改變物品，孩子會顯得極端焦慮。

　　並且，自閉症多發病於二歲半以前。盧特的看法得到精神科醫生文英的支持，她認為自閉症不是和精神分裂症有關，而是和智能障礙

有關，主張自閉症的特徵包括三大障礙（triad of impairments），分別為：(1)社會互動障礙；(2)口語和非口語的語言障礙；(3)整體興趣模式為重複固執的活動（Wing & Gould, 1979）。這三大障礙後來成為精神醫學診斷自閉症的主要參考標準。

一九七八年，世界衛生組織出版的《國際疾病、傷害和死亡原因統計分類手冊第九版》（*Manual of the international statistical classification of diseases, injuries and causes of death*, ICD-9）（WHO, 1978），不再將自閉症列入精神分裂症中，而是改列為「源發於兒童期精神病」（psychoses with origin specific to childhood），並獨立出一亞型「幼兒自閉症」（infantile autism）。一九八〇年，美國精神醫學會出版的《精神異常診斷和統計手冊第三版》（DSM-III）（APA, 1980），則進一步認為自閉症和成人精神病無關，主張應將自閉症的歸類列入「廣泛發展障礙」（pervasive developmental disorders, PDD），用PDD來顯示自閉症者在很多心理發展領域同時受到嚴重影響，亦獨立出一亞型，名稱和ICD-9相同，稱為「幼兒自閉症」。一九八七年出版的第三版修定版（DSM-III-R）（APA, 1987），則進一步將「幼兒自閉症」改名為「自閉症」（autistic disorder）。

三、自閉症精神醫學診斷標準

目前世界衛生組織出版的《國際疾病和相關健康問題統計分類第十版》（*International statistical classification of diseases and related health problems*, ICD-10）（WHO, 1992a; WHO, 1993），以及美國精神醫學會出版的《精神異常診斷和統計手冊第四版》（DSM-IV）（APA, 1994）和第四版正文修訂版（DSM-IV-TR）（APA, 2000），對自閉症的診斷標準基本上相同，都將自閉症分類歸為「廣泛發展障礙」。在名稱上，ICD-10用「兒童期自閉症」（childhood autism），DSM-IV則是用「自閉症」（autistic disorder），二套診斷標準都認為，自閉症

兒童的主要症狀包括下列三大症狀：

　㈠**社會互動方面的障礙**：如不理人、缺乏面部表情、與人互動時
　　缺乏眼對眼注視，以及缺乏社會或情緒的互惠等。

　㈡**溝通方面的障礙**：如會發出聲音但不會說話、語言發展遲緩、
　　與人對話時仿說他人的問話等。

　㈢**重複出現刻板固執的行為、興趣和活動**：如反覆做出怪異的手
　　部或身體動作、具有異於常人的怪癖嗜好等。

　　自閉症的詳細診斷標準，請參見表 1-1；各診斷系統所用之名稱
和內容之比較，則列於表 1-2。

表 1-1　ICD-10 F84.0 兒童期自閉症精神醫學診斷標準

A. 於三歲前在下列領域中，至少有一項明顯出現異常或損害發展：
　1. 社會溝通中所使用的接收或表達語言。
　2. 選擇性社會依戀或互惠式社會互動的發展。
　3. 功能性或象徵性遊戲。
B. 在 1、2、3 中總共至少出現六項，其中 1 至少兩項，2 和 3 至少各一項：
　1. 互惠式社會互動方面有質的異常，下列領域中至少出現兩項：
　　⑴無法適當地用眼對眼注視、面部表情、身體姿勢，和用手勢去規範
　　　社會互動。
　　⑵無法發展同儕關係（指心智年齡適當的，並有充足的機會），包括
　　　互惠的分享興趣、活動和情緒。
　　⑶缺乏社會情緒的互惠，表現在對他人的情緒反應異常；或無法根據
　　　社會情境調整行為；或社會、情緒和溝通行為的統整性薄弱。
　　⑷缺乏自發性地尋求與別人分享快樂、興趣或成就（例如，缺乏展示、
　　　拿或指有興趣的物品給別人看）。
　2. 溝通方面有質的異常，下列領域中至少出現一項：
　　⑴遲緩或完全缺乏口語的發展，不伴隨企圖用手勢或模仿來彌補，做
　　　為溝通的替代方式（經常先缺乏牙牙學語）。
　　⑵當和他人溝通進行互惠式應答時，相對地無法引發或維持對話（不
　　　管哪種語言技能水準）。
　　⑶用語固定和重複，或使用特異的字或詞。
　　⑷缺乏變化、自發性的假裝，或（年幼時）社會性的模仿遊戲。

（續）

3. 行為、興趣和活動方面，顯現有限、重複和固定的模式，下列領域中至少出現一項：

(1)心神被一種或多種固定、有限模式的興趣所霸占，在內容和焦點上顯得異常；或在一種或多種興趣上，強度和界線的性質上顯得異常。

(2)明顯地強迫性堅持某種非功能性的作息或儀式。

(3)固定和重複的動作怪癖，包括手或手指頭拍打或扭轉，或複雜的全身動作。

(4)心神被部分物品或玩具中非功能性的成分所霸占（例如其氣味、表面感覺，或產生的噪音或震動）。

C. 不是因為其他不同種類的廣泛發展障礙：明示接收語言發展障礙（F80.2）伴有次要的社會情緒問題、反應依戀障礙症（F94.1）、無選擇依戀障礙症（F94.2）、智能障礙（F70-F72）伴有一些相關的情緒或行為異常、早發精神分裂症（F20）、雷特症候群（F84.2）。（ICD-10臨床版排除F84.5亞斯伯格症候群）

資料來源：World Health Organization (1993). *The ICD-10 classification of mental and behavioural disorders: Diagnostic criteria for research* (pp. 147-149). Geneva, Switzerland: Author.

第二節　其他廣泛發展障礙

DSM-IV-TR 中之「廣泛發展障礙」（pervasive developmental disorders, PDD）除了自閉症外，還包括「雷特症」（Rett's disorder）、「兒童期崩解症」（childhood disintegrative disorder）、「亞斯伯格症」（Asperger's disorder）和「未明示廣泛發展障礙」（pervasive developmental disorder not otherwise specified, PDDNOS）（APA, 2000）。ICD-10 中則除了以上病症外，還包括「非典型自閉症」（atypical autism）、「和智障固執動作有關之過動症」（overactive disorder associated with mental retardation and stereotyped movements），以及「其他廣泛發展障礙」（other pervasive developmental disorders）（WHO, 1992b）。廣泛發展障礙的主要特徵為，在一些發展的領域，

表 1-2　自閉症不同診斷標準之比較

	精神異常診斷和統計手冊				國際疾病和相關健康問題統計分類	
	DSM-III（1980）	DSM-III-R（1987）	DSM-IV（1994）	DSM-IV-TR（2000）	ICD-9（1978）	ICD-10（1993）
使用名稱	幼兒自閉症（Infantile autism）	自閉症（Autistic disorder）	自閉症（Autistic disorder）	自閉症（Autistic disorder）	幼兒自閉症（Infantile autism）	兒童期自閉症（Childhood autism）
類　別	廣泛發展障礙	廣泛發展障礙	廣泛發展障礙	廣泛發展障礙	發源於兒童期精神病	廣泛發展障礙
相關亞型	兒童期發病廣泛發展障礙、非典型廣泛發展障礙	未明示廣泛發展障礙	雷特症、兒童期崩解症、亞斯伯格症、未明示廣泛發展障礙	雷特症、兒童期崩解症、亞斯伯格症、未明示廣泛發展障礙	崩解精神病、其他明示早期兒童精神病、未明示	非典型自閉症、雷特症候群、其他兒童期崩解症、和智障固執行動作有關之過動症、亞斯伯格症、其他廣泛發展障礙、未明示廣泛發展障礙
異常開始發生時間	30 個月前	嬰兒期或兒童期	3 歲前	3 歲前	30 個月前	3 歲前
社會行為	廣泛地對他人缺乏反應	社會互動方面有質的損傷（5 項至少 2 項）	社會互動方面有質的損傷（4 項至少 2 項）	社會互動方面有質的損傷（4 項至少 2 項）	社會發展異常	互惠的社會互動的異常（4 項至少 2 項）

（續）

語言和溝通	語言發展、說話，大致有怪異的有缺陷的模式	口語和非口語溝通以反想像有質的損傷（6項至少1項）	溝通方面有質的損傷（4項至少1項）	溝通方面有質的損傷（4項至少1項）	語言發展異常	溝通方面有質的異常（4項至少1項）
活動和興趣	對不同環境有怪異的反應	明顯地有限的活動和興趣（5項至少1項）	在行為、興趣和活動方面受限於、固定的模式（4項至少1項）	在行為、興趣和活動方面受限於、固定的模式（4項至少1項）	限制的和異常的執拗模式的行為	在行為、興趣和活動方面，呈現有限的、重複的、固定的模式（4項至少1項）
排除症狀	不是精神分裂、沒有妄想、幻覺、說話無系統組織等現象	缺	不是雷特症、童年期崩解症、亞斯伯格症、選擇性接收語言混合表達語言障礙、重複動作症	不是雷特症、童年期崩解症、亞斯伯格症、選擇性接收語言混合表達語言障礙、重複動作症、注意力缺陷過動症	不是亞斯伯格症候群	不是明示接收語言發展障礙、反應依戀障礙、無選擇性緘默症、智能障礙、精神分裂症、雷特症候群、亞斯伯格症候群

例如社會互動技巧、溝通技巧、固執行為和興趣上，有嚴重和廣泛的損傷，這些異常通常在出生後第一年出現，並且經常和智能障礙有某種程度上的關聯。雖然有些PDD個案後來出現精神分裂症，但臨床研究發現，PDD 和「精神病」（psychosis）或「兒童期精神分裂症」（childhood schizophrenia）無關，乃分屬不同類型的障礙（APA, 2000）。以下分別介紹雷特症、兒童期崩解症、非典型自閉症等其他廣泛發展障礙，亞斯伯格症部分則請參見本章第三節。

一、雷特症

　　「雷特症」最早於一九六六年由奧地利維也納的安最斯‧雷特（Andreas Rett）醫生發表醫學報告，但一直未得到醫界重視；直到一九八三年，因翰伯格等人（Hagberg et al., 1983）發表三十五名雷特症個案，才開始得到醫界的注意（Dunn, 2001）。在名稱上，ICD-10 用「雷特症候群」（Rett's syndrome），DSM-IV-TR 則是用「雷特症」（Rett's disorder）。雷特症比自閉症少見，盛行率約一萬分之一到一萬五千分之一，個案經常伴有重度或極重度的智能障礙（Tanguay, 2000）。此症最早只發現於女性，近年亦發現男性個案（例如Zeev et al., 2002）。雷特症主要的特徵是出生時正常，但在出生正常發展一階段後，個案顯現出多方面的障礙和退化的現象。典型的雷特症患者臨床症狀大致可以分成四個階段：早發期、發展退化期、假性穩定期和動作退化晚期（Dunn, 2001; Hagberg, 2002）（詳見表 1-3）。

　　目前已知大部分雷特症患者的病因和 MeCP2 基因突變有關，MeCP2 基因的全名為甲基化 CpG 結合蛋白二（methyl-CpG- binding protein 2），此基因坐落於人類二十三對染色體的 X 染色體上（Xq28）。首先於一九九九年，由阿曼爾等人（Amir et al., 1999）發現，雷特症患者的 MeCP2 基因上有數個位置發生突變，由於突變導致 MeCP2 缺乏蛋白，此蛋白對控制腦部及生命發展非常重要；由於

表 1-3 　雷特症臨床四階段症狀特徵

階段	年齡	症狀特徵	持續時間
一、早發期	6 至 18 個月	出生時體重和頭圍低於平均值，發展遲緩，但發展模式仍未顯出異常。從 5 個月以後開始呈現步伐或身體動作協調方面的問題，頭圍發展減緩，減少溝通和視覺接觸，以及對遊戲的興趣	數星期至數月
二、發展退化期	1 至 4 歲	喪失學得的技能和溝通能力，開始呈現智能障礙，有固執行為，喪失手部精細動作、牙牙學語和遊戲等能力	數星期至數月，大約 1 年
三、假性穩定期	4 至 8 歲	為復甦階段，溝通能力有些恢復，開始有步行能力，不明顯很緩慢的神經動作退化；自閉症方面的問題減少，但智障仍然持續，有些個案慣用手仍無法使用，有閱讀困難	數年至數十年
四、動作退化晚期	8 歲以後	動作退化無法步行，需依賴輪椅行動，為重度障礙，肢體變形，如駝背或脊柱側彎。有兩種情形：一是以前能行走，現在變成不能；另一種是從來就無法行走	數十年

參考文獻：Dunn, H. G. (2001). Importance of Rett syndrome in child neurology. *Brain & Development, 23*(Supp. 1), S38-S43.

Hagberg, B. (2002). Clinical manifestations and stages of Rett syndrome. *Mental Retardation & Developmental Disabilities Research Review, 8* (2), 61-65.

缺乏蛋白，使 MeCP2 無法在一些關鍵的時刻關閉，令成長過程中的基因調控程序產生紊亂現象（Kerr, 2002; Zeev et al., 2002）。

　　其後多篇研究報告亦證明雷特症和 MeCP2 基因突變有關，目前已發現超過一百種以上不同的突變方式。此有問題的X染色體可能來自父親或母親，但較常是父親精子中的X染色體有問題，因此雷特症患者較多為女性（從母親得到一好的 X、從父親得到一壞的 X）。估計大約 80%以上的典型雷特症患者，50%非典型雷特症患者，其得病和 MeCP2 基因突變有關（Kerr, 2002）。以性別區分，女性典型雷特症患者多和 MeCP2 基因突變有關，非典型雷特症患者的 MeCP2 基因突變比率介於三分之一至 65%之間（Hoffburhr et al., 2002; Smeets et al., 2003）；而男性發生 MeCP2 基因突變，則不一定會罹患雷特症，患者通常會出現下列三種臨床症狀（Hoffbuhr et al., 2002; Zeev et al., 2002）：

1. 少數的男性個案符合雷特症的診斷標準，並且具有嚴重的臨床症狀。
2. 男性擁有 XXY 染色體，或稱為「克林非特症候群」（Klinefelter's syndrome）（47, XXY）〔目前亦發現女性 47，XXX雷特症個案（Hammer et al., 2003）〕。
3. 智能障礙個案（目前尚未發現女性智障個案，女性 MeCP2 基因突變大多會成為雷特症患者）。

　　有關基因突變位置和臨床症狀，以及嚴重程度之間的關係，仍待更多的研究來澄清。目前 DSM-IV-TR 和 ICD-10 對雷特症的診斷，主要從個案的生理和行為特徵來判斷，並非從分子醫學檢驗上著手。主要的診斷標準包括：

1. 母親懷孕時期和出生後發展正常，出生後前五個月心理動作發展正常，出生時頭圍正常。
2. 頭圍在五至四十八個月間發展減緩。
3. 以前習得的手部技能，在五至三十個月間喪失能力，並發展出

固定反覆的手部動作（如不斷地扭轉手或洗手）。

4. 喪失早期發展階段中已發展出的社會參與能力，對社會環境的興趣消失。

5. 呈現出步伐或身體動作協調方面的問題。

6. 有嚴重的表達和接收語言發展障礙，並伴隨嚴重的心理動作障礙。

雷特症和自閉症的主要區別為，雷特症有愈來愈嚴重的動作、語言和智能退化的現象，症狀多發生在四歲前，通常在第一年或第二年出現。大部分雷特症個案的復原十分有限，雖然有些會因治療後有些進步，患者進入兒童晚期和青少年時期會對社會互動有興趣，但溝通障礙和行為方面的問題通常會持續終身（APA, 2000）。英國的研究發現，雷特症患者中，48%的個案死亡，是發生在其呼吸和動作功能失調持續虛弱時，26%的個案會突然不預期地死亡（Tanguay, 2000）。

二、兒童期崩解症

「兒童期崩解症」又叫「海勒氏症」（Heller's syndrome）、「幼兒痴呆症」（dementia infantilis）、「崩解精神病」（disintegrative psychosis）、「共生精神病」（symbiotic psychosis）（APA, 2000; WHO, 1993）。名稱上，ICD-10 用「其他兒童期崩解症」（other child-dhood disintegrative disorder），DSM-IV-TR 則是用「兒童期崩解症」（childhood disintegrative disorder）。此症最早於一九〇八年，由西朵・海勒（Theodore Heller）描述六名兒童在正常發展到三至四歲後，忽然顯現情緒改變，並失去語言能力，呈現能力退化的現象，他稱這群兒童罹患「幼兒痴呆症」（dementia infantilis）（Heller, 1969; Volk-mar & Rutter, 1995）。

兒童期崩解症非常少見，比自閉症少，臨床個案中出現兒童期崩解症的機率為 0.45%，並且個案以男童居多，男女比約五比一（Malhotra & Gupta, 2002），盛行率則介於十萬分之一‧一到十萬分之六‧四，平均約為十萬分之一‧七（Fombonne, 2002）。研究發現，兒童期崩解症患者多伴隨有重度智能障礙（約30%至70%個案），智商大多低於四十，比自閉症者較多人伴有癲癇（30%至77%），更多人無口語能力（30%至81%）（Kurita et al., 2004）。

　　兒童期崩解症的主要特徵是個案在出生後，至少有兩年在口語和非口語溝通、社會關係、遊戲和適應行為方面有正常的發展，然後在二到十歲間（多發病於三、四歲），個案忽然在下列五方面，所習得的技能至少有二項明顯的退化：

　　1. 表達和接收語言
　　2. 社會技巧和適應行為
　　3. 大小便控制
　　4. 遊戲
　　5. 動作技巧

　　典型的兒童期崩解症患者幾乎在以上所有領域都喪失所學得的技能。發病先兆是個案會增加活動量、焦躁易怒和焦慮，接著失去口語或其他技能，通常喪失的技能退化到一定的程度後，有些病人會逐漸恢復部分功能；若異常與生理方面的神經症狀有關，則病情會一直惡化，個案最好能進行詳細的身體和神經檢查，找出相關的身體疾病（APA, 2000）。兒童期崩解症的症狀和自閉症類似，主要障礙包括三方面：(1)社會互動障礙；(2)溝通障礙；(3)重複出現刻板固執的行為、興趣和活動。個案至少要在兩項領域上有顯著異常，才符合ICD-10和DSM-IV-TR 兒童期崩解症的診斷標準。

三、非典型自閉症

　　根據 ICD-10 的規定，若個案出現的症狀如同自閉症，但不符合自閉症的診斷標準，例如症狀出現在三歲以後，而非三歲前；出現的

症狀無法符合自閉症診斷標準中三大症狀所規定出現的項目，則歸類為「非典型自閉症」（atypical autism）（WHO, 1992b）。非典型自閉症可分為三類：發病年齡非典型、症狀非典型、發病年齡和症狀非典型。基本上，只要三大症狀有一症狀符合診斷標準，即屬於非典型自閉症（WHO, 1992b）。非典型自閉症多見於極重度智能障礙者（IQ低於20、心理年齡小於三歲），由於功能過低，無法表現出多樣的異常行為來符合自閉症的診斷標準；另外，亦常見於嚴重的接收語言發展障礙患者（WHO, 1993）。

四、未明示廣泛發展障礙

當個案具有PDD的症狀，但不符合診斷標準所規定的項目，或是所蒐集來的資料互相衝突或不夠充分，無法歸入以上各類時，則歸於「未明示廣泛發展障礙」（ICD-10 英文用 pervasive developmental disorder, unspecified; DSM-IV-TR 英文用 pervasive developmental disorder not otherwise specified, PDDNOS）。DSM-IV 和 DSM-IV-TR 將 ICD-10 中的非典型自閉症亦歸入 PDDNOS，不分開獨立成一亞型。其中 DSM-IV 規定較鬆，只要 PDD 三大症狀中出現一項（即社會互動障礙、語言溝通障礙，或出現重複固執的行為），即可歸入 PDDNOS（APA, 1994）。DSM-IV-TR 則規定個案須有嚴重社會互動障礙，加上語言溝通障礙，或是出現重複固執的行為、興趣和活動，但不符合任何一種PDD（即自閉症、雷特症、兒童期崩解症、亞斯伯格症）診斷標準中所規定項目，也不符合「精神分裂症」（schizophrenia）、「精神分裂式人格異常」（schizotypal personality disorder）和「迴避人格異常」（avoidant personality disorder）的診斷標準，則歸類於 PDDNOS（APA, 2000）。

目前PDDNOS診斷最令人詬病的是，不同醫生臨床診斷的一致性很低，研究發現約74%的PDDNOS患者，醫師早先的診斷名稱為「注

意力缺陷過動症」（attention-deficit/hyperactivity disorder, ADHD）。此外，PDDNOS 和 ADHD 兒童在自閉症症狀、病理特徵和注意力問題上，二者沒有顯著差異。若和自閉症者比較，PDDNOS 的功能約介於自閉症和亞斯伯格症患者之間，並且 PDDNOS 的自閉症症狀較少，尤其是重複固執行為顯著比自閉症和亞斯伯格症患者少（Walker et al., 2004）。研究發現 PDDNOS 患者的臨床症狀，大致可以分成下列三組（Walker et al., 2004）：

(一)**第一組**：為高功能，約占 24%，症狀和亞斯伯格症患者相似，但只有暫時性語言遲緩或輕度認知障礙。

(二)**第二組**：約占 24%，症狀和自閉症者相似，但病症出現年齡較晚，或具有嚴重認知遲緩，或是因年紀太小，無法完全符合自閉症的診斷標準。

(三)**第三組**：約占 52%，主要因固執重複行為較少，所以不符合自閉症的診斷標準。

五、和智障固執動作有關之過動症

　　ICD-10 中之 PDD 還包括一亞型「和智障固執動作有關之過動症」（overactive disorder associated with mental retardation and stereotyped movements），此症指個案智商低於五十，並且至少有兩項過動症狀，例如持續動作靜不下來、坐不住、在情境期望個案安靜時過動、非常快速地改變動作；以及至少有一項重複固執模式的行為和活動，例如固定經常重複某動作、重複做過度非功能性的活動（一直玩某物或某種儀式性活動）、反覆自傷行為等。此外，個案必須沒有自閉症診斷標準中規定的社會互動方面的障礙，亦即個案有適當的眼對眼注視、有適當的同儕關係、會接觸他人、有與別人分享快樂的能力等；並且個案不符合自閉症、兒童期崩解症或過動症的診斷標準（WHO, 1992b）。

第三節　亞斯伯格症和高功能自閉症

一、亞斯伯格症

　　「亞斯伯格症」最早叫做「自閉式精神病」（autistic psycho-pathy）或「兒童期精神分裂症」（schizoid disorder of childhood）（WHO, 1993），此症最早由翰斯‧亞斯伯格（Hans Asperger）醫生所提出。當堪那於一九四三年於美國發表〈情感接觸的自閉困擾〉一文時，亞斯伯格亦於一九四四年以德文發表〈兒童期自閉式精神病〉（autistic psychopathy in childhood）的醫學報告。亞斯伯格和堪那的背景有很多相似處，他們同樣出生於奧地利，並在維也納接受醫學養成教育，但堪那於一九二四年移民美國，在約翰霍普金斯大學服務，成為兒童精神臨床中心的主導者；而亞斯伯格則仍然留在維也納，成為維也納大學的小兒科主任（Frith, 1991）。

　　雖然亞斯伯格並未受堪那影響，但他和堪那看法一樣，都採用布魯樂的「自閉」一詞來描述一群怪異的兒童病患，他們和成人精神分裂症病人不同，具有嚴重的自閉困擾，和外在世界只有很少的互動行為，亞斯伯格稱他們罹患「自閉式精神病」（Asperger, 1944/1991）。由於亞斯伯格是在第二次世界大戰中以德文發表，因此他的報告很少受人注意，只有少數的研究提到自閉式精神病（例如 Van Krevelen, 1971）；直到文英（Wing, 1981a）撰文介紹亞斯伯格症，並將「自閉式精神病」改名為「亞斯伯格症候群」（Asperger's syndrome, AS），才開始獲得英文醫學界的重視。

　　文英（Wing, 1981a）指出，亞斯伯格症候群的主要特徵為：

　　㈠**說話**：小孩開始說話和一般正常兒童一樣，但走路有點遲緩。

　　㈡**非口語溝通**：有非口語溝通障礙，例如很少面部表情但卻有強烈的情緒；說話聲音的語調傾向單調無變化和低音，或是誇張

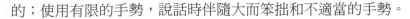

的；使用有限的手勢，說話時伴隨大而笨拙和不適當的手勢。

㈢**社會互動**：有雙向社會互動障礙，不是為了從社會接觸中退縮，而是因為缺乏理解力和運用原則，去規範自己的社會行為。他們的社會行為天真而怪異，缺乏直覺的知識來調整方法和反應，以符合自己的需要。

㈣**重複活動和抗拒改變**：喜歡旋轉東西，並看它們轉動直到停止；具有強烈依戀某所有物的傾向，並且當該物移除時，他們會很不高興。

㈤**動作協調**：粗大動作笨拙和不協調的，具有奇怪的姿勢和步法，大部分個案（90%）參與需要動作技能的遊戲時，會顯得拙劣。

　　文英（Wing, 1991）比較「堪那自閉症」和「亞斯伯格症候群」之間的差異，發現二者相似的地方很多，例如：二者都指出男性比女性多，並且個案都表現出社會孤獨、自我中心、對感覺或別人的想法缺乏興趣，個案並有口語和非口語溝通問題，缺乏彈性想像遊戲的能力，對感官刺激有奇怪的反應，喜歡重複固執模式的活動，動作笨拙的，很多個案有問題行為和特殊能力。二者不同的地方為，亞斯伯格症兒童在入學前都發展出語言能力，並且多具有豐富的詞彙和適當的文法，但自閉症兒童的語言發展遲緩；另外，亞斯伯格症兒童雖然也是社會孤立的，但他們會察覺其他人的存在，只是所用的方法不適當或在人看來是惡意的，而自閉症兒童則是不與人互動，無視他人的存在。

　　自從文英介紹「亞斯伯格症候群」後，醫學界有很廣泛的討論，不少學者並提出亞斯伯格症的診斷標準，例如吉伯（Gillberg & Gillberg, 1989; Gillberg, 2001）（見表1-4）。文英認為，亞斯伯格症候群應是自閉症中症狀較輕微、較聰明的患者，建議不另立症狀，而是從自閉症症狀的連續性概念來看（Wing, 1981a; Wing, 1988; Wing, 1991）。但亞斯伯格（Asperger, 1979）本人則不同意，他認為亞斯伯格症和自閉症兒童的發病年齡不同，並且亞斯伯格症兒童沒有早年語

言發展遲緩的現象。最後，亞斯伯格的看法得到英國精神科醫生盧特的支持，盧特認為，從他的個案資料中判斷，亞斯伯格症和自閉症在發病史和預後結果不盡相同，應是兩個不同症狀（Tsai, 1992）。最後，ICD-10 和 DSM-IV 將亞斯伯格症從自閉症分開獨立成一亞型；在名稱上，ICD-10 用「亞斯伯格症候群」（Asperger's syndrome），DSM-IV 和 DSM-IV-TR 則是用「亞斯伯格症」（Asperger's disorder）。

表 1-4　吉伯之亞斯伯格症候群診斷標準

1. 社會障礙（極端自我中心） （至少 2 項）	(1)和同儕互動有困難 (2)對同儕接觸漠不關心 (3)解讀社會線索有困難 (4)不適當的社會和情緒行為
2. 狹隘的興趣 （至少 1 項）	(1)排斥其他活動 (2)反覆堅持 (3)死記多於理解
3. 對作息和興趣有強迫性的需要 （至少 1 項）	(1)影響個案每個層面的日常生活 (2)影響他人
4. 怪異的說話和語言 （至少 3 項）	(1)說話發展遲緩 (2)表達語言表面上沒有缺陷 (3)正式的、賣弄學問式的語言 (4)怪異的韻律、特殊的聲音 (5)理解障礙，包括誤解字意或蘊含的意義
5. 非口語溝通問題 （至少 1 項）	(1)很少使用手勢 (2)笨拙或粗魯的身體語言 (3)很少面部表情 (4)不適當的面部表情 (5)怪異不自然的注視
6. 動作笨拙	在神經發展測驗上表現差

資料來源：Gillberg, I. C. & Gillberg, C. (1989). Asperger syndrome: Some epidemiological considerations: A research note. *Journal of Child Psychology & Psychiatry & Allied Disciplines, 30* (4), 631-638.
Gillberg, C. (2001). Asperger syndrome and high functioning autism: Shared deficits or different disorders? *Journal of Developmental & Learning Disorders, 5* (1), 79-94.

　　根據 DSM-IV-TR（APA, 2000），亞斯伯格症主要的特徵為，有明顯的社會互動障礙，以及出現刻板固執的行為、興趣和活動，此兩項症狀和自閉症的症狀相同（見表 1-1 的 B1 和 B3）；ICD-10（WHO, 1993）的診斷標準則參見表 1-5。亞斯伯格症一般比自閉症發病來得較晚，或是說被發現得較晚，多發病於男童，男童發病率至少是女童的五到八倍（APA, 2000; WHO, 1992b）。大多數個案的智能正常，少數有輕度智障，很多亞斯伯格症個案在學齡時，由於具有較好的語言溝通能力，父母和老師經常忽略個案社會適應方面的問題，而延誤就醫，尤其是個案固執行為方面的問題，父母和老師可能會以為是個案故意不服從。亞斯伯格症患者的社會和行為問題通常會持續終身，但預後比自閉症好，大多數患者長大成人後具有工作能力（APA, 2000）。

表 1-5　ICD-10 亞斯伯格症候群 F84.5 之診斷標準

A. 在說話、接收語言或認知發展方面，沒有臨床上顯著的遲緩現象。單字需在二歲或二歲前發展出；溝通片語需在三歲或三歲前發展出。自助技巧、適應行為和對環境的好奇，需在三歲前有一般正常智力發展的水準。但動作發展有些遲緩，通常動作笨拙的（不是必要的診斷特徵）。常見的特徵還有單一的特殊技能，此和經常並異常地被某事物霸占有關，但此點不是必要的診斷特徵。

B. 在互惠的社會互動方面有質的異常（標準和自閉症同）。

C. 個案呈現一種異於平常的強度，有限的興趣，或在行為、興趣和活動上呈現限制的、重複的和固執的模式（標準如同自閉症，但較輕微，包括獨特癖好的動作，或被部分物品或玩具中非功能性的部分所霸占住）。

D. 此症不是因為其他不同的廣泛發展障礙：簡單精神分裂症（simple schizo-phrenia）（F20.6）、精神病（schizotypal disorder）（F21）、強迫症（obsessive-compulsive disorder）（F42）、強迫性人格異常（anankastic personality disorder）（F60.5）、兒童期反應性和無選擇性依戀障礙症（reactive and disinhibited attachment of childhood）（F94.1 和 F94.2）。

資料來源：World Health Organization (1993). *The ICD-10 classification of mental and behavioural disorders: Diagnostic criteria for research* (pp. 153-154). Geneva, Switzerland: Author.

二、高功能自閉症

在自閉症者中，有一部分患者的智商接近正常，學業能力和溝通技巧接近正常，學界稱之為「高功能自閉症」（high-functioning autism, HFA）（Gilchrist et al., 2001; Gillberg, 2001; Howlin, 2003）。到底自閉症者如何界定其功能高低？研究者所用標準不盡相同，雖然DSM診斷手冊中附有一「整體功能評量表」（Global Assessment of Functioning Scale），用來評估個案症狀的嚴重程度，以及症狀影響心理、社會、學校和職業方面功能的程度[1]，但學界在界定自閉症者功能的高低時，主要是以智商做為區分。目前大多數的研究以自閉症者智商七十分或以上者稱為「高功能自閉症」，但各研究所使用的智力測驗不盡相同，常用的測驗包括魏氏兒童智力量表（Wechsler Intelligence Scale for Children）、魏氏成人智力量表（Wechsler Adult Intelligence Scale）、比西智力量表（Stanford-Binet Intelligence Scale）等（例如Gilchrist et al., 2001; Goldstein et al., 2001）；但有些研究以語文智商計算，有些以非語文智商（作業智商），或將語文和非語文二者合併計算。蔡逸周醫師（Tsai, 1992）建議的高功能自閉症診斷標準，請參見表 1-6。

註 1：「整體功能評量表」的計分從 0 到 100 分，例如：0 分為缺乏資訊；1-10 分為個案有持久性自傷或傷害他人的危險，或持久性無法維持個人最基本的衛生，或溝通方面有整體性障礙；41-50 分為重度症狀（如自殺念頭、嚴重強迫性行為、慣竊），在社會、職業或學校任何一方面有嚴重困難（如無朋友、無法保持工作）；51-60 分為中度症狀（無感情和偶發語言、恐慌症有時發作），在社會、職業或學校方面有中度困難（如很少朋友、和同儕或同僚起衝突）；70 分為輕度症狀（如憂鬱的情緒、輕度失眠），在社會、職業或學校方面有些困難（如有時逃學、偷家中的東西）；100 分為無症狀，在各活動領域具有優越的功能（APA, 1994, 2000）。

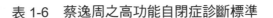

表 1-6　蔡逸周之高功能自閉症診斷標準

1. 符合 ICD-10 中兒童期自閉症之診斷標準。
2. 個別化標準測驗的非語文智商等於或高於七十分。
3. 語言理解、表達語言技巧、社會功能三項：
　用標準化測驗施測，年齡小於八歲的兒童，測驗分數不低於平均數一個
　標準差；年齡八歲或以上的兒童，分數不低於平均數兩個標準差。
4. 此臨床特徵不是源於其他不同種類的廣泛發展障礙、明示接收語言發展
　障礙伴有次要的社會情緒問題、反應依戀障礙症或無選擇依戀障礙症、
　亞斯伯格症候群、強迫症、土瑞氏症候群（Tourette's syndrome）或早發
　精神分裂症。

資料來源：Tsai, L. Y. (1992). Diagnostic issues in high-functioning autism. In E.
　　　　　Schopler & G. B. Mesibov (Eds.), *High-functioning individuals with
　　　　　autism* (p. 36). New York: Plenum Press.

　　研究發現，約有 30%以上的自閉症者為高功能自閉症（詳見第二
章第六節），高功能自閉症者和低功能不同的是他們的預後較佳，追
蹤研究發現，高功能自閉症者的智能會隨著教育和治療而逐漸進步，
但低功能自閉症者多是隨著時間愈來愈退步（Tsai, 1992）。

三、「亞斯伯格症」或「高功能自閉症」？

　　由於高功能自閉症兒童的語言溝通能力較佳，並且預後較好，因
此和亞斯伯格症兒童非常難以區別。目前在 ICD-10 或 DSM-IV-TR 診
斷標準中，亞斯伯格症和自閉症的主要差別為，亞斯伯格症者沒有明
顯語言方面的障礙，並且患者在三歲前沒有明顯認知發展遲緩的現象
（WHO, 1992b）。由於二者的標準很接近，不少學者懷疑亞斯伯格症
的診斷效度（例如 Leekam et al., 2000; Mayes et al., 2001; Miller &
Ozonoff, 2000）。

　　李刊等人（Leekam et al., 2000）研究倫敦地區兩百名轉借到臨床
中心的疑似自閉症個案，經詳細觀察診斷後發現，其中一百七十四名
符合 ICD-10「兒童期自閉症」的診斷標準，只有三名符合 ICD-10「亞

斯伯格症候群」的診斷標準（這三名個案亦符合「非典型自閉症」）；若用吉伯的「亞斯伯格症候群」診斷標準，則有九十一名符合吉伯標準，這群符合吉伯診斷標準的個案特徵為三分之二智商正常，並且具有較佳的語言發展能力。此外，他們還發現符合吉伯「亞斯伯格症候群」診斷標準者，多數（八十三名，91%）亦符合ICD-10「兒童期自閉症」的診斷標準，由於重複性高，因此，他們懷疑亞斯伯格症在診斷上是否有存在的必要？

另外，新近的比較研究亦發現，當研究者未控制智商變項時，亞斯伯格症者的智商分數尤其是語文智商部分，顯著高於高功能自閉症者，並且語文和作業智商分數的差距，顯著多於高功能自閉症者的分數差距（例如 Gilchrist et al., 2001; Miller & Ozonoff, 2000）；但當控制智商分數時，亞斯伯格症者和高功能自閉症者在多項功能和表現上，例如語言、行為、動作、心智論（theory of mind）、執行功能（executive function）等，無顯著差異（Klin, 2000; Mayes & Calhoun, 2001; Miller & Ozonoff, 2000; Ozonoff et al., 2000）（二者的比較詳見表 1-7）。

邁爾斯和克航恩（Mayes & Calhoun, 2001）比較智能正常的亞斯伯格症者和高功能自閉症者在語言、智能和行為上的差異，結果發現，除了高功能自閉症者早年有語言發展遲緩現象外，二者在自閉症的症狀、表達語言、智商、情緒和行為（焦慮、憂鬱症、反抗和攻擊行為），以及母親懷孕史上，沒有顯著差異。追蹤研究亦發現，雖然高功能自閉症者在幼年時，顯著比亞斯伯格症者具有較嚴重的溝通和社會互動障礙，以及固執行為；但當成長到青少年或成年時，二者在自閉症症狀的嚴重程度上並沒有顯著差異（Gilchrist et al., 2001; Howlin, 2003）。

因此，這些學者認為，實際上，亞斯伯格症患者只是一群比高功能自閉症者的智商和功能還高、並且症狀亦較輕微的自閉症患者，由於個案的智商高，因此社會、語言功能較佳，預後也較佳（Mayes &

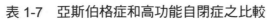

表 1-7 亞斯伯格症和高功能自閉症之比較

	亞斯伯格症（AS）	高功能自閉症（HFA）
ICD-10 和 DSM-IV 臨床診斷標準	具有社會互動障礙，行為、興趣和活動呈現重複固定的模式。3歲前語言發展正常，無遲緩現象，亦無智能障礙。	具有社會互動障礙，行為、興趣和活動呈現重複固定的模式，語言發展遲緩或障礙；智商在 70 以上（Gilchrist et al., 2001; Howlin, 2003）。
盛行率	約萬分之二十六到萬分之七十一（Gillberg, 2001）。	若自閉症盛行率以萬分之十計算，HFA（IQ > 70）約萬分之三以上。
男女比	男性多於女性；約 5-10:1（Gillberg, 2001）。	男性多於女性；約 4-5:1。
智商	大多智能正常，並且很多 AS 的語文智商高於作業智商。作業量表各分測驗，AS 和 HFA 無顯著差異；語文量表各分測驗 AS 分數顯著高於 HFA。AS 作業量表中以圖形設計分數最高，符號替代最低；語文量表以記憶廣度和類同最高，理解最低（Gilchrist et al., 2001）。AS 語文和作業智商的差距顯著多於 HFA 的差距（Miller & Ozonoff, 2000）。	作業智商屬於正常範圍，語文智商屬於正常到輕度智障。自閉症者大多作業智商高於語文智商（Gilchrist et al., 2001），但有些研究發現 HFA 的語文智商高於作業智商（Ozonoff et al., 2000）。作業量表中以圖形設計分數最高，連環圖最低；語文量表中以記憶廣度分數最高，理解最低（Gilchrist et al., 2001）。
自閉症症狀 — 幼兒期	AS 顯著比 HFA 在溝通、社會互動和固執行為方面障礙程度輕（Gilchrist et al., 2001）。AS 顯著比 HFA 早開始說第一個字和詞（Howlin, 2003）。	HFA 顯著比 AS 在溝通、社會互動和固執行為方面障礙程度重（Gilchrist et al., 2001）。HFA 顯著比 AS 晚開始說第一個字和詞（Howlin, 2003）。
自閉症症狀 — 青少年	AS 和 HFA 三方面障礙無顯著差異（Gilchrist et al., 2001）。	HFA 和 AS 三方面障礙無顯著差異（Gilchrist et al., 2001）。
自閉症症狀 — 成人	AS 和 HFA 三方面障礙無顯著差異（Howlin, 2003）。	HFA 和 AS 三方面障礙無顯著差異（Howlin, 2003）。

（續）

	亞斯伯格症（AS）	高功能自閉症（HFA）
心智論	AS 顯著比正常人分數低，和 HFA 無顯著差異（Klin, 2000）。	HFA 顯著比正常人分數低，和 AS 無顯著差異（Klin, 2000）。
執行功能	當控制智商變項時，和 HFA 無顯著差異（Miller & Ozonoff, 2000）。	當控制智商變項時，和 AS 無顯著差異（Miller & Ozonoff, 2000）。
動作技能	比正常人較多動作協調問題；當控制智商變項時，和 HFA 無顯著差異（Ghaziuddin & Butler, 1998; Iwanaga et al., 2000; Miller & Ozonoff, 2000）。	比正常人較多動作協調問題；當控制智商變項時，和 AS 無顯著差異（Ghaziuddin & Butler, 1998; Iwanaga et al., 2000; Miller & Ozonoff, 2000）。

Calhoun, 2001; Miller & Ozonoff, 2000; Ozonoff et al., 2000）。這些研究導致有愈來愈多的學者建議，診斷不再區分自閉症和亞斯伯格症，而是用「泛自閉症」（autism spectrum disorders 或 autistic spectrum disorders）來統括自閉症、亞斯伯格症和非典型自閉症（或未明示廣泛發展障礙）[2]。亦即自閉症的診斷從三大症狀（社會互動、溝通、固執行為和興趣）的連續性異常來看，從最嚴重具有極重度智障和低功能者，到高智商者只有輕度不明顯的社會障礙（Gillberg, 2001; Leekam et al., 2000; Wing, 1988; Wing 1997）。對此議題有興趣的讀者，可以參見傅里思（Frith, 2004）的文獻回顧。

註 2：「泛自閉症」的定義和「廣泛發展障礙」不同，不包括雷特症和兒童期崩解症。

第二章 / 自閉症的人口特徵

本章描述自閉症的人口特徵，包括盛行率、男女比率、族裔、社經地位和職業、出生季節、智能障礙和身體疾病。

第一節　盛行率

調查某疾病發生的機率，學界常用兩種數據來表示：出現率（incidence）和盛行率（prevalence）。「出現率」是指在一特定的時間內，某疾病新個案出現的數目比率，例如醫院公布發現幾個新個案；「盛行率」則是指調查一特定時間內的某一母群體，某疾病個案出現的比率，亦即個案的數目除以母群體（Wicks-Nelson & Israel, 1997）。有關自閉症的盛行率調查，由於研究者使用的標準不同，報導的盛行率也有很大的差異，基本上，早年的研究盛行率較低，隨著年代有逐年增加的趨勢。根據 DSM-IV-TR（APA, 2000）的描述，自閉症的盛行率約介於萬分之二到二十之間，中數約是萬分之五。

吉伯和文英（Gillberg & Wing, 1999）分析從一九六六到一九九七年二十篇有關自閉症的盛行率研究報告發現，一九六六到一九七三年間，自閉症的盛行率只有萬分之四‧四，從一九七〇年以後盛行率逐年增加，一九九〇年到一九九七年增為萬分之九‧六（見表 2-1）。亦即一九七〇年以前出生者盛行率較低，一九七〇年以後出生者盛行率較高，年增長率約為 3.8%。筆者分析近年發表的自閉症研究報告發

現，所報導的盛行率更高，例如英國英格蘭自閉症的盛行率為萬分之十六‧八、廣泛發展障礙（PDD）萬分之六十二‧六（Chakrabarti & Fombonne, 2001）；美國紐澤西州自閉症萬分之四十、PDD 萬分之六十七（Bertrand et al., 2001）、美國喬治亞州自閉症萬分之三十四（Yeargin-Allsopp et al., 2003）（見表 2-1）。若以研究發表的年代進行分析，則切割點約為一九九六年，一九九六年以後開始有盛行率萬分之二十以上的研究發表，例如日本五歲兒童於一九八八年至一九九一年間出生者，自閉症的盛行率介於萬分之二十一‧一至萬分之五十‧三之間（Honda et al., 1996; Honda et al., 2005）；瑞典三到六歲兒童自閉症盛行率萬分之三十一（Arvidsson et al., 1997）。克容恩等人（Croen et al., 2002a）調查美國加州自閉症的盛行率發現，一九九○年以前出生者，盛行率低於萬分之九；一九九一年以後出生者，則增至萬分之十三以上（見表 2-1）。

表 2-1　自閉症盛行率調查

研究	地點	診斷標準	盛行率(/10,000)	年齡	人口
Gillberg & Wing (1999)					
1966-1973（2 篇）	英國(1)丹麥(1)	堪那	4.4(4.3-4.4)		124,500
1974-1981（1 篇）	英國	堪那	4.9		34,700
1982-1989（7 篇）	日本(4)瑞典(2)加拿大(1)	堪那、盧特DSM-IIIDSM-III-R	7.7(4-16)		547,800
1990-1997（8 篇）	瑞典(3)印尼(1)蘇格蘭(1)英國(2)日本(1)	DSM-III-RCARSICD-10	9.6(6.3-31)		263,900

（續）

研究	地點	診斷標準	盛行率 (/10,000)	年齡	人口
Fombonne et al. (1997a)	法國三行政區 1976-1985 年出生	ICD-10	5.35	6-16 歲	325,347
Sponheim & Skjeldal (1998)	挪威 Akershus	ICD-10	3.8（包括拒絕進一步診斷者 4.3）	3-14 歲	65,688
Kadesjö et al. (1999)	瑞典 Karlstad	堪那	24	7 歲	826
		DSM-III-R	60		
Baird et al. (2000)	英國英格蘭 South East Thames	ICD-10	30.8	7 歲	16,235
Kielinen et al. (2000)	芬蘭	堪那	5.6	3-18 歲	152,732
		CARS [1]	12.7	3-18 歲	152,732
		ICD-10	12.2	3-18 歲	152,732
		DSM-IV	20.7	5-7 歲	39,216
			6.1	15-18 歲	27,572
Bertrand et al. (2001)	美國紐澤西州 Brick Township	DSM-IV	55	3-5 歲	3,479
			31	6-10 歲	5,417
			40	3-10 歲	8,896
Chakrabarti & Fombonne (2001)	英國英格蘭 Stafford-shire	DSM-IV	16.8	2.5-6.5 歲	15,500
Magnússon & Sæmundsen (2001)	冰島	ICD-9	8.6	5-14 歲	43,153
		ICD-10	3.8	15-24 歲	42,403
Sturmey & James (2001)	美國德州	缺	16	1-12 年級	3,564,577
			22	1-3 年級	
			12	10-12 年級	

（續）

研究	地點	診斷標準	盛行率 (/10,000)	年齡	人口
Barnard et al. (2002a)	英國蘇格蘭	缺	60.1	1-12 年級	40,607
			63.4	小學生	
			37.4	中學生	
Barnard et al. (2002b)	英國英格蘭、威爾斯	缺	72.8	1-12 年級	132,646
Croen et al. (2002a)	美國加州	DSM-III-R DSM-IV	11	5.5-12.5 歲	4,590,333
			14.9-15.2	5.5-7.5 歲（1992-1994 出生）	1,756,293
			12.6	7.5-8.5 歲（1991 出生）	610,701
			5.8-8.8	8.5-12.5 歲（1987-1990 出生）	2,223,339
Scott et al. (2002)	英國英格蘭劍橋海爾郡	ICD-10 泛自閉症	57	5-11 歲	34,262
Gurney et al. (2003)	美國明尼蘇達州	特殊教育泛自閉症	3（1991-1992）	6-11 歲	缺
			52（1999-2000）		
Lingam et al. (2003)	英國倫敦	ICD-10	14.9	5-14 歲	186,206
Webb et al. (2003)	英國威爾斯 Cardiff	ICD-10 泛自閉症	20.2 [2]	7-11 歲（1986-1990 出生）	11,692

（續）

研究	地點	診斷標準	盛行率 (/10,000)	年齡	人口
Yeargin-Allsopp et al. (2003)	美國喬治亞州亞特蘭大地區	DSM-IV	34	3-10 歲	289,456
			19	3 歲	
			47	8 歲	
			27	9 歲	
			20	10 歲	
Icasiano et al. (2004)	澳洲維多利亞 Bar-won 地區	PEP-R [3] DSM-IV 泛自閉症	39.2	2-17 歲	54,013
Lauritsen et al. (2004)	丹麥全國	ICD-10	11.8	0-9 歲	682,397
Honda et al. (2005)	日本 Yokohama	ICD-10	21.1	5 歲 （1988 出生）	9,264
			38.2	5 歲 （1989 出生）	8,478
			50.3	5 歲 （1990 出生）	8,819
			41.2	5 歲 （1991 出生）	9,155
Williams et al. (2005)	澳洲新南斯威爾	DSM-IV	4.3	0-4 歲	缺
			1.6	5-9 歲	
			0.3	10-14 歲	
	西澳大利亞	DSM-IV	5.5	0-4 歲	缺
			2.4	5-9 歲	
			0.8	10-14 歲	

註：1. CARS ＝兒童期自閉症評量表（見第七章）。

2. 只調查一般公立學校，未含私立學校和特殊學校，並且泛自閉症兒童的智商高於 70。

3. PEP-R ＝修訂心理教育側面圖（見第十五章）。

有關我國自閉症的盛行率調查，較詳細的為一九九○到一九九一年間所進行的全國第二次特殊兒童人口普查，當時調查全國六至十五歲的國民，包括無學籍和失學兒童，結果發現國民教育階段的自閉症者共有 598 人，盛行率約為萬分之一‧七人（吳武典和林寶貴，1992）。而新近教育部出版的「九十三年度特殊教育統計年報」則發現，二○○四年全國自閉症者就讀學前階段的有 702 人、國小 1,722 人、國中 492 人、高中職 255 人、大專 36 人，高中職教育階段以下的學生中，自閉症約占身心障礙學生總人數的 4.5%。

　　筆者分析從一九九九到二○○四年特殊教育統計年報發現，我國國民教育階段的自閉症學生逐年增加，從一九九九年的萬分之二‧五六，增加到二○○四年的萬分之七‧七一（見表 2-2）。年增加率從低於萬分之○‧五，到二○○○年以後約每年增加萬分之一，再到

表 2-2　我國國民教育階段特殊教育自閉症學生人數和盛行率

年度	國民教育學生總人數	身心障礙學生人數	自閉症學生人數		國民義務教育盛行率	
			國小	國中	自閉症(/10,000)	身心障礙(%)
第二次特殊兒童普查	3,561,729	76,026	598		1.66	2.14
1999	2,919,990	53,622	606	142	2.56	1.84
2000	2,885,002	55,703	719	155	3.03	1.93
2001	2,855,515	56,714	930	214	4.01	1.99
2002	2,861,229	56,893	1,106	276	4.83	1.99
2003	2,874,857	56,369	1,374	369	6.06	1.96
2004	2,870,085	51,873	1,722	492	7.71	1.81

註：第二次全國特殊兒童普查（1990-1991）共發現自閉症者 598 人，包括就讀一般和特殊學校 453 人、有學籍在機構中 71 人、有學籍在家自行教育 14 人、無學籍在機構中 26 人、失學 33 人、未填答 1 人。

資料來源：教育部特殊教育工作小組（1999-2004）：特殊教育統計年報。台北市：教育部。

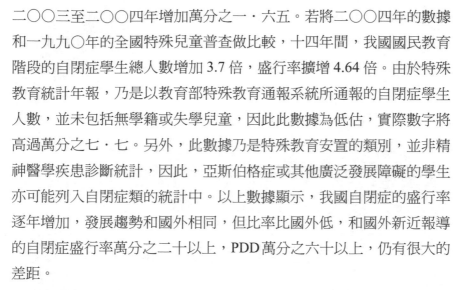

二○○三至二○○四年增加萬分之一‧六五。若將二○○四年的數據和一九九○年的全國特殊兒童普查做比較，十四年間，我國國民教育階段的自閉症學生總人數增加 3.7 倍，盛行率擴增 4.64 倍。由於特殊教育統計年報，乃是以教育部特殊教育通報系統所通報的自閉症學生人數，並未包括無學籍或失學兒童，因此此數據為低估，實際數字將高過萬分之七‧七。另外，此數據乃是特殊教育安置的類別，並非精神醫學疾患診斷統計，因此，亞斯伯格症或其他廣泛發展障礙的學生亦可能列入自閉症類的統計中。以上數據顯示，我國自閉症的盛行率逐年增加，發展趨勢和國外相同，但比率比國外低，和國外新近報導的自閉症盛行率萬分之二十以上，PDD 萬分之六十以上，仍有很大的差距。

　　有關自閉症盛行率增加的因素，學界有很多討論（例如 Fombonne, 2003; Wing & Potter, 2002），可能的原因包括：診斷標準的不同、研究方法的差異、族裔的不同、父母、專業人員和社會大眾對自閉症的知覺度、社會對自閉症者所提供的服務等。文英和波特（Wing & Potter, 2002）分析診斷標診和盛行率的關係發現，研究用堪那的診斷標準平均盛行率約為萬分之三‧九（0.7-5.0）、盧特標準萬分之七（1.9-16.0）、DSM-III 萬分之七（1.2-15.5）、DSM-III-R 萬分之八‧六（7.2-10.1）、DSM-IV 或 ICD-10 萬分之二十一（3.8-60.0）；亦即研究用堪那的診斷標準盛行率最低，DSM-IV 或 ICD-10 盛行率最高。另外，他們亦發現母群體較大的研究盛行率較低，母群體較小的調查盛行率較高，可能因為人口少的研究較容易找到個案的緣故。其他可能的因素還包括醫師改變診斷標準，例如一項研究發現，英國從一九九二到二○○○年間，罹患行為和發展障礙的人數減少 20%，但罹患自閉症的人數增加 20%。研究者認為，可能原本被診斷為發展障礙的人現在改變診斷為自閉症（Katikireddi, 2004）。

　　雖然以上因素都可能是造成自閉症盛行率增加的原因，但亦有可能自閉症真的是隨年增加，幾篇新進在美國和歐洲所進行的研究發現

（例如 Croen et al., 2002a; Kielinen et al., 2000，詳見表 2-1），當研究者用相同的診斷標準時，年紀較大的年齡層盛行率較低，年紀小者盛行率較高，可能的原因包括環境污染、併發症增加、高齡產婦增多、身心障礙兒童存活率增加等因素。例如，克容恩等人（Croen et al., 2002b）在美國加州所進行的大型調查發現，三十五歲以上的產婦生出自閉症兒童的機率，是三十五歲以下產婦的三倍。有關自閉症盛行率增加的原因，仍需更多的研究來了解各變項之間的關係。

第二節　男女比率

一般研究發現，自閉症的盛行率男比女多，但男女比各研究報導不盡相同，一般男女比大約是 4-5:1（APA, 2000），有的研究則發現男女比高到 16:1（Wing & Gould, 1979）。易爾金（Yeargin-Allsopp, 2002）分析二十六篇盛行率研究報告發現，研究用堪那標準，男女比介於 1.5:1 到 16:1；研究用DSM-IV 和ICD-10，男女比則介於 1.8:1 到 4.5:1（見表 2-3）。有關我國自閉症的男女比，宋維村醫師（1993）發現，醫院中自閉症的個案男性顯著比女性多，約為 5:1。全國第二

表 2-3　自閉症盛行率男女比和診斷標準的關係

診斷標準	研究年代	篇數	盛行率 (/10,000)	男女比
堪那	1966-1982	4	2.3-4.9	1.5:1-16:1
盧特	1983-1986	2	1.9-5.6	1.6:1-2.3:1
DSM-III	1983-1989	9	3.3-16.0	1.3:1-6:1
DSM-III-R	1988-1997	3	7.2-10.1	2.5:1-6.6:1
DSM-IV/ICD-10	1996-2000	8	3.8-60	1.8:1-4.5:1

資料來源：Yeargin-Allsopp, M. (2002). Past and future perspectives in autism epidemiology. *Molecular Psychiatry*, 7(3), S9-S11.

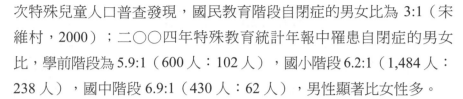

次特殊兒童人口普查發現，國民教育階段自閉症的男女比為 3:1（宋維村，2000）；二○○四年特殊教育統計年報中罹患自閉症的男女比，學前階段為 5.9:1（600 人：102 人），國小階段 6.2:1（1,484 人：238 人），國中階段 6.9:1（430 人：62 人），男性顯著比女性多。

　　根據國外研究，女性自閉症者比男性較多具有嚴重的智能障礙（APA, 2000），因此男女比和智能障礙的嚴重度有關。在輕度智能障礙的自閉症者中，男女比約為 4-5:1，但在重度或極重度智障的自閉症者中，男女比縮小為 1:1。文英（Wing, 1981b）調查英國倫敦十四歲以下具有自閉症三大特徵的兒童盛行率發現，全部自閉症者的男女比為 2.6:1；但若根據 IQ 區分，則 IQ 十九分以下極重度智障者的男女比為 1.1:1，IQ 二十到四十九分重度和中度智障者的男女比為 3.1:1，IQ 五十分以上輕度智障者的男女比則增為 14.2:1。易爾金等人（Yeargin-Allsopp et al., 2003）調查三到十歲的自閉症兒童發現，極重度智障者的男女比為 1.3:1，重度智障 2.1:1，中度智障 3.5:1，輕度智障 4.4:1；其他研究亦發現類似的現象（詳見表 2-4）。

表 2-4　自閉症男女比和智能障礙之關係研究

研究	智能正常	智能障礙（男：女）			
		輕度	中度	重度	極重度
Bryson et al. (1988)	5:0	2.5:1	4:1	0:2	1:1
Croen et al. (2002b)	4.7:1	4.7:1	4.7:1	1.6:1	0.5:1
Kielinen et al.(2000)	2.4:1	2.4:1	4.3:1	1.7:1	
Wing (1981b)		14.2:1	3.1:1		1.1:1
Yeargin-Allsopp et al. (2003)	6.7:1	4.4:1	3.5:1	2.1:1	1.3:1

註：輕度智障 IQ50-70、中度智障 IQ35-49、重度智障 IQ20-34、極重度 IQ < 20。

第三節　族裔

　　目前有關不同國籍之間的比較，雖然發現自閉症的盛行率不同（見表 2-1），但由於各研究調查的年代和使用的診斷標準不同，因此，無法用來了解不同族裔之間罹患自閉症的機率是否有所不同。從表 2-1 可知，即使是同一個國家所進行的調查，亦經常發現之間的盛行率有很大的差別。筆者將研究變項限制為一九九六年以後發表的報告，並以 DSM-IV 或 ICD-10 做為診斷標準，結果發現各研究之間的盛行率仍有很大的差異。例如，法國（Fombonne et al., 1997a）發現自閉症盛行率萬分之五・三五、英國（Baird et al., 2000）萬分之三十・八；北歐三國瑞典（Arvidsson et al., 1997）萬分之三十一、挪威（Sponheim & Skjeldal, 1998）萬分之三・八、芬蘭（Kielinen et al., 2000）萬分之十二・二；美洲美國紐澤西州萬分之四十（Bertrand et al., 2001）、加州萬分之十一（Croen et al., 2002a）；亞洲日本萬分之二十一・一至萬分之五十・三（Honda et al., 2005）等。這些盛行率的差異，很可能和各國專業人員和社會大眾對自閉症的知覺度，以及社會對自閉症者所提供的服務等因素有關，而非族裔之間的盛行率有所差別。

　　但有些研究針對同一地區的居民，比較不同族裔之間兒童罹患自閉症的差異，結果發現不同族裔之間自閉症的盛行率不同，例如摩爾騰等人（Morton et al., 2002）比較住在英國的印度人、巴基斯坦人和混合族裔（包括歐洲人、加勒比海黑人、非洲黑人、中國人、孟加拉人）之間罹患自閉症的機率，結果發現巴基斯坦人自閉症的盛行率為萬分之二十五・七，顯著比印度人萬分之五・七和混合族裔萬分之七・二高。

　　克容恩等人（Croen et al., 2002a; Croen et al., 2002b）調查美國加州不同族裔之間自閉症的盛行率，結果發現白人為萬分之十二・五、西班牙裔萬分之七・五、黑人萬分之十六・四、亞裔萬分之十四・

五；亦即西班牙裔婦女顯著比其他族裔較少子女罹患自閉症（機率
0.6），黑人婦女則比其他族裔略高（機率 1.2）。他們並比較產婦自
己的出生地和子女罹患自閉症之間的關係，結果發現在墨西哥出生的
婦女（機率0.4）機率最低，顯著比在加州出生的婦女（機率1.0）低。

　　但美國身心障礙學生人數統計報告卻顯示，雖然亞裔兒童（包括
太平洋島嶼）罹患身心障礙的比率低於其他族裔，但亞裔身心障礙兒
童中罹患自閉症的比率卻高於其他族裔。根據二〇〇〇至二〇〇一年
統計年報（U. S. Department of Education, 2002），全美國六至二十一
歲罹患自閉症（特教類別）的人數，共有 78,749 人，占身心障礙者總
人數 1.36%；若以各族裔不同障礙類別的人數分布來看，自閉症占該
族裔身心障礙人數的比率分別為：美國印地安人 0.6%、亞裔 3.4%、
黑人 1.2%、西班牙裔 0.9%、白人 1.4%。在學前兒童人口中（三至五
歲），自閉症人數占身心障礙者總人數 2.3%，比率比學齡兒童高，其
中亞裔兒童增加的比率比其他族裔多；自閉症占該族裔身心障礙人數
的比率分別為：美國印地安人 0.9%、亞裔 7.5%、黑人 2.2%、西班牙
裔 2.6%、白人 2.3%。目前尚未有相關的研究或討論，調查為何美國
亞裔身心障礙者中，自閉症的人數比率會比其他族裔高。

第四節　社經地位和職業

　　最初堪那（Kanner, 1943）發現，他的十一名自閉症個案大多來自
高級知識份子的家庭，家庭背景為高社經，父母具有高智商；早期的
研究如洛特（Lotter, 1967）亦發現類似的現象，但隨後一九八〇年代
所進行的研究，並未發現社經地位和自閉症有關（Gillberg &
Schaumann, 1982; Wing, 1980）。例如，文英（Wing, 1980）調查英國
倫敦地區兒童罹患自閉症的家庭，父親的社會階級和自閉症之間的關
係，結果發現自閉症者和智障者的社會階級沒有顯著差異，和一般大

眾比較亦沒有顯著不同。但是轉介至自閉症醫療中心的兒童，較多來自高社經的家庭，參加自閉症協會的家長亦較多人來自高社經。因此，她認為自閉症者多出生於高社經家庭，乃是受轉介的影響，罹患自閉症和社經地位無關。我國第二次特殊兒童人口普查，亦發現自閉症和社經地位無關，自閉症者平均分配於各社經之家庭（宋維村，2000）。

但一九九○年代所進行的大型研究，卻又發現自閉症的分布和社經地位有關，但結論不盡相同。馮邦尼等人（Fombonne et al., 1997a）調查一九七六到一九八五年出生於法國三行政區的 325,347 名兒童，結果發現共有 174 名兒童罹患自閉症，自閉症兒童家長的職業分布接近常模，主要職業為販賣和服務業（22.5%）以及手工業（21.8%），高社經家庭（雇主、經理、專業人員）並未有較多的自閉症兒童，雇主和經理占 9.8%、專業人員占 14.3%，數據和常模相近；但是在低社經的失業者中，自閉症家長（9%）所占的比率顯著比一般大眾（3.7%）多，亦即自閉症者的家長不是多來自高社經，而是低社經家庭偏多。

英國的研究卻又支持堪那自閉症者多來自高社經的看法，馮邦尼等人（Fombonne et al., 2001）抽樣晤談英國英格蘭、威爾斯、蘇格蘭地區五到十五歲 10,438 名兒童的家長社經地位，其中 9,455 名為正常兒童，29 名罹患 PDD（其中二名女孩為雷特症），954 名有精神疾患。結果發現三組兒童家長的社經地位分布有顯著的不同，和一般正常兒童比起來，PDD 兒童較多人出生於高社經，較少人出生於低社經；精神疾病兒童則較多人出生於低社經，較少人出生於高社經（高社經家庭分布：一般兒童 8.2%、精神疾病兒童 4%、PDD 兒童 20.7%；低社經家庭分布：一般兒童 20.2%、精神疾病兒童 29.3%、PDD 兒童 10.3%）。

以上不同的研究結果，除了可能和個案轉介因素有關外，亦可能和個案智能障礙的嚴重程度相關。貝爾德和奧格斯特（Baird & August,

1985）調查美國德州一臨床診療中心的自閉症患者，他們發現在 135
名自閉症個案中，個案智商七十分以上者，較多人來自較高社經的家
庭，個案智商低於三十五分以下者，較多人來自低社經。由於以上兩
篇在法國和英國所做的研究，並未調查兒童的智商，因此無從判斷為
何會有全然不同的結果。

　　另外，有一些研究發現，自閉症者的父親較多人從事工程方面的
工作，例如，貝倫可翰等人（Baron-Cohen et al., 1997）調查英國 919
名身心障礙者的父親和祖父的職業，結果發現自閉症者的父親從事工
程工作者（12.5%），為控制組（包括土瑞氏症、語言遲緩、唐氏症、
正常兒童）（5%）的兩倍，祖父的結果亦同。其後，貝倫可翰等人
（Wheelwright & Baron-Cohen, 1998）又重新分析資料，限制研究變
項，只比較父親的職業為專業人員者（自閉症者的父親 473 人，控制
組 208 人），結果發現自閉症者的父親（24.3%）顯著比控制組的父
親（17.3%）較多人為工程師，並且自閉症組的父親（13.7%）顯著比
控制組（19.2%）較少人為教師，其他職業則不顯著，自閉症者的父
親比控制組父親多的職業還有醫學（10.6%比 8.2%）、科學（10.6%比
8.2%）和會計（12.1%比 11.5%）。

第五節　出生季節

　　有一些研究發現，自閉症兒童傾向出生於某些月份或季節，但各
研究報導的不盡相同（詳見表 2-5）。在出生月份方面，瑞典（Gil-
lberg, 1990）、丹麥（Mouridsen et al., 1994）和美國波士頓地區
（Stevens et al., 2000）的研究發現，較多自閉症兒童出生於三月份；
以色列（Barak et al., 1995）的研究則發現，較多人出生於三月和八
月。在出生季節方面，加拿大（Konstantareas et al., 1986）的研究發
現，自閉症者多出生於春天和夏天，日本（Tanoue et al., 1988）的結

果亦支持較多人出生於春天的結論，並且發現自閉症的盛行率，和兒童罹患肺炎、支氣管炎呈高度相關（相關係數 r = .92）。但是，其他的研究則不支持自閉症者多誕生於三月份或春天的假設，例如，波頓等人（Bolton et al., 1992）發現，英國顯著較多人出生於十二月到一月、六月到七月，以及十月份。連道等人（Landau et al., 1999）分析美國 620 名自閉症者的出生月份，並未發現自閉症者各月份出生的人數和一般人口比起來有顯著不同。因此，有關季節或月份和自閉症之間的關係，仍待更多的研究來了解其間的關聯性。

表 2-5　出生季節和自閉症的關係研究

研究	地點	樣本	診斷標準	結果
Atlas (1989)	美國紐約	自閉症 26 人、精神分裂症 22 人	堪那	自閉症者比精神分裂症者，較多人於冬天出生
Barak et al. (1995)	以色列	自閉症 188 人於 1964-1986 年出生	ICD-8、ICD-9、DSM-III、DSM-III-R	和一般人口比起來（八月 9%、三月 8%），顯著較多自閉症兒童出生於八月（20%）和三月（13%），並且 1970-1976 年之間有一尖峰
Bartlik (1981)	美國北卡羅來納州	自閉症 810 人、相關異常 76 人	CARS	和一般人口比起來，顯著較多自閉症者出生於三月和八月
Bolton et al. (1992)	英國英格蘭、威爾斯	出生於 1947-1980 年間，自閉症 1,435 人、臨床病人 196 人、自閉症兄弟姊妹 121 人	ICD-9	和一般人口比起來，顯著較多自閉症者出生於十二月到一月、六月到七月、十月
Gillberg (1990)	瑞典	自閉症 100 人	DSM-III-R	自閉症者顯著較多人出生於三月，亞斯伯格症較多人於下半年出生

研究	地點	樣本	診斷標準	結果
Konstantareas et al. (1986)	加拿大安大略	自閉症 179 人於 1961-1982 年出生	DSM-III	和一般人口比起來，較多自閉症者出生於三月、六月、五月。高功能無顯著差異，低功能（IQ＜50）男性無口語能力者顯著較多人出生於春天（三至五月）和夏天（六至八月），較少人於冬天和秋天出生
Landau et al. (1999)	美國	自閉症 620 人、智障 284 人，於1947-1992 年出生	DSM-IV/ ICD10	並未支持自閉症者較多人出生於三月、八月的假設，發現自閉症者較多人出生於四月、五月，較少人出生於十二月；智障者較人多出生於一月，較少人出生於二月
Mouridsen et al. (1994)	丹麥	自閉症 118 人、類似自閉症 89 人、兒童精神病（包括亞斯伯格症）121 人，全部於 1947-1980 年出生	ICD-9	未發現月份和自閉症有關，但 1951-1956、1963-1968、1975-1980 年間顯著較多自閉症兒童出生於三月。類似自閉症者多出生於十一月
Stevens et al. (2000)	美國東部	自閉症 175 人（男 146、女 29）於1977-1985 年出生	DSM-III-R	月份沒有顯著差異，高低功能亦沒差異，但女性自閉症者顯著多出生於冬天；若用社會能力區分，被歸類為被動者較多人出生於冬天，夏天和春天較少；波士頓地區出生者顯著較多人出生於三月，此區較多低功能自閉症者

（續）

研究	地點	樣本	診斷標準	結果
Tanoue et al. (1988)	日本	自閉症 132 人（男 106、女 26）	DSM-III-R	和一般人口比起來，較多自閉症兒童出生於春天（四到六月）；並且盛行率和兒童得肺炎、支氣管炎呈相關
Yeates-Freder-ikx et al. (2000)	荷蘭	智障者資料庫自閉症 540 人、類似自閉症 491 人（全部 IQ < 70）	ICD-9	和一般人口比起來，月份和季節沒有顯著差異，但智商低於35分之自閉症者，較多人出生於第二季（四至六月）

第六節　智能障礙

　　早期堪那（Kanner, 1943）報導的十一名自閉症個案多為智能接近正常者，但其後由於診斷標準改變，學界發現自閉症者大多具有智能障礙，只有少數的自閉症者智能正常。DSM-III（APA, 1980）估計，大約 40%的自閉症兒童智商低於五十，30%的自閉症者智商接近正常（IQ > 70）；DSM-IV（APA, 1994）則指出，大約 75%的自閉症者具有智能障礙，並以中度智障者（IQ 35-50）為多數。

　　筆者分析盛行率調查報告發現（見表 2-6），研究報告所發表的年代和其樣本大小，會影響智能障礙的比率。基本上，早期發表的研究（只有少數例外，如 Steinhausen et al., 1986），智障者所占的比率約為 70%以上，二○○○年以後發表的研究報告，智障比率降低；另外，小型樣本的研究，智障比率較高，大型樣本的研究（大多為新近發表研究），智障比率較低。自閉症樣本人數超過兩百人之研究，智商高於七十分以上者，約占自閉症總人數 41%到 71%（Croen et al., 2002a; Kielinen et al., 2000; Yeargin-Allsopp et al., 2003）。尤其是美國加州（Croen et al., 2002a）的盛行率調查指出，自閉症者大多為高功

能自閉症，約占全部自閉症者的 71%；若將該研究中，智商不明確個案亦算為智障者，則高功能自閉症者亦有 62.8%（3,166 人）。由於該研究是所有研究中樣本人數最多者（自閉症者多達 4,445 人），因此具有相當的可信度，此研究顯示有愈來愈多的高功能自閉症者被診斷出來的趨勢。

表 2-6　自閉症者的智商分布

研究	樣本		智商分數（%）				
		> 85	71-85	50-70	35-49	20-34	< 19
宋維村（1993）	台灣台大醫院人數缺	10		20	70		
Bertrand et al. (2001)	美國紐澤西州自閉症 26 人（不包括無法施測 4 人）	19.2	23.0	34.6	23.1		
Bolton et al. (1994)	英國自閉症 93 人　操作	40.9		36.6	22.6		
	語文	11.8		16.1		72.0	
Bryson et al. (1988)	加拿大 Nova Scotia 自閉症 21 人	23.8		33.3	23.8	9.5	9.5
Chakrabarti & Fombonne (2001)	英國英格蘭自閉症 26 人	30.8		50.0		19.2	
Croen et al. (2002a)	美國加州自閉症 4,445 人（不包括智商不明確 593 人）	71.2		19.5	7.5	1.6	0.2
Fisher et al. (1987)	美國北達克達州自閉症 21 人	0	9	38	24	29	
Gillberg (1984)	瑞典自閉症 26 人	23		50		27	
Kielinen et al. (2000)	芬蘭自閉症 207 人	26.6	23.2	23.2	15.4	11.6	
Kielinen et al. (2004)	北芬蘭 187 人	25.1	23.5	26.2	16.0	9.1	

（續）

研究	樣本	智商分數（%）					
		> 85	71-85	50-70	35-49	20-34	< 19
Magnússon & Samundsen (2001)	冰島 1974-1983 年自閉症 15 人	33		27	40		
	1984-1993 年自閉症 37 人	5		49	46		
Steinhausen et al. (1986)	德國西柏林自閉症 52 人	32.7	23.1	44.2			
Yeargin-Allsopp et al. (2003)	美國喬治亞州自閉症 598 人（不包括發展測驗 205 人和智商不明確 77 人）	40.6		29.1	16.6	9.8	3.8
Yeates-Frederikx et al. (2000)	荷蘭智障自閉症 540 人、類似自閉症 491 人	—	—	23.5	28.6	28.0	11.8

第七節　身體疾病

到底自閉症者中有多少比率具有和病源相關的身體疾病（medical disorders）？此一度是學界爭議的話題（見 Gillberg & Coleman, 1996; Rutter et al., 1994）。吉伯（Gillberg, 1992）合併三個在瑞典所蒐集的自閉症樣本（共 174 人），發現其中具有和自閉症相關的身體疾病人數，約占自閉症者的 34%。他以史特分伯格（Steffenburg, 1991）的研究做說明，該研究原本發現三十五名自閉症者中，有六名具有身體疾病；但隨後進行較詳細的醫學檢查，包括染色體檢查和腦部斷層攝影等，結果發現其中有些個案原本沒察覺有任何身體疾病，卻發現有腦部或染色體異常，因此，使具有身體疾病的個案增至十三名，約占自閉症者的 37%。

盧特（Rutter et al.,1994）則認為此數據過高，他估計大約只有

10%的自閉症患者，其病源發生的原因和已知的身體疾病有關。他認為有三個因素會影響身體疾病的盛行率，第一為智商，基本上重度智障者中，較多人有身體疾病，輕度智障或智商正常者中，較少具有身體疾病。第二，根據 ICD-10 的診斷標準，身體疾病較常見於非典型自閉症者中，自閉症者較少，例如雷特症者亦有一些自閉症的特徵，但新的診斷標準已將雷特症和自閉症區分開來。第三，是否進行詳細的醫學檢查會影響盛行率，尤其是個案為重度或極重度智障或伴有癲癇，可能會具有身體疾病，但目前診斷自閉症的程序中，並未包括代謝檢查、腦波檢查或大腦影像攝影等，除非懷疑個案可能有這方面的異常。

　　這些盛行率的爭議引發其他學者的興趣，隨後不少人進行自閉症者身體疾病盛行率調查，茲將目前已發表的研究結果摘要列於表2-7。一般身體疾病盛行率的研究，其所列舉的醫學症狀統計，不包括具有智能障礙、癲癇、視覺障礙、聽覺障礙、肢體障礙，或注意力缺陷過動症等，和病源發生無關的人數。

表 2-7　自閉症者身體疾病盛行率調查

研究	樣本	診斷標準	智障% (IQ < 70)	癲癇%	醫學症狀 [1]	
					人數	%
Barton & Volkmar (1998) [2]	美國自閉症81人 ，2-34歲	臨床	—	14.8	8	9.9
	自閉症 84 人	DSM-III	—	—	9	10.7
	自閉症 120 人	DSM-III-R	—	—	18	15
	自閉症 75 人	DSM-IV/ ICD-10	—	—	9	12
Bryson et al. (1988)	加拿大自閉症21 人，6-14歲	DSM-III-R	76	5	4	19

（續）

研究	樣本	診斷標準	智障%(IQ < 70)	癲癇%	醫學症狀	
					人數	%
Chakrabarti & Fombonne (2001)	英國自閉症26人，2.5-6.5歲	ICD-10	69	0	3	11.5
Cialdella & Mamelle (1989)	法國自閉症 125人，3-9 歲	類似 DSM-III	缺	5.6	35 [3]	28
Fisher et al. (1987)	美國北達克達州自閉症 21 人，2-18 歲	DSM-III	91	33	6	28.6
Fombonne et al. (1997a)	法國自閉症 174人，6-16 歲	ICD-10	88	26.4	17	9.8
Gillberg (1984)	瑞典自閉症26人，4-18歲	盧特、DSM-III	77	19	3	11.5
Gillberg et al. (1991)	瑞典自閉症55人，4-13歲	盧特、DSM-III-R	80	16	16	29.1
Kielinen et al. (2004)	芬蘭自閉症 187人，3-18 歲	DSM-IV	51.3	18.2	23	12.3
Lauritsen et al. (2002)	丹麥自閉症 244人	ICD-8	缺	13.5	29	11.8
Ritvo et al. (1990)	美國猶他州自閉症 233 人，8-12歲	DSM-III	66	18.5	26	11
Sponheim & Skjeldal (1998)	挪威自閉症25人，3-14歲	ICD-10	64	24	9	36
Steffenburg (1991)	瑞典自閉症35人，4-13歲	盧特	89	34	6	17.1
		DSM-III			13	37.1
Wing & Gould (1979)	英國自閉症17人，3-8歲	堪那	71	18	6	35.3

註：1. 表中所列的醫學症狀人數不包括癲癇和視聽障。
　　2. 此研究只報導智商平均 46.8（IQ 15-119）。
　　3. 此研究 35 人中包括癲癇和視聽障。

　　由表 2-7 可知，自閉症者中有身體疾病的比率，約占自閉症者的 10%至 37%，其中以史特分伯格（Steffenburg, 1991）的研究，盛行率最高。此外，大多數研究都發現，身體疾病中比率最高的為癲癇（epilepsy），人數比率介於 0%至 34%之間。

　　分析這些研究可以發現，很多因素會影響自閉症者身體疾病的盛行率。首先，研究者如何界定身體疾病的內涵，會影響盛行率高低。若研究者用廣義，包括具有任何疾病或障礙的人數，盛行率較高；若嚴格界定，不包括癲癇或視聽障等障礙，則盛行率較低。以吉伯（Gillberg et al., 1991）的研究為例，若加上九名癲癇患者和二名聽障者，罹患身體疾病的人數從 29%，增至 49%。另外，馮邦尼等人（Fombonne et al., 1997a）的研究亦發現，若用嚴格定義，罹患身體疾病的人數約占 10%，但若加上四十六名癲癇患者和十六名視障或聽障者，則罹患身體疾病的人數增至 45%。

　　其次，研究者用何種診斷標準，會影響身體疾病的盛行率，其中以巴騰等人（Barton & Volkmar, 1998）所進行的研究最為詳細。研究者比較不同診斷標準和自閉症患者具有其他身體疾病的關係，結果發現，用 DSM-III-R 診斷標準比其他標準（臨床、DSM-III、ICD-10/DSM-IV），顯著增加罹患自閉症的人數，並且，具有身體疾病的人數也增長一倍（見表 2-7）。此外，當用臨床或 DSM-III 標準時，自閉症者的智商高低（以 IQ 50 做區分）不會影響罹患身體疾病的人數，各約占 10%；但若用 DSM-III-R 診斷標準，則低智商者約有 20%具有身體疾病，高智商者只有 7%；若用 ICD-10/DSM-IV 診斷標準，則低智商者約 13%具有身體疾病，高智商者只有 9%。因此，雖然低智商者中，傾向較多人有身體疾病，但主要的變項為研究者所使用的診斷標準，而非自閉症者的智商高低。

另外，研究亦發現，身體疾病較常見於非典型自閉症者中，自閉症者較少，例如費雪等人（Fisher et al., 1987）的研究發現，具有和病源發生相關的身體疾病人數比率，自閉症者中有 29%，非典型自閉症者中則高達 71%。

第三章 自閉症的相關特徵

本章描述自閉症的相關特徵,第一節敘述發展特徵,描述自閉症者從出生到成年,在語言溝通、社會互動和固執重複行為方面的特徵。第二節介紹認知和神經心理學特徵,包括心智論、執行功能,以及中央連貫性理論。

第一節　發展特徵

本節描述自閉症兒童的早期發展指標,並從自閉症的三大特徵:語言溝通障礙、社會互動障礙和固執重複行為,分別敘述自閉症者從出生到成年的發展特徵。自閉症兒童從出生到五歲的發展特徵,包括感覺動作、語言溝通和社會互動能力,請參見附錄二。

一、早期發展指標

威樂比等人(Wetherby et al., 2004)從 3,021 名兒童中挑選出三組兒童,包括泛自閉症、發展遲緩和正常兒童,比較他們的早期發展特徵,三組兒童年齡介於二至五歲,這些兒童在年齡小於二歲時,其父母曾填寫嬰兒和幼兒檢核表。結果發現在二十九項行為特徵中,共有十三項特徵最能區辨三組兒童的差異,正確區別率達 94.4%(見表3-1)。此外,進行分組比較時發現,泛自閉症兒童有九項特徵,得分

顯著高於發展遲緩和正常兒童，這九項特徵分別為：1、2、3、5、6、8、9、11、12；另有四項特徵，泛自閉症兒童之得分顯著高於正常兒童，但和發展遲緩兒童之得分差異未達顯著水準，這四項目為：4、7、10、13。

表 3-1　自閉症兒童的早期指標

早期指標	自閉症＞ 發展障礙	自閉症＞ 正常兒童
互惠的社會互動有困難		
1. 缺乏適當地注視	✓	✓
2. 注視時缺乏溫暖、快樂的表情	✓	✓
3. 缺乏分享喜悅或興趣	✓	✓
4. 對情境線索缺乏反應		✓
5. 當叫他的名字時，缺乏反應	✓	✓
6. 缺乏注視、臉部表情、手勢和聲音的調和	✓	✓
非習慣的手勢		
7. 缺乏指物		✓
8. 缺乏展示物品	✓	✓
非習慣的聲音和字		
9. 不尋常的韻律	✓	✓
10. 發聲缺乏子音		✓
重複行為和有限的興趣		
11. 身體、手臂、手或手指頭重複移動或呈現 　　某姿勢	✓	✓
12. 將物品重複移動	✓	✓
13. 缺乏玩各種玩具		✓

資料來源：Wetherby, A. M., Woods, J., Cleary, J., Dickinson, H., & Lord, C. (2004). Early indicators of autism spectrum disorders in the second year of life. *Journal of Autism & Developmental Disorders, 34*(5), 473-493.

二、語言和溝通能力

　　一般說來，自閉症兒童的語言特徵約可分成三種：無口語、語言遲緩和仿說（echolalia）（Koegel, 1995）。一些罹患自閉症的嬰兒在出生的第一年即顯現溝通障礙，一般正常的嬰兒會發出牙牙學語的聲音，但自閉症嬰兒很少發出聲音，或是會發聲，但只是發出一些沒有溝通目的的聲音；有些自閉症兒童出生第一年本是正常如一般嬰兒，但忽然失去能力不再發出聲音。

　　大部分的嬰兒在不會說話前，會發展出肢體語言，例如想要某東西時，會用手指東西，但自閉症嬰兒大多沒有這些能力。並且當父母叫自閉症嬰兒時，他們表現像聾子，沒有反應，有時只對某些特殊的聲音或刺激有反應。有些自閉症兒童看來像正常兒童，有溝通行為，但坐不住，表現像過動兒（Peeters & Gillberg, 1999）。

　　當兒童進入托兒所階段，大部分兒童所使用的字詞，托兒所老師多半聽得懂，能夠了解意思，但自閉症兒童的用詞用語經常和一般兒童不同，令人無法了解，需要父母協助解釋。有些自閉症兒童具有非常好的記憶力，會記得很多單字，但是無法構成有意義的句子，或是不會將字詞用在適當的情境中。很多自閉症兒童在這個階段仍然不會說話，大約有半數的自閉症兒童無法發展出語言能力（Peeters & Gillberg, 1999）。

　　當自閉症兒童到二歲半至四歲時，開始會仿說他人的語言，雖然正常兒童也會仿說別人的話語，但是很快就會進入運用仿說的句子，來達到溝通的目的，但自閉症兒童則是一直停留在仿說的階段，用鸚鵡式的仿說，不斷地重複某句話。並且，經常將代名詞用反，例如將「我」說成「你」、「你」說成「我」，例如：

　　母親說：「你要不要吃餅乾？」

　　自閉症兒童回答：「你要不要吃餅乾！」

　　母親說：「不要回答你要不要吃餅乾？說你要吃餅乾！」

自閉症兒童回答：「你要吃餅乾。」

上述的例子，經常發生在和自閉症兒童對話時，由於自閉症兒童無法了解語言互動的涵義，因此經常會仿說對方的問句。自閉症兒童的仿說行為一般可分為立即仿說（immediate echolalia）和延宕仿說（delayed echolalia）。立即仿說指聽到某些句子後，立即複述部分句子或全句，如同上述的例子；延宕仿說則是在沒有關聯的情境中，兒童複述以前聽到的聲音、字詞、部分句子或全句。研究發現，立即仿說多發生在兒童不了解對方的意思，或不知道該如何回答對方的問題時，就像當我們和外國人交談，由於聽不懂對方的語言，就仿說對方的句子；延宕仿說則和自我刺激行為有關，其功能多為感官刺激（Koegel, 1995）。

經過教育訓練後，有些自閉症兒童會開始說話，有些則仍然無口語能力。若自閉症兒童具有智能障礙，並伴隨聽覺或口語障礙，其學習手語會比學習說話容易；若自閉症兒童為低功能，具有重度智障，其學習圖卡溝通會比學習手語容易。基本上，自閉症兒童較擅長語言表達，較不擅長語言接收，尤其是語言理解能力很差；並且語言表達中書寫較優，口語較差，說話經常會使用公式化的語言表達（Boucher, 2003）。大約有六分之一到四分之一的自閉症兒童，到青少年時語言能力退化，對會話沒興趣，有些則持續用鸚鵡式的對話交談（Peeters & Gillberg, 1999）。宋維村（2000）追蹤我國自閉症者至成年發現，到成年期，仍有一半自閉症患者沒有語言溝通能力。

研究發現，自閉症者的語言發展能力和其智商高低有關，亞斯伯格症者的語言能力比高功能自閉症者好，高功能自閉症者又比低功能好，三者在語言學習、理解、表達、實用語言等方面的比較，請參見表 3-2。

表 3-2　亞斯伯格症和自閉症者的語言能力比較

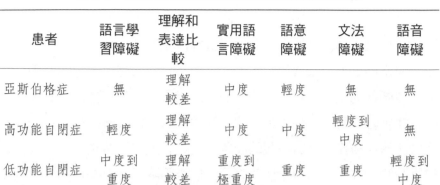

患者	語言學習障礙	理解和表達比較	實用語言障礙	語意障礙	文法障礙	語音障礙
亞斯伯格症	無	理解較差	中度	輕度	無	無
高功能自閉症	輕度	理解較差	中度	中度	輕度到中度	無
低功能自閉症	中度到重度	理解較差	重度到極重度	重度	重度	輕度到中度

資料來源：Boucher, J. (2003). Language development in autism. *International Journal of Pediatric Otorhinolaryngology, 67*s1, s159-s163.

三、社會互動能力

　　一般正常兒童在三個月大時，就會對父母微笑，別人逗他會有反應；四到九個月大時，就會希望有人靠近他，會用哭、笑或發出聲音來吸引人注意，對陌生人會有不同反應，若其他兒童哭也會跟著哭；在八到十二個月時，會對互動遊戲有興趣，例如和父母玩躲躲貓；十到十二個月時，叫孩子的名字，會有反應，會認得不同人的聲音，喜歡跟成人互動，和父母分開時，會有分離焦慮等（Jones, 1992）。

　　但自閉症兒童經常在出生的第一年就顯現出社會互動方面的障礙，當父母看他時，不會回看父母，也不會微笑，有時是完全沒反應，有時則是眼瞪空白處。當父母餵食時，會用奇怪的眼神注視，抱他時沒反應，或是不會調整身體讓別人抱。經常以自己為中心，即使別人鬧他，不會吵鬧也不會哭叫。對躲貓貓等互動遊戲沒興趣，當別人想和他玩時，他不是看前面，就是看別處。經常自己玩自己的，如搖晃自己的身體，或在眼前玩手指頭。當一歲時，不喜歡和人玩，也不會和人一起注意某事物，例如一起看小鳥等，也不會對人揮手說再見；和父母分開時，沒有分離焦慮；當他想要東西時，他會直接帶別

人到有東西的地方，但眼睛不看對方。

到了托兒所的年齡，當正常的兒童開始會和同年齡的孩子玩耍，喜歡模仿成人的行為，會和其他兒童玩扮家家酒或假裝的遊戲時，自閉症兒童則是對別人沒興趣，尤其是對小孩沒興趣。他可能會因為其他小孩鬧他而大叫，但經常是一個人自己玩自己的，他只在想要東西時，才會接近別人。他不會和別人互動，或玩假裝的遊戲，在一群兒童中，他顯得孤立。有注視的問題，避免和人視覺接觸、不看人，或經常眼瞪空白處。這現象要一直到了幼稚園階段，有些自閉症兒童才會開始顯現對環境的興趣，有些兒童則是變得特別黏他的父母，或是兄弟姊妹（Peeters & Gillberg, 1999）。

自閉症兒童一般要到小學階段，才會開始喜歡和人互動，不像幼兒時期避免和人接觸，但是多數仍然不會用適當的方式互動。很多高功能自閉症兒童可以用認知的方式來學習社會互動，但由於學習主要靠死記，不像一般正常兒童是一種自發性的學習，因此類化能力較差，多半無法類化到其他未曾學習的情境或人物（Jordan & Powell, 1995）。大約 40%的自閉症者到青少年時有問題行為，例如不喜歡動、自傷行為或固執行為；大約三分之一到二分之一自閉症者的社會能力進步到十二至十四歲以後，開始進入高原期，然後社會能力逐漸退化，退回到學前階段時的能力，並對人際互動退縮、喜歡獨自一人、不喜歡和別人來往。研究發現，自閉症者到成年階段，其社會型態大致可歸類為下列四種（Peeters & Gillberg, 1999; Wing, 1997）：

㈠**自閉孤獨型**：退縮的，不喜歡離開自己的房間，對他人不關心，避免和他人接觸。這群自閉症者大多具有智能障礙，不會說話或只具有少許的口語能力。

㈡**活躍怪異型**：喜歡用自己的方式和人接觸，由於所用的方法經常是社會不適當的方式，常令別人無法接受，因此很難相處。這群自閉症者多為高功能，有良好的口語能力，但不會用來和人交談。

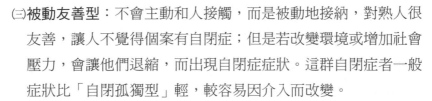

㈢**被動友善型**：不會主動和人接觸，而是被動地接納，對熟人很
友善，讓人不覺得個案有自閉症；但是若改變環境或增加社會
壓力，會讓他們退縮，而出現自閉症症狀。這群自閉症者一般
症狀比「自閉孤獨型」輕，較容易因介入而改變。

㈣**寂寞型**：喜歡獨處，缺乏同理心，只關心自己的興趣。這群自
閉症者多為高功能，具有高於平均數的智力或獨特能力，語言
能力佳，能獲得好的工作，或具有不錯的表現。對於社會互動
能力，有些人靠死記學習，有些人則是被動選擇。有些人會結
婚，但伴侶可能會覺得對方缺乏情緒的支持，常無法維持長久
的婚姻關係。

四、固執和重複行為

　　自閉症兒童和一般正常兒童最大的差異是，很多自閉症兒童在出
生的第一年，就會發展出一些奇怪的固執和重複行為，讓他們和一般
正常兒童顯現非常大的不同。例如，喜歡重複搖晃身體的某部分，不
斷地搖晃手、轉手、玩手指頭，或將手指放在眼前注視；有些兒童會
有較大動作的晃動，例如搖動雙手、雙手拍打、身體前後搖動或搖頭
等。一些較嚴重的自閉症患者會從這些固執重複的行為中，發展成自
傷行為，例如，不斷地自己打自己的臉、用頭撞牆、咬自己、捏自己
等。另外，很多自閉症者固著於某種生活作息或儀式性的行為，例如
一定要走某條路、一定不能走草地、洗澡前一定要進出浴室多次才能
開始洗澡，或是去上廁所就不出來等。有些自閉症兒童的問題行為不
是行為而是聲音，喜歡不斷重複地發出某個音、某個詞，或重複說某
句話。

　　很多自閉症兒童到了四、五歲以後，開始明顯地發展出自己獨特
並有限的興趣，例如特別喜歡收集圖卡、國旗、地圖等，喜歡背誦符
號數字，如火車時課表、電話號碼、樂譜等。某些具有視覺或聽覺刺

激的物品成為孩子的最愛,並且變成強迫行為,例如喜歡看轉動的輪子、轉動的地球儀、喜歡不斷地上下搖晃湯匙等,這些固執和重複行為或獨特的興趣,多半會一直持續至青少年和成人階段。皮文等人(Piven et al., 1996)調查三十八名高功能自閉症患者,比較他們現在(13-28歲)和五歲時功能的差異,結果發現在溝通和社會功能方面,82%患者報導有進步,但儀式和固執行為方面,只有55%患者認為自己有進步,顯示固執和重複行為比溝通和社會能力還難以顯現進步。

總之,多數的自閉症者由於有限的學習能力,狹隘的接收管道,經常喜歡簡單、重複的動作,或是視覺和聽覺的刺激;並且,這些重複的動作或感官的刺激,對自閉症者而言,常是一種愉悅的享受,或是一種降低焦慮和不安全感的活動。這些異常行為不僅在質方面和一般正常兒童的行為有很大的差異,並且能夠表現出來的行為種類和活動範圍,亦比正常兒童少。這些異常的行為多半需要藉由教育和行為介入法來改變,不會因成長而消失或變好,或是像一般兒童忽然著迷於某種遊戲,過一陣子後就沒興趣換別種玩,多數的自閉症者對這些活動的固執程度,經常比一般人可以忍耐的程度還要高,並且,智商低者進步幅度較少。

總結以上自閉症的三大特徵,研究多發現自閉症者的語言、社會和行為特徵,會一直從學齡前延續到成人,教育和介入雖能改善自閉症者的症狀,但無法根治。例如,威廉(Williams, 2001)對七十名自閉症者進行長期追蹤研究,從學齡前(3-5歲),追蹤至青少年(8-16歲,51名),再至成人期(14-23歲,剩48名),結果發現在學前被診斷為自閉症的兒童,多數人至成人期仍符合自閉症的診斷標準,四十八名個案中只有二名未符合規定的點數,但這二名只缺語言溝通領域一項而已。此外,經過教育和介入後,多數自閉症者的語言和認知能力顯現進步,尤其是高功能自閉症者進步幅度較大。另外,學前時期具有較佳的聯合注意力(joint attention)(指和別人一起注意某事

物）和功能性遊戲技能者，青少年時期的語言和認知能力亦較佳；在社會能力方面，適應行為和社會技能主要的進步時期在青少年至成年階段，並且，青少年時期參與同儕活動者，其成人期的適應力和社會技能亦較佳。

第二節　認知和神經心理學特徵

本節敘述自閉症者在認知和神經心理學方面的特徵，包括心智論、執行功能和中央連貫性理論。

一、心智論

「心智論」（theory of mind）乃是推論他人的心智狀態，例如想法、信念、願望和意圖等，並使用這些訊息去解釋、了解或預測他人的說法或行為的能力（Howlin et al., 1999）。心智論的研究，最早見於一九七八年普麥克和巫盧夫（Premack & Woodruff, 1978）的黑猩猩研究，當時主要調查黑猩猩是否具有推測他人想法、選擇正確解決方案的能力；研究者用「心智論」指輸入自己和他人的心智狀態，並用這些心智狀態去預測和解釋行為的能力。這篇研究後的篇後討論，不少學者提出意見，討論到底哪些行為變項是測量心智論，丹尼特（Dennett, 1978）認為，只有了解和預測他人行為的「錯誤信念」（false belief）才是心智論，其他不需要去推測心智狀態的變項，例如事實或個人信念等，不是心智論。

其後，威門爾和彭能（Wimmer & Perner, 1983）採用丹尼特的看法，用錯誤信念實驗去測量正常兒童的心智論。故事內容為麥克（Maxi）在等媽媽，媽媽買了一些巧克力回來，準備做蛋糕。麥克幫媽媽放東西，並將巧克力放在藍色盒子中，然後出去玩。當麥克不在

時，媽媽開始做蛋糕，將巧克力拿出來，放一些在蛋糕中，並將剩餘的巧克力放到綠色盒子中，後來媽媽想到忘了買蛋，就出門到鄰居家借蛋。這時麥克回來了，覺得肚子餓，想吃巧克力，他仍記得剛剛巧克力所放的位置。問題：

　　信念題：請問麥克會到哪裡找巧克力？

　　事實題：請問巧克力放在哪裡？

　　記憶題：你是否記得，麥克開始時是將巧克力放在哪裡？

　　結果發現，信念題答對與否和生理年齡呈正相關，三至四歲組兒童全部答錯、四至六歲組 57%答對、六至九歲組 86%答對。此外，信念題答對的兒童，事實題亦全部答對，因此，並不是因為不記得位置而猜對。而信念題答錯的兒童中，有 80%的兒童記憶題答對，因此，這些兒童答錯不是因為記錯位置，而是缺乏「錯誤信念」的關係。

　　其後研究將錯誤信念實驗分成二級，第一級錯誤信念作業（first-order false belief tasks），指個案甲由於不知道實際狀況，會認為答案是 A，但實際上答案是 B（如上述麥克實驗）；第二級錯誤信念作業（second-order false belief tests）指個案甲認為個案乙由於不知道實際狀況，會回答 A，但實際上答案是 B（見表 3-3）。研究發現一般正常兒童三歲時，多未具有錯誤信念概念，直至四歲時才能答對第一級錯誤信念題目，而第二級錯誤信念題目，大多需要到六、七歲時才能答對（Sullivan et al., 1994）。

　　最早研究自閉症者的心智論為貝倫可翰等人（Baron-Cohen et al., 1985），他們改編上述麥克實驗，設計著名的「莎莉和安妮」（Sally-Anne）實驗（見表 3-3）。研究樣本包括二十名自閉症兒童（平均年齡 11 歲 11 個月、非語文智商 9 歲 3 個月、語文智商 5 歲 5 個月）、十四名唐氏症兒童（平均年齡 10 歲 11 個月、非語文智商 5 歲 11 個月、語文智商 2 歲 11 個月）和二十七名正常兒童（平均年齡 4 歲 5 個月）。結果發現，所有的受試者都答對命名題、事實題和記憶題；信念題，正常兒童 85%答對、唐氏症兒童 86%答對，但自閉症兒童只有

表 3-3　錯誤信念實驗舉例

故事	問題
第一級錯誤信念：莎莉和安妮 （Baron-Cohen et al., 1985）	
有兩名娃娃主角，一名叫莎莉、一名叫安妮，莎莉有一個籃子，安妮有一個盒子，莎莉將一大理石球放在籃子內，然後離開，後來安妮將大理石球移到她自己的盒子內。	命名題：娃娃分別叫什麼名字？ 信念題：當莎莉回來時，她會到哪裡找大理石球？ 事實題：大理石球現在放在哪裡？ 記憶題：大理石球最初放在哪裡？
第二級錯誤信念：冰淇淋 （Perner & Wimmer, 1985）	
約翰和瑪莉在公園玩，看到冰淇淋車來了，瑪莉想買冰淇淋，但沒錢。賣冰淇淋的人對瑪莉說：「不要難過，你可以回家拿錢再來買，我會在這兒待一整天。」於是，瑪莉回家拿錢，約翰則仍然待在公園玩耍。	問題1：瑪莉為什麼回家？ 問題2：賣冰淇淋的人對瑪莉說什麼？
約翰看到賣冰淇淋的人準備離開，約翰問他：「你要去哪兒？」賣冰淇淋的人說：「我要去學校賣冰淇淋，那兒可以賣較多。」於是賣冰淇淋的人離開走往學校。	問題3：賣冰淇淋的對約翰說什麼？
後來，約翰回家吃午餐。瑪莉在家中拿到錢後，一出門就看到賣冰淇淋的人走過，瑪莉問他：「你要去哪裡？」賣冰淇淋的人回答說：「我要去學校賣冰淇淋。」瑪莉說：「還好我在這裡碰到你，我可以跟你一起去學校。」於是他們一起走到學校。	問題4：約翰是否知道賣冰淇淋的人去學校？ 語意控制題：約翰是否知道賣冰淇淋的人告訴瑪莉他要去學校？ 控制題：瑪莉是否知道冰淇淋車去哪裡？ 第二級無知題：約翰是否知道瑪莉知道冰淇淋車去哪裡？
約翰吃完午餐後，走到瑪莉的家想找她玩。約翰敲門後，瑪莉的媽媽來開門，約翰問：「瑪莉去哪裡了？」瑪莉的媽媽回答說：「瑪莉出去買冰淇淋了！」於是約翰去找瑪莉。	記憶提示：現在要記得！約翰並不知道賣冰淇淋的人告訴瑪莉他要去哪裡。 第二級錯誤信念題：約翰會想瑪莉會去哪兒買冰淇淋呢？ 判斷題：為什麼？

20%答對，因此他們認為自閉症者具有心智論缺陷。

後續不少研究證實自閉症者具有心智論缺陷，例如，雷司理和傅里思（Leslie & Frith, 1988）修改莎莉和安妮的故事，改用真人來演，結果發現信念題語言障礙兒童全部答對（平均年齡 8.8 歲、語文心智能力 6.9 歲），但自閉症兒童只有 28%答對（平均年齡 13.1 歲、語文心智能力 6.9 歲）。貝倫可翰（Baron-Cohen, 1989）進一步調查自閉症者答對第一級錯誤信念題的人，是否具有第二級錯誤信念的概念，結果發現自閉症者即使答對第一級題目，第二級也全部答錯（平均年齡 15.3 歲、語文表達 12.2 歲、語文接收 8.8 歲、非語文心智 10.7 歲），相較一般正常兒童答對者占 90%（平均年齡 7.5 歲），唐氏症者亦有60%的人答對（平均年齡 14.3 歲、語文表達 7.5 歲、語文接收 4.7 歲、非語文心智 6.8 歲）。

此外，不少研究指出，自閉症者的心智論能力和其語言發展能力有關（例如 Sparrevohn & Howie, 1995; Steele et al., 2003），但即使控制受試者的語文能力，自閉症兒童的心智論能力亦比一般正常兒童或語言障礙兒童遲緩或落後（例如 Leslie & Frith, 1988）。一項研究發現，答對第一級錯誤信念題者，一般兒童的平均年齡為四歲二個月、語文心智年齡四歲十個月；自閉症兒童的平均年齡為十三歲六個月、語文心智年齡九歲七個月。亦即自閉症兒童比一般兒童需要較高的語言心智能力，才有可能答對錯誤信念題（Happé, 1995）。

貝倫可翰等人（Baron-Cohen & Howlin, 1993）指出，自閉症者的心智論缺陷包括下列特徵：

㈠**對他人的感覺不敏感**：例如自閉症者去跟老師講，評論他臉上的斑點。

㈡**無法了解他人的經驗可能和自己的不同**：例如自閉症者陳述事情時，只講部分內容，認為別人知道其他未講的部分或看法相同。

㈢**無法解讀他人的意圖**：例如自閉症者被同學捉弄，無法了解同

學的行為其實是在嘲弄他。

㈣**無法了解他人對自己的言論是否感興趣**：例如自閉症者每次談話只限三種他有興趣的話題，不了解別人對該話題不感興趣。

㈤**無法預期他人對自己的行為可能會產生的想法**：例如自閉症者不斷地詢問別人的隱私，造成別人認為他在性騷擾。

㈥**無法了解他人可能會犯錯**：例如無法原諒別人的無心過錯，認為別人是故意和他做對，而攻擊他人。

㈦**無法欺騙他人或了解欺騙行為**：例如無法區辨好人或壞人，即使壞人詢問，也一樣誠實回答，導致貴重物品最後被偷走。

㈧**無法了解別人行為後面的動機**：例如由於自閉症者具有社會互動缺陷，親戚好意幫自閉症者在自己的公司安插一個輕鬆的工作，不需和其他人互動，但自閉症者很生氣，認為自己應擔任管理者，無法體念別人的好意。

二、執行功能

「執行功能」（executive function）乃是一種心智操作方式，主要指由額葉所負責控制的問題解決行為（Duncan, 1986; Ozonoff, 1995）。目前學界對執行功能的內涵並沒有一致的見解，綜合不同的研究，執行功能大致包括：改變方向、彈性的思考和行動、計畫、組織、工作記憶、衝動控制、抑制、生產力、自我監督、專心、維持注意力和轉移注意力等（Hill, 2004; Ozonoff, 1995; Ozonoff & Jensen, 1999）。臨床研究發現，額葉腦傷的病人具有執行功能缺陷，其認知行為特徵包括：重複無目的的動作或語言、很難抑制熟悉的反應、不適當重複的想法或行動、缺乏計畫能力、難以將細節統整、難以處理多元訊息，以及缺乏應用知識的能力等。此外，研究亦指出，一些和先天額葉受損有關的發展障礙，患者亦常具有執行功能缺陷，例如自閉症（Hill, 2004）、注意力缺陷過動症（ADHD）（Woods et al.,

2002）、苯酮尿症（PKU）（Smith, 2000）、躁鬱症（Quraishi & Frangou, 2002），以及精神分裂症（Heydebrand et al., 2004）等。

最早發表報告指出自閉症者具有執行功能缺陷的是司提等人（Steel et al., 1984），他們報導一位二十九歲的自閉症個案，問題解決策略非常欠缺彈性，堅持零碎技能，蘊含其額葉功能受損。最早的實證調查報告，則是由盧希（Rumsey, 1985）所提出，她比較九名自閉症男性成人患者和十名正常人在「威斯康辛卡片分類測驗」（Wisconsin Card Sorting Test, WCST）（見表 3-4）上的表現。威斯康辛卡片分類測驗的目的，在測量執行功能有關彈性思考的能力，測驗內容在測量受試者當環境原則改變時，認知策略能跟著改變的能力，測驗結果可以計算受試者答對、答錯和「堅持反應」（perseverative responses）的分數。堅持反應指受試者無法改變問題解決策略，即使答錯，仍堅持原來的原則（Grant & Berg, 1948; Heaton et al., 1993）。結果盧希發現，自閉症組顯著比控制組出現較多錯誤，並且堅持反應亦較多，亦即自閉症者的卡片分類方式，傾向按照原來正確的方式，而不是按照新的方式分類，不會因施測者的回饋而改變分類原則。

隨後，不少研究證實自閉症者具有執行功能缺陷，例如，派爾和霍夫曼（Prior & Hoffman, 1990）比較自閉症兒童和一般兒童在 WCST 和迷津測驗的差異，研究者控制年齡和智商變項，結果發現，自閉症兒童比一般兒童較難從錯誤中學習，傾向堅持使用錯誤的策略，並且一再重複相同的錯誤。

除了 WCST 外，不少研究者用「漢諾塔」（Tower of Hanoi）（Borys et al., 1982）來測量執行功能中的計畫效能（例如 Ozonoff & Jensen, 1999; Ozonoff & McEvoy, 1994）。漢諾塔測驗是要受試者根據實驗者已排好的形狀，移動自己板中的大小圓盤到柱子上，如同實驗者的排法，移動方式如同跳棋，題目難度根據圓盤的數目和所限制的移動次數而定，主要在測量受試者的問題解決能力和計畫能力（見表 3-4）。另外，常用的執行功能測驗還有「司除氏顏色字測驗」

（Stroop Color-Word Test）（Stroop, 1935/1992），進行方式為要受試者看測驗紙上的字（顏色名），說出字列印的顏色，題目故意混淆，所列印的顏色和字意不同，例如字為「紅」，但用綠色列印，主要的目的在測量受試者抑制自動反應的能力（見表 3-4）。

　　例如，歐容夫和傑森（Ozonoff & Jensen, 1999）比較高功能自閉症、ADHD、土瑞氏症兒童以及一般正常兒童（控制組），在 WCST、漢諾塔以及司除氏顏色字測驗分數上的差異，四組兒童配對年齡和智商。結果發現，在 WCST 分數上，自閉症兒童顯著比控制組和 ADHD 兒童出現較多堅持反應，土瑞氏症和 ADHD 兒童的分數，和控制組兒童沒有顯著差異；在漢諾塔分數方面，自閉症兒童顯著比另外三組兒童分數低；司除氏顏色字測驗，則是 ADHD 兒童的分數顯著比控制組低，其他兩組兒童和控制組兒童的分數沒有顯著差異。顯示自閉症兒童的執行功能缺陷，主要在缺乏彈性思考和計畫方面，ADHD 兒童則是抑制自動反應方面。

　　黑爾（Hill, 2004）文獻回顧自閉症者的執行功能研究，包括彈性思考、計畫、抑制力、生產力（流暢）和自我監督，結果發現，較多研究顯示，自閉症者具有心智彈性和計畫方面的缺陷；在抑制力、生產力和自我監督方面，研究結果較不一致，有些研究發現自閉症者的分數較低，有些發現和控制組沒有顯著差異。此外，研究顯示執行功能和智商高低有關，尤其是語文智商會影響執行功能的分數，一些研究控制智商變項，結果發現自閉症者和一般正常人的分數沒有顯著差距。

三、中央連貫性理論

　　一般正常人的訊息處理方式，傾向將不同的訊息放在一起考慮，然後整合各方情境線索，成為較高層次的意義，傅里思（Frith, 1989/2003）稱這種訊息處理方式為「中央連貫性」（central coher-

表 3-4　執行功能測驗簡介

測驗名稱	目的	測驗工具	施測程序
威斯康辛卡片分類測驗（Grant & Berg, 1948; Heaton et al., 1993）	彈性思考、改變方向	共包括 4 張刺激卡片和 128 張反應卡片。卡片變化包括圖案（十字、圓形、三角形或星形）、顏色（紅色、藍色、黃色或綠色）和數目（1、2、3 或 4 個）	施測者將 4 張刺激卡片排在桌面，分別為三角形（紅 1）、星形（綠 2）、十字（黃 3）、圓（綠 4）。然後給受試者 64 張反應卡，要他將每一張卡片分別和其中一張刺激卡片配對，施測者不告訴受試者如何分類（例如顏色），但每分完一張，會告訴受試者分對或錯，直至受試者連續 10 次答對後，施測者再換另一種分類法（如改用圖案），但不告訴受試者分類原則改變。
漢諾塔（Borys et al., 1982）	問題解決、計畫	實驗者和受試者各有一木板，上面有 3 支直立柱子排成一排，以及不同大小顏色的圓盤，大盤 7.5 公分、中盤 5 公分、小盤 2.5 公分。最初發展時只有 2 至 3 個圓盤，適用於 12 歲以下的兒童，後來一些研究增至 4 個圓盤用來測量青少年和成人	實驗者板子上的圓盤事先排好形狀，要受試者根據實驗者的排法，將自己板中的圓盤排成相同的形狀。移動的原則是小盤需套在大盤的上面，並且每次只能移動一盤。題目難度根據盤數和限制的移動次數而定，兒童組最難的為三盤移動七次。例如學前組的故事為有一叢林，受試者需幫助猴子（圓盤）一個接著一個跳到樹上（柱子），最簡單的作業為受試者板中二圓盤事先套在第一支柱子上，實驗者要受試者最多移動 3 次，將二圓盤套在第 3 支柱子，成為一塔形，移動方式如同跳棋。
司除氏顏色字測驗（Stroop, 1935/1992）	抑制自動反應	測驗紙上每題寫一字（顏色名），共包括 5 種顏色：紅、藍、綠、棕和紫，該字用和字意義不同的顏色列印，例如字寫「紅」，列印的顏色分別為藍、綠、棕或紫色	呈現測驗紙，要受試者看字說出答案，測驗一說出字的顏色，測驗二說出上面所列印的字。

ence）。她提出「中央連貫性理論」（Central Coherence Theory），認為自閉症者較擅長局部、片段的訊息，傾向用注意細節的處理方式（detail-focused processing），不擅長處理需要全盤考慮、統整意義的工作，亦即自閉症者具有薄弱的中央連貫性（weak central coherence）（Frith & Happé, 1994）。

目前最常用來測量中央連貫性的測驗為「藏圖測驗」（Embedded Figures Test），藏圖測驗的內容為要受試者從一個複雜的圖形中，找到一個潛藏的簡單圖形。分數高，表示受試者可以將物品從情境中分離，認知型態屬於「場地獨立」（field independence）；分數低，表示受試者傾向統整考量，無法將物品從場地中分開，認知型態屬於「場地依賴」（field dependence）（Witkin & Goodenough, 1981）。除了藏圖測驗，常用的測驗還有魏氏智力量表的分測驗「圖形設計測驗」（Block Design）。圖形設計測驗的內容為由實驗者用方塊拼成示範圖案，或是呈現圖案卡片（未含切割方式），要受試者根據實驗者所顯示的圖案，操作二至九個小方塊（拼片），排成和示範圖案相同的圖形。主要測量受試者空間視覺能力，能夠將圖案分解成小方塊，然後將部分重組成原始圖形的能力。

最早發表研究報告，支持中央連貫性理論的為薛和傅里思（Shah & Frith, 1983），他們比較自閉症兒童、智障兒童和一般正常兒童在藏圖測驗分數上的差異，受試者每組各二十名，自閉症和智障組的兒童平均年齡十三歲，正常兒童平均九歲，三組兒童的瑞文氏智商分數介於五十至七十分，心智年齡約九歲半。研究結果發現，自閉症兒童藏圖測驗的分數顯著高於其他兩組兒童，智障兒童和一般兒童的分數則沒顯著差異。研究者認為，自閉症兒童處理訊息方式傾向注意細節，因此藏圖測驗會得到較高的分數。

後續研究結果不一致，有些研究發現，自閉症者的藏圖測驗分數和正常人沒有差異（例如 Brian & Bryson, 1996）；但另有一些研究發現，自閉症者完成藏圖測驗的時間顯著比正常人快（Jolliffe & Baron-

Cohen, 1997）。例如，喬立夫和貝倫可翰（Jolliffe & Baron-Cohen, 1997）比較自閉症、亞斯伯格症患者和正常成人在藏圖測驗分數上的差距。每組各十七人，三組配對年齡（介於18-49歲）和智商（86-133分），結果發現，自閉症和亞斯伯格症患者的正確度得分比正常人高，但差距未達顯著水準；在反應時間方面，自閉症和亞斯伯格症者顯著比正常人快，但自閉症和亞斯伯格症者二組的反應時間則無顯著差異。

雖然藏圖測驗的結果不一致，但不少研究發現，自閉症者在魏氏智力量表各分測驗中，圖形設計測驗的得分高於其他分測驗（例如 Dennis et al., 1999; Gilchrist et al., 2001）。薛和傅里思（Shah & Frith, 1993）認為自閉症者會得高分的原因，和自閉症者具有薄弱的中央連貫性有關，他們進一步將圖形設計測驗修改成不同的變化方式，每個圖形設計由四塊完全一樣的方塊所組成，方塊的四面圖案不同（見圖3-1）。圖形呈現方式包括完整（四塊組合在一起）、片段（四塊分開）、斜角（每個方塊各旋轉四十五度角）、旋轉（整個圖案旋轉四十五度角）。結果發現，當呈現片段圖形時，自閉症者的得分顯著高於正常人，其他圖形變化二組的得分沒有顯著差異。薛和傅里思認為，由於自閉症者傾向注意細節勝過全部，圖案分解能力比正常人佳，因而片段圖形會得到較高的分數。

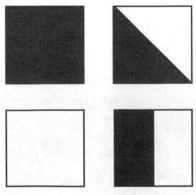

圖 3-1　圖形設計方塊四面圖案

另有一些研究者調查自閉症者的視覺搜尋能力，結果亦證實，自閉症者的視覺搜尋能力比一般人好（例如 O'Riordan et al., 2001; Plaisted et al., 1998）。例如，培斯特等人（Plaisted et al., 1998）比較自閉症兒童和正常兒童搜尋英文字母所花費的時間，共包括兩種視覺搜尋作業：目標明顯字母（例如搜尋目標為紅 X，混淆字母為數個紅 T 和綠 T）以及不明顯關聯字母（例如搜尋目標為紅 X，混淆字母為數個綠 X 和紅 T）。結果發現，一般正常兒童搜尋「不明顯關聯字母」的速度比搜尋「目標明顯字母」慢，但自閉症兒童搜尋兩種作業所花的時間沒有顯著差異，顯示自閉症兒童擅長視覺搜尋，認知型態傾向注意細節，比正常兒童容易找到潛藏的字母。

此外，喬立夫和貝倫可翰（Jolliffe & Baron-cohen, 2001）比較自閉症、亞斯伯格症患者和正常成人在「胡佛視覺組織測驗」（Hooper Visual Organization Test）上的差異。此測驗分成二部分：一為零碎分數，內容為一線條圖形，切割成幾個部分，如同拼圖，受試者需要將片段統整成圖形，說出圖形內容；另一為部分分數，乃是呈現某物品的部分圖形，要受試者指認出該物品。結果發現，自閉症和亞斯伯格症患者的零碎統整分數顯著比正常人低，但是部分物品指認分數和正常人無顯著差異；並且，正常人零碎和部分二測驗的得分非常接近，但自閉症和亞斯伯格症患者二分數的差距達顯著水準，且自閉症者的差距比亞斯伯格症者大。此研究顯示，自閉症者局部訊息處理能力正常，但將片段統整的能力有缺陷，結果亦支持中央連貫性理論。

另有些學者認為自閉症者的訊息處理方式，不是局部處理（local processing）優於全盤處理（global processing），而是高低層訊息處理間的連貫有問題。例如，摩純和貝樂維（Mottron & Belleville, 1993）提出「階層缺陷理論」（Hierarchization Deficit Theory），認為自閉症者處理局部和全盤訊息的能力和一般正常人一樣，但是在處理複雜視覺圖案時，一般人的處理方式是將「高層全盤處理」放在「低層局部處理」之上，但是自閉症者缺乏階層處理模式，或是高低層間互相干

擾，造成全盤統整處理時出現較多錯誤。他們發現當呈現一致的刺激時，自閉症者和正常人處理全盤訊息的能力沒有差異，二者都是全盤處理比局部處理快；但當呈現不一致的刺激時，自閉症者的全盤處理比正常人出現較多錯誤，因此他們認為，自閉症者不是全盤統整處理有缺陷（薄弱的中央連貫性），而是較容易受局部訊息不一致的影響，而出現錯誤。

此理論後來得到不少支持者，例如，阮哈特等人（Rinehart et al., 2000）比較高功能自閉症兒童（平均年齡 9 歲，智商 93.7）和正常兒童，以及亞斯伯格症兒童（平均年齡 12.5 歲，智商 102.8）和正常兒童，局部和全盤訊息處理模式的差異，實驗組和控制組分別配對年齡、性別和智商，每組各十二名兒童。結果發現，全部兒童的訊息處理模式都是全盤優於局部處理，並且局部刺激的反應速度比全盤訊息慢；當出現不一致的局部刺激，並會干擾全盤處理時，自閉症和亞斯伯格症兒童顯著出現較多錯誤，但控制組兒童則不受局部干擾的影響。因此，研究者認為實驗結果支持階層缺陷理論，不支持中央連貫性理論，因為自閉症和亞斯伯格症患者的全盤處理並未出現障礙。

艾羅琪（Iarocci, 2003）比較高功能自閉症兒童和正常兒童全盤和局部訊息處理的差異，控制組共有二組，一組和自閉症兒童配對語文智商，另一組配對非語文智商。研究共包括兩個實驗：第一個實驗研究視覺搜尋作業中的基本注意力，受試者需要注意點狀圖案，包括注意大範圍（全盤）或小部分（局部）；第二個實驗調查視覺搜尋作業中的高層注意力，作業內容為由小點構成小圖案，許多小圖案再構成大圖案，具有階層關係（舉例見圖 3-2）。結果發現，在基本注意力方面，自閉症兒童和正常兒童的視覺搜尋能力沒有顯著差異，自閉症兒童可以注意全盤區域，亦可注意局部區域；但在高層注意力方面，自閉症兒童和正常兒童的視覺搜尋策略顯著不同，正常兒童多運用全盤注意策略，但自閉症兒童缺乏階層處理技能，傾向注意局部刺激，無法將部分統整全盤考量。此結果顯示自閉症兒童的訊息處理障礙，

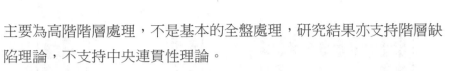

主要為高階階層處理，不是基本的全盤處理，研究結果亦支持階層缺陷理論，不支持中央連貫性理論。

　　但是摩純等人（Mottron et al., 2003）後來的研究，卻推翻自己先前的結論，他們比較自閉症者（平均年齡 15.75 歲，智商 109.83）和正常人（平均年齡 15.17 歲，智商 107.5）局部和全盤處理的差異，每組各有十二名受試者，分別配對性別（男十一人、女一人）、年齡和智商。結果發現，自閉症者和正常人階層字母作業（hierarchical letter task）（見圖 3-3）的得分沒有顯著差異；但解藏作業（disembedding task）（見圖 3-4）的反應時間，二組呈現顯著差異，正常人對潛藏刺激物（右圖）的反應比孤立刺激物（左圖）慢，但自閉症者兩種作業的反應時間相似。研究結果顯示自閉症者的階層處理沒有缺陷，但比正常人擅長搜尋潛藏刺激物，此結果支持中央連貫性理論，不支持階層缺陷理論。

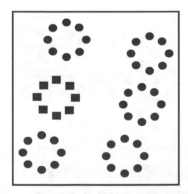
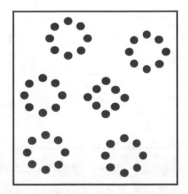

圖 3-2　階層訊息處理作業圖案構成舉例（左圖為局部，右圖為全盤）

註：原始作業左右兩圖各由九個小圖案構成，舉例說明只列出六個。

資料來源：Iarocci, G. (2003). Global and local perception in autism: The role of basic and higher-order attention (Doctoral dissertation, McGill University, Montreal, 2000). *Dissertation Abstracts International: Section A, 63*(7), 2457. (UMI No. AAT NQ70046)

圖 3-3　階層字母作業舉例——H 字母（左圖為局部，右圖為全盤）

註：原始作業用黑底白字呈現，H 和 S 為目標字母，A 和 E 為混淆字母。進
　　行方式為每當出現 H 字母時，受試者按左鍵（或右），出現 S 字母時，
　　按右鍵（或左）。

資料來源：Mottron, L., Burack, J. A., Iarocci, G., Belleville, S., & Enns, J. T.
　　　　　(2003). Locally oriented perception with intact global processing am-
　　　　　ong adolescents with high-functioning autism: Evidence from multiple
　　　　　paradigms. *Journal of Child Psychology & Psychiatry, 44*(6), 904-913.

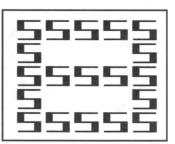

圖 3-4　解藏作業舉例——S 字母（左圖為孤立，右圖潛藏）

註：原始作業用黑底白字呈現，共四種圖案：H 孤立、H 潛藏、S 孤立、S 潛
　　藏。進行方式為每當出現 H 字母時，受試者按左鍵（或右），出現 S 字
　　母時，按右鍵（或左）。

資料來源：同圖 3-3。

　　到底是「中央連貫性理論」還是「階層缺陷理論」比較正確？目
前並沒有定論，二者各獲得不少研究支持，由於不同研究者經常運用
不同的實驗工具，並對所測量的內容自己下定義，因此各研究間很難

比較。例如，圖 3-2 和圖 3-3 皆稱測量階層處理，但二作業的難度不同，無法確定是否測量相同的技能；此外，各研究的樣本數都很小，受試者一組多不超過二十人，因此結果可能會受取樣誤差的影響，尤其是控制組。筆者認為，若根據場地獨立和場地依賴理論（Witkin & Goodenough, 1981），在一般正常人中，有些人的認知型態傾向場地獨立，有些人傾向場地依賴，但這些研究者在尋找控制組時，多半未考慮正常人認知型態的分布，只配對性別、年齡和智商等變項，因此控制組選樣可能會出現誤差。

　　綜合以上研究可以發現，若以自閉症者為一族群來看，自閉症者的訊息處理方式傾向注意細節，認知型態傾向場地獨立（Mottron et al., 2003; Shah & Frith, 1983），並且具有良好的視覺搜尋能力（O'Riordan et al., 2001; Plaisted et al., 1998），不像一般正常人的認知型態呈常態分配（Witkin & Goodenough, 1981）。若從訊息處理的角度來看，高功能自閉症者處理簡單訊息的能力沒有問題，其反應多和一般正常人相似（Jolliffe & Baron-Cohen, 2001）；但在處理複雜訊息時，尤其是當訊息內容模糊、具有干擾物，或包括情境因素時，由於自閉症者傾向注意細節，較容易受細節影響，因此，比一般正常人容易出現錯誤（Iarocci, 2003; Rinehart et al., 2000）。

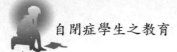

第四章／自閉症的病因（上）

目前醫學界認為，自閉症乃是一種神經發展異常（neurodevelopmental disorder）（Rutter et al., 1994），病症主要是由生物因素所造成，但尚未有任何一個生物因素，可以完全解釋自閉症的發生原因，顯示罹患自閉症可能有多種不同的途徑。綜合學界對自閉症病因的看法，根據其歷史演進，大致可分為下列四個階段（Rutter, 1999）：

㈠一九五〇和一九六〇年代：自閉症是一種「心理生物異常」（psychobiological disorder），罹患自閉症和父母不當的教養方式以及身體疾病有關。

㈡一九七〇至一九八〇年代中期：自閉症和身體疾病有關，雙胞胎研究發現遺傳扮演重要角色。

㈢一九八〇年代晚期至一九九〇年代早期：家庭遺傳研究發現，自閉症的遺傳病因高達 90%，並且遺傳乃是認知、語言和社會能力缺陷的遺傳，而非自閉症本身。約 10%的自閉症者其病因源於身體疾病，此外，一些研究發現自閉症和大腦異常有關。

㈣一九九〇年代晚期至現在：盛行分子遺傳研究，雖找到多個基因和自閉症有關，但尚未有正式的候選基因，顯示自閉症不是單一基因遺傳，乃是多個基因互動產生。此外，大腦功能研究發現，自閉症者的心智論、臉孔辨識、中央連貫性、語言處理等能力缺陷，和其大腦功能異常有關。

以下分別敘述早期觀點、家庭遺傳研究，以及身體疾病等病因，腦部研究、分子遺傳研究和神經化學則於第五章中介紹。

第一節　早期觀點：心理因素

　　當堪那發表〈情感接觸的自閉困擾〉一文時，他認為個案會出現自閉問題，乃是因為生物的因素所造成（Kanner, 1943）；但隨後堪那受心理分析學派的影響，改變對自閉症病因的看法，傾向自閉症主要由心理因素所造成，並於一九四九年的報告中指出，個案的母親缺乏溫暖，個案的母親對自閉症的孩子就像「將他們存放在冰箱中，使其不會融化」（They were kept neatly in refrigerators which did not defrost）（Kanner, 1949, p.61），這種看法後來成為當代對自閉症成因的主流看法。

　　從一九五〇至一九六〇年代，精神醫學界大多認為自閉症是一種「心理生物異常」（Eisenberg & Kanner, 1956），主要將責任放在父母身上，認為父母偏差的人格特質、不適當的管教態度，乃是造成兒童日後罹患自閉症的主要原因。此理論源於佛洛伊德（Sigmund Freud）的心理分析學派，認為情緒障礙乃源於兒童早期不良的經驗所造成，不是生理因素；另外，亦受約翰‧包比（John Bowlby）的影響，他於一九五一年發表〈母親的照顧和心理衛生〉（Maternal care and mental health）一文，指出早期的情緒剝奪會影響兒童日後在心理、生理、智力、情緒和社會方面的發展（Bowlby, 1951）。此時倡導「自閉症源於父母不當的教養方式」的主要代表人物為布魯諾‧披頭翰（Bruno Bettelheim）（Bettelheim, 1967）。

　　披頭翰在美國芝加哥大學附設的情緒障礙兒童學校工作，基於過去在納粹集中營的觀察心得，他認為集中營中的犯人和自閉症兒童有很多類似的地方，並於一九五〇、一九六〇年代發表多篇報告，提出「冰箱母親」（refrigerator mothers）的理論，認為母親對孩子冷淡和缺乏關愛，乃是導致兒童產生心理困擾而罹患自閉症的原因；生物方面的異常只是影響的因素，而非自閉症的病因。他在《空虛的堡壘》（The Empty Fortress）一書中指出，兒童由於缺乏早期的情感刺激，

使得中央神經系統受損，影響自我的發展和智力功能；他認為自閉症乃是對情感剝奪的一種反應，自閉症兒童對母親的反應，和集中營的囚犯對看守者的態度一樣（Bettelheim, 1967; Simpson et al., 2002）。這種看法在當時不僅得到社會大眾的注意，也得到不少研究者的支持，例如堪那和艾森伯（Kanner, 1949; Eisenberg & Kanner, 1956），他們發表報告支持「冰箱母親」的理論，指出病源發生研究並未發現自閉症兒童在生理上有顯著的異常，但觀察這些個案的家庭發現，「情緒冷淡」（emotional frigidity）乃是典型自閉症兒童家庭的特徵；這些家庭父母在教養子女時，幾乎完全缺乏情緒的溫暖，對待子女的態度多半是冷淡和傳統，父母多半只注意自己生涯的發展，對人缺乏興趣，對子女缺乏感情（Eisenberg & Kanner, 1956）。

　　這個趨勢到一九七〇年代逐漸改變，很多家庭遺傳研究紛紛出爐，加上醫學技術進步，一些自閉症的併發症和生理病因被檢查出來，推翻了過去對自閉症成因的看法。

第二節　家庭遺傳研究

　　了解某種疾病是否和遺傳有關，過去主要由三方面的研究來得知：雙胞胎研究、家庭研究和收養家庭研究。雙胞胎研究主要是研究同卵和異卵雙胞胎得病的機率，若同卵雙胞胎都得某種疾病，但異卵沒有或機率較低，表示疾病主要受遺傳影響。

　　家庭研究則是調查親戚中得同樣疾病的機率，基本上，同卵雙胞胎的遺傳相關性是100%，第一親等[1]（first-degree relatives）包括父母和子女，以及兄弟姊妹間的遺傳相關是50%，第二親等包括祖父母和孫子、同母異父或同父異母之兄弟姊妹、叔伯姑舅和姪甥間的遺傳相關是 25%，第三親等例如堂兄弟姊妹、表兄弟姊妹間的遺傳相關是12.5%。若疾病主要受遺傳影響，則家庭成員中，尤其是第一親等，

得相同疾病或相似症狀的機率比別人高。

　　收養家庭研究是調查養子和養父母家庭成員中得病的機率，並和孩子親生父母家庭得病的機率做比較，以了解遺傳和環境的影響。若疾病主要受遺傳影響，則親生父母家庭得病機率比養父母家庭高；反之，若受環境影響，則收養家庭成員中得病機率較高（Wicks-Nelson & Israel, 1997）。以下分別說明雙胞胎研究、家庭研究和收養家庭研究的研究結果。

一、雙胞胎研究

　　最早證明自閉症和遺傳有關，乃是佛斯坦和盧特於一九七七年發表的雙胞胎研究報告（Folstein & Rutter, 1977），他們研究二十一對五至二十三歲的同性別雙胞胎，十對為同卵雙胞胎（monozygotic, MZ），十一對為異卵雙胞胎（dizygotic, DZ），其中有二十五位符合堪那（Kanner, 1943）和盧特（Rutter, 1971）自閉症的診斷標準。結果發現，有36%（四對）的同卵雙胞胎同時得自閉症，但異卵雙胞胎中沒有一對同時得；並且，82%的同卵雙胞胎、10%異卵雙胞胎同時具有和語言有關的認知社會功能異常。因此，佛斯坦和盧特認為，自閉症的病因乃是生物方面的因素，而非父母管教態度所造成，並且遺傳主要是一種語言、認知和社會缺陷的遺傳，而非自閉症本身。歷年來，有關自閉症的雙胞胎研究，請參見表4-1。

註1：遺傳研究中的親等計算方式，和「民法・親屬篇」所規定的親等計算方式不同。根據「民法・親屬篇」規定：「血親親等之計算，直系血親，從己身上下數，以一世為一親等；旁系血親，從己身數至同源之直系血親，再由同源之直系血親，數至與之計算親等之血親，以其總世數為親等之數。」因此，父母和子女間為第一親等，兄弟姊妹間為第二親等。

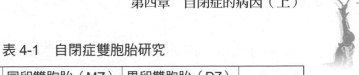

表 4-1　自閉症雙胞胎研究

研究	地點	同卵雙胞胎（MZ）			異卵雙胞胎（DZ）			診斷標準
		對數	自閉症	廣義表型	對數	自閉症	廣義表型	
Baily et al. (1995) [1]	英國	17	11/16 69%	14/16 87%	11	0/11 0%	1/11 9%	ICD-10、ADI
Betancur et al. (2002)	奧地利、比利時、法國、以色列、義大利、挪威、瑞典、美國	9	9/9 100%		2	2/2 100%		ICD-10、DSM-IV、ADI [2]
Folstein & Rutter (1977)	英國	11	4/11 36%	9/11 82%	10	0/10 0%	1/10 10%	Kanner (1943)、Rutter (1971)
Greenberg et al. (2001)	美國	17	15/17 88%	17/17 100%	12	8/12 66.7%	12/12 100%	
Hallmayer et al. (2002)	澳洲	2	1/2 50%	2/2 100%	12	10/12 83%	12/12 100%	
Ritvo et al. (1985)	美國	23	22/23 95.7%		17	4/17 23.5%		DSM-III
Steffenburg et al. (1989)	丹麥、芬蘭、冰島、挪威、瑞典	11	10/11 91%	10/11 91%	10	0/10 0%	3/10 30%	DSM-III-R

註：1. Baily et al. (1995)的樣本包括新樣本和 Folstein & Rutter (1977)研究中的樣本，本表只列出新樣本。

2. ADI＝自閉症診斷晤談表（Autism Diagnostic Interview）（見第七章第一節）。

　　由表 4-1 可知，同卵雙胞胎同時得自閉症的機率介於 36%至 100%之間；而異卵雙胞胎同時得自閉症的機率，有的研究發現是 0%，亦有高達 100%。另外，若將罹患自閉症者擴大到廣義表型（broader phenotype），亦即只要具有任何自閉症特徵者〔包括亞斯伯格症、未明示廣泛發展障礙（PDDNOS）〕亦列入，則同卵雙胞胎同時具有任何一種自閉症特徵的比率高達82%以上，異卵雙胞胎的機率則介於9%至100%。一篇新近研究調查美國密蘇里州雙胞胎中具有自閉症特徵的比率，樣本包括788對雙胞胎（同卵268對、異卵520對），年齡介於七至十五歲，結果發現男孩具有自閉症特徵（得分等於或高於PDDNOS病患的分數）的比率是1.4%，女孩是0.3%，顯示雙胞胎尤其是男性，比一般人容易罹患廣義自閉症（Constantino & Todd, 2003）。

以上的雙胞胎研究有兩個重要的涵義。首先，自閉症的遺傳率（heritability）一般可以用同卵雙胞胎和異卵雙胞胎得病機率的差來推估（Szatmari et al., 1998），因此，自閉症的遺傳率可以高達90%以上（Steffenburg et al., 1989）。其次，並不是所有的同卵雙胞胎都同時得自閉症，所以自閉症不是百分之百的遺傳性疾病，顯示有很多因素交互影響導致個案罹患自閉症。

二、家庭研究：兄弟姊妹

㈠兄弟姊妹罹患自閉症的比率

有關家庭研究，較詳細著名的為波頓等人（Bolton et al., 1994）所做的研究，他們比較九十九位自閉症者的家庭，和三十六位唐氏症者的家庭，研究這些家庭中兄弟姊妹出現自閉症的機率。結果發現，自閉症者的兄弟姊妹亦出現自閉症的機率為 2.9%，廣泛發展障礙為5.8%；唐氏症的家庭中，沒人得自閉症。若將調查擴大為自閉症的三大特徵：溝通障礙、社會互動障礙和出現固執行為或興趣，則自閉症者的兄弟姊妹間亦出現障礙的機率，分別為：溝通 8.7%、社會互動8.7%、固執行為或興趣 5.7%；唐氏症者的兄弟姊妹出現障礙機率為：

表 4-2　自閉症者的家庭研究——兄弟姊妹罹患自閉症之比率

	自閉症樣本人數	兄弟姊妹人數			診斷標準
		樣本	自閉症	廣義表型	
August et al. (1981)	41	71	2 (2.8%)		Rutter (1971)
Baird & August (1985)	29	51	3 (5.9%)		DSM-III
Bolton et al. (1994)	99	137	4 (2.9%)	28 (20.4%)	ICD-10、DSM-III-R
Krishnamurthy & Joshi (1989)	100	146	3 (2.1%)		DSM-III
Piven et al. (1990)	37	67	2 (3%)		DSM-III
Starr et al. (2001)	47	49	2 (4.1%)	6 (12.2%)	ICD-10

溝通 1.5%、社會互動 2.2%、固執行為或興趣 1.5%。若從廣義表型來看，則三大特徵中，自閉症者的兄弟姊妹出現任何一種特徵的機率高達 20.4%，出現二種特徵的機率為 12.4%；唐氏症者的兄弟姊妹出現任何一種自閉症特徵的機率只有 3.1%，二種特徵的機率只有 1.6%。

　　其他有關兄弟姊妹的家庭研究整理於表 4-2，由表 4-2 得知，自閉症者的兄弟姊妹亦得自閉症的比率約為 3%，只有一篇研究（Baird & August, 1985）發現高達 5.9%；但若擴大定義為廣義表型，則可高達 12%以上。雖然兄弟姊妹同時得自閉症的比率不高，但由於當時自閉症的盛行率約為萬分之二至五（APA, 1994），因此，自閉症者的兄弟姊妹罹患自閉症的比率比一般人高六十到一百五十倍。

(二)兄弟姊妹有智能或認知障礙的比率

　　自閉症者的兄弟姊妹是否比一般人容易有智能障礙？目前的研究結果很不一致，如表 4-3 所示，有的研究發現自閉症者的兄弟姊妹的

智商比一般低（Minton et al., 1982），也有的研究發現和唐氏症者的
兄弟姊妹沒差異，並且智商比常模的平均高（IQ 約 110-115）（Fols-
tein et al., 1999; Freeman et al., 1989）。有的研究則發現，自閉症者兄
弟姊妹的語文智商比作業智商低（Minton et al., 1982）；也有的發現
剛好相反，語文智商比作業智商高（Fombonne et al., 1997b）。

　　另外，有一些研究調查自閉症者的兄弟姊妹是否比一般人容易有
認知障礙（cognitive disabilities）？文獻中所謂的「認知障礙」，主要
指語言發展遲緩（持續超過兩歲半）、語言接收和表達障礙、學習障
礙、智能障礙，或其他心智方面的障礙需要轉借診斷或治療者（Au-
gust et al., 1981; Baird & August, 1985）。目前的研究結果亦不一致，
有二篇研究發現自閉症者的兄弟姊妹較多人具有認知障礙（August et
al., 1981; Baird & August, 1985），另外二篇研究則發現和控制組沒有
顯著差異（Boutin et al., 1997; Gillberg et al., 1992）。

　　其中研究結果較為一致為自閉症者的兄弟姊妹中低智商者，較容
易有認知障礙，智商正常者則和一般兒童沒有顯著差異（August et al.,
1981; Baird & August, 1985; Boutin et al., 1997）。由於認知障礙包括很
多不同類型的障礙，一篇研究發現自閉症者兄弟姊妹的語言技能（包
括閱讀字和短文、複述字和句子、辨別發音、聽寫、字流暢、記憶廣
度等）和其智商無關（Plumet et al., 1995）。因此，認知障礙和智商
之間的關係，仍待進一步的研究澄清，到底是哪種認知障礙和智力有
關？

表 4-3　自閉症者的家庭研究——兄弟姊妹有認知障礙之比率

研究	樣本	控制組	結果
August et al. (1981)	自閉症 41 人、兄弟姊妹 71 人	唐氏症 15 人、兄弟姊妹 38 人	自閉症者的兄弟姊妹顯著比唐氏症兄弟姊妹較多人具有認知障礙（15.5%比 2.6%）；自閉症者的兄弟姊妹有自閉症的比率為 2.8%；低智商的兄弟姊妹容易有認知障礙。
Baird & August (1985)	自閉症 29 人（7 人高功能 IQ > 70）、兄弟姊妹 51 人		自閉症者的兄弟姊妹中 10 人（19.6%）有認知障礙，其中 3 人為自閉症（5.9%）。低智商的兄弟姊妹容易有認知障礙。
Boutin et al. (1997)	自閉症 49 人、父母 95 人、兄弟姊妹 61 人	智障 18 人、父母 33 人、兄弟姊妹 22 人	兄弟姊妹有認知障礙者（語言發展遲緩、學習障礙或智商低於 70），兩組無顯著差異（自閉症 17.8%、智障 13.6%）。自閉症者父母和兄弟姊妹中，女性、低智商、低社經較多人有認知障礙。
Folstein et al. (1999)	自閉症 90 人、父母 166 人、兄弟姊妹 87 人	唐氏症 40 人、父母 75 人、兄弟姊妹 64 人	自閉症者的兄弟姊妹和唐氏症者的兄弟姊妹智商無顯著差異（IQ 112 和 113）。自閉症者的兄弟姊妹早年有語言認知障礙者顯著比無障礙者，有較低的語言智商和較低的拼字、閱讀分數。
Fombonne et al. (1997b)	自閉症 99 人、父母 160 人、兄弟姊妹 120 人	唐氏症 36 人、父母 42 人、兄弟姊妹 39 人	自閉症者的兄弟姊妹語文智商顯著比唐氏症兄弟姊妹高，作業量表、閱讀、拼字測驗分數兩組無顯著差異。自閉症者的兄弟語文智商比作業智商高，姊妹不顯著；唐氏症兄弟姊妹則是作業智商顯著高於語文智商。自閉症者的兄弟姊妹中有廣義表型自閉症者，其語文智商、閱讀顯著比未得之兄弟姊妹低。

（續）

研究	樣本	控制組	結果
Freeman et al. (1989)	自閉症 62 人、父母 122 人、兄弟姊妹 153 人		自閉症者的兄弟姊妹有智障的比率和常模相似，並且平均智商比常模高，男孩 115，女孩 110。
Gillberg et al. (1992)	自閉症 35 人、父母 68 人、兄弟姊妹 33 人	注意力動作感覺缺陷(DAMP) 42 人；正常 51 人	兄弟姊妹有語言或閱讀拼字問題的比率，自閉症、DAMP、正常三組沒有顯著差異。
Minton et al. (1982)	自閉症 30 人、兄弟姊妹 50 人		自閉症者的兄弟姊妹在魏氏智力測驗的平均智商為 88.11（期望值 97.85），比一般低，智障比率約占 10%。並且作業智商顯著高於語文智商（5.6 分）。語文分測驗的詞彙測驗分數顯著低於記憶廣度測驗和所有作業量表的分測驗，所有分測驗中以作業量表連環圖系分數最高。
Pilowsky et al. (2003)	自閉症兄弟姊妹 27 人	智障兄弟姊妹 23 人、語言發展異常兄弟姊妹 22 人	自閉症者的兄弟姊妹語文智商、接收、表達、全語文分數顯著比語言發展異常兄弟姊妹高，和智障者的兄弟姊妹無顯著差異。語言發展異常兄弟姊妹顯著比其他兩組具有較多的閱讀和算數障礙。
Plumet et al. (1995)	女性自閉症 26 人、父母 47 人、兄弟姊妹 31 人	女性唐氏症 26 人、父母 44 人、兄弟姊妹 29 人	自閉症者的兄弟語言技能顯著比唐氏症者的兄弟差；並且，自閉症或唐氏症者的父母或兄弟姊妹的語言技能和其智商無關。

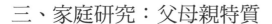

三、家庭研究：父母親特質

㈠父母之認知和語言特質

自閉症者的父母智商如何？目前研究結果不一致，有的研究發現自閉症者的父母智商比唐氏症者的父母高（Fombonne et al., 1997b），有的研究發現比唐氏症者的父母低（Folstein et al., 1999; Piven & Palmer, 1997）。但總括來看可以發現，自閉症者的父母傾向具有較高的語言智商，作業智商比唐氏症者的父母低，作業量表分測驗中顯著較低的測驗為「圖形補充測驗」。此測驗內容為呈現人、動物或物品的圖形卡片，然後要受試者指出圖形中少了的重要部分，分數低蘊含統整性分析較差。另外，一些研究比較自閉症者和唐氏症者的父母具有認知障礙的比率，目前所有的研究結果都指出兩組的比率沒有顯著差異（詳見表 4-4）。

在語言方面，研究發現自閉症者的父母的語言技能（例如閱讀字和短文、複述字和句子、聽寫等）和唐氏症者的父母沒有顯著差異（Plumet et al., 1995），但自閉症者的父母使用較多異常的社會語言（例如過度坦白、過度正式的或非正式的溝通態度、奇怪的幽默、過度仔細等）（Landa et al., 1992）。此外，研究還發現自閉症者的父母具有執行功能缺陷，具有好的記憶力，但計畫技巧和專注的彈性較差（Hughes et al., 1997; Piven & Palmer, 1997），並且傾向運用零碎的訊息處理方式（Happé et al., 2001）。另一篇研究亦發現，亞斯伯格症者的父母藏圖測驗的速度較快（Baron-Cohen & Hammer, 1997），此結果蘊含自閉症或亞斯伯格症的父母具有薄弱的中央連貫性，此結果和圖形補充測驗分數較低互相呼應。

表 4-4　自閉症者的家庭研究——父母親認知和語言特質

研究	樣本	控制組	結果
Baron-Co-hen & Hammer (1997)	亞斯伯格症者父母 30 人	一般兒童父母 30 人	亞斯伯格症者的父母比一般兒童父母在藏圖測驗的速度較快；在解釋照片臉部眼睛地區的心智狀態較不正確。
Boutin et al. (1997)	自閉症 49 人、父母 95 人、兄弟姊妹 61 人	智障 18 人、父母 33 人、兄弟姊妹 22 人	父母有認知障礙兩組無顯著差異（自閉症 17%、智障 16%）。自閉症者父母和兄弟姊妹中，女性、低智商、低社經有認知障礙比率較高。
Folstein et al. (1999)	自閉症 90 人、父母 166 人、兄弟姊妹 87 人	唐氏症 40 人、父母 75 人、兄弟姊妹 64 人	自閉症者的父母作業智商顯著比唐氏症者的父母低（全量表 108 < 112、作業 106 < 111）（分測驗圖形補充、連環圖系顯著較低），有較多人早年有語言相關的認知障礙。自閉症者的父母早年有語言認知障礙者，有較低的語言智商和較低的拼字、閱讀分數；早年無語言認知障礙者，其語文智商比作業高一個標準差。
Fombonne et al. (1997b)	自閉症 99 人、父母 160 人、兄弟姊妹 120 人	唐氏症 36 人、父母 42 人、兄弟姊妹 39 人	自閉症者的父母語文智商和拼字分數顯著比唐氏症父母高，作業量表和閱讀兩組無顯著差異；自閉症者的父母較多人語文智商比作業智商高，唐氏症父母則是較多人作業智商比語文智商高。
Freeman et al. (1989)	自閉症 62 人、父母 122 人、兄弟姊妹 153 人		自閉症者的父母成就測驗分數（包括閱讀、拼字、算數）和常模相近，並且母親的拼字分數比父親高。父親認知概念測驗比常模低，母親分數和常模相近。

（續）

研究	樣本	控制組	結果
Happé et al. (2001)	自閉症 22 人、父母 43 人、兄弟姊妹 19 人	閱讀困難 15 人、父母 30 人、兄弟姊妹 14 人；正常兒童 17 人、父母 20 人	自閉症者的父親傾向使用零碎的訊息處理方式，亦即具有薄弱的中央連貫性。
Hughes et al. (1997)	自閉症父母 40 人	學習障礙父母 40 人、一般成人 36 人	自閉症者的父母（特別是父親）顯著比其他兩組執行功能受損，但空間和其他非執行功能則沒有差異。自閉症父母的執行功能和晤談時表現出社會異常相關。結果顯示自閉症者的父母有好的記憶力，但計畫技巧和專注的彈性較差。
Landa et al. (1992)	自閉症 28 人、父母 43 人	一般成人 11 人、唐氏症父母 10 人	自閉症者的父母比控制組有較多異常的社會語言（實用主義）（如過度坦白、過度正式的或非正式的溝通態度、奇怪的幽默、過度仔細、不適當的話題等）；實用行為異常主要包括三因素：解禁的社會溝通、笨拙不適當的表達、奇怪的口語互動。
Piven & Palmer (1997)	有兩位小孩得自閉症的家庭 25 人、父母 48 人	唐氏症 30 人、父母 60 人	自閉症者的父母比唐氏症父母作業智商（分測驗圖形補充、物型配置顯著較低）、執行功能、唸名和段落理解分數較低，語文智商、認字、聽寫沒有顯著差異。
Plumet et al. (1995)	女性自閉症 26 人、父母 47 人、兄弟姊妹 31 人	女性唐氏症 26 人、父母 44 人、兄弟姊妹 29 人	兩組父母的語言技能（包括 14 項技能如閱讀、複述、辨別發音、聽寫、字流暢、記憶廣度等）沒有顯著差異。

（續）

研究	樣本	控制組	結果
Szatmari et al. (1993)	PDD 52 人、正常父母97人、正常兄弟姊妹 76 人	唐氏症13人、出生體重過輕 20 人	PDD 的父母和控制組認知測驗和適應行為無顯著差異；發展史（包括社會、認知和語言遲緩）兩組亦無顯著差異。
Szatmari et al. (1995)	PDD（自閉症、亞斯伯格症、非典型自閉症）52 人、父母 103 人、其他親戚 987 人	唐氏症13人、出生體重過輕20 人、父母等親戚	PDD 和控制組之父母有認知障礙和精神問題的比率沒有顯著差異。

(二)父母親之精神和心理特質

茲將自閉症者的父母親精神和心理特質的研究，結果摘要列於表4-5。由表 4-5 可知，不少研究皆發現自閉症者的父母比控制組的父母（正常、唐氏症或其他障礙），較多人具有焦慮症（Piven et al., 1991; Shu et al., 2000）、憂鬱症（Bolton et al., 1998; Gillberg et al., 1992; Piven & Palmer, 1999; Shu et al., 2000）和社會恐懼症（Piven & Palmer, 1999; Smalley et al., 1995），並且母親的問題比父親嚴重（Gillberg et al., 1992; Olsson & Hwang, 2001）。另有研究亦發現，自閉症者的母親顯著比一般人或唐氏症兒童的母親，認為自己較無教養子女的能力，對婚姻較不滿意，雖然家庭凝聚力較強，但家庭適應力較弱。

由於教養自閉症兒童比教養一般正常兒童困難，因此，研究發現自閉症者的父母較多人具有焦慮症、憂鬱症或社會恐懼症，也可能是因教養特殊兒童的壓力所造成。但一篇研究發現自閉症者的父母中，罹患憂鬱症者，有 64%的人是在孩子未出生前，而罹患社會恐懼症者全部都是發生在孩子未出生前（Smalley et al., 1995）。因此，約三分之一的人可能是受教養子女的壓力或其他因素的影響，而罹患憂鬱症；但罹患社會恐懼症則和子女有自閉症無關，較可能是因自閉症者

的父母個性上就不喜歡人際互動。其他人格特質的研究亦指出，自閉症者的父母較為孤獨、焦慮、僵硬、不圓滑，並且交友圈小（Piven et al., 1994; Piven et al., 1997）。

　　此外，一篇新近研究發現泛自閉症者的父母或其他成人親戚中，顯著比唐氏症者的父母或親戚較多人有酒精濫用問題（Miles et al., 2003），由於亦有研究發現兩組酒精濫用人數沒有顯著差別（Piven & Palmer, 1999），因此仍待更多研究澄清之間的關係。

表 4-5　自閉症者的家庭研究——父母親精神和心理特質

研究	樣本	控制組	結果
Bolton et al. (1998)	自閉症父母 195 人、兄弟姊妹 97 人、其他親戚 1,654 人	唐氏症父母 72 人、兄弟姊妹 52 人、其他親戚 746 人	自閉症者的成人親戚顯著比唐氏症者較多人具有情感性疾病（焦慮症、憂鬱症、畏懼症等）、自殺（企圖或已自殺）和強迫症。自閉症者的父母和兄弟姊妹顯著比唐氏症者的親戚較多人有憂鬱症和躁鬱症，其他症狀則不顯著，包括焦慮症、恐慌症、強迫症、精神分裂症、厭食症、酒精藥物濫用。
Gillberg et al. (1992)	自閉症 35 人、父母 68 人、兄弟姊妹 33 人	注意力動作感覺缺陷(DAMP) 42 人、正常 51 人	自閉症者的父母顯著比其他兩組父母，有較多人得亞斯伯格症；DAMP 的父母比正常兒童的父母較多人有學習問題。自閉症者的母親（7 位）傾向得精神情感異常或憂鬱症。

（續）

研究	樣本	控制組	結果
Miles et al. (2003)	泛自閉症 167 人（自閉症、亞斯伯格症、未明示廣泛發展障礙）、父母 334 人、祖父母 668 人、叔伯姑舅 878 人	唐氏症 22 人、父母 44 人、祖父母 88 人	泛自閉症組的親戚顯著比唐氏症者的親戚，較多人有酒精濫用問題，泛自閉症和唐氏症比率：父親 20.4%比 0%、母親 6.6%比 0%、祖父 27.5%比 2.3%、祖母 8.4%比 0%。泛自閉症家庭中，若區分高酒精濫用和低酒精濫用家庭，女性親戚酒精濫用人數，高比低多 18 倍（15.9%比 0.9%），男性親戚只有多 4 倍（38.2%比 8.7%）。
Olsson & Hwang (2001)	自閉症者（伴隨智障）的父母 65 人	智障者的父母 151 人、正常兒童父母 214 人	自閉症者的母親（平均數 11.8 分）顯著比智障者的母親（9.2）憂鬱症分數較高，亦比自閉症者的父親（6.2）、正常組母親（5.2）、智障者的父親（5）和正常組父親（4.1）高。其中 50%自閉症者的母親，45%智障者的母親貝克憂鬱症分數＞9 分，其他組只有 15%至 21%。
Piven & Palmer (1999)	有兩位小孩得自閉症的家庭 25 人、父 23 人、母 25 人	唐氏症 30 人、父 30 人、母 30 人	自閉症者的父母顯著比唐氏症者的父母較多人有憂鬱症（33.3%比 11.7%），較多人有社會恐懼症（14.6%比 3.3%）。酒精、藥物濫用、躁鬱症、恐慌症、泛焦慮症、單項恐懼症、強迫症兩組無顯著差異。自閉症者的祖父母顯著比唐氏症者的祖父母較多人得憂鬱症或焦慮症（17.7%比 8.4%）；自閉症者的叔叔姑姑顯著比唐氏症者叔叔姑姑較多人得憂鬱症或焦慮症（13.2%比 5.4%）。

（續）

研究	樣本	控制組	結果
Piven et al. (1991)	自閉症 42 人、父母 81 人	唐氏症 18 人、父母 34 人	自閉症者的父母顯著比唐氏症者的父母較多人得焦慮症；憂鬱症兩組父母沒顯著差異，但自閉症組較多（27%比 15%）。
Piven et al. (1994)	自閉症 48 人、父母 87 人	唐氏症 20 人、父母 38 人	自閉症者的父母比控制組父母較為孤獨的、不圓滑、不會說明的。
Piven et al. (1997)	有兩位小孩得自閉症的家庭 25 人、父 23 人、母 25 人	唐氏症 30 人、父 30 人、母 30 人	自閉症者的父母的人格特質顯著比唐氏症者的父母僵硬、孤獨、對批評過分敏感、焦慮，並且有較多口語和實用語言的缺陷，有限的交友。
Rodrigue et al. (1990)	自閉症母親 20 人	唐氏症母親 20 人、正常兒童母親 20 人	自閉症者的母親顯著比其他兩組母親認為自己較無教養子女的能力、對婚姻較不滿意、家庭凝聚力較強、家庭適應力較弱；自閉症和唐氏症者的母親顯著比正常兒童的母親較會計畫中斷、較多照顧負擔、家庭負擔和經常會自責。
Rodrigue et al. (1992)	自閉症父親 20 人	唐氏症父親 20 人、正常兒童父親 20 人	自閉症和唐氏症者的父親顯著比正常兒童父親較常會有希望實現的幻想和尋求資訊，並且，比正常兒童父親有較多財務衝擊以及受家庭活動干擾。
Shu et al. (2000)	自閉症者的母親 30 人	唐氏症者的母親 11 人、正常兒童母親 56 人	三組在中國人健康量表（CHQ）上的分數無顯著差異；CHQ≥9 表示輕型精神疾病，自閉症組有 37%，控制組 18%。自閉症組分數≥9 者，經診斷 36%為憂鬱症、46%焦慮症、9%同時有焦慮和憂鬱症。

（續）

研究	樣本	控制組	結果
Smalley et al. (1995)	自閉症36人、父母和兄弟姊妹96人	遺傳疾病、結節硬化或癲癇21人；父母和兄弟姊妹45人	第一親等中有人罹患憂鬱症的家庭數：自閉症組64%、控制組19%；罹患社會恐懼症的家庭數：自閉症組39%、控制組5%。罹患憂鬱症總人數：自閉症組37.5%、控制組11.1%；罹患社會恐懼症總人數：自閉症組20.2%、控制組2.4%。有憂鬱症的自閉症父母，64%是在孩子出生前即有，全部社會恐懼症者都是在孩子出生前罹患。
Wolff et al. (1988)	自閉症21人、父母35人	混合障礙21人、父母39人	16位（45.7%）自閉症者的父母被評為有精神病（schizoid）的，控制組則沒有。

四、收養家庭研究

目前有關自閉症者的收養家庭研究較少，只有一篇研究（Szatmari et al., 2000）比較三種不同家庭罹患自閉症的機率，樣本包括有兩位罹患廣泛發展障礙（PDD）的家庭三十四個（multiplex, MPX）、只有一位罹患PDD的家庭四十四個（simplex, SPX），以及收養PDD小孩的家庭十四個，總共包括有血親關係之第二等或第三等親戚1,362人，無血親關係之第二等或第三等親戚337人。結果發現有血親和無血親親戚中，具有自閉症特徵的人數比率有顯著不同，其比率分別為：溝通障礙10.1%比1.8%、固執重複行為6.8%比3.0%、社會互動障礙14.1%比8.0%。並且，有血親關係之親戚中，22.5%（307人）具有廣義表型自閉症（三大自閉症特徵中具有一項），6.8%（92人）具有兩項或以上之自閉症特徵；無血親關係之親戚中，則只有10.4%（35人）具有廣義表型自閉症，2.4%（8人）具有兩項或以上之自閉症特

徵。此外，回歸分析發現，MPX 家庭的親戚或智商高於六十分者，比 SPX 家庭的親戚或低智商者，容易具有廣義表型自閉症。此研究顯示，罹患自閉症或廣泛發展障礙主要受遺傳因素的影響，而非環境或教養因素所導致。

第三節　身體疾病

如第二章第七節所述，自閉症者中具有身體疾病的比率，約占自閉症者的 10%至 37%。但各研究所報導的疾病範圍包羅廣泛，有些疾病雖有報導，但出現率非常低，只發現一些零星個案，例如「模必斯症候群」（Moebius syndrome），乃是一種先天性疾患，起因於染色體異常（3q21-q22、10q21.3-22.1、13q12.2-13），造成腦幹中的頭蓋骨神經（cranial nerves）發生障礙，患者從出生就臉部麻痺，表情如戴面具，並常出現臉部（唇顎裂、舌頭、耳朵等）、手指或腳指畸形。目前只有瑞典哥特堡的調查（Göteborg, Sweden）發現自閉症個案（例如 Steffenburg, 1991; Strömland et al., 2002），雖然患者可能是因模必斯症候群而罹患自閉症，但由於此症非常罕見，不太可能是自閉症的病因。

另外，很多自閉症者同時具有另一種常見的疾病，例如費雪等人（Fisher et al., 1987）發現美國北達克達州的自閉症患者中，38%的個案同時被診斷為注意力缺陷過動症，33%具有癲癇。研究者大多認為這些疾病和自閉症的病因無關，乃是患者同時具有兩種疾病，因此一般自閉症身體疾病的調查研究，都不將這些疾病列入醫學疾病（medical disorders）的統計中。綜合整理和自閉症病因有關的身體疾病或功能異常，其中報導較多的疾患如下（至少有兩個以上不同地區的研究）：

㈠染色體異常：例如唐氏症（Down syndrome）（Cialdella & Ma-

melle, 1989; Ritvo et al., 1990）、X染色體易脆症（fragile X syn-
drome）（Fisher et al., 1987; Fombonne et al., 1997a）、性染色
體異常（XYY 或 XXY）（Chakrabarti & Fombonne, 2001; Ko-
nstantareas & Homatidis, 1999）、染色體重複、顛倒、刪除或破
裂（Kielinen et al., 2004; Konstantareas & Homatidis, 1999）等。

㈡**神經症狀**：例如癲癇（epilepsy）（Barton & Volkmar, 1998; Fo-
mbonne et al., 1997a）、腦性麻痺（cerebral palsy）（Cialdella
& Mamelle, 1989; Kielinen et al., 2004）、結節性硬化症（tuber-
ous sclerosis, TSC）（Baker et al., 1998; Chakrabarti & Fo-
mbonne, 2001）、神經纖維瘤症（neurofibromatosis）（Gil-
lberg, 1984; Williams & Hersh, 1998）、色素失調症（hypomela-
nosis of Ito）（Akefeldt & Gillberg, 1991; Zappella, 1993）、幼
兒痙攣（infantile spasms）（Gillberg, 1992; Fisher et al., 1987）
等。

㈢**代謝異常**：例如苯酮尿症（phenylketonuria, PKU）（Baieli et
al., 2003; Lowe et al., 1980）、先天性甲狀腺功能不足（congeni-
tal hypothyroidism）（Barton & Volkmar, 1998; Ritvo et al.,
1990）、血液中的血清素（serotonin, 5-hydroxytryptamine 或 5-
HT）含量過高（Anderson et al., 1987; Chugani et al., 1999）等。

㈣**懷孕、生產過程和環境因素**：例如胎兒酒精症候群（fetal alco-
hol syndrome）（Barton & Volkmar, 1998; Kielinen et al.,
2004）、先天性德國麻疹（congenital rubella）（Barton & Vol-
kmar, 1998; Fombonne et al., 1997a）、腦炎（encephalitis）和腦
膜炎（meningitis）（Cialdella & Mamelle, 1989; Ritvo et al.,
1990）、先天性巨細胞病毒感染（congenital cytomegalovirus in-
fection, CMV）（Ritvo et al., 1990; Yamashita et al., 2003）等。

㈤**感官障礙**：例如聽覺障礙（Barton & Volkmar, 1998; Kielinen et
al., 2004）、視覺障礙（Fombonne et al., 1997a; Ritvo et al.,

1990）。

　　馮邦尼（Fombonne, 2003）回顧從一九六六到二〇〇一年間所發表的自閉症盛行率調查，其中共有十五篇研究報導身體疾病盛行率，在這些疾病中，可能是自閉症病因的疾病，約占 0%至 16.7%，中數約為 6.4%；因此，他判斷自閉症者的病因為醫學疾病的比率，不會超過10%（癲癇和視聽障除外），茲將其分析的結果摘要列於表 4-6。

　　由表 4-6 可知，自閉症者中最常見的病症為癲癇，其盛行率中數約為 16.8%。筆者回顧盛行率調查文獻亦發現，雖然自閉症者具有癲癇的比率可高達 34%（Steffenburg, 1991），但大多數的研究介於 14%至 19%之間（詳見第二章第七節表 2-7）。此外，自閉症者具有聽覺

表 4-6　自閉症相關的身體疾病

身體疾病	研究數目	中數 (%)	範圍 (%)
腦性麻痺	6	2.0	0-4.8
唐氏症	11	1.3	0-16.7
結節性硬化症	10	1.2	0-3.8
X 染色體易脆症	8	0.3	0-8.1
先天性德國麻疹	10	0.3	0-5.9
苯酮尿症	7	0	0-0
神經纖維瘤症	6	0	0-1.4
至少一種異常	14	6.4	0-16.7
癲癇	11	16.8	0-26.4
聽覺障礙	7	1.7	0-5.9
視覺障礙	5	1.3	0-11.0

註：馮邦尼所回顧的文獻未包括 Steffenburg (1991)。

資料來源：Fombonne, E. (2003). Epidemiological surveys of autism and other pervasive developmental disorders: An update. *Journal of Autism & Developmental Disorders, 33*(4), 365-382.

障礙的人數比率，介於 0% 至 6%（中數 1.7%），視覺障礙則介於 0% 至 11%（中數 1.3%）。一般身體疾病盛行率的研究，其列舉的醫學疾病統計不包括癲癇和視聽障的人數。在醫學疾病中，較常見的疾病為腦性麻痺（中數 2%）、唐氏症（1.3%）、結節性硬化症（1.2%）等；X 染色體易脆症和先天性德國麻疹出現率較低，盛行率中數只有 0.3%。

另外，早期研究曾報導有自閉症個案罹患苯酮尿症（Lowe et al., 1980），馮邦尼發現七個研究出現率為零，因此，他認為 PKU 和自閉症無關，可能因早期使用的自閉症診斷標準不夠周詳所造成的。另一個馮邦尼認為併發自閉症可能性不高的為神經纖維瘤症，雖曾發現個案（Gillberg, 1984; Gillberg et al., 1991），但可能和自閉症病因無關。以下分別敘述自閉症者中較常見的身體疾病，包括癲癇、腦性麻痺、唐氏症、結節性硬化症、X 染色體易脆症、先天性德國麻疹、苯酮尿症，以及神經纖維瘤症等疾病。

一、癲癇

癲癇乃是自閉症者中最常見的身體疾病，為一種腦神經系統疾患，起因於腦細胞不正常的放電，導致病患不定時出現發作的現象。癲癇的病因和腦細胞受損有關，常見的病因如先天性腦部發育異常、腦部感染、腦部病變、腦瘤、染色體異常等。癲癇發作有多種類型，大致可分為兩大類：部分發作（partial seizure）和全盤發作（generalized seizure）。部分發作指腦部某一區域不正常的放電，例如簡單部分發作顳葉癲癇等；全盤發作是指整個大腦都受影響，例如大發作、失神小發作、失張力發作等（Graziano, 2002）。研究發現，和一般癲癇患者比起來，自閉症者較多人屬於部分發作，全盤發作較少見（Steffenburg et al., 2003）。研究者大多認為癲癇和自閉症應分開來看，癲癇不會導致自閉症（Ballaban-Gil & Tuchman, 2000）。

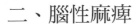

二、腦性麻痺

　　腦性麻痺乃是胎兒在產前、產中或產後四歲前，腦受到損傷或發生病變，造成身體動作控制功能發生障礙，使姿勢、肌肉張力和反射發生異常，障礙通常會持續終生，但不會繼續惡化，不像其他會惡化的疾病如肌肉萎縮症（muscular dystrophy）和帕金森氏症（Parkinson's disease）。腦性麻痺者障礙的嚴重度，因腦細胞受損的狀況而有所不同，異質性高，輕微者可能只有手部書寫問題；嚴重者則可能四肢痙攣麻痺，需要靠輪椅行動，並且需藉溝通輔具來溝通。國外研究發現，腦性麻痺一般人的盛行率約為五十萬分之一，新生兒的出現率約為千分之一；並且，一九七〇年以後盛行率略為增加，因為早產兒存活率增加的關係（Graziano, 2002）。目前很少報告探討腦性麻痺和自閉症之間的關係，但學者多認為，腦性麻痺和自閉症應為獨立不相關的症狀（Fombonne, 2003）。

三、唐氏症

　　唐氏症起因於第二十一對染色體多了一條，亦即正常人有二十三對四十六條染色體，唐氏症者有四十七條。唐氏症發生的原因多為第二十一對染色體，在進行減數分裂（meiosis）時，因錯誤發生不分離現象（nondisjunction）（應該要分開但沒有），造成仍然成對，使精子和卵子結合後，多出一條染色體出來。唐氏症中大約 75% 是發生在卵子進行減數分裂時，25% 發生在精子。唐氏症者的外觀特徵，包括短頭扁臉、兩眼距離過寬、鼻樑塌陷、四肢短小、手掌粗短等。唐氏症的主要問題為智能障礙，大多數唐氏症者具有中度或重度智障，乃智障者中最常見的症候群。國外研究發現，新生兒出現唐氏症的機率約為八百分之一，並且出現率和孕婦的年齡呈正相關，孕婦年齡愈高，胎兒罹患唐氏症的機率愈高。二十至二十四歲的孕婦，出現率為

一千五百分之一，但四十五至四十九歲的孕婦，出現率則高達十八分之一（Graziano, 2002）。研究發現，唐氏症者中出現自閉症的機率介於 1%至 11%（Kent et al., 1999）；而自閉症者中同時罹患唐氏症的比率介於 0%至 16.7%（見表 4-6）。雖然自閉症的身體疾病盛行率調查，都將唐氏症算進相關疾病，但學者多認為唐氏症不可能導致自閉症，而是該兒童具有雙重症候群（Fombonne, 2003）。

四、結節性硬化症

結節性硬化症（TSC）是一種顯性遺傳疾病，主要由兩種基因突變所造成：TSC1（第九對染色體，9q34）和 TSC2（第十六對染色體，16p13），各約占患者的一半。由於基因突變導致患者神經細胞和髓鞘形成不良，產生結節硬化。由於人體神經組織遍布全身，導致病人在不同的器官出現瘤塊，例如視網膜異位瘤、腦皮質結節、腦室管下結節、心肌瘤、淋巴管肌瘤增生，及腎血管肌脂肪瘤等。結節性硬化症患者的特徵為臉部皮膚出現血管纖維瘤或額頭斑塊，指甲邊緣有纖維瘤，身體上有大片白斑，臉部或身上有較為粗糙的鯊魚皮斑。部分患者因腦部的結節，致使神經傳導受阻，引發腦部不正常放電，產生癲癇（Smalley, 1998）。結節性硬化症在一般人口的盛行率約六千分之一，這種病人出現自閉症的機率介於 17%至 61%，而自閉症者中約 0.4%至 14%的人罹患結節性硬化症（Baker et al., 1998; Lauritsen & Ewald, 2001; Smalley, 1998）。研究發現，結節性硬化症病人中有智障和癲癇者，較易罹患自閉症，並且自閉症乃是結節性硬化症所導致，並不是受智障或癲癇的影響。

五、X 染色體易脆症

X 染色體易脆症乃是性染色體 X（Xq27.3）異常所造成的疾病，

患者的臉部特徵為長和窄的臉、明顯長的耳朵、粗大的鼻樑、明顯的顎骨、牙齒無法咬合、斜視等。X 染色體易脆症患者中，通常女性症狀比男性輕，因有些女性患者的另一個X染色體為正常。全部男性患者具有智能障礙，介於輕度到重度之間，女性則是一半智商正常，另一半智障。其他認知和行為特徵包括：記憶力短暫、視覺空間技能缺陷、視覺動作協調障礙、訊息處理缺陷和注意力缺陷等（Feinstein & Reiss, 1998）。

　　X 染色體易脆症在一般人口中之盛行率約萬分之六，智能障礙者中出現率約 5%至 10%；X 染色體易脆症患者出現自閉症的比率約介於 6.9%至 25%之間；而自閉症者中具有 X 染色體易脆症的比率，各研究差異很大，有的沒發現任何一名個案，有的研究則發現高達 13.1%為 X 染色體易脆症患者（Lauritsen & Ewald, 2001）。雖然 X 染色體易脆症患者中併發自閉症的比率不是特別高，但研究發現，很多 X 染色體易脆症患者都具有類似自閉症症狀，例如用敵意的眼神看陌生人（45%）、語言異常（75%）、仿說（60%）、固執行為和重複動作（50%）等，但不符合自閉症的診斷標準；此外，17%患者具有精神疾病。十年追蹤研究發現，這些類似自閉症症狀多半會持續，不會隨著時間改變，罹患精神疾病的人數（22%），則是隨著時間略為增加（Sabaratnam et al., 2003）。

六、先天性德國麻疹

　　德國麻疹是一種經由空氣傳染的濾過性病毒傳染病，一般人感染後，約需經二週左右的潛伏期才會發病，病人的症狀輕微，包括發紅疹、微熱、鼻咽炎、耳後淋巴結腫大等，疹子約維持三天，很少留下後遺症。但若孕婦在懷孕初期感染德國麻疹，約 20%的機率可能會傳給胎兒，使胎兒罹患「先天性德國麻疹症候群」（congenital rubella syndrome），其症狀包括白內障、心臟畸形、聽力喪失、智能障礙、

神經系統病變等，並可能會造成孕婦流產或胎死腹中。研究發現，懷孕初期八週內感染德國麻疹對胎兒的影響最大；若母親在懷孕四週內感染德國麻疹，約一半出生後有缺陷；若是懷孕第三個月感染，胎兒缺陷的機率降至 6%；三個月以後，病毒造成胎兒殘障的機率較小（Graziano, 2002）。

美國德國麻疹的主要傳染時期發生在一九六四年，當時曾造成超過二萬名孕婦流產，二萬五千名嬰兒出生後有缺陷（Graziano, 2002）。其後一九七一年，雀斯（Chess, 1971）報導 243 名年齡介於二歲半至五歲罹患先天性德國麻疹的兒童中，有十人（4.12%）罹患自閉症（堪那標準），另外八人（3.12%）具有部分自閉症症狀，合起來在先天性德國麻疹的兒童中，具有典型或非典型自閉症的人數約7.4%，相對於當時一般兒童罹患自閉症的機率只有萬分之〇・七至萬分之二・一，顯示先天性德國麻疹是自閉症的主要病因之一。

一九七七年，當這群兒童八、九歲時，雀斯（Chess, 1977）又做了一次追蹤研究，結果十名自閉症兒童當中，有三名復原、一名進步、六名狀況不變；八名非典型自閉症兒童中，三名復原、四名更糟、一名拒絕檢查；此外，另有四人新被診斷罹患自閉症，使先天性德國麻疹兒童中，出現典型或非典型自閉症的人數總共有二十二名，盛行率約為 9.05%。這群兒童和一般自閉症患者不同的是，復原比率相當高，約 27%原被診斷為自閉症的兒童，後來康復不再具有自閉症症狀。

近年來，由於麻疹疫苗的普及，使罹患德國麻疹的人數大量下降，先天性德國麻疹不再是自閉症的主要病因，代而受重視的變為疫苗的安全性問題。一九九八年，魏克非德等人（Wakefield et al., 1998）發表報告，報導英國十二名轉介至臨床中心檢查的兒童，其共同特徵為出生時正常，但其後學會的技能退化，經檢查後，其中九名被診斷為自閉症（確定八人、疑似一人）、一名為兒童期崩解症、二名罹患可能因疫苗引起的腦炎。魏克非德分析這群兒童的背景，發現這群兒

童發病前多曾接種「麻疹、腮腺炎、德國麻疹混合疫苗」（measles-mumps-rubella, MMR）（一人為麻疹疫苗）。根據父母的描述，罹患自閉症的八名兒童中，小孩第一次出現自閉症症狀，約是在接種疫苗後一到十四天（平均六天），因此，使魏克非德懷疑 MMR 會導致兒童罹患自閉症。

此篇研究發表後造成轟動，使學界熱烈討論 MMR 和自閉症的關係，隨後一些有關 MMR 和自閉症盛行率的調查報告出爐，澄清 MMR 和自閉症之間的關係，這些研究包括英國、芬蘭、美國等不同國家的調查，都一致發現，有接種疫苗和無接種疫苗的兒童，其罹患自閉症的機率無顯著差異，亦即 MMR 不會導致兒童罹患自閉症（文獻回顧參見 Jefferson et al., 2003; Offit & Coffin, 2003）。

七、苯酮尿症

苯酮尿症乃是一種染色體隱性遺傳的胺基酸新陳代謝異常，病患必須有兩個缺陷基因（從父母各得到一個缺陷基因）才會發病。此疾病起因於人體中的必須胺基酸—苯丙胺酸（phenylalanine, PHE），經氧、苯丙胺酸羥化酵素（phenylalanine hydroxilase, PAH）、輔助酵素四氫生喋呤（tetrahydrobiopterin, BH4）的作用後，而代謝成酪胺酸（tyrosine），由於代謝路徑出現異常，導致苯丙胺酸無法代謝成酪胺酸，並大量堆積在體內，產生有毒的有機酸，造成腦部受傷害，而導致智能障礙。

這種苯丙胺酸代謝異常會產生超過兩百種的基因突變，大部分的突變是發生在苯丙胺酸羥化酵素上，由於運作異常或其他併發因素，導致苯丙胺酸超過標準值進入外細胞液中，稱為「苯丙胺酸過多症」（hyper-phenylanlaninemia, HPA），又稱「典型苯酮尿症」（Classic PKU）。苯丙胺酸過多會導致神經細胞減少，神經細胞內的連結減少，以及神經細胞傳導的密度降低，造成腦部損傷。

另一種為「四氫生喋呤缺乏症」，乃是輔助酵素四氫生喋呤（BH4）不足所造成，由於 BH4 參與多項羥化反應，缺乏 BH4 會導致出現高苯丙胺酸之症狀，而出現許多神經症狀，這種病人較少（Baieli et al., 2003；中華民國苯酮尿症關懷之友協會，無日期）。歐美研究發現，苯酮尿症的盛行率約為萬分之一（Baieli et al., 2003），台灣的盛行率比歐美低，約三萬四千分之一。另外，歐美的 PKU 患者中，典型苯酮尿症約占 98%至 99%，而台灣新生兒篩檢發現典型苯酮尿症占 70%至 80%，BH4 缺乏約占 20%至 30%，與西方國家有很大的不同（中華民國苯酮尿症關懷之友協會，無日期）。

早期研究發現，高達 20%的 PKU 患者罹患自閉症（Reiss et al., 1986），使 PKU 成為自閉症的病因之一。近年來，由於各國多實施新生兒篩檢，使 PKU 患者早期發現，早期治療，因此，PKU 患者中出現自閉症的比率大為下降。一項新近研究報導，在六十二名早期發現的典型 PKU 患者中，無人有自閉症，但在晚期發現的三十五名患者中，有二名男童（5.71%）符合自閉症的診斷標準（Baieli et al., 2003）。因此，若 PKU 未經治療，仍有可能會併發自閉症。

八、神經纖維瘤症

神經纖維瘤症乃是一種染色體顯性遺傳疾病，病因為第十七對染色體（17Q11.2）發生變異。其中大約一半的患者源於自發性的基因突變，另一半則來自父母親的遺傳。神經纖維瘤症的症狀為皮膚色素改變，例如出現咖啡色斑（cafe-au-lait spots）、腋窩或腹股溝色斑，以及皮膚、中央神經系統和內臟出現腫瘤。神經纖維瘤症患者約 25%至 50%有行為和學習問題，3%至 8%具有智能障礙（Williams & Hersh, 1998）。國外研究發現，一般人罹患神經纖維瘤症的盛行率約為三千分之一；而神經纖維瘤症患者中，出現自閉症的機率約為 4%（Williams & Hersh, 1998）。自閉症者中具有神經纖維瘤症的出現率更低，

如表 4-6 所述，介於 0%至 1.4%之間（Fombonne, 2003），學者多認為，神經纖維瘤症併發自閉症的可能性不高（Fombonne, 2003; Williams & Hersh, 1998）。

第五章／自閉症的病因（下）

本章接續第四章，介紹自閉症的病因研究，著重近年盛行的影像攝影和分子生物醫學研究，包括腦部異常、分子遺傳研究以及神經化學的研究結果。

第一節　腦部異常

由於自閉症者的病症特徵，使學界對自閉症者可能具有腦部功能異常產生很多不同的假設。早期的腦部研究主要是等自閉症者死後，再進行大腦解剖，這種病理解剖研究由於機會少，報告很少。新近的研究則改用影像攝影，例如電腦斷層攝影（computed tomography, CT）、正子放射斷層攝影（positron emisson tomography, PET）、單子放射電腦斷層攝影（single photon emission computerized tomography, SPECT）和磁振造影（magnetic resonance imaging, MRI）。由於磁振造影不用 X 光射線，所使用的磁場也不具傷害性，目前有關自閉症者的腦部研究，主要利用磁振造影。磁振造影或稱作「核磁共振掃描」，是近年來臨床診斷上相當重要的影像工具，MRI 的特點是敏銳度高，可以洞察人體組織結構，提供多樣變化切面的影像，影像可以是二度或三度空間；從第一部 MRI 掃描儀在一九八〇年代問世以來，有關自閉症者腦部磁振造影的研究報告，發表已超過六十篇（見 Brambilla et al., 2003）。以下分別敘述自閉症者腦部結構和腦部功能研究

的結果。

一、腦部結構

　　人腦可區分為大腦（cerebrum）、間腦（diencephalons）、腦幹（brain stem）和小腦（cerebellum）（見圖 5-1）。有關自閉症者的腦部結構研究，總結過去二十年的研究報告，結果如下（詳細文獻回顧請參閱 Brambilla et al., 2003; Cody et al., 2002）：

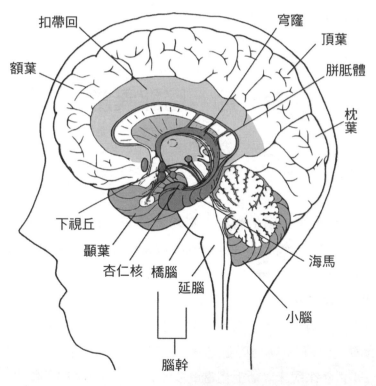

扣帶回　　　　穹窿　　頂葉
額葉　　　　　胼胝體　枕葉
下視丘　　　　海馬
顳葉
杏仁核　橋腦　　延腦　小腦
腦幹

圖 5-1　腦部構造矢狀切面

參考文獻：Roth, G. (2003). The quest to find consciousness. *Scientific American Mind, 14*(1), 32-39.

　　　　許世昌編著（2000）：解剖生理學。台北市：永大。

㈠腦部大小

早期學者發現自閉者的頭圍較大，認為其腦亦較大。新近研究用掃描儀，主要發現自閉症者的全腦或小腦中間矢狀（mid-sagittal）區域體積較大；另有研究指出，雖然自閉症者出生時頭圍較大，但腦部重量增加（macrocephaly）現象是在出生後數年間才增加的。也有研究控制全腦大小、智商和性別變項，結果發現自閉症者和正常人的腦部大小沒有顯著差異。後續研究則發現自閉症者出生時頭圍正常，但到了學前階段（2-4 歲）腦體積顯著增加，有的研究發現大腦的白質（white matter）增加，有的研究則是發現白質和灰質（gray matter）都增加；接著，自閉症兒童的大腦減速成長，但正常兒童卻持續成長，到了五至十六歲時，自閉症者的腦體積顯著比正常人小。這些研究顯示，自閉症者的腦部發育情形和正常兒童不同，會隨著年齡改變。

㈡大腦葉

有關大腦葉的比較，目前的研究結果很不一致，有的研究發現自閉症者大腦的額葉（frontal lobe）和枕葉（occipital lobe）部分的腦圍較大；也有研究發現自閉症者的額葉、顳葉（temporal lobe）、頂葉（parietal lobe）較大，顳葉下部和中間腦回（gyrus）的灰質密度較高；但亦有研究發現，自閉症者的額葉和枕葉大小正常。新近一項研究發現，自閉症者顳葉表層（planum temporale）不對稱，左半部顯得相對較小，此區域主要負責語言接收區域，研究者認為，可能自閉症者的語言障礙和此區域受損有關。

㈢布洛卡氏區

大腦皮質的**布洛卡氏區**（Broca's area）為語言中樞（見圖 5-2），由於自閉症者的特徵為語言溝通障礙，此部位亦是新近研究者所重視的地方。目前這方面的研究較少，但有研究發現自閉症兒童年齡小於

十二歲者，其布洛卡氏區斜角帶的細胞核（nucleus of the diagonal band of Broca, NBD）雖然數量適當，但較正常兒童大；反之，自閉症成人神經細胞的 NBD 比正常成人小和微弱，並且數量顯著較少（Bauman & Kemper, 2003）。

㈣腦室

腦室（ventricles）為腦內之空間，包括側腦室、第三腦室和第四腦室。有一些研究報導自閉症者的第四腦室較大，另一研究則是發現第三腦室較大，但多數的研究發現自閉症者的腦室和正常人沒有差異。

㈤蚓部

小腦中間縮小的部分是蚓部（vermis），兩側部分為小腦半球。有一些研究發現，自閉症者小腦蚓部的第六、第七葉的後上部分比正常人小，但後續的研究控制智商變項時，卻發現自閉症者和正常人的蚓部大小沒有顯著差異，顯示智商會影響蚓部的大小。另有一些研究發現，自閉症者的蚓部發育分成兩種型態：發育不全（hypoplasia）或增生（hyperplasia），異常者中大約 87%為發育不全、13%為增生。值得一提的是，一項研究發現，自閉症兒童的探索行為和蚓部第六、七葉的大小相關，探索行為愈少者，其蚓部愈發育不全，但正常兒童的探索行為和蚓部大小無關；並且，自閉症兒童的刻板固執行為和蚓部第六、七葉的大小呈負相關，和額葉大小成正相關（Pierce & Courchesne, 2001）。

㈥蒲金耶氏細胞

小腦皮質（cortex）的蒲金耶氏細胞（Purkinje cells）亦是新近學者研究重視的地方，一些研究控制受試者的年齡、性別和智商變項，結果發現，自閉症者皮質的蒲金耶氏細胞數目顯著比正常人少。另一項研究發現蒲金耶氏細胞的減少，有時會伴隨「神經膠質細胞纖維

化」（gliosis）（類似受傷後的疤痕組織）和增加「神經膠纖維酸性蛋白」（glial fibrillary acidic protein, GFAP）（乃神經膠質細胞所產生的特殊蛋白）。研究發現，自閉症兒童的GFAP比正常兒童多出三倍，蘊含自閉症兒童可能有神經膠質細胞纖維化或不明的腦神經損傷。此外，研究並發現自閉症兒童的蒲金耶氏細胞比正常兒童大，但自閉症成人比正常人小和微弱。研究者認為，自閉症兒童蒲金耶氏細胞較大，可能是因為數量少所產生的補償作用；並且，蒲金耶氏細胞的喪失不是因為細胞死亡，而是在母親懷孕階段胎兒異常發展所造成（Bauman & Kemper, 2003; Kern, 2003）。

(七)腦幹

腦幹包括中腦（minbrain）、橋腦（pons）和延腦（medulla oblongata），有些研究發現自閉症者的全部腦幹顯著較小，有的發現橋腦部分較小，有的則是發現延腦較小，橋腦正常，有的發現延腦的下橄欖體（inferior olives）異常，也有報導腦幹正常者。後續研究發現，當研究者控制自閉症者和正常組的智商時，自閉症者和正常人的腦幹大小沒有差異，顯示智商是影響腦幹大小的因素之一。

(八)杏仁核

新近研究者探索的地方是顳葉內側的杏仁核（amygdale，俗稱扁桃腺），此部位已在動物和人類實驗中，證實其功能和社會行為、認知及情緒辨識能力有關。一項研究發現，自閉症者杏仁核大小和自閉症症狀的嚴重度呈相關，但後續研究結果不一致，有的發現杏仁核較大、有的報導較小、也有發現正常者。值得一提的是，一項研究發現，高功能自閉症無法通過心智論第二級錯誤信念實驗者，其杏仁核前部的灰質顯著減少，但後部的灰質明顯增加。另一項研究亦發現，杏仁核明顯較大的高功能自閉症者，其眼睛注視、臉孔情緒辨識和臉孔記憶方面有缺陷。這些研究顯示自閉症者可能杏仁核有缺陷。

㈨海馬

到底自閉症者邊緣系統（limbic system）的海馬（hippocampus）是否正常，目前的研究結果很不一致，有一些研究發現，自閉症者和同年齡、同性別的正常人比起來海馬較小；但亦有一些研究指出自閉症者和正常人無差異。一項研究則是發現海馬區〔包括海馬和齒狀腦回（dentate gyrus）〕的大小和年齡呈正相關，並且二至四歲的自閉症兒童顯著小於正常兒童，但五至六歲的自閉症兒童大小接近正常兒童（Saitoh et al., 2001）。

㈩扣帶回

一項研究發現，邊緣系統中的扣帶回（cingulated gyrus）前部，和訊息處理以及情緒線索反應有關，因此，學者懷疑自閉症者可能扣帶回有缺陷。目前這方面的研究較少，有一項研究發現自閉症者的扣帶回體積較小，活動較低。

(十一)基底神經節

研究發現，基底神經節（basal ganglia）和強迫症、土瑞氏症候群、X 染色體易脆症患者出現強迫性的重複行為有關，由於自閉症者的行為特徵亦包括儀式和重複行為，因此，學者懷疑自閉症者的基底神經節也有缺陷。目前此方面的研究不多，有一項研究發現，自閉症者的基底神經節中的豆狀核（lenticular nucleus）區域較小、尾狀核（caudate nucleus）較大；亦有研究發現，自閉症者的視丘（thalamus）、尾狀核、殼核（putamen）、蒼白球（globus pallidus）大小正常。較值得一提的是，一項研究發現，尾狀核的大小和自閉症者出現強迫性或儀式性行為（$r = -.52$）、作息改變困難（$r = -.48$），以及複雜的動作怪癖（$r = .49$）呈顯著相關，但和自閉症者的社會或溝通能力無關，顯示尾狀核缺陷和出現固執重複行為有關（Sears et al., 1999）。

（圭）視丘

間腦主要由視丘和下視丘（hypothalamus）所構成。視丘主要負責接收來自感覺器官的訊號，並將訊號傳至大腦皮質；下視丘則是負責身體平衡。一項研究發現，男性高功能自閉症者具有較大腦者，其視丘相對顯著較小。

（圭）胼胝體

有一些研究發現，自閉症者的胼胝體（corpus callosum）較小，有些報導全部，有些指出前部、中間或後部區域較小，但也有一些研究發現自閉症者的胼胝體正常（但無一研究發現自閉症者較大）。胼胝體乃大腦白質的連合纖維之一，主要負責左右半腦間的連結，其缺陷蘊含大腦連結出現障礙。

二、腦部功能

以上的研究主要調查自閉症者腦部構造是否和正常人有所差異，另外一些研究則是調查自閉症者的腦部功能運作情形（腦部功能見圖5-2 和表 5-1）。這些研究主要利用「功能性磁振造影」（functional magnetic resonance imaging, fMRI）或其他斷層攝影，比較自閉症者和正常人在大腦休息時的活動反應差異（受試者不進行操作活動）；有些研究則是在受試者進行某種認知或動作實驗時，掃描其大腦的活動反應。以下分別敘述有關腦部功能的研究結果。

（一）大腦休息狀態之功能

第一代的影像掃描儀由於不夠敏銳，經常無法偵測出自閉症者某個部位有異常情形，並且結果也經常不一致。近年來由於機器不斷更新，敏銳度大為增加，新發表的研究報告結果較為一致，並大有斬獲。首先，有關腦部在休息狀態時的活動反應，一些研究發現，正常

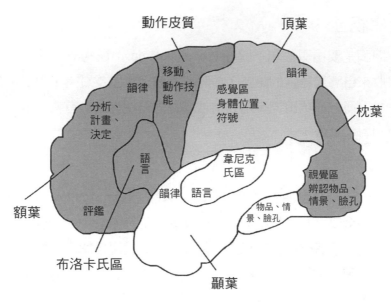

圖 5-2　大腦的功能（左半腦）

參考文獻：Roth, G. (2003). The quest to find consciousness. *Scientific American Mind, 14*(1), 32-39.

表 5-1　腦部功能

部位	功能
額葉	負責人格、好奇心、計畫、解決問題、高層思考、情緒控制（左半腦負責正向情緒、右半腦負責負向情緒）。布洛卡氏區為語言中心，負責語言產生。
顳葉	負責解釋聲音、語言、某方面的長期記憶力。韋尼克氏區（Wernicke's area）為語言中心，通常在左半腦，主要負責語言理解、字和句子的意義。
枕葉	視覺處理區，負責辨認物品、情景、臉孔等。
頂葉	負責方向、身體位置、計算、辨認符號等。
動作皮質區	負責控制身體移動、動作技能等。

參考文獻：Roth, G. (2003). The quest to find consciousness. *Scientific American Mind, 14*(1), 32-39.

Sousa, D. A. (2001). *How the special needs brain learns*. Thousand Oaks, CA: Corwin Press.

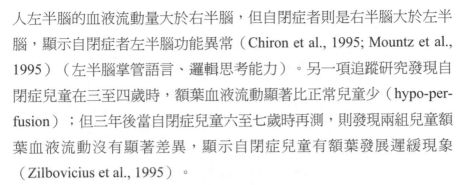

人左半腦的血液流動量大於右半腦，但自閉症者則是右半腦大於左半腦，顯示自閉症者左半腦功能異常（Chiron et al., 1995; Mountz et al., 1995）（左半腦掌管語言、邏輯思考能力）。另一項追蹤研究發現自閉症兒童在三至四歲時，額葉血液流動顯著比正常兒童少（hypo-perfusion）；但三年後當自閉症兒童六至七歲時再測，則發現兩組兒童額葉血液流動沒有顯著差異，顯示自閉症兒童有額葉發展遲緩現象（Zilbovicius et al., 1995）。

　　另有一些研究發現，自閉症兒童顯著比正常兒童兩邊顳葉的血液流動較少（例如 Ohnishi et al, 2000; Zilbovicius et al., 2000），並且發現自閉症者之溝通和社會互動症狀，和其內側前額葉皮質、前扣帶回之血液流動有關，固執行為及同一性和右內側顳葉之流動有關（Ohnishi et al., 2000）。另一項研究則是發現結節性硬化症兒童，其顳葉結節和自閉症症狀呈顯著相關（Bolton & Griffiths, 1997）。這些研究顯示自閉症者可能有顳葉功能異常情形。

(二)大腦活動時之功能

　　以下敘述自閉症者進行認知或動作等實驗時，其大腦的活動反應研究，包括心智論、臉孔辨識、執行功能、中央連貫性、注意力、語言處理和動作等，詳細研究請參見表 5-2。

1. 心智論

　　研究發現正常人在進行心智論作業時，顯著比自閉症者額葉區域出現較多反應，包括左杏仁核、右腦溝（insula）、左下額葉腦溝；自閉症組則是兩側（bilateral）上顳葉腦回出現活動反應，杏仁核完全沒有反應（Baron-Cohen et al., 1999）。由於自閉症者或亞斯伯格症患者在進行心智推論實驗時，其杏仁核沒有活動反應，正常人則出現活動反應，貝倫可翰等人（Baron-Cohen et al., 2000）因此提出「自閉症杏仁核理論」（Amygdale Theory of Autism），認為杏仁核乃是自閉症者神經系統的主要缺陷之一。另外的研究則發現，進行心智推論實驗

時，正常人顳葉底部區域（basal temporal area）〔包括下顳葉腦回連接至前紡錘狀腦回（anterior fusiform gyrus）、顳葉級點（temporal pole）連至杏仁核〕、上顳葉腦溝（superior temporal sulcus）（包括顳葉頂葉連接處、顳葉極點）和內側前額葉皮質（medial prefrontal cortex）增加活動反應，自閉症者這些區域的活動較少或沒有活動反應。外條痕皮質區（extrastriate cortex）（下枕葉腦回）則是正常人和自閉症者都出現活動反應，但自閉症者外條痕區和上顳葉腦溝之間的功能性連接比正常人少，研究者認為自閉症者的心智論缺陷，可能和感官處理過程中，高層和低層互動發生瓶頸有關（Castelli et al., 2002）。

2. 臉孔辨識

目前有關臉孔辨識的研究結果相當一致，有不少研究發現，正常人在辨識臉孔情緒時，主要是右紡錘狀腦回（right fusiform gyrus）出現活動反應（例如 Critchley et al., 2000; Pierce et al., 2001; Schultz et al., 2000）；並且，社會複雜度較高的照片（包含情緒和情境），比複雜度較低的照片（臉孔照片），引發較多左下枕葉腦回的活動反應（Geday et al., 2003）。但自閉症者在看臉孔照片時，其紡錘狀腦回不是反應微弱，就是沒反應；並且，下枕葉腦回、上顳葉腦溝和杏仁核亦顯著比正常人活動反應少（Pierce et al., 2001）。研究發現，自閉症者在看臉孔照片時，多半是顳葉腦回或其他地方出現反應（例如 Critchley et al., 2000; Hall et al., 2003）（詳見表 5-2）。若和正常人的顳葉反應做比較，一項研究發現，自閉症者和正常人下顳葉腦回和中顳葉腦回的反應沒有顯著差異（Pierce et al., 2001）；另外的研究則是發現，自閉症者顯著比正常人右下顳葉腦回（Schultz et al., 2000）或右前顳葉級點（Hall et al., 2003）出現較多的反應。這些研究顯示自閉症者看人臉時，所用的腦神經系統和正常人不同。有趣的是，一項研究發現正常人在辨識物品時，主要是右下顳葉出現反應，自閉症者則是右紡錘

狀腦回出現反應（自閉症者 r = .74；正常人 r = .04）（Schultz et al.,
2000），似乎自閉症者辨識臉孔和物品時，所用的腦部區域剛好和正
常人相反。此結果或許可以解釋，為何自閉症者經常對人沒興趣，卻
對物品有興趣。

3. 執行功能

在執行功能方面，研究較少，只有一項研究發現，自閉症者具有
空間工作記憶方面的缺陷。該研究比較自閉症者和正常人在進行視動
延宕反應（oculomotor delayed response）作業時的腦部反應，結果發
現，自閉症者顯著比正常人背側（dorsolateral）前額葉皮質之伯德曼
區（Brodmann area, BA）9/46、後扣帶回皮質（BA 23）出現較少反應
（Luna et al., 2002）。

4. 中央連貫性

倫恩等人（Ring et al., 1999）比較自閉症者和正常人在進行藏圖
測驗時的大腦反應，結果發現雖然自閉症者藏圖測驗的分數較高，但
和正常人的分數無顯著差異。進行測驗時，兩組腦部的中間和下顳葉
腦回都出現反應，但正常人前額葉皮質出現反應，自閉症者則無；並
且，自閉症組比正常人腹枕葉顳葉區域（ventral occipitotemporal regi-
ons）出現較多反應。比較兩組進行藏圖測驗時所用的策略，正常人較
多利用工作記憶（working memory）系統，自閉症組則多運用視覺系
統，進行物品形狀分析。此研究結果支持中央連貫性理論，亦即自閉
症者訊息處理方式和正常人不同，傾向注意細節而非統整的處理方
式。

5. 注意力

一項研究比較進行注意力、動作和感覺作業時的大腦活動反應，
結果發現，正常人注意力作業引發較多大腦反應，自閉症者則是動作
作業反應較多。進行注意作業時，自閉症者同側第六小葉（ipsilateral

lobule VI）、對側第六小葉（contralateral lobule VI）、右上半球第七小葉、左上半球第七小葉的腦部活動範圍（activation extent）顯著比正常人少；同側第六小葉、左上半球第七小葉的腦部活動量（activation magnitude）顯著比正常人少（Allen & Courchesne, 2003）。另一項研究則是發現，進行視覺注意作業時，正常人主要是皮質區網路發生活動反應，包括上頂葉、左中顳葉、左後和中額葉腦回、內側額葉腦回；自閉症者則是兩側腹（bilateral ventral）枕葉皮質和條痕皮質（striate cortex）出現活動反應（Belmonte & Yurgelun-Todd, 2003）。

6. 語言處理

目前有關自閉症者腦部語言處理的研究較少，只有穆勒等人（Müller et al., 1998; Müller et al., 1999）所發表的兩篇研究報告，結果顯示自閉症者具有異常的語言處理過程。第一篇報告比較自閉症者和正常人在聽句子、複述句子和造句時，腦部三區包括右齒狀核（dentate nucleus）、左視丘，以及左額葉的伯德曼區（BA 46）（伯德曼區為齒狀核、視丘和皮質的通道）的活動反應。結果發現，聽句子時，正常人的 BA 46 和右齒狀核比自閉症者出現較多反應；複述句子時，正常人左 BA 46 區顯著減少反應，自閉症者無減少現象，並且，自閉症者右齒狀核顯著出現較多反應，正常人則減少反應；造句時，正常人左視丘、BA46、右齒狀核比自閉症者出現較多反應。此研究顯示，自閉症者的齒狀核、視丘、皮質通道（dentate-thalamo-cortical pathway）有障礙。

第二篇報告則是調查聽覺區和語言區的腦部活動，結果發現聽隨機音響時，正常人多是兩側聽覺區〔包括左右橫軸腦回（transverse gyrus）、左顳葉殼蓋（operculum）和腦溝、右上顳葉腦回〕出現反應，自閉症者則是左前扣帶回出現反應；聽句子時，正常人較多側面顳葉皮質（大部分左邊）出現反應，自閉症者較多右中額葉、左上顳葉腦回出現反應；複述句子時，正常人小腦蚓部、右前動作皮質（pre-

motor cortex）和左主要動作感覺皮質（primary sensorimotor cortex）
出現反應，自閉症者的反應區域較少，只有左前中腦回（precentral
gyrus）出現反應；造句時，兩組都是左腦出現反應，正常人以下中額
葉腦回、額葉殼蓋、左半球下顳葉區域反應為主，自閉症者只有左下
中額葉腦回出現反應。研究者比較聽句子和造句時的腦部反應，發現
聽句子時正常人以左腦為主，但自閉症者剛好相反，以右腦為主；但
造句時，自閉症者和正常人的腦部反應相似，多以左腦為主，顯示自
閉症者的腦部異常主要為語言接收障礙，而非表達障礙。

7. 動作

　　穆勒等人（Müller et al., 2001）比較自閉症者和正常人大腦動作區
的反應是否有所差異，實驗內容為電腦螢幕先出現一藍點，接著若出
現「壓」字時，受試者用食指按鈕，若出現「看」字，則不按鈕。結
果發現，自閉症者和正常人的對側周圍動作皮質（contralateral perirol-
andic cortex）、基底神經節、視丘、兩側輔助動作區（supplementary
motor area）、同側小腦都出現反應，但自閉症者的反應比正常人少；
並且，正常人主要是周圍動作（perirolandic）和輔助動作區出現反
應，自閉症者則是後部（posterior）和前額皮質出現反應。此研究顯
示，自閉症者腦部主管動作的部分有障礙，反應不足。

　　穆勒等人（Müller et al., 2003）的另一研究，則是用較複雜的視動
作業，首先螢幕出現隨機手指按鈕圖（手指 1-3-4-2-4-1），要受試者
用相同的手指按鈕，然後，將其大腦的活動反應和控制狀況做比較。
控制狀況包括實驗一呈現一藍點，用食指按鈕時的腦部活動反應，實
驗二用規則的順序動手指（1-2-3-4-3-2）。兩實驗結果相近，自閉症
者和正常人的兩側動作前區、上頂葉、枕葉皮質都出現反應；但自閉
症者比正常人上頂葉出現較少反應，前額葉皮質、後頂葉出現較多反
應（Müller et al., 2003）。頂葉主要負責方向、身體位置、計算、辨認
符號等，蘊含自閉症者具有方向、身體位置等功能障礙。

　　總結有關大腦的研究，在腦部結構方面，目前研究結果較不一致，但已知這些研究結果的差異，可能和受試者的智商及年齡有關；並且，自閉症者腦部的發育速度和時間可能和正常人不同。學者認為，值得進一步研究的地方如蒲金耶氏細胞和杏仁核等。

　　在腦部功能方面，研究發現，自閉症者可能左半腦或顳葉功能異常，並且，其心智論、臉孔辨識、中央連貫性等缺陷，可能和其大腦功能異常有關。研究指出，自閉症者的心智論缺陷，可能和感官處理過程中，腦部高層和低層互動發生瓶頸有關。另外，自閉症者所用的腦神經系統和正常人不同，例如正常人進行注意作業時，比動作和感覺作業引發較多的大腦反應，但自閉症者則是動作作業引發較多的反應。正常人在辨識臉孔時，右紡錘狀腦回出現活動反應，自閉症者則是顳葉腦回出現反應；辨識物品時，正常人右下顳葉出現反應，自閉症者則是右紡錘狀腦回出現反應。此外，以腦部活動反應來看，自閉症者的語言障礙主要為接收障礙，而非表達障礙。

表 5-2　自閉症者腦部活動時之功能研究

研究	樣本	儀器	實驗內容	結果
Allen & Cour-chesne (2003)	青少年和成人自閉症 8 人（IQ＞70）、正常 8 人，配對年齡、性別、慣用手	fMRI	注意（選擇注意力）、動作（按鈕）、感覺（視覺刺激）	正常人注意作業比動作和感覺作業引發較多大腦反應；自閉症者則是動作作業引發較多大腦反應。進行注意作業時，自閉症者顯著比正常人活動少的區域：(1)活動範圍：同側第六小葉、對側第六小葉、右上半球第七小葉、左上半球第七小葉；(2)活動量：同側第六小葉、左上半球第七小葉。進行動作作業時，自閉症者顯著比正常人活動多的區域：(1)活

（續）

研究	樣本	儀器	實驗內容	結果
				動範圍：右上半球第七小葉、對側第六小葉；(2)活動量：右上半球第七小葉。
Baron-Cohen et al. (1999)	成人自閉症 6 人（IQ >85）、正常 12 人，配對慣用手、年齡、智商、社經、教育程度	fMRI	呈現眼睛部位照片：作業 A 問照片人物性別；作業 B 心智論作業，兩字中選一字較適合描述照片人物眼神表情（例如同情的、不同情的）	兩項心智推論作業，正常人較自閉症組正確率高。進行心智論作業時，正常人顯著比自閉症者出現較多額葉區域反應，包括左杏仁核、右腦溝、下額葉腦溝；自閉症組則是兩側上顳葉腦回出現活動反應，杏仁核完全沒有反應。
Belmonte & Yurgelun-Todd (2003)	成人自閉症 3 人、亞斯伯格症 2 人、PDDNOS 1 人（年齡 24-50 歲、慣用右手、智商正常）、正常 6 人	fMRI	視覺空間注意作業、轉移注意力	進行作業時，正常人皮質區網路發生活動反應，包括上頂葉、左中顳葉、左後和中額葉腦回、內側額葉腦回；自閉症者則是兩側腹枕葉皮質和條痕皮質出現活動反應。
Castelli et al. (2002)	自閉症或亞斯伯格症 10 人（平均 33 歲）、正常 10 人（平均 25 歲），兩組語言、非語言能力、錯誤信念測驗分數無顯著差異，可以通過第一級錯誤信念測驗	PET	看 12 部無聲卡通影片，包括 ToM（引發心智推論）、GD（引發目標導向行為）、Rd（隨機形狀，引發簡單描述行為）。用電腦螢幕隨機撥放，看後問：「這卡通發生什麼事？」登錄三種分數：心智狀態	兩組 ToM 引發較多心智歸因；看 GD 和 Rd 時兩組無顯著差異，ToM 則是自閉症組顯著比正常人使用較少和較不正確的心智狀態描述。ToM 比 Rd 引發較多大腦反應，正常人顯示增加顳葉底部區、上顳葉腦溝、內側前額葉活動反應，自閉症者這些區域較少活動。兩組外條痕區皮質都增加活動反應，但自閉症組外條痕區和

（續）

研究	樣本	儀器	實驗內容	結果
			歸因、正確度、語言長度	上顳葉腦溝之間的功能性連接較少。
Critchley et al. (2000)	成人男性自閉症2人、亞斯伯格症7人（年齡26-47歲平均37歲、IQ 87-128，平均102）、正常9人（慣用右手、年齡平均27歲、IQ平均116）	fMRI	呈現臉孔照片，實驗一（說明作業）判斷臉孔情緒（按鈕二選一）；實驗二（蘊含作業）判斷照片人物之性別	自閉症者比正常人出現較多錯誤。進行實驗時，自閉症者顯著比正常人左上顳葉腦回（司聽覺）、左表層條痕視覺皮質區出現較多反應，正常人則是顯著較多右紡錘狀皮質出現反應。進行說明作業時，正常人左中顳葉腦回出現反應，自閉症者則無；進行蘊含作業時，正常人左小腦、左杏仁核和海馬區域出現反應，自閉症者則無。
Hall et al. (2003)	成人男性自閉症8人（20-33歲）、正常8人	PET	臉孔情緒辨識作業（高興、難過、驚訝、生氣）、性別辨識作業	性別辨識作業兩組分數無顯著差異，情緒辨識作業自閉症者比正常人出現較多錯誤。進行情緒辨識作業時，自閉症者顯著比正常人右前顳葉極點、前扣帶回和視丘出現較多反應；正常人則顯著右紡錘狀腦回、左語言區腦回、左下額葉皮質出現較多反應。
Hubl et al. (2003)	自閉症10人（IQ > 70、平均27.7歲）、正常10人（平均25.3歲），全部男性	fMRI	作業一臉孔照片：(1)隨機呈現臉孔照片；(2)指出高興表情（高興、生氣、中性）；(3)指出女性（男性、女性）。作業二魏氏智力測驗中的圖形設	二組在臉孔和圖形的正確度無顯著差異，但正常人覺得圖形作業較難，自閉症覺得臉孔作業較難。進行臉孔作業時，自閉症者顯著比正常人紡錘狀腦回出現較少活動，右內枕葉腦回和左上頂葉腦回出現較多活動；圖形作業，自

（續）

研究	樣本	儀器	實驗內容	結果
			計修改為數圖形、數顏色	閉症者左右前中腦回、左上頂葉腦回顯著較少活動。
Luna et al. (2002)	高功能自閉症11人（9男2女、平均年齡32.3歲、智商102.7）、正常6人（男、年齡30.3）	fMRI	視動延宕反應作業（ODR）：測量空間工作記憶（先注視螢幕中間記號處，接著出現一點，等點消失數秒後，眼睛再注視該位置）；視線引導作業（VGS）：測量基本的感覺動作和注意過程（先注視螢幕中間記號處，然後追視不同角度出現的點）	進行ODR時，正常人顯著比自閉症者背側前額葉皮質（伯德曼區BA 9/46）、後扣帶回皮質出現較多活動反應；VGS兩組腦部活動反應沒顯著差異。顯示自閉症者具有執行認知處理方面的障礙。
Müller et al. (1998)	自閉症4人（18-31歲、智商71-92）、正常5人（23-30歲）	PET	遮住眼睛：(1)休息；(2)聽短和結構的句子；(3)複述句子；(4)造句	聽句子時，正常人左額葉的伯德曼區（BA46）和右齒狀核比自閉症者出現較多反應。複述句子時，正常人左BA46區顯著減少反應，自閉症者無；並且，自閉症者右齒狀核顯著出現較多反應，正常人則減少反應。造句時，正常人左視丘、BA46、右齒狀核比自閉症者出現較多反應。
Müller et al. (1999)	自閉症5人（4男1女、18-31歲、IQ 69-92）、正常5人（慣用右手	PET	(1)休息；(2)聽隨機發出之音響；(3)聽10句簡單句；(4)複述句子（聽到後複述句	聽隨機音響時，正常人多是兩側聽覺區出現反應，自閉症者則是左前扣帶回出現反應；聽句子時，正常人較多側面顳葉皮質

（續）

研究	樣本	儀器	實驗內容	結果
	、IQ平均110、23-34歲）		子）；(5)造句接龍（先給一句子後接一字，然後用該字造句）	（大部分左邊）出現反應，自閉症者較多右中額葉、左上顳葉腦回出現反應；複述句子時，正常人小腦蚓部、右前動作皮質、左主要動作感覺皮質出現反應，自閉症者只有左前中腦回出現反應；造句時，正常人下中額葉腦回、額葉殼蓋、左半球下顳葉區域出現反應，自閉症者只有左下中額葉腦回出現反應。
Müller et al. (2001)	自閉症者男性8人（15-39歲）、正常人8人（21-43歲）	fMRI	電腦螢幕先出現一藍點，接著若出現「壓」字，受試者用食指按鈕，若出現「看」字，則不按鈕，比較按鈕和沒按鈕時大腦的活動反應	兩組對側動作皮質、基底神經節、視丘、兩側輔助動作區、同側小腦出現反應，但自閉症者比正常人少反應。正常人主要是動作皮質、輔助動作區出現反應，自閉症者則是後部和前額皮質出現反應。
Müller et al. (2003)	自閉症者男性8人（15-41歲）、正常人8人（21-43歲），配對年齡、性別、慣用手	fMRI	視動作業，呈現手指按鈕圖，手指用亂碼隨機動1-3-4-2-4-1，受試者用相同的手指按鈕	自閉症者和正常人的兩側動作前區、上頂葉、枕葉皮質都出現反應；但自閉症者比正常人上頂葉出現較少反應，前額葉皮質、後頂葉出現較多反應。
Pierce et al. (2001)	自閉症男性7人（21-41歲）、正常人8人（20-42歲）	fMRI	60張臉孔照片（指出女性）、60張形狀照片（指出圓形）	自閉症者和正常人辨認臉孔或形狀正確度無顯著差異。正常人主要是紡錘狀腦回出現反應（右反應高於左），自閉症組左右紡錘狀腦回反應微弱或沒反應；並且，自閉症者下枕

（續）

研究	樣本	儀器	實驗內容	結果
				葉腦回、上顳葉腦溝和杏仁核顯著較正常人反應少。正常人紡錘狀腦回的反應是自閉症者的四倍，顯示自閉症者看人臉時所用的神經系統和正常人不同。
Ring et al. (1999)	自閉症或亞斯伯格症 6 人（平均 26.3 歲、智商 108.5）、正常 12 人（平均 25.5 歲、智商 110）、全部慣用右手，配對年齡、智商、社經地位和教育程度	fMRI	藏圖測驗	藏圖測驗分數兩組無顯著差異（自閉症組分數較高）。兩組大腦反應相似的地方例如中間和下顳葉腦回，兩組不同的地方正常人前額葉皮質出現反應，自閉症者則無，自閉症組比正常人腹枕葉顳葉區域出現較多反應。比較兩組進行藏圖測驗時所用的策略，正常人較多利用工作記憶系統，自閉症組則多運用視覺系統，進行物品形狀分析。
Schultz et al. (2000)	高功能自閉症或亞斯伯格症 15 人（平均 23.8 歲、全量表智商平均 109）、控制組正常二組每組 14 人，全部為男性、慣用右手，配對年齡、智商	fMRI	物品辨識（車子、船、鳥等）、臉孔辨識	物品辨識控制第一組分數顯著高於其他兩組；臉孔辨識控制組二組分數無差異，第二組分數顯著高於時自閉症組。自閉症組顯著比控制第二組右下顳葉腦回較多活動、右紡錘狀腦回較少活動。控制組在辨識物品時，右下顳葉腦回較多活動。臉孔辨識分數和右紡錘狀腦回活動呈正相關，但不顯著（自閉症組 $r = .15$、控制組 $r = .35$）；物品辨識和右紡錘狀腦回活動自閉症組呈顯

（續）

研究	樣本	儀器	實驗內容	結果
				著相關（r = .74），控制組則不顯著（r = .04）。

註：fMRI = 功能性磁振造影。

　　　PET = 正子放射斷層攝影，主要測量腦部區域血液流動。

第二節　分子遺傳研究

　　一九九○年代以後，醫學界盛行分子遺傳研究（molecular genetics），乃是用生化分析法，藉由電腦運算、歸類和分析，調查某種疾病和基因之間的關聯性。本節介紹分子遺傳研究的一些基本觀念，以及自閉症有關的基因研究結果。

一、DNA 鑑定

　　人類有二十三對染色體，其中一半來自父親、一半來自母親，染色體乃是由 DNA 和蛋白質所構成，DNA 全名叫做「去氧核醣核酸」，乃是遺傳的基本物質，貯存了細胞複製和細胞功能的訊息。DNA 乃是由四種不同的核甘酸（nucleotide）所組成，核甘酸則是由磷酸、去氧核醣和含氮鹼基所合成。基本上，組成各種核甘酸的磷酸和核醣是相同的，但鹼基不同，因此產生不同的核甘酸和多種變化方式。所謂遺傳基因密碼，即是指鹼基的排列順序，而基因突變就是鹼基序列發生改變。目前分子遺傳學之檢定方式，主要利用染色體上的DNA進行鑑定，經過生化方法分析後，定位核甘酸中特定片段序列或長度的特徵，比較這些片段的差異，找到有問題的基因位。

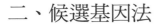

二、候選基因法

　　由於自閉症的遺傳率高達 90%以上（見第四章第二節），使自閉症成為分子遺傳研究的好對象。候選基因法（candidate gene method）乃是研究某個被懷疑為致病因子的基因，調查自閉症者此基因是否異常。目前已有一些研究發現，自閉症可能和某些基因突變有關，例如第十五對染色體（15q11-13）標記 GABRB3（Cook et al., 1998）、第七對染色體（7q31-33）標記 WNT2（Wassink et al., 2001）等；但由於後續研究結果不一致（例如 McCoy et al., 2002），並不是每位自閉症者的同一個染色體都發生異常，導致目前尚未有自閉症的候選基因。吉伯（Gillberg, 1998）回顧有關自閉症染色體異常的研究，發現除了第十四對和第二十對染色體尚未有研究報導異常個案外，幾乎所有的染色體都被發現可能和個案罹患自閉症有關。因此，雖然單一基因異常（例如WNT2 基因突變）亦可能造成自閉症，但整體來說，自閉症可能是很多不同基因互動後產生的結果，而不是單一基因異常所造成。

　　另外，研究發現，X 染色體上的 MeCP2 基因突變和雷特症有關，目前大多數的研究發現，罹患自閉症和 MeCp2 基因突變無關（例如 Beyer et al., 2002; Vourch et al., 2001），但卡尼（Carney et al., 2003）則從六十九名女性自閉症者中，篩檢出兩位 MeCP2 基因突變者。筆者認為，由於雷特症者亦具有自閉症特徵，亦可能因診斷標準所造成。

三、廣泛基因篩檢

　　由於自閉症缺乏候選基因，導致研究者轉而致力於廣泛基因篩檢（genomewide screen），全面搜索和自閉症相關的基因。廣泛基因篩檢主要是運用「得病兄弟姊妹配對分析」（affected sibling pair analysis），尋找同一個家庭中，有兩位或以上的兄弟姊妹（有些研究亦包括其他近親）得自閉症或廣泛發展障礙，然後蒐集這些家庭成員的血液樣本，進行生化分析，尋找和自閉症相關的染色體。基本上，這些得病的兄弟姊妹可能從父親或母親得到相同的遺傳基因，因此得到相同（或相似）的疾病，經過基因定位後，找到得病兄弟姊妹所共享的遺傳突變因子（allele）；若這些被標記的基因位（marker loci），其發生率顯著高於期望值，這些基因位就可能和此疾病有關聯，表示具有遺傳連鎖（genetic linkage）（詳細分析方法見 Gutknecht, 2001; Maestrini et al., 1998）。

目前人類完整的遺傳基因圖譜已經完成，一九九六年版的基因圖譜共包含 5,264 個多樣性的標記（polymorphic makers），這些標記稱為「微衛星標記」（microsatellite markers）。自閉症的廣泛基因篩檢，主要就是利用微衛星標記。微衛星標記亦稱為「短縱列重複序列」（short tandem repeat），乃是鹼基重複多次的序列片段，其特性為簡單和短，隨機散布於基因中，由於重複數目隨個體差異而有所不同，具有高度多樣性，很容易利用「核酸聚合酵素連鎖反應」（polymerase chain reaction, PCR）進行分析，因此目前廣被用來進行分子遺傳研究（Maestrini et al., 1998）。一般廣泛基因篩檢，約蒐集 300 個以上的微衛星標記，例如，國際自閉症分子遺傳研究會社（International Molecular Genetic Study of Autism Consortium, IMGSAC, 1998）總共蒐集了 354 個微衛星標記進行分析。

這些分子遺傳研究計算某標記的相關機率，主要用 LOD（logarithm of the odds）分數，LOD 分數中的最大值稱為 MLS（maximum LOD scores）。若 MLS≥3，則表示此標記顯著相關；MLS＝3，代表 1,000:1 的機率（Maestrini et al., 1998）。由於自閉症異質性較高，因此有些學者建議用 MLS≥2.2 做為決斷值（Barnby & Monaco, 2003），但各研究所用的標準不同，也有用 MLS≥1 者（例如 IMGSAC, 1998）。茲將目前已發表的自閉症完整基因篩檢研究結果摘錄於表

5-3。

表 5-3　自閉症完整基因篩檢研究

研究	樣本（兄弟姊妹數）	染色體	相關標記	機率（LOD）
Auranen et al. (2000)	芬蘭 17 對得病	1	D1S1675	MLS .87
		1	D1S534	MLS .76
Buxbaum et al. (2001)	美國 95 對得病（包括自閉症、AS、PDD）	2	D2S364/D2S335	HLOD 1.96 NPL 2.39
	49 對得病（只含自閉症）	2	D2S364/D2S335	HLOD 2.99 NPL 3.32
CLSA (1999)	美國 75 對得病	13	D13S800	MLS 3.0
		13	D13S217/D13S1229	MLS 2.3
		7	D7S1813	MLS 2.2
IMGSAC (1998)	英國 87 對得病、12 對未得病	7	D7S530/D7S684	MLS 2.53
		16	D16S407/D16S3114	MLS 1.51
		4	D4S412	MLS 1.55
IMGSAC (2001)	英國 152 對得病（廣義包括自閉症、AS、PDD、PDDNOS）	2	D2S2188	MLS 3.74
		7	D7S477	MLS 3.20
		16	D16S3102	MLS 2.93
		17	HTTINT2	MLS 2.34
	127 對得病（嚴格定義，至少一人為自閉症）	2	D2S2188	MLS 4.80
		7	D7S477	MLS 2.33
		9	D9S1826	MLS 2.23
		16	D16S3102	MLS 2.61
Liu et al. (2001)	美國 110 個家庭 118 對得病（包括自閉症、AS、PDD）	5	D5S2494	MLS 2.55
		X	DXS1047	X-MLS 2.56
	75 對得病（只含自閉症）	19	D19S714	MLS 2.53
		X	DXS1047	X-MLS 2.67
		16	D16S2619	MLS 1.93
		19	D19S587/D19S601	MLS 1.70
		5	D5S2488	MLS 1.63

（續）

研究	樣本（兄弟姊妹數）	染色體	相關標記	機率（LOD）
Philippe et al. (1999)	瑞典、法國、挪威、美國、義大利、奧地利、比利時共51對得病，全部白人	6	D6S283	MLS 2.23
Risch et al. (1999)	美國第一階段90對得病（共 187 人）；追蹤 49 對得病（99 人）	1	D1S1631/D1S1675	MLS 2.15
Shao et al. (2002)	美國 99 對得病	X	DXS6789	MLS 2.54
		7	D7S495	MLS 1.66
		3	D3S3680	MLS 1.51
Yonan et al. (2003)	美國 345 對得病（包括自閉症、AS、PDD），包括 Liu et al. (2001)之樣本	17	D17S1800	MLS 2.83
		5	D5S2494	MLS 2.54
		11	D11S1392/D11S1993	MLS 2.24
		4	D4S2361/D4S2909	MLS 1.72
		8	D8S1832	MLS 1.60

註：CLSA = Collaborative Linkage Study of Autism、IMGSAC = International Molecular Genetic Study of Autism Consortium

AS＝亞斯伯格症、PDD＝廣泛發展障礙、PDDNOS＝未明示廣泛發展障礙、MLS（maximum LOD scores）＝相關機率最大值、HLOD（heterogeneity LOD）＝異質性相關機率、NPL（non-parametric linkage）＝無母數連鎖

　　由表 5-3 可知，MLS 高於 2.2 分的染色體，包括第 2、5、6、7、9、11、13、16、17、19 對，以及 X，共十一個染色體可能和自閉症有關；MLS 高於或等於 3 分的染色體，則有第 2、7 和 13 對。貝德能等人（Badner & Gershon, 2002）利用後設分析（meta analysis），將已發表的自閉症基因研究進行統整性分析（包括 1p、4p、4q、6q、7q、10p、13q、16p、19q、22q），結果發現第 7 對（7q）和第 13 對（13q）染色體和自閉症達顯著相關，但此研究並未分析第 2 對染色體。

　　總結自閉症的分子遺傳研究，雖然目前已發現一些染色體異常（例如第 2、7 和 13 對）可能和罹患自閉症有關，但由於各研究找到有問題的基因位不同，因此還沒有最後的答案。佛斯坦等人（Folstein et al., 2003）根據目前的研究結果判斷，認為自閉症遺傳基因可能的狀況為：同一個家庭中有一些基因互動造成自閉症，但不同的家庭有不同的基因結合。當自閉症是許多基因互動所造成的中度普遍表型（phenotype）時，和這些基因相關的突變因子，可能在人口中相當的普遍，因此這些基因不太可能造成疾病，除非這些基因和其他的因子結合後才會得病。亦即「廣義自閉症表型」的概念，將自閉症的病症特徵視為一種「特質」（traits），此特質廣泛地存在一般正常人當中，雖然大多數人具有這些特質，但並未嚴重到需要轉介治療。

　　目前已開始有一些研究調查自閉症特徵（如語言、固執強迫行為等）和基因之間的關聯性，例如一項研究發現，自閉症者開始說第一個字的年齡和第 7 對染色體（標記 D7S1824/D7S2462）異常有關（Alarcon et al., 2002）；其他的研究亦發現，第 7 對染色體（7q31）和語言障礙有關（例如 Folstein & Mankoski, 2000）。未來這方面的研究將會更多，會有一更清楚的答案。

第三節　神經化學

　　由於研究者無法找到自閉症大腦結構有明顯的異常，使學者懷疑自閉症可能和功能異常有關，因此，不少研究者調查自閉症是否源於神經傳導物質（neurotransmitters）異常。神經傳導物質乃是一種化學物質，負責神經細胞突觸（synapse）間訊號的傳遞。目前神經科學家已發現不少神經傳導物質，依其化學構造的不同，約可分成下列五類（Webster, 2001）：

　　㈠膽素酯（choline ester）：例如乙醯膽鹼（acetylcholine）。

㈡**單胺**（monoamines）：例如血清素（5-hydroxytryptamine 或 5-HT, serotonin）、多巴胺（dopamine）、腎上腺素（epinephrine 或 adrenaline）、正腎上腺素（noradrenaline）、組織胺（histamine）等。

㈢**胺基酸**（amino acid）：例如穀胺酸（glutamate）、γ胺基酪酸（γ-aminobutyric acid）、甘胺酸（glycine）等。

㈣**胜肽**（peptides）：例如腦啡（enkephalins）、內啡肽（endophins）、激膽囊素（cholecystokinin）、P 物質（substance P）等。

㈤**嘌呤**（purines）：例如腺甘酸（adenosine）、腺甘酸三重磷酸鹽（adenosine triphosphate）等。

有關自閉症和神經化學之間的關係，目前研究較多，結果較一致的為**血清素**，以下介紹血清素的研究結果。

血清素的作用為調控生理時鐘，和睡眠、性行為、情緒、攻擊、衝動等行為有關。研究發現，血清素過度亢進會造成焦慮症，不足則會引發憂鬱症、減少社會行為，並增加攻擊行為和衝動性。從一九六〇年代發現自閉症者血液中的血清素含量過高後，後續研究一致指出，約三分之一的自閉症者血液中的血清素含量過高，約比正常人高25%至 50%（Anderson et al., 1987; Anderson, 2002）。此外，研究還發現，自閉症者的父母和兄弟姊妹血液中的血清素含量亦比正常人高（Leboyer et al., 1999）。

有關血清素含量過高和併發自閉症的關係，目前還不是很清楚，雖然找到一些可能造成血清素異常的基因，例如第十七對染色體上的血清素傳遞基因（serotonin transporter gene, 5-HTT）（Cook et al., 1997），但後續研究結果不一致，有些研究發現和自閉症無關（例如 Persico et al., 2000），因此尚未有候選基因。目前猜測自閉症的成因，和胎兒發育過程中血清素分泌異常有關。研究發現，血清素在人腦未成熟前和成熟後，其調節作用有所不同。在胎兒大腦成長過程中，若

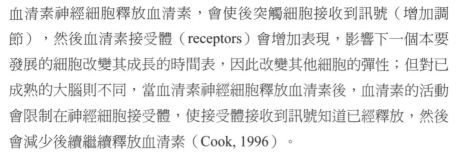

血清素神經細胞釋放血清素，會使後突觸細胞接收到訊號（增加調節），然後血清素接受體（receptors）會增加表現，影響下一個本要發展的細胞改變其成長的時間表，因此改變其他細胞的彈性；但對已成熟的大腦則不同，當血清素神經細胞釋放血清素後，血清素的活動會限制在神經細胞接受體，使接受體接收到訊號知道已經釋放，然後會減少後續繼續釋放血清素（Cook, 1996）。

　　有關血清素會造成胎兒大腦受損的觀點，已經有動物實驗證明。懷特克爾（Whitaker-Azmitia, 2001）以老鼠進行實驗，發現在胚胎形成後第十二天到出生後二十天間，若非選擇性給胎鼠血清張力促動劑（serotonin agonist 或 5-methoxytryptamine），會導致胎鼠大腦中海馬和皮質的血清素終端發生異常，雖然血清素細胞的數目和正常老鼠一樣，但很多細胞發育不全或沒反應，同時樹突（dendrite）的密度亦發生變化（註：樹突為神經細胞中細胞質之樹狀突起，能將神經衝動傳至細胞體）。此外，她並發現老鼠出生後五到九天，所有實驗組的老鼠都出現異常行為，特別是對感覺的反應，當抱握住幼鼠時，會明顯出現搖晃行為，但控制組的正常老鼠不會；並且，實驗組的老鼠對聲音特別敏感，若放到空曠的地方聽到噪音時，會凍住不動，但正常的老鼠不會；當將幼鼠移開母鼠時，正常的老鼠會出現分離焦慮，發出哭泣的聲音，但實驗組老鼠沒有反應。研究者認為實驗組的老鼠行為，和人類的自閉症兒童相似，若母親在懷孕時，胎兒大腦中的血清素含量過高，會造成血清素終端流失，導致大腦受損，而罹患自閉症。

　　目前尚未有相關的人類實驗，因為人類都是出生後才被診斷為自閉症，因此無從得知這些兒童在母親懷孕期間，其大腦中的血清素是否異常。有關人類大腦血清素的發展變化，研究發現在胚胎形成第五週時，就可發現血清素神經細胞（serotonergic neurons），然後神經細胞迅速增加到第十週，到第十五週時，就可看到組織中有血清素細胞。胎兒出生後，血清素逐漸增加到二歲，在二到五歲間，幼兒血液

中血清素的含量是正常成人的二倍,然後五到十四歲間逐年降低含量,直至成人的水準,並且女孩比男孩早降低(Chugani et al., 1999; Whitaker-Azmitia, 2001)。但研究發現,自閉症者血清素合成量(serotonin synthesis capacity)的發展和正常兒童不同,自閉症兒童在二到十五歲間,血清素逐年增加,直增至正常成人含量的 1.5 倍,並且男女無差異,顯示自閉症者血清素發展異常(Chugani et al., 1999)。

其他腦部造影研究亦發現,自閉症兒童大腦中的血清素合成異常。一項研究發現,自閉症者的齒狀核、視丘、皮質通道血清素合成不均勻,七名自閉症男童中,全部對側齒狀核血清素合成過高;並且,其中五名左前額葉和視丘血清素成分減少,另二名則是右前額葉和視丘血清素減少(Chugani et al., 1997)。如本章第一節腦部功能研究所述,齒狀核、視丘、皮質通道和語言處理有關(見 Müller et al., 1998),因此,有可能累積在齒狀核的血清素,會影響自閉症者的語言處理能力。

除了血清素外,到底還有哪些神經化學物質和自閉症病因有關?庫克(Cook, 1996)認為所有大腦發展過程中,會影響腦部發育的相關化學活動都有可能,特別是杏仁核、海馬和小腦值得深入研究,例如目前已發現成長中的海馬具有超過三千個基因,若這些基因在大腦成長發育時期未能正常表現,都可能造成自閉症。由於每個基因可產生一個或幾個蛋白質產物,因此,理論上有超過十萬個神經化學候選物質可能造成自閉症。由於太多可能性,因此,找到自閉症的病因,還有很長的一段路要走,未來研究方向為找出大腦異常發生的時間,以及哪種型態的細胞和自閉症有關。庫克猜測,自閉症可能是發生在懷孕時期,胎兒形成後四到六個月期間(second trimester),並且,異常的化學物質可能和杏仁核、海馬以及小腦的成長發育有關。

第二篇

鑑定、安置與評量

第六章 / 自閉症學生的鑑定與安置

除了第一章所述的醫學診斷外，自閉症者另有三套與其福利息息相關的鑑定系統，分別為：社會福利、特殊教育和早期療育。社會福利系統主要依據的法律是「身心障礙者保護法」，目的是為維護身心障礙者的合法權益及生活，保障其公平參與社會生活的機會；特殊教育系統主要依據的是「特殊教育法」，目的是為保障身心障礙者接受適性教育的權利。基本上，「身心障礙者保護法」和「特殊教育法」所列的身心障礙類別類似，但不完全相同，兩法所使用的身心障礙名稱也不盡相同，但二法都用「自閉症」為類別名稱。另外，新近蓬勃發展的早期療育，則是結合醫療、教育和社政所成立的服務系統。以下分別介紹這三套系統的鑑定方式和流程，第四節則說明教育安置。

第一節　身心障礙者的鑑定

雖然醫療機構很早就對自閉症者進行矯治工作，但我國於一九八〇年頒布的「殘障福利法」並沒有包括自閉症一類，使自閉症者的權益一直無法獲得保障；直至一九九〇年元月，立法院才三讀通過，將自閉症列入「殘障福利法」的類別，使自閉症者的福利和教育問題獲得保障和重視。一九九七年，立法院三讀通過將「殘障福利法」改

名為「身心障礙者保護法」，並新近於二〇〇四年做修正。

　　根據「身心障礙者保護法」的規定，有關身心障礙者的鑑定主要由內政部衛生署主管鑑定工作，凡要享受此法所提供的一切保障、福利與照顧，都必須先向政府機關申請，前往指定的醫院辦理鑑定，然後再由各縣市政府核發「身心障礙手冊」（舊名為「殘障手冊」）。以下分別敘述社會福利系統的等級分類、鑑定方法與流程。

一、自閉症障礙等級

　　台灣身心障礙者的人口統計，主要是以領有「身心障礙手冊」的人數為依據，並且需要領有「身心障礙手冊」者，才受「身心障礙者保護法」的保護。有關「身心障礙手冊」的鑑定工作，主要依據行政院衛生署訂定的「身心障礙等級」做為身心障礙鑑定的依據。根據二〇〇二年修定的「身心障礙等級」規定，自閉症指「合併有認知功能、語言功能及人際社會溝通等方面之特殊精神病理，以致罹患者之社會生活適應有顯著困難之廣泛性發展障礙」。此法規並將自閉症的嚴重度分成四級，即極重度、重度、中度和輕度；在各級中，又依社會適應能力（包括身邊自理、人際互動、家庭適應、學校適應、工作適應及社會適應等綜合功能）和語言功能（指語言理解與表達能力），分不同障礙嚴重程度（見表 6-1）。自閉症等級障礙程度分別說明如下：

　　㈠**自閉症極重度**：指需完全仰賴他人養護，或需要密切監護，否
　　　則無法生存者。
　　　1.社會適應能力極重度障礙。
　　　2.社會適應能力重度障礙，語言功能極重度障礙或重度障礙。
　　　3.社會適應能力中度障礙，語言功能極重度障礙。
　　㈡**自閉症重度**：指經過特殊教育和矯治訓練，通常可發展出最基
　　　本的日常生活自理能力，但無法發展出工作能力，仍需仰賴他

人照顧者。

1. 社會適應能力重度障礙，語言功能中度或輕度障礙。

2. 社會適應能力中度障礙，語言功能重度或中度障礙。

3. 社會適應能力輕度障礙，語言功能極重度障礙。

㈢**自閉症中度**：經過特殊教育和矯治訓練，通常在庇護性環境內可自理日常生活，或有可能訓練出簡單的工作能力者。

1. 社會適應能力中度障礙，語言功能輕度障礙。

2. 社會適應能力輕度障礙，語言功能重度或中度障礙。

㈣**自閉症輕度**：社會適應能力輕度障礙，或語言功能輕度障礙。通常智能在一般範圍內，仍需要特殊教育和矯治訓練後，才能在適當的環境下工作者。

表 6-1　社會適應能力及語言功能障礙程度之評定標準

等級	社會適應能力	語言功能
㈠極重度障礙	缺乏生存能力之極重度社會功能障礙者屬之。這類病人從完全缺乏生活自理能力至僅能取食物食用，若無人照料難以生存；大都處於自我刺激或反覆動作狀態，幾乎完全缺乏與他人之互動。未達學齡之病人，其身邊自理與社會性發展商數為 30 以下者。	缺乏有意義的語言溝通功能者屬之。這類病人最多僅能理解極少數生活有關之事物；表達方面最好者只能以推拉等肢體動作及怪異行為表需要，及少數未具功能之仿說。未達學齡之病人，其語言發展商數達 30 以下者。
㈡重度障礙	具有部分家庭適應能力之重度社會功能障礙者屬之。這類病人通常具備部分生活自理能力（需提示或協助），能被動參與少數熟悉固定的團體生活活動，幾無工作適應能力；常常處於自我刺激或發呆或反覆動作狀態，僅對強烈的、新奇的或熟悉的外來刺激有反應。未達學齡之病人，其身邊自理與社會性發展商數為 30 至 50 者。	顯著偏差與遲滯之溝通功能，以仿說、推拉及不易了解的生氣、怪異行為為主要表達方法，僅具表達少數日常生活需要（如吃、喝、出去）者屬之。病人之理解能力僅限於較常接觸之事物；表達能力最多只能以單字或詞主動表達少數基本需要，但可主動或被動的仿說詞或句。未達學齡之病人，其語言發商數達 30 至 50 者。

（續）

等級	社會適應能力	語言功能
(三)中度障礙	具有部分學校或工作適應能力之中度社會功能障礙者屬之。這類病人通常具備完全生活自理能力，能遵守部分學校規定，亦能學習部分課業，或於庇護情境從事單純反覆性工作，但少數主動與人互動，別人主動可能以正常或怪異固定之方式反應。未達學齡之病人，其身邊自理與社會性發展商數為 50 至 70 者。	具有簡單對話能力，但語言理解與表達均有明顯之偏差。這類病人對有興趣的問題、熟悉的問題，可以主動或在提示之下發問，發問的語句常是簡短、固定、反覆、怪異的；對熟的語句仍夾雜仿說和代名詞反轉現象（但少於50%）；可以句子或詞表達部分生活上自己立即的需要。未達學齡之病人，其語言發展商數為 50 至 70 者。
(四)輕度障礙	社會功能近乎正常至輕度障礙者屬之。這類病人通常具備完全生活自理能力，學校學習和一般學生相似，可在保護性環境工作，與人亦能有情感交流，但仍表現出過分依賴退縮，或過分友善、多話、開放的行為，而且視線接觸與同儕社交活動及其身邊自理與社會性發展商數達 70 以上者。	語言功能近乎正常至輕度障礙者屬之。語言理解與表達能力可符合家庭、學校、工作生活之基本需要，但較一般人略遜；語法結構正常，但使用之情境不甚恰當；詞彙較少、句子較短或像背書似的；聊天、講笑話等能力較差；談話時缺乏主動，或只是「告訴」對方而少「聽」對方內容而反應，反應可能離題，談話中斷時缺乏使談話繼續下去的能力。未達學齡之病人，其語言發展商數達 70 以上者。

資料來源：行政院衛生署（2002）：身心障礙等級：附件三。

二、身心障礙者的鑑定人員

根據二〇〇二年行政院衛生署修正公布的「身心障礙者鑑定作業辦法」的規定，各縣市衛生主管機關以任務編組方式設立鑑定小組，辦理鑑定醫療機構之指定、身心障礙等級重新鑑定之事項、鑑定結果爭議與複檢之處理等。鑑定小組委員主要包括衛生局代表、社會科（局）代表、教育局代表、醫療人員、身心障礙者團體代表和地方人

士。根據規定，有關自閉症者的鑑定乃是由精神科專科醫師擔任，此醫師並需曾參加自閉症鑑定講習課程；必要時，縣市政府可以邀請醫師、職能治療師、社會工作師、臨床心理人員及特殊教育教師等組成鑑定小組予以鑑定。

三、鑑定方法與工具

　　根據行政院衛生署於二○○二年公布的「各類身心障礙之鑑定人員及鑑定方法與工具」的規定，自閉症的鑑定方法包括三方面：

　　1. 理學檢查。

　　2. 基本檢查：精神狀態檢查、語言能力檢查、自我照顧能力及社會適應能力評估。

　　3. 特殊檢查：發展測驗、智力測驗。

檢查醫師所使用的鑑定工具包括：

1. 基本身體檢查、神經學檢查工具。

2. 自閉症檢查工具：如克氏行為量表。

3. 發展能力評量工具：如嬰兒發展測驗、學齡前兒童行為量表、標準化智力量表、其他語言或社會適應評量工具。

有關自閉症檢查工具和其他評量工具，詳見第七章。

四、身心障礙者的鑑定流程

　　身心障礙者的鑑定流程如下：

　　1. 申請人持相關證件（一吋半身照片三張、身分證影印本或戶口名簿影印本）向戶籍所在地直轄市區公所或縣市鄉（鎮、市、區）公所申請身心障礙者之鑑定。

　　2. 經詢視後發給身心障礙者鑑定表格。

　　3. 申請人持身心障礙者鑑定表至指定之醫療機構或場所辦理身心

障礙者鑑定。

4. 鑑定醫療機構或鑑定作業小組於鑑定後一個月內，將該鑑定表送申請人戶籍所在地之衛生主管機關。

5. 衛生主管機關核發鑑定費用，並將該鑑定表核轉社政主管機關，直轄市區公所或縣市鄉公所依鑑定結果，凡符合法定殘障等級標準者核發「身心障礙手冊」。

醫療機構對身心障礙類別與等級的判定，主要按照上述「身心障礙等級」所列的標準。基本上，身心障礙者需要三歲以上才能申請身心障礙者之鑑定，但以下兩種情形，可以在三歲以前申請鑑定：

1. 可明確鑑定其肢體或器官永久性缺陷之嬰幼兒。

2. 藉由染色體、生化學或其他檢查檢驗，確定兒童為先天缺陷或先天性染色體、代謝異常，或經中央衛生主管機關認定因罕見疾病而導致身心功能障礙之嬰幼兒。若經鑑定為身心障礙但無法區分其等級者，得先暫予以判定為重度身心障礙，等兒童滿三歲後，申請人再申請鑑定兒童的身心障礙等級。

凡領有「身心障礙手冊」者，可以享有政府對身心障礙者所提供的各項社會福利，例如身心障礙者津貼、中低收入生活補助、身心障礙者生活拖育養護費用補助、臨時及短期照顧服務、身心障礙學生教育代金、就學費用減免、發展遲緩兒童療育補助、職業訓練生活津貼、支持性就業服務、身心障礙者專用停車位、輔助器具費用補助、稅額減免等，各縣市政府所提供的補助不盡相同，詳細情形，需洽各縣市政府社會局。

第二節　特殊教育鑑定

一九九七年政府公布之「特殊教育法」將自閉症明列為特殊教育

服務的類別之一,並新近於二〇〇四年做修正。「特殊教育法」中所稱的身心障礙,係指「因生理或心理之顯著障礙,致需特殊教育和相關特殊教育服務措施之協助者」,因此,學生接受特殊教育,不一定需要領有「身心障礙手冊」。由於「身心障礙保護法」的鑑定項目和標準比特殊教育體系鑑定標準嚴格,基本上,若學生取得「身心障礙手冊」,就屬於特殊教育服務的對象,但由於持手冊的學生,其特徵經常與手冊登載的障礙名稱,在診斷項目上不符;加上二法所使用的身心障礙類別名稱也不盡相同,因此,特殊教育鑑定只視「身心障礙手冊」為參考資料(張蓓莉和林幸台,1999)。

一、自閉症的鑑定標準

根據二〇〇二年教育部訂定的「身心障礙及資賦優異學生鑑定標準」的規定,自閉症指「因神經心理功能異常而顯現出溝通、社會互動、行為及興趣表現上有嚴重問題,造成在學習及生活適應上有顯著困難者」;其鑑定標準如下:

1. 顯著口語、非口語之溝通困難者。
2. 顯著社會互動困難者。
3. 表現固定而有限之行為模式及興趣者。

有關自閉症兒童的診斷工作,多由公立或教學醫院精神科或兒童心智科實施,但各醫院實施步驟標準不一,有些醫院需經過初診、複診,有些只有初診而已。

二、特殊教育學生的鑑定人員

各縣市特殊教育學生的鑑定主要由「鑑定及就學輔導委員會」(簡稱鑑輔會)辦理,鑑輔會主要掌管下列事項:

1. 議決鑑定、安置及輔導之實施方法與程序。

2. 建議專業團隊及特殊教育資源中心應遴聘之專業人員。

3. 評估特殊教育工作績效。

4. 執行鑑定、安置及輔導工作。

5. 其他有關特殊教育鑑定、安置及輔導事項。

各級學校校內則組織「特教推行委員會」，負責該校特殊教育工作的規劃、執行和宣導，成員包括校長、各處室主任、特教班教師、普通班教師、家長。此委員會的任務之一就是成立特殊兒童鑑定小組，負責發現、篩選和安置該校的特殊兒童。

依據「身心障礙及資賦優異學生鑑定標準」之規定，各類特殊教育學生之鑑定應採多元評量之原則，依學生個別狀況，採取標準化評量、直接觀察、晤談、醫學檢查等方式，或參考身心障礙手冊記載蒐集個案資料，綜合研判之。各級學校特殊兒童入學所需之團體測驗或個別測驗等之施測，除了由公立或教學醫院實施外，亦可由各縣市教育局登記合格之心評小組人員擔任。

三、特殊教育鑑定安置流程

前節敘述之社會福利系統之身心障礙者鑑定，主要目的是為了申請「身心障礙者手冊」，以得到「身心障礙者保護法」的保護和福利；特殊教育的鑑定則是為了教育安置與介入，以提供特殊兒童適性教育。自閉症學生的鑑定一般都和安置結合，大致包括下列步驟：

(一)發現階段

幼稚園或學齡階段的兒童，若父母、教師或其他專業人員於日常生活中，發現兒童在溝通、社會或行為方面有異常，或發展比同年齡兒童遲緩者，可以向設籍學校或已就讀之學校提出鑑定安置申請。一般手續為家長或監護人持戶口名簿、醫院診斷證明或身心障礙手冊，向設籍學校或已就讀之學校輔導室提出特殊教育鑑定安置申請，由輔

導室相關人員協助填寫申請表（包括基本資料表、檢核表及家長同意書等）。

(二)篩選鑑定

經報名後，由各校安排時間，由各縣市之心評小組人員實施測驗評量，評量包括標準化測驗和非正式評量。標準化測驗，例如魏氏智力測驗、魏氏幼兒智力量表修訂版、瑞文氏推理測驗、修訂畢保德圖畫詞彙測驗、托尼非語文智力測驗、修訂文蘭適應行為量表等；非正式評量，例如觀察學生表現、家庭訪問、晤談家長和教師、教師評量、成績單、行為檢核表等。鑑定時間第一學期約在中小學開學前八月中旬前完成，第二學期則是在十一月底前完成。未在上述兩次鑑定時間內提出申請者，可視需要向鑑輔會提出申請。

(三)初步安置

輔導室蒐集完學生資料後，各校特殊兒童鑑定小組會先招開校內初步鑑定安置會議，依照各校特殊教育種類、班別和名額，考量學生身心障礙狀況、家長意願、教師建議及各類特教班招生狀況，研擬初步安置建議名單，然後通知家長，並將鑑定安置資料彙整送至各縣市教育局主管特殊教育部門。

(四)確認安置

接著，各縣市鑑輔會招開身心障礙兒童鑑定安置會議，由鑑輔會委員依據最少環境限制、就近入學等安置原則，對於特殊教育學生之安置場所做最後確認；若學生之學區無適當特殊教育場所可安置者，鑑輔會可以彈性安置於其他適當之學區。依規定鑑輔會須於安置會議七日前，將鑑定資料送交學生家長，對於初步安置建議有異議之家長，得邀請教師、學者專家或相關專業人員出席會議。有關自閉症學生的安置類型，詳見本章第四節。

四、個別化教育計畫

　　經過鑑定程序，符合身心障礙學生的鑑定標準後，其教育不同於一般學生的地方是，每位身心障礙學生都需要擬定「個別化教育計畫」（individualized education programs, IEP）。個別化教育計畫指運用專業團隊合作方式，針對身心障礙學生個別特性所擬定之特殊教育及相關服務計畫。根據「特殊教育法施行細則」的規定，學校應於開學後一個月內訂定個別化教育計畫，並且每學期至少檢討一次。參與擬定計畫的人員，包括學生家長、教師、相關專業人員、學校行政人員等，並得邀請學生參與。個別化教育計畫的內容如下：

1. 學生認知能力、溝通能力、行動能力、情緒、人際關係、感官功能、健康狀況、生活自理能力、國文、數學等學業能力之現況。
2. 學生家庭狀況。
3. 學生身心障礙狀況對其在普通班上課及生活之影響。
4. 適合學生之評量方式。
5. 學生因行為問題影響學習者，其行政支援及處理方式。
6. 學年教育目標及學期教育目標。
7. 學生所需要之特殊教育及相關專業服務。
8. 學生能參與普通學校（班）之時間及項目。
9. 學期教育目標是否達成之評量日期及標準。
10. 學前教育大班、國小六年級、國中三年級及高中（職）三年級學生之轉銜服務內容。

　　所謂「轉銜服務」指提供教育服務計畫，協助學生各教育階段間的銜接工作，內容需按照各教育階段的需要，包括升學輔導、生活、就業、心理輔導、福利服務及其他相關專業服務等項目。

　　此外，「特殊教育法」還規定就讀特殊學校、一般學校特教班及普通班的身心障礙學生，學校應依據其學習及生活需要，提供無障礙

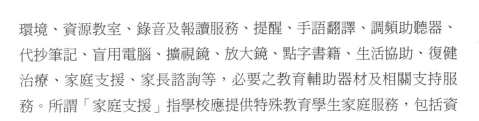

環境、資源教室、錄音及報讀服務、提醒、手語翻譯、調頻助聽器、代抄筆記、盲用電腦、擴視鏡、放大鏡、點字書籍、生活協助、復健治療、家庭支援、家長諮詢等，必要之教育輔助器材及相關支持服務。所謂「家庭支援」指學校應提供特殊教育學生家庭服務，包括資訊、諮詢、輔導、親職教育課程等。

第三節　早期療育鑑定

　　有關早期療育最直接的法律依據，可說是二〇〇三年發布的「兒童及少年福利法」，此法乃根據早先發布的「兒童福利法」，合併「少年福利法」修訂而成。根據「兒童及少年福利法」第十九條規定，各縣市政府所應辦理的兒童福利措施，包括：「建立發展遲緩兒童早期通報系統，並提供早期療育服務。」另外，特殊教育法第二十五條亦規定：「為提供身心障礙兒童及早接受療育之機會，各級政府應由醫療主管機關召集，結合醫療、教育、社政主管機關，共同規劃及辦理早期療育工作。」因此，各縣市政府極力推動早期療育服育，以下介紹發展遲緩兒童和早期療育之鑑定流程。

一、何謂發展遲緩？

　　目前我國的早期療育鑑定單位，對幼兒的障礙類別傾向不分類，一般統用「發展遲緩」。根據「兒童及少年福利法施行細則」之規定，所謂發展遲緩兒童，「指在認知發展、生理發展、語言及溝通發展、心理社會發展或生活自理技能等方面，有疑似異常或可預期有發展異常情形，並經衛生主管機關認可之醫院評估確認，發給證明之兒童。」常見的發展遲緩類型包括語言、動作、認知、社會適應、情緒心理以及全面性發展遲緩。

但我國的特殊教育體系對兒童的障礙類別傾向分類，發展遲緩只適用於當兒童的障礙類別無法確定者。根據教育部制定的「身心障礙及資賦優異學生鑑定標準」，發展遲緩的定義為：「未滿六歲之兒童，因生理、心理或社會環境因素，在知覺、認知、動作、溝通、社會情緒或自理能力等方面之發展較同年齡顯著遲緩，且其障礙類別無法確定者；其鑑定依兒童發展及養育環境評估等資料，綜合研判之。」

二、早期療育鑑定流程

我國的早期療育乃是由社會福利、衛生、教育等專業人員以團隊合作方式，以未滿六歲的發展遲緩兒童及其家庭為對象，提供必要的治療、教育、諮詢、轉介、安置與其他服務。早期療育的重點之一在篩檢出零至六歲的發展遲緩兒童，凡是家長或老師發現兒童在認知發展、生理發展、語言及溝通發展、心理社會發展或生活自理技能等方面有異常情形，都可以向「早期療育評估鑑定中心」申請發展遲緩兒童鑑定。此中心乃是由各縣市政府結合社會局、衛生局和教育局所設立而成，負責篩檢發展遲緩兒童。早期療育鑑定流程可以分為下列幾個步驟：

㈠發現與初篩

透過產前檢查、新生兒篩檢、醫院、衛生所、托育中心、托兒所、幼稚園、父母、監護人等發現兒童發展異常，可以轉介至早期療育評估鑑定中心，篩檢發展遲緩兒童。

㈡通報、轉介和評估

衛生所、醫療院所發現發展遲緩兒童後，藉由衛生局所建立的「新生兒出生通報網路傳輸系統」，將個案資料傳送至各縣市成立的「通報轉介中心」。通報轉介中心為單一通報窗口，設有社工員，主

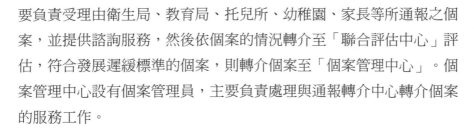

要負責受理由衛生局、教育局、托兒所、幼稚園、家長等所通報之個案，並提供諮詢服務，然後依個案的情況轉介至「聯合評估中心」評估，符合發展遲緩標準的個案，則轉介個案至「個案管理中心」。個案管理中心設有個案管理員，主要負責處理與通報轉介中心轉介個案的服務工作。

㈢個案管理服務

和學齡兒童鑑定安置不同的是，早期療育採用個案管理員制度。個案管理中心接到個案後，會分派個案管理員，每名個案派有一位個案管理員，提供家庭必要的協助。個案管理員的主要工作內容如下（台北市政府社會局，2000）：

1. **接案**：個案管理員接案後，進行初步評估、電訪和家訪，蒐集個案相關醫療資料，調查個案家庭生態、互動模式及資源使用情形。

2. **醫療服務**：協助個案安排醫療評估，了解個案是否需轉介至指定醫院，或於原就診醫院持續就診評估。

3. **教育服務**：安排家長至早期療育機構或學校訪問（如兒童發展中心、托兒所、幼稚園等），協助兒童進入早期療育單位接受早療服務。

4. **社會服務**：協助家庭運用政府補助、療育服務等相關資源，例如申請身心障礙手冊，領取發展遲緩兒童療育補助費、托育養護費用補助、特殊幼兒教育補助、療育費用補助、身心障礙者津貼等，各縣市政府所提供的補助不盡相同。

5. **召開療育會議**：在召開療育會議前，個案管理員先和家長溝通看法，討論對兒童教育的觀點和療育的可行性策略，接著由個案管理員彙整資料，提至個案討論會，與相關專業人員討論。療育會議的基本參與成員包括醫療團隊代表、家長、早期療育通報轉介組社工員或個案管理員。

6. **擬定個別化家庭服務計畫**：個案管理員須針對兒童和家庭的需要，與家長共同擬定「個別化家庭服務計畫」，並定期評估其成效。基本上，小於一歲的個案每三個月至少評估一次，一至三歲個案每六個月至少一次，三歲以上個案，每年至少一次，直到結案。

7. **提供小學轉銜服務**：個案管理員於個案入小學前一年，開始與家長討論對孩子未來入學的期待，以及提供入學教育安置之相關資訊，共同擬定個案之轉銜計畫，然後將個案過去所接受的相關早期療育資料彙整成小學轉銜摘要表，並於孩子入學後一個月追蹤孩子學校適應情形。

8. **結案**：符合結案標準者，進入結案程序，並視個案情況追蹤三至六個月。結案狀況包括個案經評估鑑定無遲緩事實者、個案遷居外縣市，或入小學就讀者。

三、早期療育

　　早期療育服務，係指由社會福利、衛生、教育等專業人員以團隊合作方式，依發展遲緩之特殊兒童的個別需求，所提供的服務。早期療育主要包括醫療服務和教育服務。醫療服務屬於健保給付之療育，乃是由醫療院所視個案需要，對個案施以語言治療、物理治療、職能治療、行為治療、遊戲治療、音樂治療、認知治療和家長個別會談等，各醫院所提供的服務項目不盡相同。教育服務則是由早期療育機構（兒童發展中心）、公私立托兒所或幼稚園提供。

　　早期療育的教育服務，早期多由機構或兒童發展中心提供，這些機構多為民營或公設民營，例如台北市第一兒童發展中心、台中市瑪利亞啟智學園、台南市瑞復益智中心、高雄市無障礙之家附設自閉兒日托中心等，主要提供零至三歲身心障礙兒童的療育服務，以及三至六歲的托育服務。一般零至二歲（或三歲）兒童的療育服務多採部分

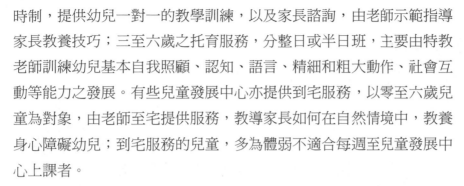

時制，提供幼兒一對一的教學訓練，以及家長諮詢，由老師示範指導家長教養技巧；三至六歲之托育服務，分整日或半日班，主要由特教老師訓練幼兒基本自我照顧、認知、語言、精細和粗大動作、社會互動等能力之發展。有些兒童發展中心亦提供到宅服務，以零至六歲兒童為對象，由老師至宅提供服務，教導家長如何在自然情境中，教養身心障礙幼兒；到宅服務的兒童，多為體弱不適合每週至兒童發展中心上課者。

由於特殊教育法規定各縣市之特殊教育應向下延伸至三歲，因此各縣市紛紛發展學前特殊教育，設立幼稚園招收三至六歲身心障礙兒童，主要包括學前特教班（特殊教育學校和一般學校）和融合教育（一般學校）兩種型態。有些縣市延伸服務至兩歲兒童，設有托兒所，招收二至六歲兒童。目前幼稚園教育階段，亦仿照學齡兒童階段實施教育鑑定與安置，欲就讀學前特教班、資源班或普通班之身心障礙幼兒，需由家長向各區負責學校（多為國小附幼）報名，然後經過教育或專業評估後，召開鑑定安置會議，由鑑輔會委員對教育安置場所做最後確認。

目前全省共有十四所特殊教育學校設有學前特教班，主要為聽障（40%）和不分類特幼班（40%）。除了特殊教育學校外，大多數的縣市亦在一般學校設有學前特教班，只有少數的縣市沒有；有些縣市設有巡迴輔導班，例如台北市（由文山特教學校提供服務）、苗栗縣、花蓮縣；目前設立學前資源班的縣市較少，只有高雄市和新竹市。總括目前學前特教，大致主要包括下列五種教育型態：

㈠**融合式普通班**：在普通班級中，每班分派一至二名身心障礙幼兒，托兒所主要由保育老師教學，幼稚園則由幼教老師教學，主要目的在提供身心障礙幼兒團體互動的機會。有些托兒所和幼稚園聘有特教老師，但特教老師的教學方式視各幼稚園的實際教學狀況而定。

㈡**巡迴輔導班**：巡迴輔導班乃是由特教老師，依照區別至身心障

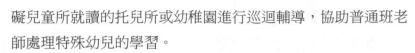

礙兒童所就讀的托兒所或幼稚園進行巡迴輔導,協助普通班老師處理特殊幼兒的學習。

㈢**分散式資源班**:有些托兒所或幼稚園附設資源班,聘有特教老師,針對身心障礙兒童的需要,部分時間抽離教學,教學方式有些採一對一,有些採小組教學。

㈣**自足式特幼班**:設立於一般學校,將身心障礙幼兒不分類集中教學,幼兒多為中、重度障礙,由特殊教育老師負責教學。

㈤**特殊教育學校幼稚部**:設立於特殊學校,多為中重度的身心障礙幼兒,由特殊教育教師負責教學,目前設班主要為聽障和不分類班級。

由於各縣市所提供的早期療育服務內容不盡相同,因此家長應儘早蒐集相關資訊,使兒童可以得到適當的教育服務。

以上三套鑑定系統影響自閉症者的權益深遠,若家長或老師發現兒童可能罹患自閉症,應儘早接受鑑定,不僅可以保障兒童福利(如社會津貼、升學、兵役問題等),更可使兒童早日得到醫療和教育服務。筆者發現很多高功能自閉症兒童,由於家長或老師疏忽或缺乏自閉症方面的知識,認為兒童是大雞慢啼,長大後就會好,直到兒童溝通、情緒和行為問題非常嚴重,多半是國小中高年級以後,才求助於專業人員,經常錯失教育的關鍵期;因為早期療育是目前發現最有效的介入方式,若家長害怕別人知道家中有身心障礙兒童,使兒童錯失治療機會,未經治療的兒童多半長大後問題更嚴重,那時就會更多人知道。

第四節　教育安置

台灣光復初期的特殊教育,以特殊教育學校為主,服務對象主要

為視覺障礙和聽覺障礙的學生，例如省立台南盲啞學校和台北盲啞學校。直至一九六二年，才在台北市中山國小成立第一個以智能障礙兒童為對象的教育實驗班，之後，並於一九七六年在台南市成立第一所啟智學校（教育部特殊教育工作小組，2004）。近十五年來特殊教育蓬勃發展，服務對象擴及各種障礙類型，和各種嚴重程度的學生，教育安置型態亦呈多元化發展，和早年將身心障礙學生隔離教學的安置型態有很大的不同。

　　目前安置的學校類型主要分成特殊教育學校和一般學校兩種，特殊教育學校以自足式特教班為主，一般學校則包括普通班接受特教服務、分散式資源班、巡迴輔導班、自足式特教班，以及在家教育等。根據「九十三年度特殊教育統計年報」顯示，目前國民教育階段的身心障礙學生，主要安置於一般學校的資源班以及在普通班接受特教服務，有一小部分學生為巡迴輔導，這三種型態都屬於將學生安置於普通班，並提供特教服務，人數加起來，國小達 73.7%，國中達 67.4%（見表 6-2）。因此，目前我國身心障礙學生的安置型態，以普通班為主，傾向融合教育，但同時普及特殊教育學校，朝小班、小校和社區化方向發展。以下說明各種不同的教育安置類型：

表 6-2　身心障礙學生安置類型比率（％）

安置型態 ＼ 教育階段	學前階段	國民小學	國民中學	高中職
特殊教育學校自足式特教班	3.95	2.34	6.57	27.88
一般學校自足式特教班	9.61	19.26	21.26	26.44
分散式資源班	4.37	41.06	38.80	4.90
巡迴輔導	5.58	2.75	1.56	.47
普通班接受特教服務	14.54	29.93	27.05	40.20
教養機構	6.74	2.73	3.04	0
在家教育（巡迴輔導）	.08	.87	1.10	0
其他	14.54	1.06	.62	.11

資料來源：教育部特殊教育工作小組（2004）：九十三年度特殊教育統計年
　　　　　報。台北市：教育部。

一、特殊教育學校

　　過去政府對特殊教育學校的政策,各校以招收單一障礙類別為主,學校名稱依類別分為啟智(智障)、啟明(視障)、啟聰(聽障)、仁愛(肢障)等學校,主要招收重度障礙的學生。一九九七年公布的特殊教育法,對於特殊教育學校的設置,朝綜合類型和取消標記的方向發展,新成立的學校不再用啟智為名,改用特殊教育學校,例如文山特殊教育學校、楠梓特殊教育學校。目前全台共有二十四所特殊教育學校(含各種名稱),自閉症學生一般多安置於啟智學校,這些學生多半為無口語溝通能力,具有中重度智能障礙者。

　　啟智班的課程內容和一般安置於普通班的身心障礙學生不同,主要依教育部(1999)頒定「特殊教育學校(班)國民教育階段智能障礙類課程綱要」實施,課程分為生活教育、社會適應、實用語文、實用數學、休閒教育、職業生活,強調培養學生的生活適應能力,包括個人及家庭生活、學校及社區生活、職業準備和獨立生活。雖然一般人都認為學生安置於特殊教育學校,比安置於一般學校,學習環境較為孤立,但根據筆者過去訪視一些特殊教育學校的經驗,台灣特殊教育學校的風格差異很大,有些學校較為傳統,不和社區來往,學生較為隔離;有些學校作風開放,雖是特教學校,但融入社區生活,經常安排活動和鄰近中小學交流,進行融合教育。因此,家長在為子女尋找適當的學校時,最好能事先調查了解當地狀況。

二、一般學校自足式特教班

　　我國從一九六二年成立第一個啟智班以來,經過四十多年來的發展,自足式特教班在普及率和招收對象上,有很大的改變。早年一般學校所設立的特教班多按照類別區分,主要包括智障、聽障和肢障集中式特教班,近年來則傾向設立不分類特教班。在教育階段上,早年

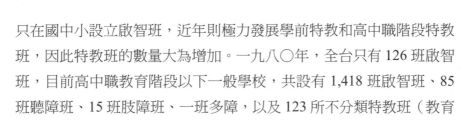

只在國中小設立啟智班，近年則極力發展學前特教和高中職階段特教班，因此特教班的數量大為增加。一九八〇年，全台只有 126 班啟智班，目前高中職教育階段以下一般學校，共設有 1,418 班啟智班、85 班聽障班、15 班肢障班、一班多障，以及 123 所不分類特教班（教育部特殊教育工作小組，2004）。

　　另外，在招收對象方面，早期一般學校的啟智班多以招收輕度智能障礙的學生為主，自閉症學生多安置於特殊教育學校的啟智班；近年來，一般學校的啟智班多轉變為以招收中重度智能障礙的學生為主，包括具有智能障礙的自閉症學生，使自閉症學生的安置多了一種選擇。而過去安置於啟智班的輕度智障學生，現在則傾向安置於普通班，並接受資源教室或巡迴輔導的服務，教育政策趨向融合教育發展。

三、分散式資源班

　　分散式資源班指身心障礙學生安置於普通班，但學生於部分時間到資源教室接受特殊教育老師的指導，在所有的身心障礙學生中，這種安置方式人數最多。資源班的教學方式一般採小組教學，但自閉症學生多為一對一教學，上課方式主要分成兩種：

　　㈠**抽離式資源班**：於普通班上課時間，將身心障礙學生抽離到資源教室上課，有些普通班的課程學生不參與。

　　㈡**外加式資源班**：學生參與普通班中所有的課程，但於一些課外時間，例如早自習時間，學生到資源教室上課，目前國民中學大多採外加式。

　　國內的資源班種類，分成單類資源班和不分類資源班二種。早期設立的資源班多為單類，只招收某特定類別的學生，例如學障資源班和聽障資源班；近幾年，學障資源班紛紛改為不分類的身心障礙資源班，以招收輕度障礙的學生為主，但仍有少數單類資源班存在，例如

聽障、語障、嚴重情緒障礙和自閉症。目前國中小安置於資源班的人數中，約98%是安置於不分類資源班，單類資源班只占少數（教育部特殊教育工作小組，2004）。若自閉症學生經鑑定後安置於普通班，並接受資源教室服務，大多數的縣市都是將自閉症學生安置於不分類資源班中或接受巡迴輔導。目前全台只有高雄市設有單類的「自閉症資源班」，以鄰近學校就讀普通班的自閉症學生為服務對象，學生須於上課時間到設有自閉症資源班的學校上課；若家長無暇接送學生，亦可進同校的不分類資源班。

四、巡迴輔導

巡迴輔導指將身心障礙學生安置於一般學校的普通班中，由經過訓練的特殊教育老師，定期巡迴到轄區有安置身心障礙學生的學校，對學生提供直接服務，或對普通班老師、家長提供諮詢等間接服務。國內對身心障礙學生採巡迴輔導，最早推行於視覺障礙學生，目前則擴及不分類、聽障、語障、身體病弱和自閉症學生。有些縣市對安置於普通班的自閉症學生，主要採巡迴輔導的服務方式，例如台北市和台南市。基本上，這種安置的人數不多，國民教育階段的身心障礙人數低於3%。

五、普通班接受特教服務

普通班接受特教服務指將身心障礙學生安置於一般學校的普通班，但學生需接受除「資源班」或「巡迴輔導」以外的特殊教育及相關服務，例如復健治療、教育輔助器材、無障礙環境或行政支援等直接或間接的協助。這類學生大部分時間都在普通班學習，安置人數比率相當高，國民教育階段身心障礙學生中，安置人數僅次於分散式資源班的人數。

六、教養機構

　　教養機構指將身心障礙學生安置於公私立托育養護機構，這些機構一般配有特殊教育老師、保育員、醫療人員、復健人員等，並通常為住宿型態。國民教育階段，安置於教養機構的學生，多半為重度或極重度障礙，這些學生雖在教養機構接受教育和養護，但其學籍多設在一般學校或特殊教育學校。例如，南投縣草屯國小啟智班和旭光高中分部的國中啟智班，實際上設於南投啟智教養院，主要招收重度障礙學生；高雄市私立樂仁啟智中心、私立紅十字育幼中心，主要招收高雄市不適合就讀啟智學校的重度、極重度障礙和多重障礙學生，學籍放在高雄啟智學校。

七、在家教育

　　我國於一九八七年開始提供「在家教育」，主要服務對象為國民教育階段，無法到學校接受教育的重度障礙學生，由一般學校或特殊教育學校的特教老師，定期至學生家中，教導學生生活技能和社會適應能力，屬於巡迴輔導的教學方式。學生一般多為不良於行的多重障礙，或極重度缺乏生活自理能力的智能障礙、自閉症、植物人以其他類的嚴重障礙者。開始實施初期，很多「在家教育」的學生，其實屬於可訓練的重度智障者，由於家長長期將小孩關在家中，未給予訓練，因此功能非常低弱；近年來，這些重度智障的學生逐漸轉入特殊教育學校就讀。目前在家教育的身心障礙學生，人數比率相當低，只占身心障礙學生總人數約 1%。

　　目前自閉症學生的安置主要依據學生的障礙程度做考量，並參考家長意願、教師、專業人員以及鑑輔會委員的建議，並沒有絕對的標準。若學生為高功能自閉症，並且沒有嚴重的行為問題，一般多安置

於普通班，並接受不分類資源班、自閉症資源班（例如高雄市）或自閉症巡迴輔導班（例如台北市、宜蘭縣、彰化縣等）的服務；若自閉症學生伴有中重度智能障礙，無適當的口語溝通能力，或有嚴重的行為問題，則多安置於中小學自足式特教班或特殊教育學校（多為啟智學校）；若學生為重度或極重度障礙，不適合就學者，則安置於教養機構或在家教育。特殊教育的安置主要視各縣市所提供的特教服務而定，有些縣市較重視特殊教育，提供較多的服務，有些縣市較少，一般城市比鄉鎮具有較多的選擇。

第七章 / 評量工具介紹

本章介紹適用於自閉症者的不同診斷評量工具,包括診斷測驗、智力測驗、發展測驗和適應行為量表。由於自閉症者的特殊學習特徵,評估其能力時,較適合用個別測驗,團體測驗經常較無法測出學生的真正能力,因此本章所介紹的測驗以個別測驗為主。

第一節　自閉症診斷測驗

本節介紹自閉症者的診斷測驗,包括國內常用的克氏行為量表、兒童期自閉症評量表,以及新近國外發展的診斷測驗,例如自閉症診斷晤談表修訂版、社會和溝通診斷晤談表和自閉症診斷觀察表。

一、克氏行為量表

國內醫院最常用來篩選自閉症者的診斷測驗為「克氏行為量表」,此量表乃宋維村醫師等人根據藍多秀特和克蘭西(Rendle-Short & Clancy, 1968)建議的自閉症兒童十四項行為特徵,所編製而成的評量表。本量表未正式出版,適用於懷疑有自閉症之學齡前兒童,由父母或主要照顧者填寫。計分採用李克氏三點量表,「從不」得 0 分、「偶爾」得 1 分、「經常」得 2 分,施測時間約十分鐘,總分高於 14 分以上者有自閉症傾向,需進一步接受診斷(宋維村,1993)(見附

錄三）。

二、兒童期自閉症評量表

「兒童期自閉症評量表」（Childhood Autism Rating Scale, CARS）亦是國內醫院經常使用的自閉症評量表，乃夏普樂等人（Schopler et al., 1988）所編，由美國西方心理服務出版社（Western Psychological Services）出版，適用於二歲以上的兒童或青少年。此評量表總共評量下列十五項行為：(1)人際關係；(2)模仿；(3)情緒反應；(4)身體的運用；(5)使用物品；(6)適應改變；(7)視覺反應；(8)聽覺反應；(9)味覺、嗅覺和觸覺的反應和運用；(10)害怕和緊張；(11)口語溝通；(12)非口語溝通；(13)活動量；(14)智力反應水準和一致性；(15)一般印象。

計分方式最早為四點量表，「正常」得 1 分，「輕微不正常」2 分，「很不正常」3 分，「極不正常」4 分。修訂版變為七點量表，當介於「正常」和「輕微不正常」間得 1.5 分，介於「輕微不正常」和「很不正常」間得 2.5 分，「很不正常」和「極不正常間」間得分 3.5 分，並且各題舉例說明正常和不正常之間的差別（題目舉例見表 7-1）。本量表總分介於 15 至 60 分之間，總分低於 30 分者，非自閉症，總分介於 30 分至 36.5 分者，為輕度到中度自閉症，總分 37 分以上者為重度自閉症，全部評量時間約十分鐘。

三、自閉症診斷晤談表

「自閉症診斷晤談表修訂版」（Autism Diagnostic Interview-Revised, ADI-R）是目前歐美研究者最常使用的診斷測驗，由盧特、羅德等人（Lord, Rutter, & Le Couteur, 1994; Rutter, Le Couteur, & Lord, 2003）編製，美國西方心理服務出版社出版，為一標準化的半結構式

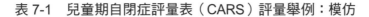

表 7-1　兒童期自閉症評量表（CARS）評量舉例：模仿

1	適當的模仿：孩子可以模仿聲音、字和動作，從他的技能水準來看是適當的。
1.5	
2	模仿輕微不正常：孩子大部分都可以模仿簡單的行為，例如拍手或單音，偶爾模仿行為只在督促下或是延緩後才發生。
2.5	
3	模仿中度不正常：孩子只在部分時間才模仿，並且需要強力堅持和成人的幫助，模仿經常在延緩後才發生。
3.5	
4	模仿重度不正常：孩子很少或從不模仿聲音、字或動作，即使成人給予督促或協助。

資料來源：Schopler, E., Reichler, R. J., & Renner, B. R. (1988). *The Childhood Autism Rating Scale (CARS)*. Los Angeles: Western Psychological Services.

晤談量表，主要目的用來篩選不同的廣泛發展障礙。此量表乃是根據早先的「自閉症診斷晤談表」（Autism Diagnostic Interview, ADI）（Le Couteur et al., 1989）所修訂而成，原先 ADI 只適用於診斷五歲以上的兒童，新的修訂版降低年齡層，可以診斷三、四歲的幼兒，適用於至少有二歲智力的幼兒到成人。

本量表的施測方式乃是由受過訓練的專業人員晤談個案的父母或主要照顧者，晤談內容主要配合 DSM-IV 和 ICD-10 自閉症的診斷標準。最早的研究版有 111 題，正式發行的量表只剩 93 題，主要針對三項功能性領域：語言溝通、互惠的社會互動、限制重複和固執的行為和興趣。全部晤談時間約一個半至二個半小時，晤談的問題包括下列八大領域：

1. 個案行為回顧

2. 個案背景資料，包括家庭、教育、過去診斷和醫療

3. 早期發展和發展里程

4. 語言學習和喪失語言或其他技能

5. 目前語言和溝通功能

6. 社會發展和遊戲

7. 興趣和行為

8. 臨床重要的行為，例如攻擊、自傷和可能的癲癇特徵

　　計分方式為由晤談者根據父母的描述，將個案症狀出現的程度登錄為 0 分到 3 分，若個案「沒有所界定的行為」得 0 分、「所界定的行為可能出現，但未完全符合定義的標準」得 1 分、「所界定的異常行為符合定義」得 2 分、「所界定的異常行為符合定義，並且很嚴重」得 3 分。所晤談的題目主要指個案目前的行為，有些題目會問個案在某些年齡時是否出現某些行為，例如四到十歲之間的兒童，會加問有關想像遊戲、和同儕玩想像遊戲、團體遊戲方面的題目；並且，此晤談量表除了目前的行為外，特別重視個案在四歲和五歲時的表現。自閉症的切割點為溝通領域得 8 分（無口語者 7 分）、社會互動得 10 分、重複限制的行為得 3 分。本晤談表中和 ICD-10 或 DSM-IV 相同的題目舉例參見表 7-2。美國西方心理服務出版社除了發行量表外，還出版八個訓練錄影帶，以幫助專業人員了解施測和記分方式。

表 7-2　自閉症診斷晤談表修訂版（ADI-R）題目舉例

互惠社會互動質的異常

B1. 無法使用眼對眼注視、面部表情、身體姿勢和用手勢去規範社會互動。
　　　直接注視
　　　社會性微笑
　　　用來溝通的面部表情範圍
B2. 無法發展同儕關係。
　　　和同儕玩想像遊戲
　　　對兒童有興趣
　　　對兒童有反應
　　　和同儕玩團體遊戲
B3. 缺乏社會情緒的互惠，或無法根據社會情境調整行為。
　　　運用他人的身體
　　　不適當的面部表情

　　　社會互動的品質
　　　社會反應的適當性
　　　給與安慰
B4. 去和別人分享快樂。
　　　展示和吸引注意
　　　提供分享
　　　尋找去分享自己的喜樂。

溝通和語言質的異常

C1. 遲緩或完全缺乏口語，不會用手勢來彌補。
　　　用手指來表達興趣
　　　慣用的手勢
　　　點頭
　　　搖頭
C2V. 不會引發或維持和他人的會話交換。
　　　社會性的聊天
　　　互惠的對話
C3V. 語言的運用固定和重複的。
　　　固定的言辭
　　　不適當的問題
　　　代名詞反轉
　　　新奇／特異的語言
C4. 缺乏變化、自發性的假裝遊戲，或社會性的模仿遊戲。
　　　自發性的模仿
　　　想像遊戲
　　　模仿社會性的遊戲

限制、重複行為和興趣

D1. 被全神貫注所霸占。
　　　不尋常的全神貫注
D2. 明顯地強迫性的堅持非功能性的儀式。
　　　口語的儀式
　　　強迫性／儀式性
D3. 固定的和重複的動作怪癖
　　　手和手指的怪癖
　　　其他複雜的怪癖

（續）

D4. 全神貫注於物品的某部分或非功能性的物品。
　　重複適用物品
　　不尋常的感官興趣

資料來源：Lord, C., Rutter, M., & Le Couteur, A. L. (1994). Autism Diagnostic
　　　　Interview-Revised: A revised version of a diagnostic interview for
　　　　caregivers of individuals with possible pervasive developmental disor-
　　　　ders. *Journal of Autism & Developmental Disorders, 24*(3), 659-685.

四、社會和溝通診斷晤談表

　　「社會和溝通診斷晤談表」（Diagnostic Interview for Social &
Communication Disorders, DISCO）乃是歐美研究者常用的診斷測驗，
由文英和李刊等人（Leekam et al., 2002; Wing et al., 2002）所編製，為
一標準化的半結構式晤談量表，施測方式為由受過訓練的專業人員晤
談個案的父母或主要照顧者，主要目的為篩選泛自閉症者。此量表視
異常為一連續性的概念，而非類別（即有或沒有），界定比ICD-10或
DSM-IV中之廣泛發展障礙寬廣。

　　此量表乃從早先研究中所用的評量表發展而來（Wing, 1969; Wing
& Gould, 1979），主要的目的在從下到上，有系統地調查兒童從出生
到現在在臨床上顯現的症狀，以協助臨床判斷，題目包括最常見的症
狀到很少見的症狀。此量表不僅可以得到DSM-III-R、ICD-10、DSM-
IV三套診斷系統的分數，並且可以診斷符合堪那診斷標準（Eisenberg
& Kanner, 1956）、文英和古德（Wing & Gould, 1979）泛自閉症，以
及吉伯（Ehlers & Gillberg, 1993）亞斯伯格症診斷標準之兒童。

　　此量表包括學齡兒童和學前兒童兩種版本，全部題目共有319題，
包括發展技能130題、不尋常行為189題，題目可歸納為四大項：

　　1. 嬰兒期（出生第一年）
　　2. 最早發現異常發展之年齡

3. 發展技能——共評量十五項發展領域之技能，包括粗大動作、自助技巧（廁所訓練、餵食、穿衣、個人衛生、內務技巧、獨立）、溝通（接收、表達、非口語）、社會互動、模仿、想像、技巧（視覺空間、其他）。題目編排根據年齡發展順序，共分為三型：

a 型——評量每項發展領域目前的功能水準。

b 型——評量有關達到發展領域關鍵期之遲緩狀況。

c 型——評量和領域有關之不群常行為，例如即使會也不願意用該項技能等。

4. 和發展領域無關之不群常行為，共分為十一類，包括動作固執行為、感官刺激（接近的刺激、聽覺刺激、視覺刺激）、重複作息、情緒、活動模式、不適應性行為、睡眠模式、動作張力特性、社會互動的品質。此項共評量兩次，一次評量某行為是否曾經出現和行為的嚴重度，另一次評量目前某行為是否出現。

　　評分主要用三點量表（嚴重、輕微、未出現），有些題目可以標示不適用，例如若兒童無口語能力，則有關口語異常題目如代名詞反轉，則標示為不適用。

五、自閉症診斷觀察表

　　「自閉症診斷觀察表—普通版」（Autism Diagnostic Observation Schedule － Generic, ADOS-G）亦是歐美研究者常用的診斷測驗，乃是由羅德等人所編製（Lord et al., 2000），美國西方心理服務出版社出版，為一標準化半結構式的個案觀察表。觀察的內容主要配合DSM-IV 和 ICD-10 的診斷標準，用來篩選不同的廣泛發展障礙，總共評量個案四個領域：社會互動、溝通、遊戲和想像物品的使用。

　　此量表乃是根據最早的二個觀察表：「自閉症診斷觀察表」

（ADOS）（Lord et al., 1989）和「語言前期自閉症診斷觀察表」（Pre-Linguistic Autism Diagnostic Observation Schedule, PL-ADOS）（DiLavore et al., 1995）所編製而成。ADOS 適用於五到十二歲，具有至少三歲語言表達能力的個案，PL-ADOS 則是適用於二到五歲無口語能力的幼兒，新的 ADOS-G 則適用於不同發展程度和溝通能力者，從幼兒到成人，共包括四種不同的溝通方式：

量表一：適用於無法一致使用簡單語法之兒童。

量表二：適用於有簡單語法，但說話不流暢之兒童。

量表三：適用於說話流暢之兒童。

量表四：適用於說話流暢之青少年或成年。

此觀察表不適用於完全無口語能力的青少年或成人，施測需由受過訓練的專業人員晤談和觀察個案本人後，將個案出現的行為登記在紀錄表上，各領域施測時間約三十五至四十分鐘。由於此為一觀察表，無法獲得個案過去發展歷史和功能方面的資訊，因此無法單獨使用，必須配合其他臨床診斷。本觀察表的社會和溝通領域的內容見表7-3。美國西方心理服務出版社除了發行量表外，還出版訓練錄影帶和提供二天的 ADOS 研習（詳見 http: //www.wpspublish.com），以幫助專業人員了解施測和記分方式。

第二節　智力測驗

本節介紹智力測驗，包括魏氏兒童智力量表第三版、魏氏幼兒智力量表修訂版、魏氏成人智力量表第三版、修訂畢保德圖畫詞彙測驗、托尼非語文智力測驗第二版，以及瑞文氏系列測驗。

表 7-3 自閉症診斷觀察表（ADOS）社會和溝通領域之題目

量表一	量表二	量表三	量表四
逐步題目			
固執的／癖好的字或語法	固執的／癖好的字或語法	固執的／癖好的運用字或語法	固執的／癖好的運用字或語法
手勢	描述的、習慣的、有功用的手勢	描述的、習慣的、有功用的手勢	描述的、習慣的、有功用的手勢
不尋常的視覺接觸	不尋常的視覺接觸	不尋常的視覺接觸	不尋常的視覺接觸
對別人的面部表情	對別人的面部表情	對別人的面部表情	對別人的面部表情
社會互動的品質	社會互動的品質	社會互動的品質	社會互動的品質
一起注意的反應	互惠的社會溝通的量	互惠的社會溝通的量	互惠的社會溝通的量
分享喜悅	社會反應的品質	社會反應的品質	社會反應的品質
使用其他人的身體溝通	會話	會話	會話
指東西	指東西表達自己的興趣		同理心的或情緒的手勢
呈現東西	關係整體的品質	關係整體的品質	
經常發聲去指引他人	社會互動的量	洞察力	同理心／評論他人的情緒
自發的主動去和別人一起注意	自發的主動去和別人一起注意	報導事件	責任
其他題目			
立刻鸚鵡式仿說	立刻鸚鵡式仿說	立刻鸚鵡式仿說	立刻鸚鵡式仿說
說話異常	說話異常	說話異常	說話異常
想像／功能性的遊戲	想像／功能性的遊戲	想像／功能性的遊戲	想像／功能性的遊戲
獨特癖好	獨特癖好	獨特癖好	獨特癖好
不尋常的感官行為	不尋常的感官行為	不尋常的感官行為	不尋常的感官行為
重複的興趣和行為	重複的興趣和行為	過度的、具體的興趣	過度的、具體的興趣
		儀式性和強迫性的行為	儀式性和強迫性的行為
過動	過動	過動	過動
負向的行為	負向的行為	負向的行為	負向的行為
焦慮	焦慮	焦慮	焦慮

資料來源：Lord, C., Risi, S., Lambrecht, L., Cook, E. H. Jr., Leventhal, B. L., DiLavore et al. (2000). The Autism Diagnostic Observation Schedule — Generic. *Journal of Autism & Developmental Disorders, 30*(3), 205-223.

一、魏氏兒童智力量表第三版

「魏氏兒童智力量表第三版」（Wechsler Intelligence Scale for Children-Third Edition, WISC-III）是由大衛·魏斯樂（David Wechsler）於一九九一年所編製，中文版由陳榮華（1997）修訂，中國行為科學社出版。WISC-III 為一標準化個別測驗（平均數 100、標準差 15），建有台灣地區常模，主要目的在測量六歲至十六歲十一個月的兒童和青少年之智力，以提供特殊兒童鑑定及安置之參考。測驗結果可以得到語文智商（verbal IQ）、作業智商（performance IQ）、全量表智商（語文和作業合計），以及四種因素指數。全量表共有十個分測驗和三個交替測驗（分測驗之平均數 10、標準差 3），分別說明如下：

(一)**語文量表**：包括「常識測驗」（Information）、「類同測驗」（Similarities）、「算數測驗」（Arithmetic）、「詞彙測驗」（Vocabulary）和「理解測驗」（Comprehension）五個分測驗，以及一個交替測驗「記憶廣度測驗」（Digit Span）。

(二)**作業量表**：包括「圖形補充測驗」（Picture Completion）、「符號替代測驗」（Coding）、「連環圖系測驗」（Picture Arrangement）、「圖形設計測驗」（Block Design）和「物型配置測驗」（Object Assembly）五個分測驗，以及二個交替測驗「符號尋找測驗」（Symbol Search）和「迷津測驗」（Maze）。

基本上，交替測驗可以不用施測，計算語文智商和作業智商時，不包括交替測驗。交替測驗的主要目的是當某分測驗無法施測時，可以用交替測驗的分數來替代，語文量表的交替測驗為「記憶廣度測驗」，作業智商的交替測驗為「迷津測驗」，「符號替代測驗」的交替測驗為「符號尋找測驗」。但若要計算四種因素指數，則需施測「記憶廣度測驗」和「符號尋找測驗」二個交替測驗，四種因素指數

說明如下：

　　㈠**語文理解**（verbal comprehension）：包括常識測驗、類同測驗、語彙測驗、理解測驗。

　　㈡**知覺組織**（perceptual organization）：包括圖形補充測驗、連環圖測驗、圖形設計測驗、物型配置測驗。

　　㈢**專心注意**（freedom from distractivity）：包括算數測驗、記憶廣度測驗。

　　㈣**處理速度**（processing speed）：包括符號替代測驗、符號尋找測驗。

　　十個分測驗的施測時間約五十至八十分鐘，但若要施測三個替代測驗，則要再增加十至十五分鐘。本測驗並附有分數處理輔助軟體（Windows版），可以將個案的原始分數轉換為量表分數、智商分數和百分等級等，並分析各個分數間的差異值和列印個人報告書；此外，亦可將團體測驗的結果排序及列印排序摘要表。

二、魏氏幼兒智力量表修訂版

　　「魏氏幼兒智力量表修訂版」（Wechsler Preschool & Primary Scale of Intelligence-Revised, WPPSI-R）乃是由大衛・魏斯樂於一九八九年所編製，中文版由陳榮華、陳心怡修訂（2000），中國行為科學社出版。WPPSI-R為一標準化個別測驗（平均數100、標準差15），主要目的為測量三歲至七歲三個月兒童的智力，以供特殊兒童鑑定、安置以及研擬早期介入方案之參考。測驗結果可以得到語文智商、作業智商和全量表智商（語文和作業合計），全測驗共包括十二個分測驗（平均數10、標準差3），分為二大類：

　　㈠**語文量表**：包括「常識測驗」、「理解測驗」、「算術測驗」、「詞彙測驗」、「類同測驗」五個分測驗，和一項交替測驗「句子測驗」。

㈡**作業量表**：包括「物型配置測驗」、「幾何圖形測驗」、「圖形設計測驗」、「矩陣推理測驗」、「圖畫補充測驗」五個分測驗，和一個交替測驗「動物椿測驗」。

交替測驗的使用同 WISC-III，可以不用施測，作業量表的交替測驗為「動物椿測驗」、語文量表的交替測驗為「句子測驗」，全測驗施測時間約六十到九十分鐘。本套測驗亦附有分數處理輔助軟體，以幫助施測人員在施測和評分後，將原始分數轉換為量表分數、智商分數和百分等級等，並可以分析各個分數間的差異值，以及列印個人報告書；此外，並提供團體測驗結果的排序及列印。

三、魏氏成人智力量表第三版

「*魏氏成人智力量表第三版*」（Wechsler Adult Intelligence Scale-Third Edition, WAIS-III）乃是由大衛‧魏斯樂於一九九七年所編製，中文版由陳榮華、陳心怡修訂（2002），中國行為科學社出版。為一標準化的測驗，主要目的為測量十六至八十五歲成人之智力，適用於鑑定成人智力，以及診斷智障者、資優者和神經心理學上的損傷者。測驗結果可以得到語文智商、作業智商、全量表智商（語文和作業合計），以及四種因素指數分數。全量表共包括十一個正式分測驗和三個交替測驗（分測驗之平均數 10、標準差 3），共分為兩大類：

㈠**語文量表**：包括「詞彙測驗」、「類同測驗」、「算術測驗」、「記憶廣度測驗」、「常識測驗」、「理解測驗」六個分測驗，以及一個交替測驗「數—字序列測驗」。

㈡**作業量表**：包括「圖畫補充測驗」、「數字符號—替代測驗」、「圖形設計測驗」、「矩陣推理測驗」、「連環圖系測驗」五個分測驗，以及兩個交替測驗「符號尋找測驗」和「物型配置測驗」。

交替測驗的使用同 WISC-III，可以不用施測，主要目的是當某分

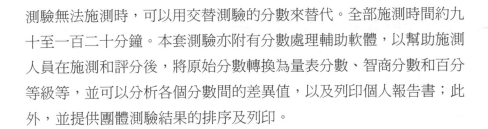

測驗無法施測時，可以用交替測驗的分數來替代。全部施測時間約九十至一百二十分鐘。本套測驗亦附有分數處理輔助軟體，以幫助施測人員在施測和評分後，將原始分數轉換為量表分數、智商分數和百分等級等，並可以分析各個分數間的差異值，以及列印個人報告書；此外，並提供團體測驗結果的排序及列印。

四、修訂畢保德圖畫詞彙測驗

「修訂畢保德圖畫詞彙測驗」（Peabody Picture Vocabulary Test-Revised, PPVT-R）乃是由堂恩等人（Lloyd M. Dunn & Leota M. Dunn）於一九八一年所編製，中文版由陸莉和劉鴻香（1994）修訂，心理出版社出版。此測驗為一標準化非文字之個別測驗（平均數100、標準差15），建有台灣地區常模，主要目的為測量三至十二歲兒童之語文能力。由於受試者不需要具有口語能力，因此，特別適合無口語能力之自閉症者或重度障礙者，當受試者無法施行一般智力測驗如WISC-III 時，此測驗可以做為初步評估個案語文智力之用。

PPVT-R 包括甲式和乙式兩個複本，每個複本共有試題 125 題，每題以四幅圖畫呈現在一頁上，兒童聽讀詞彙後，指出其中一幅圖畫為答案，詞彙有名詞、動詞和修飾詞，內容涵蓋動作、動物、建築物、食物等不同種類的辭彙，甲式有十六種辭彙，乙式則有十七種辭彙。測驗題目乃根據受試者的年齡找到測驗起點，以連續答對八個題數的區間做為基礎水準，然後做到個案連續八題中答錯六題為止，此即為最高水準。施測無時間限制，約十至十五分鐘即可完成。施測者需為專業資格之臨床心理師、特教老師或輔導教師。

根據筆者經驗，對無適當口語能力之自閉症兒童，由於一般能力低於生理年齡，建議施測時改由最簡單之第一題開始施測（題目由簡到難），而不是根據年齡找測驗起點，然後因學生答錯再倒退施測（題目由難到簡），如此較容易增加學生完成的動機。

五、托尼非語文智力測驗第二版

　　「托尼非語文智力測驗第二版」（Test of Nonverbal Intelligence － 2, TONI-2）乃是由布郎等人（Linda Brown, Rita J. Sherbenou, Susan K. Johnson）於一九九〇年所編製，中文版由吳武典、蔡崇建、胡致芬、王振德、林幸台和郭靜姿（1996）所修訂，心理出版社出版。為一標準化非語文之智力測驗（平均數 100、標準差 15），建有台灣地區之全國性常模（常模人數共 11,200 位），主要目的為評估四至十八歲兒童和青少年之智力水準，了解其問題解決能力。

　　TONI-2 的特色為不受語言文化之影響，受試者不需具備聽、說、讀、寫的能力，因此，特別適合無口語能力之自閉症者或重度障礙者，當受試者無法法施行一般智力測驗如 WISC-III 時，此測驗可以做為初步評估個案非語文智力之用。原測驗係以個別或不超過五人之小組施測，並且不同年齡有不同的測驗起點；中文修訂版則適用於個別或團體測驗，並且沒有不同年齡的基礎水準，而是從第一題做到最後一題。

　　此測驗分幼兒版和普及版，並有甲、乙兩種複本，其中幼兒版共有 45 題，適用於四到六歲兒童；普及版有 63 題，適用於七到十八歲兒童和青少年。全部題目皆為黑白之抽象圖形，受試者需由題目中找出圖形排列規則，完成問題解決程序，試題內容偏重圖形推理和問題解決。施測方式具有很大彈性，若用於個別測驗時，受試者可以透過動作、手勢或操作等非語文之指示來回答，若用於團體測驗則用紙筆方式回答。測驗時間沒有限制，一般約三十分鐘內可以完成。施測者須為專業資格之臨床心理師、特教老師或輔導教師。

　　愛迪生等人（Edelson et al., 1998）比較台灣和美國自閉症者在 TONI-2 上的得分，結果發現，台灣三至十五歲自閉症者的平均數為 90.10 分，標準差為 19.14；美國四至四十一歲自閉症者的平均數為 88.99 分，標準差為 21.13。當美國樣本在年齡和性別上和台灣的樣本

配對時，美國樣本得分的平均數為 95.77 分，標準差 20.69，二者分數沒有顯著差別；此外，研究並發現測驗的得分不受自閉症者是否有問題行為的影響。二者差別較大的地方為，台灣自閉症者可施測率只有 37%，美國則高達 66%；另外，台灣樣本得分高者為年紀較小、語言較佳者，美國地區的自閉症者其年齡和語言能力與「TONI-2」的得分無關。筆者認為此差異可能和台灣地區施測者，對無適當口語能力的自閉症者較無施測經驗的關係，因此可以施測的自閉症者，多為具有口語能力的高功能自閉症兒童。

六、瑞文氏系列測驗

　　瑞文氏系列測驗的發展已超六十年以上的歷史，乃是由英國瑞文（J. C. Raven）所編制，瑞文最早於一九三八年創立「標準圖形推理測驗」（Standard Progress Matrices, SPM），其後延伸測驗施測年齡層，陸續發展「彩色圖形推理測驗」（Colored Progress Matrices, CPM），以及「高級圖形推理測驗」（Advanced Progress Matrices, APM）。測驗編製的目的是要測量心理學家斯皮爾曼（Spearman）所主張的智力共同因素（G factor），主要包括推理能力和複製能力。

　　國內使用此系列測驗，亦有很長的一段歷史，最先修定的為「標準圖形推理測驗」，常模建立於一九五八和一九六三年。目前所使用的測驗，乃是由俞筱鈞（1992）所修訂，中國行為科學社出版，常模建立於一九九〇年元月。本測驗旨在測量受試者的推理能力，藉以推斷智能的發展程度，屬於非語文測驗，可做為特殊兒童鑑定及分班編組教學之用。國內施測方式一般用團測，但亦可個別施測，測驗時間不受限制，以做完為止。以下分別說明三種瑞文氏測驗：

㈠瑞文氏標準圖形推理測驗

　　「瑞文氏標準圖形推理測驗」（SPM）又稱為「瑞文氏非文字推

理測驗」，適用對象為九歲半至十二歲半，約國小四、五、六年級學生。測驗共包括 A、B、C、D、E 五組題目，每組 12 題，共 60 題，難度依序增加。題目內容為每題中有一個圖案，但右下角缺一小塊，題下有六或八個小塊，其中一塊可填在題目的缺口上，為正確答案，一般施測時間約四十分鐘。

㈡瑞文氏彩色圖形推理測驗

「瑞文氏彩色圖形推理測驗」（CPM）又稱為「瑞文氏彩色圖形智力測驗」，適用對象為六歲半到九歲半兒童，約國小一、二、三年級的學生。測驗題目包括 SPM 中的 A、B 兩組題目，以及難度介於 AB 中間的一組，總共三組，每組 12 題，共 36 題。若施測時，覺得過於簡單，可再做 SPM 的 C、D、E，一般可在二十分鐘內完成。

㈢瑞文氏高級圖形推理測驗

「瑞文氏高級圖形推理測驗」（APM）又稱為「高級瑞文氏圖形補充測驗」，適用對象為十三歲以上的青少年及成人，常模乃是以十三至十五歲的男女學生所建立。此測驗題為 SPM 的延伸，包括練習題 12 題，正式題 36 題，共 48 題。施測時間練習題約五分鐘可以完成，正式題約三十分鐘。

第三節　發展測驗

本節介紹發展測驗，包括自閉症兒童發展測驗、嬰幼兒綜合發展測驗，以及零歲至六歲兒童發展篩檢量表。

一、自閉症兒童發展測驗

「自閉症兒童發展測驗」乃是由張正芬和吳淑敏（1998a）所編

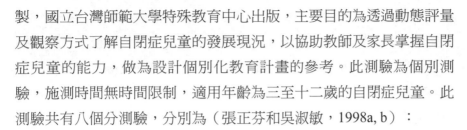

製，國立台灣師範大學特殊教育中心出版，主要目的為透過動態評量及觀察方式了解自閉症兒童的發展現況，以協助教師及家長掌握自閉症兒童的能力，做為設計個別化教育計畫的參考。此測驗為個別測驗，施測時間無時間限制，適用年齡為三至十二歲的自閉症兒童。此測驗共有八個分測驗，分別為（張正芬和吳淑敏，1998a, b）：

㈠**遊戲模仿**：以功能性遊戲評量為主，評量兒童是否能依物品的性質做適當的玩法。

㈡**社會性**：評量兒童是否能了解常見的表情及其意義、對簡單情境的情緒反應、對簡單情境應有的社會性反應等。

㈢**認知**：評量兒童對形狀、大小、長短、顏色、數量等的解釋。

㈣**語言理解**：評量兒童對具體物、圖片、簡單指令、抽象概念、方位詞、短句、短文等的理解。

㈤**語言表達**：評量兒童對日常生活中常見物品、動作、活動、情境等有關之能力表達。

㈥**精細動作**：評量兒童的手指靈活度及手眼協調的情況。

㈦**粗大動作**：評量兒童的平衡能力、大動作協調等。

㈧**生活自理**：評量兒童飲食、如廁、穿脫、盥洗、用品整理等。

此測驗的常模包括台北市和台北縣二至五歲的一般兒童 217 名，以及三歲半至十歲之自閉症兒童 91 名，自閉症兒童來自全台自閉症家長團體。研究發現，各分測驗與總分之平均數會隨年齡增加而增加，並且一般兒童之得分顯著高於自閉症兒童；各分測驗中自閉症兒童表現最差的分測驗為社會性、語言理解與語言表達。

二、嬰幼兒綜合發展測驗

「嬰幼兒綜合發展測驗」由王天苗（2002）修訂，教育部出版，為一標準化的發展測驗，主要目的在評估嬰幼兒在認知、語言、動作、社會、自理能力等發展狀況及行為特性。測驗適用於學前一般或

發展遲緩兒童，年齡三至七十一個月。施測時間視嬰幼兒年齡及情況而定，平均約需四十至九十分鐘。本測驗建有全國性常模，常模包括年齡分數、Z 分數、百分等級和發展商數。測驗共有篩選和診斷兩種題本：篩選題本共 87 題，可用來初步決定嬰幼兒是否有疑似遲緩情形，若有，則利用診斷題本（共 343 題）進一步診斷嬰幼兒在各發展領域的能力及行為特性情形。

三、零歲至六歲兒童發展篩檢量表

「零歲至六歲兒童發展篩檢量表」由黃惠玲（2000）編製，心理出版社出版，主要目的為評估零到六歲兒童在語言、社會、動作、知覺和認知等發展狀況，以做為篩檢發展遲緩幼兒之用。此量表乃是由孩童的主要照顧者針對孩子的表現填寫，評量時間約十至二十分鐘。題目共分成五個部分，這五類題目皆按照發展的順序排列，每題都是一句敘述，描述孩子發展上會出現的關鍵表現，說明如下：

(一)**語言與溝通發展**：例如對著孩子說話，孩子會看著說話的人或發出一些聲音。

(二)**社會人格發展**：例如看到靠近者的臉，會主動對靠近者笑。

(三)**粗動作技能發展**：例如孩子趴著時，也能抬起頭來。

(四)**細動作技能發展**：例如會試著把手放到嘴巴裡。

(五)**知覺與認知發展**：例如視線會隨著移動的物體移動。

本測驗建有台灣地區全國性常模（人數共 11,200 位），可換算四至十八歲的百分等級及離差智商，可以用來研判個案在五個方面的發展狀況為正常、邊緣或遲緩，以及各方面發展是否均衡。需具專業資格之臨床心理師、輔導教師、特教教師、心理諮商員及幼教老師才能使用。

第四節 適應行為和轉銜

本節介紹適應行為和轉銜評量表，包括文蘭適應行為量表、社會適應表現檢核表、中華適應行為量表，以及身心障礙者轉銜服務評估量表。

一、文蘭適應行為量表

「文蘭適應行為量表」（Vineland Adaptive Behavior Scale, VABS）乃是由斯帕若等人（Sara S. Sparrow, David A. Balla, & Domenic V. Cicchetti）於一九八四年編製，中文版由吳武典、張正芬、盧台華和邱紹春（2004）所編譯，心理出版社出版，為一標準化個別評量表（平均數 100、標準差 15），適用於評量三至十二歲身心障礙兒童之適應能力，以做為教育安置和擬定個別化教育計畫之參考。對無法實施標準化智力測驗之重度障礙或自閉症者，此測驗可以做為診斷和評估智能障礙嚴重程度之用。此量表由父母或主要照顧者填寫，評量時間約二十至六十分鐘。文蘭適應行為量表共包括以下四領域的適應行為，分別為：

㈠**溝通領域**：次領域包括接受性、表達性、讀寫。

㈡**日常生活技巧領域**：次領域包括個人、家庭、社區。

㈢**社會化領域**：次領域包括人際關係、遊戲和休閒、應對進退技巧。

㈣**動作技巧領域**：次領域包括粗大動作、精細動作。

本量表建有台灣全國性常模，樣本為三足歲至國中一年級學生共716 人。量表可得出四領域分數和總量表標準分數、百分等級、適應水準與年齡分數，並可將分數轉錄於側面圖上，看出個案的優點和弱點。總量表的標準分數代表兒童在個人及社會能力上的整體綜合評估。研究發現，本量表各年齡層適應行為隨年齡增加而遞增，一般學

生的適應行為優於輕度智能障礙學生，且輕度智能障礙學生的適應行為顯著優於重度智能障礙學生。

二、社會適應表現檢核表

「社會適應表現檢核表」乃是由盧台華、鄭雪珠、史習樂、林燕玲（2003）所編製，心理出版社出版，為一標準化之個別評量表，適用於評估五至十五歲之身心障礙學生日常生活所需之各項適應能力，以做為鑑定和安置之參考。此量表由父母或主要照顧者填寫，施測時間不限，特別適用於無法實施標準化智力測驗之多重障礙、自閉症或嚴重情緒障礙學生，以做為鑑定、安置和撰寫個別化教育計畫之參考。本檢核表包含五個不同向度的社會適應行為領域，分別說明如下：

(一)**自我照顧領域**：包括飲食、如廁、穿著、衛生與儀容四種生活自理基本能力。

(二)**動作領域**：包括粗大肌肉動作能力、小肌肉動作能力及其綜合表現。

(三)**溝通領域**：包括聽覺理解、動作表達、口語表達，以及符號與文字表達。

(四)**社會情緒領域**：人際、參與團體活動與運用社區設施，及情緒反應與穩定性。

(五)**學科學習領域**：包括閱讀、書寫、數學等基本學科能力表現與生活常識。

本檢核表建有台灣地區五至十五歲就讀幼稚園和中小學學生之全國性常模，共計有 1,150 人，並且另建有智能障礙常模，共 586 人。本量表結果顯示出智能障礙重度者，其適應行為的表現比智能障礙輕度者差。

三、中華適應行為量表

「中華適應行為量表」由徐享良（2002）修訂，教育部出版，台灣師範大學特殊教育中心印行。主要目的在協助專業人員對各類障礙學生從事個別服務計畫，或個別教學方案，亦可用於各類殘障者進入就業市場前的適應行為評量。適用對象為年齡五到十五歲之智能障礙、發展遲緩、嚴重情緒障礙學生。本測驗內容分為二部分：

㈠**第一部分內容**：包括溝通能力、自理能力、居家生活、社會技能、社區活動、自我指導、安全衛生、實用知識、休閒活動、職業活動。

㈡**第二部分內容**：包括獨處不良適應、人際不良適應。

四、身心障礙者轉銜服務評估量表

「身心障礙者轉銜服務評估量表」乃是由陳麗如、王文科、林宏熾（2001）所編製，由心理出版社出版，主要目的為評估身心障礙者離校轉銜服務的需求程度，以了解個案在各種服務及內在需求上之差異，以幫助教師或輔導員編寫個別化轉銜計畫，提供適當的轉銜服務。本量表適於評估即將離校之身心障礙學生，尤其適用於即將離開高中職或剛離校之身心障礙學生。本測驗共有 44 題，計分採四點量表，主要評量八個服務因素，分別為：(1)醫療服務；(2)成人生活服務；(3)工作與生活服務；(4)心理輔導服務；(5)個人事件服務；(6)職場適應服務；(7)社區學習服務；及(8)升學輔導服務。乃是由教師或輔導員施測，學生填寫，為紙筆測驗，以小團體施測為主，但有生理缺陷的學生（如視覺障礙或肢體障礙學生），亦可個別施測，由主試者協助填寫，中重度障礙學生則可以由家長協同填寫。全部施測時間約十五至三十分鐘，依學生障礙程度而定。

第八章／自閉症學生的教育評量

　　本章介紹自閉症學生的教育評量，第一節描述一般施測原則，以及自閉症學生施測時常見的行為問題和處理方式，第二節說明測驗的調整和修改，第三節介紹美國新近發展的學科替代測驗，其他的替代測驗包括檔案評量和生態評量，則於第四節中說明。

第一節　自閉症學生的施測

　　大多數的標準化測驗，其編製乃是以一般正常兒童為常模，施測方式以一般兒童為主，並未考慮到身心障礙者的特殊需求，因此，當合格施測人員按照測驗指導手冊上的施測程序施測時，常會發現自閉症兒童無法施測，即使最後終於得到一個測驗分數，其結果也經常無法真正反應出自閉症兒童的程度。因此，施測人員不僅需要具備有測驗方面的知識，更需要了解自閉症者的特殊行為特徵，才不會誤判學生的能力。本節敘述一般施測原則，以及自閉症者在施測過程中常見的問題和解決方案。

一、一般標準化測驗的施測原則

基本上，標準化測驗必須完全按照指導手冊上的施測程序來施測，施測者不可擅自刪改指導語、測驗題目的用語，也不能給受試者額外的解說或暗示；若更改施測情境或方法，可能會影響測驗的準確度。一般標準化測驗的施測原則說明如下（McLoughlin & Lewis, 2001）：

㈠題目呈現

1. 有時間限制的題目必須在時限內答題，不可延長時間。
2. 當學生要求要重複一遍時，通常可以重複，但記憶題不可重複。
3. 當呈現較難的題目時，學生可能會沒反應、不回答或回答不知道，這時施測者可以鼓勵學生作答，例如鼓勵學生試試看。
4. 若學生的答案無法辨別對或錯，施測者可以追問學生答案，例如「××指的是什麼？」
5. 施測者不可引導學生答題，或暗示答題方向，這和追問答案不同。

㈡學生答題

1. 當學生答案不清楚時，施測者可以要求學生再說一次，但學生可能不願意，或是以為第一次的答案是錯誤的，而改變答案，基本上，以第一次回答的答案計分。
2. 若學生回答後，自己修改答案，用學生最後的答案計分。
3. 當學生答對時，不要稱讚，答錯時不要校正學生的答案。
4. 稱讚學生的好行為，願意繼續作答。增強的原則是不要在學生答題時增強，學生回答後也不要立即增強，讓學生誤認為增強是因為他答對。較好的增強時間是在轉換不同題目間的空檔，

並且不管學生答對或答錯，都要一致給予增強。

5. 若學生連續回答幾題後，每次都是指題本上的某一位置，這時施測者最好再確認學生已經完全了解作答說明，而不是亂指。

二、自閉症學生施測中常見的行為和處理

由於很多自閉症者具有智能障礙，多數並伴有溝通障礙，例如無適當的口語能力，對別人的指令無反應等，導致施測者經常會認為自閉症者不會或無法作答，而低估學生真正的能力。例如第七章第二節中提到的「托尼非語文智力測驗」，研究發現台灣自閉症者可施測率只有 37%，而美國則高達 66%，顯示台灣施測人員對自閉症者的訓練和知識仍然不夠。筆者建議施測者最好在施測前，能先詢問父母（主要照顧者或老師）有關自閉症兒童日常生活的喜好和行為特徵，並能先和自閉症兒童有一段時間互動，其時間長短則視施測者對自閉症者的經驗而定。互動時可以進行的活動，例如：介紹測驗活動和施測過程，練習坐在椅子上，練習回答施測者的問題，例如「你叫什麼名字？」、「今年幾歲？」等，此時父母可以在場，必要時提供解釋和說明，以協助施測者了解兒童的溝通和行為特徵，避免施測時誤判兒童的能力。以下敘述自閉症學生施測時經常出現的問題，以及解決方式。

(一)缺乏動機

自閉症學生特別是年幼者，經常不肯配合答題。因此，施測前施測者需先詢問父母，了解自閉症兒童的喜好，並提供增強物，例如施測前先告訴兒童，若他完成測驗後，可以玩他喜歡的玩具，或是可以得到糖果、小餅乾等。一般年幼或功能較低的自閉症兒童通常需要先見到獎賞，並嘗到好處後，增強物才會有效，因此，可以先給兒童一些獎賞，例如給兒童一小塊糖果（若是用軟糖當增強物，可以切成小

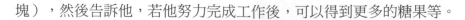

塊），然後告訴他，若他努力完成工作後，可以得到更多的糖果等。

(二)坐不住

一些年幼的自閉症兒童經常有坐不住的問題，通常坐不到十分鐘，就想跑開，導致施測過程變成大人在追小孩。因此，施測地方最好選一個小房間，並且上鎖。此外，視學生的能力，若學生識字，可以在施測桌面上貼上「要坐在椅子上，雙手放好」等句子，提示學生適當的行為；若學生不識字，則用坐在椅子上的圖卡提示。施測者需在施測前先讓自閉症學生讀一遍句子，或呈現圖卡讓學生照圖做一遍，以確定學生了解句子或圖卡的意思。然後在施測過程中，每當學生想離開時，就引導學生讀一遍句子，或呈現圖卡在學生眼前。並且，在學生坐回椅子上時，就立即口語增強學生的好表現。必要時，可以每完成一個分測驗，就給學生增強物，以鼓勵他繼續作答。

(三)對刺激過度選擇

自閉症學生可能只注意測驗的某部分，不注意其他部分，導致無法遵從指導語答題，這時研究者可以將不重要的部分用白紙遮蓋起來，要學生注意看題目的部分。

(四)仿說

若事先已知道自閉症學生有仿說的問題，施測者最好在施測前先和兒童對話，以了解學生的溝通能力，例如可以詢問學生：「你叫什麼名字？」、「你今年幾歲？」、「這是什麼？」、「指出椅子」、「誰是媽媽？」、「為什麼？」等和測驗不相干的問題，以了解學生遵循口語指示回答的能力。若學生有代名詞反轉的問題，建議施測時可以將指導語中的「你」改為兒童的名字，「我」改為施測者的名字例如「老師」等，避免學生混淆到底是要誰做什麼。在施測過程中，若學生出現仿說行為或喃喃自語時，施測者可以用口語（例如「噓」）或手勢（例如將食指放在嘴前）提示學生要保持安靜，然後

呈現題目或測驗工具在學生眼前，跟學生強調注意看題目。通常當自閉症者不知道該怎麼做，而產生焦慮反應時，仿說會更嚴重，這時較好的處理方式，不是斥責學生的問題行為，或做很多的口頭說明，而是簡化指令，強調正確行為，並提供學生明確的線索，來降低學生的焦慮反應。

(五)自我刺激行為

有些自閉症學生在施測時，會出現自我刺激行為，例如拍打手指或搖動身體等。若這些行為不會嚴重干擾作答，施測時可以允許學生偶爾出現這些行為；若會干擾作答，則每當學生出現自我刺激行為時，施測者可以引導學生讀一遍句子「要坐在椅子上，雙手放好」如上所述，必要時並以肢體提示正確行為。由於自我刺激對自閉症者來說，常是一種愉悅滿足的行為，因此，施測者亦可用自我刺激行為做為增強物，每當自閉症學生回答完一階段的測驗後，就允許他自我刺激幾分鐘。

為了減少以上的問題行為發生，施測時最好在結構的環境中施測，並盡量減少環境的干擾源，例如在一個適當大小有鎖的小房間，除了施測者，無其他人在場（父母可以在房間外等待）；若房間較大，可以在地上畫上標記，標明學生所要待的位置。此外，施測過程最好用結構的方式進行，例如將所要完成的分測驗、休息時間和增強物用圖卡列出，排成一列，事先告訴學生這是今天要完成的工作，每當學生完成一個分測驗後，就將該代表圖卡拿走，讓學生了解還有多少測驗要完成，以及何時可以得到增強物，如此不僅可以幫助自閉症者了解施測者對他的期望，並可以增進學生完成的動機。另外，對於自閉症學生的問題行為，施測者可以準備提示圖卡，每當問題行為發生時，提示學生適當的行為。基本上，提示自閉症者適當的行為，會比制止問題行為（斥責或肢體阻止），較能幫助自閉症者完成測驗；並且視覺提示，比口語提示有效。

第二節 測驗的調整和修改

如第一節所述，由於自閉症學生的特殊行為特徵，使施測時經常無法按照一般的程序來進行，這時施測者可能需要進行測驗的調整或修改，以幫助學生完成測驗。本節描述測驗調整或修改的定義和方式，討論身心障礙學生是否參加普通班的考試，並說明自閉症學生適合的測驗調整或修改方式。

一、測驗的調整或修改

過去學界多將測驗的調整（accommodation）和修改（modification）視為同義字，經常互換使用，但新近發展的趨勢，則是將測驗的調整和修改視為不同的名詞（例如 Schulte et al., 2001）。本章根據最近的趨勢，亦區分測驗的調整和修改，「測驗的調整」是指測驗在呈現方式、作答方式、時間和測驗情境等做改變，以協助學生完成測驗，此改變可能會影響學生在測驗分數上的表現，但仍然維持原來測驗編製的目的和建構，所測量出來的分數，仍和原來的測驗具有相同的意義。「測驗的修改」又叫做「非標準施測程序」，是指測驗經過改變後，修改原來測驗的施測程序、完成方式、時間限制、測驗內容，或改用替代測驗，導致改變原來測驗編製的目的和建構，所測量出來的分數和原來的測驗具有不同意義，因此無法和同儕團體的分數做比較。

有關測驗的調整或修改方式，以美國為例，並沒有全國統一的測驗調整方式，但基於測驗的公平性和信效度問題，各州會列出標準化成就測驗核准的調整方式，此調整方式適用於全部學生，包括有特殊需要但不屬於身心障礙之學生（例如母語為西班牙語的學生）；而測驗的修改由於會改變原始測驗的建構和解釋，基本上屬於不核准或非常態的調整方式，若進行修改，一般會將身心障礙學生的成績分列，

不和普通班學生的成績合併計算，有些州則將測驗的修改算為替代測驗（見本章第三節），或和替代測驗所得的結果合併計算。目前美國各州最常核准的測驗調整方式為：大字本（46 州）、個別施測（46 州）、小組施測（46 州）、放大鏡等儀器（40 州）、手語翻譯（37 州）、直接寫在題本上（37 州）、在不同的房間施測（36 州）、點字（34 州）、延長時間（35 州）、音量擴大器（34 州）等（Thurlow, 2003）。

　　研究發現，測驗的調整雖能幫助身心障礙學生完成測驗，但並不是所有的調整方式都能提升學生的測驗分數，目前發現對提升測驗成績有幫助的方式，包括：口語呈現、電腦施測和延長時間等。例如，薛特等人（Schulte et al., 2001）發現運用個別化測驗調整，包括依學生的個別需要增加施測時間、口語讀出測驗、選安靜的地方施測，或鼓勵學生作答等，能夠顯著提升身心障礙學生在整體數學成就測驗上的分數，並且調整對提升選擇題的分數幫助較大，簡答題只有小的助益；但這些調整對一般正常學生作答選擇題完全沒有幫助，簡答題只有小的助益。在所有調整方式中，增加施測時間和口語讀出測驗，身心障礙學生和一般學生的受益沒有顯著差異，但其他調整方式包括選安靜的地方施測、口語鼓勵作答、經常休息、由人代筆等，對身心障礙學生的受益顯著高於一般學生。

二、身心障礙學生是否參加普通班考試？

　　由於台灣中小學有很多不同種類的考試，有關安置於普通班的自閉症或其他身心障礙學生，是否參加普通班考試，或考試內容是否進行調整或修改，一向是學校老師頭痛的問題。以美國為例，各州對身心障礙學生是否參加普通班考試（包括學校考試、州或全國性考試），大多由個別化教育計畫小組決定，主要視測驗的種類（常模參照或標準參照測驗）和學生的需要而定，考慮的重點是學生的教育目

標，以及老師教學時是否進行調整或修改；若教學時進行調整或修改，測驗亦多半會進行調整或修改，亦即教學和測驗之間要有關聯性，學生安置的場所或安置在普通班的時數並不是主要的考量因素（Elliott et al., 1997; Thurlow, 2003）。

有關身心障礙學生測驗的調整和修改，根據學生的教育目標，大致可分成六個連續性的階段（見表 8-1），從完全為普通班教育目標，身心障礙學生參與考試時不進行任何測驗調整，到完全以個別化教育目標為主，不參與普通班考試，以替代測驗來代替（Destefand et al., 2001）。

表 8-1　身心障礙學生的課程教育目標和測驗調整

階段	課程教育目標	測驗調整或修改	身心障礙學生人數（%）
一	普通班教育目標	身心障礙學生參與普通教育的所有考試，沒有進行任何測驗調整。	85%
二	普通班教育目標	身心障礙學生學生參與普通教育的所有考試，有些部分進行測驗調整。	
三	普通班教育目標	身心障礙學生參與普通教育的所有考試，所有測驗都進行測驗調整。	
四	普通班教育目標 個別化教育目標	身心障礙學生參與部分普通教育的考試，但無測驗調整；用替代測驗評量個別化教育目標。	
五	普通班教育目標 個別化教育目標	身心障礙學生參與部分普通教育的考試，並進行測驗調整；用替代測驗評量個別化教育目標。	
六	個別化教育目標	身心障礙學生不參與普通教育的考試；全部用替代測驗評量個別化教育目標。	15%

註：普通教育考試包括全國性、地區性或學校考試。
資料來源：Destefand, L., Shriner, J. G., & Lloyd, C. (2001). Teacher decision making in participation of students with disabilities in large-scale assessment. *Exceptional Children, 68*(1), 7-22.

　　老師和家長在決定自閉症學生是否參加普通班考試以及測驗是否進行調整，可以先分析學生安置在普通班所希望達到的目標和教學情境，然後調查自閉症學生和班上一般同學程度的差距，以及自閉症學生是否有特殊的學習方式，考慮的問題舉例見表 8-2。

表 8-2　決定測驗調整時須考慮的問題

項目	考慮問題
教育目標	● 學生的教育目標和普通班學生是否相同？
情境	● 老師在教學時，學生的授課內容是否進行調整或修改？ ● 學生是否能夠和其他約 30 至 40 名學生一起安靜地待在教室作答？ ● 學生的行為是否會干擾其他同學？ ● 學生是否可以用和其他同學相同的測驗施測方式？
題目呈現	● 學生是否可以聽和遵從成人的口語指令作答？ ● 學生是否可以看和聽？ ● 學生是否可以讀？
作答	● 學生是否可以看測驗題本，然後回答在答案紙上？ ● 學生是否可以作答在考卷上的適當位置？ ● 學生是否能拿筆寫字？ ● 學生是否需要特殊的輔具協助作答？
時間	● 學生是否可以持續作答 20 至 30 分鐘？ ● 學生是否需要進行調整，延長時間完成測驗題？
時間表	● 學生是否用藥？是否某段時間表現比其他時間好？ ● 學生是否對某科會出現焦慮反應？因此需要先考別科？
其他	● 學生是否第一次參加考試？ ● 學生是否具有必要的作答技巧？

參考文獻：Elliott, J., Thurlow, M., Ysseldyke, J., & Erickson, R. (1997). *Providing assessment accommodations for students with disabilities in state and district assessments* (Policy Directions No. 7). Minneapolis, MN: University of Minnesota, National Center on Educational Outcomes.

三、自閉症學生的測驗調整和修改方式

若自閉症學生參加考試，到底較適合用哪種測驗調整或修改？辛普森等人（Simpson et al., 1999）調查 133 名老師和相關專業人員對自閉症學生是否參加全國、州或地區性的考試，以及對測驗調整和修改的看法？問卷中描述三名八歲自閉症學生，甲生為亞斯伯格症，屬於輕度障礙，安置於普通班，並每天在資源班接受一小時的特殊教育；乙生為中度障礙，每天四小時在特殊班，二小時在普通班，午餐時間則在普通班，增加社交經驗；丙生為重度障礙，安置於自閉症特殊班，午餐和休息時間在普通班，以增加社交經驗，有助理隨行。

結果老師和專業人員對這三名學生是否參加考試看法有顯著的不同，86%的人認為甲生應該參加全國或地區性的考試，並提供適當的測驗調整；贊成乙生參加考試的只有 55%；而丙生更低，只有 8%贊成。因此，老師或專業人員大多認為亞斯伯格症或高功能自閉症者應該參加考試，中度障礙者則約一半贊成，一半反對，而重度障礙者，則多數傾向不贊成學生參加考試。茲將贊成人數過半的測驗調整或修改方式，列於表 8-3。

表 8-3　自閉症學生適用的測驗調整或修改方式

測驗的調整或修改	甲生 （輕度）	乙生 （中度）	丙生 （重度）
測驗的準備			
1. 教作答技巧	👍	✓	✓
2. 提供練習題	✓		
3. 請學生指出哪些改變對自己的作答有幫助	✓		
測驗的呈現			
1. 需要時重複「作答說明」	👍	👍	✓
2.「作答說明」給予個別協助	👍	👍	✓

（續）

測驗的調整或修改	甲生（輕度）	乙生（中度）	丙生（重度）
3. 解釋「作答說明」	👍	✓	👍
4. 施測者幫學生口語讀出「作答說明」	✓	👍	👍
5. 使用箭頭、框框、畫重點、斜體字、停和開始的符號去引導測驗題	✓		✓
6. 簡化測驗題（用不同的話再說一次）	✓	👍	👍
7. 改變問題的設計（例如簡答題變成選擇題）		✓	

測驗型式

	甲生（輕度）	乙生（中度）	丙生（重度）
1. 使用學生熟悉的方式撰寫測驗題目	✓	✓	
2. 簡化——只提供測驗所需要的資訊	✓	✓	✓
3. 測驗題的呈現改為固定的、可預測的、對稱的順序，以助學生逐題填答	✓	✓	👍
4. 重要字畫線	✓	✓	
5. 多餘的空間填答	✓		
6. 減少測驗題	✓	👍	✓
7. 測驗中給回饋		✓	
8. 文字附上圖片		👍	✓
9. 用溝通板或圖片溝通		✓	

測驗內容

	甲生（輕度）	乙生（中度）	丙生（重度）
1. 考學生真正的程度，而不是他所屬的年級	✓	✓	✓
2. 測驗部分參與——只參與學生教過的內容	✓	✓	👍
3. 減少測驗涵蓋的內容		👍	
4. 因學生的障礙，只考某特殊領域（口語推理、感官速度和正確度、拼字等）		✓	

反應方式

	甲生（輕度）	乙生（中度）	丙生（重度）
1. 可以使用電腦或打字機	👍	✓	✓
2. 在測驗題本上作答	✓	✓	✓
3. 口語回答答案	✓	✓	✓

（續）

測驗的調整或修改	甲生（輕度）	乙生（中度）	丙生（重度）
4. 提供科學實驗		✓	
5. 用手指指出答案回答		✓	👍
6. 反應提供協助和解釋		✓	👍
7. 不能跳過或修改的部分，提供個人協助（例如同儕小老師、小助理）做步驟示範		✓	

情境

	甲生（輕度）	乙生（中度）	丙生（重度）
1. 有特教老師在場	✓	👍	👍
2. 在特殊班教室	✓	👍	👍
3. 間歇的給予口語／肢體提示	✓	👍	✓
4. 在隔離桌獨自一人施測			✓
5. 老師和學生面對面		✓	✓
6. 不同的施測者或有助理協助或有手語翻譯員			✓

時間

	甲生（輕度）	乙生（中度）	丙生（重度）
1. 延長時間	👍	👍	
2. 選對學生最佳的時間施測	👍	👍	
3. 測驗間經常休息	✓	👍	👍
4. 延長施測時間，分數天施測	✓	✓	👍
5. 提供時鐘或計時器，讓學生知道還剩下多少時間可以作答	✓	✓	✓
6. 測驗進行到施測者認為由於學生的生理障礙或有限的注意力，已經無法繼續作答	✓	✓	✓
7. 提供短版（較少測驗題）的測驗	✓	👍	👍

情境環境

	甲生（輕度）	乙生（中度）	丙生（重度）
1. 熟悉的人提供口語或肢體提示指出適當或不適當的行為	✓	👍	👍
2. 提供增強物	✓	✓	✓

（續）

測驗的調整或修改	甲生 （輕度）	乙生 （中度）	丙生 （重度）
3. 提供休息，以符合學生規定的感官飲食方面的需要	✔	✔	👍
4. 提供學生喜歡的燈光，例如沒有窗戶、非日光燈		👍	✔
5. 提供休息，讓學生從事自我刺激的行為		✔	👍
6. 隔音室施測，例如聽力檢查室			👍

註：✔＝50%到74%的人贊成，👍＝75%和以上的人贊成。

資料來源：Simpson, R. L., Griswold, D. E., & Myles, B. S. (1999). Educator' assessment accommodation preferences for students with autism. *Focus on Autism & Other Developmental Disabilities, 14*(4), 212-219.

第三節　學科替代測驗

　　本節介紹新近在美國流行的學科替代測驗，以及舉例說明如何評量中重度身心障礙學生的學科能力。

一、標準本位改革和學科替代測驗

　　近年來，台灣的教育改革要求學校考試多元化，採彈性原則，而美國的教育改革發展方向剛好相反，推動「標準本位改革」（Standards-Based Reform），希望各州能制定課程標準，並發展出標準化成就測驗來評量學生學業的進步情形。一九九七年公布的「身心障礙者教育法案」（Individuals with Disabilities Education Act, IDEA, P. L. 105-17），明定州政府須每兩年向聯邦政府報告該州學生成績的進步情形，所有學生的測驗分數都要能夠公開，不僅公布一般正常學生的成績，各州需要說明身心障礙學生成績的進步情形，並且聯邦在評定

各州的教育表現時，身心障礙學生的表現亦算在內。此外，IDEA 還要求各州制定身心障礙學生的評分標準和計分方式，說明決策過程，亦即在何種情況，身心障礙學生需參與州或地區性的考試；並在必要時使用測驗調整，在何種情況學生不參與考試，改用替代測驗（alternate assessments）的成績來代替（Thompson et al., 2003）。

所謂「替代測驗」是指對不參與全國性、州政府或地區性一般學生考試的學生，一種蒐集其表現和進步訊息的替代方案。基本上，參與替代測驗的學生為即使提供測驗調整，也無法參與地區性考試的學生，估計需用替代測驗的人數約占全體學生的 1%到 2%，占身心障礙學生中的 10%到 20%（Ysseldyke et al., 1997）。

替代測驗有很多不同種的方式，直至二〇〇一年為止，美國各州採用資料證明或檔案評量的有二十四州、檢核表九州、個別化教育計畫小組成員決定四州、分析個別化教育計畫三州、結合不同策略四州、實作評量四州、未決定二州。替代測驗中學生的計分標準包括：技能或能力（40 州）、獨立（32 州）、進步（24 州）、類化能力（18 州）、其他（7 州）。基本上，各州採用的計分方式不同，經常同時評量幾個向度，例如，阿肯色州的替代測驗採用檔案評量方式，學生計分主要評量學生的技能或能力以及獨立程度（Quenemoen et al., 2003）。

二、學科替代測驗舉例

過去教育評鑑經常忽略身心障礙學生的學習狀況，尤其是中重度障礙的學生，雖有個別化教育計畫，但這群學生的教育表現經年都在原地打轉，毫無進步，因此，IDEA 規定公布身心障礙學生的進步情形，筆者認為是一項值得肯定的教育政策。以下以美國威斯康辛州的替代測驗為例，說明如何評量中重度身心障礙學生的學科能力（Wisconsin Department of Public Instruction, 2002）。

　　威斯康辛州的全體學生在四年級、八年級（國二）和十年級（高一）時，需參加全州的學科成就測驗「威斯康辛州知識和概念測驗」（Wisconsin Knowledge and Concepts Examinations）；若身心障礙學生其個別化教育計畫小組認為該生不適合參與考試，則可用「威斯康辛州替代測驗」（Wisconsin Alternate Assessment, WAA）代替之（見附錄四和五）。威斯康辛替代測驗乃是由個別化教育計畫小組填寫，採用檢核表、分析 IEP 目標和資料證明的方式。在評量前，個別化計畫小必須先指明學生在閱讀、語文、數學、科學、社會五領域具有下列學習特徵：

1. 學生的課程和日常教導，其知識和技能的學習重點，和同年齡學生的課程標準顯著不同。

2. 即使經過課程大量的修改，學生目前教育的表現程度，顯著影響學生參與和完成普通教育課程。

3. 對於知識和技能的學習，學生需要大量的直接教導，才能學會、應用和類化。

4. 學生參與普通教育課程有困難的原因，主要和學生的身心障礙有關，而不是導因於大量缺席，或是社會、文化或環境的因素。

　　若身心障礙學生在五項學科領域，具有上述學習特徵，並且不管使用測驗調整與否，都無法參與普通班的考試，則改用替代測驗來評估學生的表現。替代測驗實施主要分成下列四個步驟：

步驟一：勾選 WAA 題目中屬於 IEP 教學目標的題目。

步驟二：蒐集所勾選題目的資料，證明學生的表現。

步驟三：分析和評量 WAA 中所有題目，指出學生的精熟度。

步驟四：報告結果。

　　WAA 閱讀共有 23 題、語文 26 題、數學 29 題、科學 24 題、社會 29 題（閱讀和數學題目見附錄四和五）。每個領域產生兩種分數：個別精熟分數（individual proficiency scores）和整體表現水準分數

（overall performance level scores）。個別精熟分數乃是各科的 WAA 的分數加總而得，整體表現水準分數則是將學生的先備技能程度分成四級。以閱讀為例，四級的標準說明如下：

第一級：學生目前在閱讀領域，呈現非常少的先備技能和知識，學生無法表現出簡單的技能或證明具有知識，除非在高度結構的情境中，並給予全面肢體的提示。

第二級：在大量的協助下（如身體、口語或手勢協助），學生能夠專注閱讀教學，並參與活動；並且在有限的情境下，學生能夠表現一些技能。

第三級：學生能證明對文章的解碼和理解具有浮現能力，閱讀題目中大部分的技能，學生的概念理解和表現不一致，需要中度的協助去證明所學。

第四級：學生能一致地證明了解閱讀題目中的概念和技能，但是，他的功能顯著低於他的年級和所預期的發展，需要少量的協助去證明所學。

其他領域的評分標準類似，此外，WAA 還需要提供評分者信度資料，規定至少需要有兩位評分者。對所勾選的 IEP 題目，兩位評分者的評分需要達到 80%的一致性；對學生整體表現水準的看法，則需要達到 100%的一致性。教師評量好學生五領域的表現後，接著須填寫學生表現摘要，然後將評分報告送交州政府。對學科替代測驗有興趣的讀者，可以連線至美國「國家教育成果中心」（National Center on Educational Outcome, NCEO）網站，網址為 http://education.umn.edu/nceo/default.html。

第四節　替代測驗

當自閉症學生的教育目標主要為個別化教育目標時，由於和一般

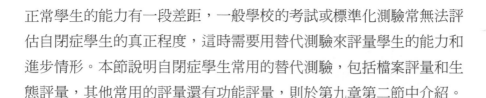

正常學生的能力有一段差距，一般學校的考試或標準化測驗常無法評估自閉症學生的真正程度，這時需要用替代測驗來評量學生的能力和進步情形。本節說明自閉症學生常用的替代測驗，包括檔案評量和生態評量，其他常用的評量還有功能評量，則於第九章第二節中介紹。

一、檔案評量

　　「檔案評量」（portfolio assessment）乃是身心障礙學生常用的替代測驗，此評量方式是指有目的地蒐集學生的作品，用來舉例說明學生的興趣、態度、技能範圍和發展狀況；或是用來證明學生在一些領域上的努力、進步和成就（Carothers & Taylor, 2003; Gelfer & Perkins, 1998）。檔案評量一般包括一份檔案夾或筆記本，內容按照類別或課程領域分類，並沒有統一的分類方式，主要視評量者評量的情境來決定。檔案評量的內容可以包括：

- 學生的個別化教育計畫目標。
- 教師評量：包括普通班老師、特教老師之觀察報告、紀錄、檢核表、評量表。
- 家長評量：觀察報告、紀錄、檢核表。
- 學生自評：興趣、專長、優缺點（見表 8-4）。
- 學生的測驗成績：標準化測驗、課程本位評量、教師自編測驗等。
- 學生的作品：作業、寫字樣本、作文、圖畫、說話錄音帶。
- 晤談紀錄：晤談學生、同學、家長、老師等紀錄。
- 老師使用的教材。
- 教學活動照片、錄影帶、錄音帶等。
- 家長會或老師和家長溝通紀錄。

檔案評量經常用在資源班或特教班，用來評估身心障礙學生的能力和進步。自閉症學生用檔案評量具有下列優點（Carothers & Taylor,

2003）：

1. 自閉症乃是一種不容易讓人了解的疾患，經常有很多學術術語和醫療名詞，導致父母和老師無法了解；用檔案評量可以簡化溝通，呈現所有的訊息（如照片、錄影帶），讓所有的人了解，以協助學生的發展和進步。

2. 自閉症學生的進步一般很緩慢，若學生就讀普通班，學校一般的考試經常只是反應出學生的表現低弱，無法測出學生的進步，常讓老師和家長很氣餒；用檔案評量能夠將學生學習的狀況描述出，讓老師和家長了解學生的進步，並且能夠比較有效和無效的教學策略。

3. 自閉症學生經常在很多領域上有障礙，用檔案評量可以蒐集所有發展領域的資料（例如溝通、社會互動、情意技巧、問題行為等），而不是只有一般學科的領域。

4. 自閉症學生技能的發展經常和一般學生不同，發展的次序也不一樣；用檔案評量可以記錄所有發展次序，幫助父母和老師了解學生是否發展出新技能。

　　檔案評量的領域可以依學生的特性和主要學習問題做調整，由於自閉症學生的特殊學習特徵，檔案評量要能反應出學生的能力和進步。柯賴勒和泰勒（Carothers & Taylor, 2003）建議自閉症學生的檔案評量內容，應包括五大領域：社會化、溝通、行為、學科成就（包括功能性日常生活技巧）、精細和粗大動作。筆者認為，亦可按照「特殊教育法施行細則」對 IEP 內容的規定，將檔案評量的領域分為：認知能力、溝通能力、行動能力、情緒、人際關係、感官功能、健康狀況、生活自理能力、國文、數學等。若自閉症學生就讀特殊班，亦可按照教育部訂定的「智能障礙課程綱要」，將領域分成生活教育、社會適應、實用語文、實用數學、休閒教育和職業生活。

　　檔案評量方式可以用描述法，也可以設計評量表或檢核表來評估學生的表現（Losardo & Notari-Syverson, 2001）。描述法是由老師、

表 8-4 檔案評量：學生自評舉例

我喜歡：	打電腦、薯條
我不喜歡：	綠色的東西、青菜、罰站
我的優點：	記得火車時刻表
	記得同學的電話號碼
我的缺點：	固執
我表現最好的時候：	國語課、一個人的時候
我表現最不好的時候：	同學很吵鬧的時候
	寫功課時，媽媽很急的時候
我需要老師幫忙的地方：	不會寫的題目

家長和學生一起回顧學生在各科（領域）的表現，然後做一摘要，將學生能力的優缺點、適合的教學法，以及教學建議描述出來，例如學生自評表（見表 8-4）。評量表法則是根據個別化教育計畫目標或教學目標，設計連續的等級量表，例如，上節描述的 WAA 用的是四點量表：0 = 不存在、1 = 浮現、2 = 發展中、3 = 精熟／類化。亦有學者建議用六點量表（Losardo & Notari-Syverson, 2001）：0 = 未改變、1 = 一些進步、2 = 顯著進步但仍需協助、3 = 顯著進步、4 = 經協助後達成目標、5 = 能獨立達成目標，舉例參見表 8-5。

二、生態評量

當我們用發展測驗（見第七章第三節）來評量自閉症學生的能力時，測驗結果多是顯示學生某方面的能力有缺陷，這些訊息雖然幫助我們了解學生遲緩的狀況，但對老師設計教學活動時，常沒有什麼助益。因此，布郎等人建議用「生態評量」（ecological assessment）來評量身心障礙學生的能力，並發展教學課程（Brown et al., 1979; Nietupski & Hamre-Nietupski, 1987）。生態評量乃是一種著重人和環境間互動關係的調查，強調列出學生目前和未來自然環境中所需要的功能性

表 8-5　檔案評量：評量表舉例

領　域：語文					
行為目標：能使用「主詞＋動詞＋受詞」的句子表達					
標　準：「名字＋動詞＋受詞」能說出 10 句不同的句子					

日　期	評量和評語					
	0	1	2	3	4	5
2 月 24 日			在老師提示下，可以說出 5 句不同的句子。			
4 月 14 日					在老師提示下，可以說出 10 句不同的句子。	
6 月 9 日						可以說出 10 句不同的句子。

0＝未改變
1＝一些進步
2＝顯著進步但仍需協助
3＝顯著進步
4＝經協助後達成目標
5＝能獨立達成目標

技能，然後根據學生及家人的喜好，排出教學的優先順序，發展教學方案。一般以發展為本位的教學課程，強調教學按照一般正常兒童的發展順序，由下而上，由簡單到複雜，所選取的內容主要為一般兒童會、但身心障礙學生不會的技能；生態評量則是由上而下，重視學生在自然環境中所需要的年齡適當的功能性技能，因此，即使某技能從發展的觀點來說很重要（例如會單腳跳、疊積木、玩假裝遊戲等），但不是學生自然環境中所需要的，則不進行教學。由於重度障礙學生

的學習緩慢，因此，教學者可以挑選最重要的技能進行教學，不需浪費時間教導一些學生自然環境中不重要的技能。生態評量最早由布郎等人（Brown et al., 1979）提出時只含六個步驟，後來倪突布斯基等人（Nietupski & Hamre-Nietupski, 1987）修正為九個步驟，說明如下：

㈠步驟一：選擇課程領域

生態評量的第一步驟為選取學生的課程領域，例如生活教育、學校生活、社區生活、職業生活和休閒教育等。此評量強調運用領域（domain）的方法，將學生所需要學習的技能，例如溝通、社會、粗大動作、精細動作等，統整在一個領域中進行教學。

㈡步驟二：列出目前和未來的自然環境

教學者從所選的領域中，列出學生目前和未來生活的大環境，例如生活教育領域中的自然環境為居家生活。

㈢步驟三：列出次環境

列出每個大環境中的次環境，例如居家生活的次環境，包括廁所、臥室、廚房、餐廳、客廳等。

㈣步驟四：列出活動

列出一般兒童在這些次環境中所進行的活動，例如，家中臥室內所進行的活動，包括醒來時疊被、拿衣服、穿衣服、脫衣服、將衣服放在衣櫃中、用衣架吊衣服等。

㈤步驟五：決定優先順序和選擇個別化教育計畫目標

由於老師無法在一短時間內，同時教會學生所有需要的技能，因此，老師可以根據一些原則，決定這些活動教學的優先順序；考慮的原則包括家長的喜好、學生的喜好、老師的喜好、發生的次數、安全的考量、社會的重要性等。老師可以設計評量表，決定活動的優先順

表 8-6　活動優先順序評量表

教學活動	家長喜好	學生喜好	老師喜好	發生次數	安全考量	社會重要性	總分
1. 使用隨身聽聽音樂	2	3	1	3	1	2	12
2. 過馬路	3	1	2	2	3	3	14
3. 回家寫作業	2	1	3	3	1	2	12
4. 會跟著團體走	1	2	3	2	3	2	13
5. 到便利商店買東西	2	3	1	1	2	3	12
計分：1 ＝ 有點喜歡／偶爾發生 　　　2 ＝ 中度喜歡／有時發生 　　　3 ＝ 非常喜歡／經常發生							

序，將分數較高的活動列為 IEP 中優先學習的教學目標（舉例見表 8-6）。

㈥步驟六：列出要執行這些活動所需要的技能

接下來，將所選取的活動，列出執行活動時所需要的步驟和技能，教學者可以運用「工作分析」（task analysis）的方法，將活動分解成幾個連續的小步驟，當做教學目標。方法是觀察一般學生進行活動時的步驟，然後將執行步驟和技能列出。

㈦步驟七：進行差距分析

老師可以設計表格，列出一般學生執行活動時的所有步驟，以及自閉症學生可以獨立執行的步驟，進行差距分析（discrepancy analysis），比較二者的差距，以了解學生有哪些技能不會，需要進行教學（見表 8-7）。

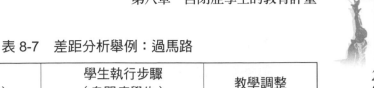

表 8-7 差距分析舉例：過馬路

活動執行步驟 （一般正常學生）	學生執行步驟 （自閉症學生）	教學調整
1. 走到十字路口停住 2. 注意看前方的紅綠燈 3. 紅燈亮時，停住不走 4. 綠燈亮時，準備過馬路 5. 注意看車子是否停住 6. 車子停住 7. 走在斑馬線上 8. 快步通過馬路	1. 走到十字路口 2. 不看車子 3. 直衝	看提示圖卡行動

㈧步驟八：列出教學需要調整的地方

若有些步驟學生因為障礙的關係，無法執行，教學者可以調整教學步驟，使用替代方案，增加學生的參與度。教學的調整包括：

1. **使用輔具**：例如，自閉症學生無口語能力，教學者訓練學生使用溝通圖卡或溝通板溝通；學生經常忘記執行步驟，讓學生攜帶提示圖卡。

2. **修改活動教材**：例如，自閉症學生經常將衣服放錯衣櫃抽屜，教學者可以在抽屜上貼上衣服圖卡，讓學生衣服和圖卡配對；學生的動作很慢，經常無法在時間內完成拼裝的工作，修改成只做其中一部分。

3. **調整技能的順序**：例如，一般人到麥當勞進餐的程序是，排隊點餐，等服務生告知多少錢後，再從小皮包或皮夾中掏出錢來付帳；由於自閉症學生的動作非常緩慢，經常要花很久的時間掏錢，因此，技能順序修改為先拿錢在手上，然後再排隊點餐。

4. **調整原則**：例如，自閉症學生喜歡玩撲克牌，但步驟太多學不會，可以簡化遊戲規則，讓學生也可以玩。

5. **運用人力支援**：例如，自閉症學生抄寫回家作業時，經常疏漏

重要的部分,導致無法完成作業,修改成學生抄完聯絡簿後,請旁邊的同學幫忙檢查。

6. **社會或態度的改變**:例如,自閉症學生在普通班時,下課時經常會出現一些自我刺激行為,例如拍打手指等,使普通班同學認為自閉症學生是怪人,不願和他交往;老師可以在普通班介紹自閉症,讓同學認識自閉症,改變對自閉症學生的看法。

㈨步驟九:發展教學方案

經完成上述一至八步驟後,教學者選出自閉症學生在自然環境中,需要優先教學的功能性技能,並將之列為學生的 IEP 目標。以上述「過馬路」為例,經差距分析後,教學者發現自閉症學生並未按照一般學生的行為過馬路,乃是走到十字路口,不注意車子就直衝。這時教學者可以按照一般兒童執行的步驟(見表 8-7),逐一教會自閉症學生。若學生有些項目不會,則可以先教不會的技能,例如先學會看紅綠燈,最後再串聯整個活動,讓學生演練;若學生功能較高,每個步驟都會,則可以直接帶學生到十字路口,教學生完成整個活動。另外,亦可能學生無法完成活動的原因,不是學生不會過馬路或不會看紅綠燈,而是學生每走到十字路口,就會產生衝動性,不看車子直衝,這時教學者就需要進行一些調整,例如設計提示卡,每到十字路口時,要學生看提示圖卡行動(見圖 14-3)。

第三篇

教學與介入

第九章　行為介入法

本章介紹從行為主義觀點所發展出來的介入法，第一節敘述行為管理技術，包括增加良好行為和減少不良行為的方法；第二節介紹行為管理的新趨勢——功能評量，包括功能評量的定義、評量方法、問題行為的功能分類，以及問題行為的處理流程。

第一節　行為管理技術

研究發現，行為介入法（behavioral interventions）乃是減少自閉症者出現問題行為最有效的方式（Campbell, 2003），但行為介入法從過去到現在，在名稱、方法和觀念上有很多沿革。行為介入法在一九六○和七○年代，稱為「行為改變技術」（behavior modification），著重治療人員矯治個案的問題行為，治療人員常用處罰策略（例如電擊、限制行動、隔離拘禁、氨氣等），處理個案的嚴重行為問題[1]。這個名稱到了一九八○年代，由於人權意識的抬頭，名稱和內涵逐漸

註1：到底是「行為問題」（behavior problems）還是「問題行為」（problem behaviors），學界用語並沒有明確的界定，但一九九○年代以前，學者多採用「行為問題」（例如 Durand, 1990; Meyer & Evans, 1989）；近年來，則多用「問題行為」（例如 Horner et al., 2002; O'Neill et al., 1997），指某項有問題的行為。本書在用語上，亦根據學界的發展趨勢，採用「問題行為」一詞來指不良行為。

由「行為管理技術」（behavior management）和「應用行為分析」
（applied behavior analysis）所取代，強調行為改變技術的目的是在增
進個案管理自己的行為，多用增強策略，少用嫌惡的處罰策略。

一九九〇年代以後，行為管理技術在觀念上有更大的突破，名稱
和內涵進一步被「功能評量」（functional assessment）和「正向行為
支持」（positive behavior support）所取代，著重改變環境、情境和技
巧缺陷等因素，來增進個案的能力（楊蕢芬、黃慈愛、王美惠，
2003）。本節敘述行為管理技術，下一節介紹功能分析，正向行為支
持則於第十章中做說明。

一、增加行為

行為管理技術主要運用增強（reinforcement）來增加學生的行為，
增強指當某目標行為出現後，立即呈現某刺激物（stimulus），可以保
留或增加該行為出現的次數、時間或強度。

(一)增強

增強一般分成以下兩種（Alberto & Troutman, 2003; Zirpoli & Mel-
loy, 2001）：

1. **正增強**（positive reinforcement）：指當某目標行為發生時，立
   即呈現正向的刺激物（例如食物、物品、活動），能夠增加未
   來該行為出現的比率和可能性。
2. **負增強**（negative reinforcement）：指當某目標行為發生時，立
   即拿走負面的刺激物，能夠增加未來該行為出現的比率和可能
   性。

正增強和負增強都是增加學生的行為，二者的差別為正增強是呈
現刺激物，負增強是拿走刺激物。另外，負增強和「處罰」（punish-
ment）不同，處罰是指當某目標行為發生時，立即拿走正向刺激物或

呈現嫌惡刺激物，以減少未來該行為出現的比率和可能性（Alberto & Troutman, 2003）。

　　教學時，教學者應多「正增強」學生良好的行為，避免「負增強」學生不良的行為。筆者發現，很多學生出現問題行為，經常是由於老師或家長在無意中獎勵了學生的不良行為，讓學生藉由問題行為來逃避不喜歡的事物。例如，當父母要求小強吃綠色青菜時，小強就會大聲尖叫和哭鬧（目標行為），父母為了安撫小強的情緒，就允許他不吃（拿走負面刺激物），長久下來，每次要小強吃綠色青菜，他就大聲尖叫和哭鬧（增加未來行為出現的可能性）；最後，小強不僅完全拒絕綠色青菜，並且固執行為愈來愈嚴重，變成非常害怕綠色的東西，也不走綠色的草地。

　　除此之外，自閉症或發展障礙者經常出現「自動增強」（automatic reinforcement），此指某行為的發生原因和社會環境因素無關，乃是起因於生理自發性的動機，例如，一些因感官刺激引起的自我刺激、自傷行為等。當問題行為的發生屬於自動增強時，由於非教學者所能控制，一般較難被改變和治療（Vollmer, 1994）。

(二)增強物

　　若某個刺激物能夠增加或保留未來出現某目標行為的比率和可能性，該刺激物稱為增強物（reinforcer）。增強物可以分為以下兩種（Alberto & Troutman, 2003）：

1. **原級增強物**（primary reinforcers）：指對人生理上重要的刺激物，包括可食增強物（如食物、飲料等）和感官增強物（視覺、聽覺、觸覺刺激，如光、音樂、振動等）。

2. **次級增強物**（secondary reinforcers）：指刺激物的價值非自然產生，乃是藉由學習或制約而產生連結，又稱為**制約增強物**（conditioned reinforcers），例如物品（貼紙、玩具、獎狀）、活動或優待（講故事、使用電腦、下課、休息時間、免寫作

業）、類化刺激物（代幣、點數、積分）和社會增強（微笑、注意、讚美、拍手、當選每日模範生、聯絡簿寫誇獎的話）。

自動增強可以是原級或次級增強物，視其發生的原因而定（Vollmer, 1994）。例如，自閉症者獨自一人時就不斷地自我刺激拍打手，此多半為原級增強物；自閉症者因身體一小部位發癢，引發自傷行為，此則為次級增強物。

很多自閉症者由於對環境缺乏興趣，加上具有溝通障礙，經常對學習新事物缺乏動機，教學者在進行教學時，常需要運用增強物來增加自閉症者的行為表現。老師或家長可以藉由觀察或調查學生平時喜歡的物品或活動，將其選做增強物。對無溝通能力的低功能自閉症學生，教學者可以呈現物品或照片讓學生選擇，看學生拿哪個物品，將其選做增強物。選擇增強物時須注意下列事項：

1. 考慮學生的年齡、喜好、發展狀況和障礙的嚴重程度來選擇增強物，對年幼或功能較低的兒童，選用原級增強物（如小餅乾、聲光刺激）或具體物品（玩具）；對年紀較大或功能較高的兒童，選用活動（如休息時間）、類化刺激物（點數）或社會增強。

2. 研究發現感官增強物（如振動、音樂、攝影閃光燈等）對自閉症者非常有效，其效果和使用食物或社會增強相同或是更好，並且較不會造成滿足現象，使增強物失效（Matson et al., 1996）。

3. 自閉症者亦可用自我刺激行為、固執活動或著迷的物品來當增強物（Baker et al., 1998; Wolery et al., 1985）。例如，當自閉症者完成目標行為時，允許他自我刺激幾分鐘，研究發現不僅可以增加自閉症者的學習表現，並且不會增加其他情境的自我刺激行為。

4. 盡量用環境中隨手可得、自然發生的物品或活動做為增強物，並將其融入教學活動中，例如點心時間多得到一塊餅乾、可以

餵食班上的寵物兔子、可以幫忙拿東西到教師休息室等。

5. 盡快從原級增強物轉到次級增強物，由於次級增強物乃是靠學習和制約產生，若次級增強物有效，表示學生的功能提升。

6. 若學校決定選某樣物品做為增強物，務必通知家長，不可讓學生在家中接觸學校所選用的增強物，容易造成滿足，使增強物失效。

(三)增強時間表

增強物的實施方式可分為以下兩種（Alberto & Troutman, 2003; Zirpoli & Melloy, 2001）：

1. **連續時間表**（continuous schedule）：指每當目標行為一出現，學生就可以得到增強物。連續時間表特別適用於年幼和低功能的兒童，以及學生學習新知識或新技能時。

2. **間歇時間表**（intermittent schedule）：指當學生表現目標行為時，有時可以得到增強物，有時則沒有。間歇時間表適用於當學生藉由連續增強已經學會新行為，教學者準備逐漸褪除增強物時。間歇時間表分成以下兩種：

(1)**固定時間表**（fixed schedule）：指增強學生的時間是固定的，包括固定比率時間表（fixed ratio schedule）和固定間距時間表（fixed interval schedule）兩種。固定比率指每當學生表現新行為若干次後（例如 2 次），教學者增強一次；固定間距則是在學生表現新行為時，教學者每隔一段時間（例如 10 分鐘），增強一次。固定時間表較適用於當學生剛學會新行為，教學者準備逐漸褪除增強物，但希望學生的行為能持續時，由於增強時間是可以預期的，可以增加學生努力表現新行為。

(2)**變化時間表**（variable schedule）：指當學生表現目標行為時，會不預期地得到增強物，由於學生不知道何時可以得到

增強物，因此必須全程表現新行為，才能得到增強物。變化時間表亦分變化比率時間表（variable ratio schedule）和變化間距時間表（variable interval schedule）兩種。此時間表適用在間歇固定時間表已施行一段時間，學生已經完全學會新行為，教學者準備完全褪除增強物之前，用不預期給學生增強物，來維持學生的行為。

教學時，增強物的分配應從「連續時間表」移到「間歇時間表」，然後從「固定時間表」移到「變化時間表」，最後再完全褪除使用增強物。若學生已學會某知識或技能，但教學者仍然持續使用增強物，由於行為目標很容易達成，會使學生對增強物產生滿足，最後造成增強物無效，特別是當教學者使用食物當增強物時，學生很容易喪失完成目標的動機。此外，長期使用增強物很容易造成學生被動，必須教學者提供增強物，學生才願意表現適當的行為。因此，教學者最好只在必要時才使用增強物，若學生不需要增強物就願意學習，就不要採用；並且，使用時多用自然增強，最好讓「學習新知識或新技能」本身自動成為增強物（相較於不學習和無聊），如此，容易內化學生的學習動機。

二、減少行為

阿伯託和蔡特門（Alberto & Troutman, 2003）認為減少問題行為的方法，從正向到嫌惡大致可分成四層：區別增強、消弱、取走想要的刺激物、呈現嫌惡刺激物。老師在減少學生問題行為時，應先從第一層開始考慮，若無效才往下層選用策略。第三層和第四層屬於處罰，基本上，第四層「呈現嫌惡刺激物」盡量少用，副作用較大，常會造成學生模仿成人的處罰行為（例如老師拿教鞭打學生手心，學生拿教鞭打其他同學），降低學生自尊心（認為自己就該被打），對教學者產生退縮或逃避反應，或對處罰產生彈性疲乏（不在乎處罰），

因此，教學者只有在一至三層方法完全無效時才選用。

第一層：區別增強

　　區別增強（differential reinforcement）乃是應用增強策略去增加學生適當的行為，使學生能夠區辨環境中不同的刺激或事件。區別增強大多用於當學生已經知道適當的行為，但其表現不如預期時，教學者用區別增強去增加學生表現適當行為的次數、時間或強度。區別增強約包括下列方式（Alberto & Troutman, 2003; Zirpoli & Melloy, 2001）：

㈠區別增強替代行為

　　區別增強替代行為（differential reinforcement of alternative behaviors, DRA）指當學生出現適當的功能性行為時，教學者給學生增強物，主要目的在發展替代的功能性行為。

㈡區別增強高比率行為

　　區別增強高比率行為（differential reinforcement of higher rates of behavior, DRH）指當學生的目標行為增加時，教學者給學生增強物，主要目的在不斷地增加行為出現的次數、時間或強度。DRH常用於當教學者的目的是想持續不斷地增加學生的目標行為時，例如，自閉症學生寫作業時常只寫一題，寫完即不肯再寫，這時教學者將目標行為定為「寫二題」，只要學生寫作業完成二題，教學者即給學生增強物；當學生能持續達成目標後，教學者將行為目標變成「寫三題」，若學生寫完三題，則給學生增強物，然後逐步增加完成的題數。

㈢區別增強不相容行為

　　區別增強不相容行為（differential reinforcement of incompatible behaviors, DRI）指當學生出現和問題行為不相容的行為時，教學者給學生增強物。DRI 和 DRA 不同，DRI 所增強的行為，必須和問題行為不相容，例如「離開座位」的不相容行為為「坐好」、「搖晃手指」

的不相容行為為「雙手放好」、喃喃自語的不相容行為為「安靜」。

(四)區別增強低比率行為

區別增強低比率行為（differential reinforcement of lower rates of behavior, DRL）指當學生減少出現目標行為時，教學者給學生增強物，主要目的在減少目標行為至可接受的程度，而不是讓行為完全不發生。常用於當問題行為出現次數非常頻繁時，強調減少問題行為發生的次數、時間和強度；亦常用於當目標行為本是適當行為，只是發生的次數、時間或強度不適當。例如，自閉症學生每次上廁所（小便），經常需要待在廁所三十分鐘以上才會出來，這時教學者可以使用 DRL，若學生上廁所二十分鐘內即出來，則給學生增強物；當學生持續能達成目標後，教學者有系統地逐漸縮短時間。

DRL 和上述 DRH 的運用原則相似，都屬於「改變標準設計」（changing criterion design），亦即有系統地逐步改變學生達成目標的標準，來逐漸減少或增加學生的行為。二者的主要差別是 DRL 不斷地減少，DRH 則是不斷地增加。

(五)區別增強其他行為

區別增強其他行為（differential reinforcement of other behaviors, DRO）指當學生不出現問題行為時，教學者給學生增強物，主要的目的在減少問題行為至不發生，亦稱為區別增強零比率行為（differential reinforcement of zero rates of behavior）。DRO 和 DRA 最大的不同是，DRO 著重觀察學生是否出現問題行為，DRA 則是強調是否出現適當的行為。一般認為 DRA 比 DRO 佳，因為 DRA 不只增加學生適當的行為，同時亦減少問題行為。

使用 DRO 時，教學者可以預先觀察學生在一段時間內（如 40 分鐘），出現問題行為的次數（如 4 次），得到問題行為發生的平均時間（10 分鐘），然後每隔一段時間（10 分鐘），若學生不出現問題行為（如自我刺激），教學者即給學生增強物。

第二層：消弱

消弱（extinction）乃是將維持問題行為的增強物撤離或終止，以減少學生出現問題行為（Alberto & Troutman, 2003; Zirpoli & Melloy, 2001）。消弱特別適用於因「負增強」所產生的不良行為，若學生出現問題行為，是因為老師或父母無意間獎勵而發生，這時最好的解決策略是忽略學生的不良行為。例如，上述小強拒絕吃青菜的例子，當小強尖叫拒吃青菜時，這時最好的策略是不理他（消弱），亦即將「允許不吃」撤離，等小強自己停止不叫時，再叫他吃。

筆者發現，一般老師或家長在實施消弱策略時，最大的考驗是難以忍耐兒童的不良行為（例如不忍心、受不了等）；並且，實施第一次時，經常出現兒童拒絕「消弱」而持續哭鬧不休的狀況，有時哭鬧的程度甚至比以往還嚴重，似乎在比誰的堅持度高。這時若老師或家長放棄堅持，日後第二次實施消弱時就會更困難，因為兒童發現「增加嚴重度」的策略有效，就會持續使用，導致問題行為愈來愈嚴重。因此，要解決兒童的問題行為，不僅需要兒童學習新行為，老師或家長也一樣，必須能堅持原則，如此才能打破惡性的行為連鎖。

此外，教學者在運用消弱策略時，最好配合使用增強策略，當兒童表現良好的行為時，教學者能立即給與增強。以小強為例，當小強一停止尖叫哭鬧，父母應立即口語稱讚，並且配合實施增強制度，改用鼓勵的方式，每次只要小強吃一小口青菜，就給他增強物，然後用區別增強策略（DRH），逐漸增加青菜的份量。

第三層：取走想要的刺激物

取走想要的刺激物指當學生出現問題行為時，教學者剝奪學生原本擁有的物品或情境，來減少學生出現問題行為，屬於處罰策略之一，主要包括下列兩種方式（Alberto & Troutman, 2003; Zirpoli & Melloy, 2001）：

(一)反應損失法

反應損失法（response-cost procedures）指當學生出現問題行為時，老師立即取走學生想要的增強物，以減少學生未來出現問題行為的比率和可能性，例如扣分、扣點等。反應損失法經常和代幣制度一起實施，亦即當學生表現適當行為時，給學生代幣（或點數、圈圈）；當學生表現不適當行為時，則拿走代幣。教學者在實施代幣制度和反應損失法時，必須均衡二者達成行為目標的難易度，若學生辛苦累積一些點數，因一次犯過，而全部扣除，很容易造成學生自我放棄，不願繼續努力。此外，避免無點可扣的情況發生，實施時若發現某學生經常無點可扣，表示教學者需要修改增強制度。

(二)暫時隔離法

暫時隔離法（time-out procedures）指當學生出現問題行為時，老師立刻暫停學生的活動一段時間，讓學生無法接觸增強物。暫時隔離法可區分為兩大類：非排除隔離法（nonexclusionary time-out）和排除隔離法（exclusionary time-out）（Zirpoli & Melloy, 2001）：

1. 非排除隔離法：指學生並未離開原來增強的環境，老師藉由暫時重新安排環境，讓學生無法接觸增強物。非排除隔離法包括下列幾種形式：

   (1)計畫性忽視（planned ignoring）：指當學生出現問題行為時，教學者暫時不注意學生一段時間，乃是一種較溫和的處罰，例如當學生不舉手發言時，老師故意不注意他。此策略和消弱不同，消弱是拿走「負增強」（同意學生不做），計畫性忽視則是拿走「正增強」（老師的注意）。

   (2)拿走具體增強物：指當學生出現問題行為時，教學者將學生原本擁有的增強物拿走一段時間，例如，當學生拿鉛筆丟同學時，老師將學生桌上的教材沒收三分鐘。

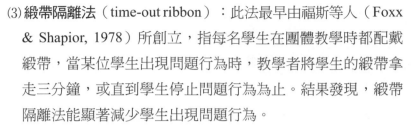

(3)**緞帶隔離法**（time-out ribbon）：此法最早由福斯等人（Foxx & Shapior, 1978）所創立，指每名學生在團體教學時都配戴緞帶，當某位學生出現問題行為時，教學者將學生的緞帶拿走三分鐘，或直到學生停止問題行為為止。結果發現，緞帶隔離法能顯著減少學生出現問題行為。

2. **排除隔離法**：指當學生出現問題行為時，教學者將學生身體從原來增強的環境，移到另一個環境，使學生無法接觸增強物一段時間。包括下列幾種方式：

(1)**有條件觀察隔離法**（contingent observation time-out）：指當學生出現問題行為時，教學者將學生移到界限區一段時間，使學生只能看不能參與。此隔離法就像球賽違規處罰之冷板凳，例如當學生打臨座同學時，老師叫該生到旁邊罰站，只能看不能參與活動。

(2)**眼罩**（visual screening）：指當學生出現問題行為時，教學者用眼罩將學生的眼睛遮住，使學生喪失視覺刺激一段時間，一般建議實施時間為一分鐘。研究發現，當學生出現自我刺激或自傷行為時，老師用手遮住學生的眼睛五秒鐘，可以有效阻止學生出現自我刺激行為（Alberto & Troutman, 2003）。

(3)**孤立隔離法**（isolation time-out）：指當學生出現問題行為時，教學者將學生從原來活動的環境中移開，到隔離的位置（如隔離角、隔離椅）。此法比有條件觀察隔離法更進一步，學生在隔離時不能看也不能參與。例如，當學生打同學時，老師叫學生到教室後面的角落罰站，面對牆壁。

(4)**隔離室隔離法**（seclusion time-out）：此法乃最嚴厲的隔離，指當學生出現問題行為時，教學者將學生從原來增強的環境中移開，到完全分開封閉的隔離室隔離一段時間。

有關排除隔離的時間，一般建議不超過十分鐘，十歲以下兒童約

是一歲一分鐘的比率，例如三歲兒童隔離三分鐘（Zirpoli & Melloy, 2001）。依筆者的經驗，排除隔離法較適用於無法溝通之幼兒，但隔離一分鐘即已足夠，因將焦點放在「隔離」上，強調出現問題行為和隔離之間的關係。長時間的隔離，對年紀小者，容易出現情緒反應，影響人格發展；年紀大者常變成負增強，亦即允許學生隔離休息不參與活動，由於有時學生出現不良行為，是因為對教學活動不感興趣，這時若實施隔離法，剛好符合學生的期望。暫時隔離法中除了計畫性忽視外，多為嫌惡的處罰策略，筆者建議，只有在學生出現嚴重問題行為時才使用（例如攻擊行為），若是學生出現輕微問題（如不舉手發言）就用隔離法，當學生出現嚴重問題時，教學者常會無計可施，最後只好以體罰（見第四層）收場，並且愈處罰愈嚴重。

第四層：呈現嫌惡刺激物

呈現嫌惡的刺激物指當學生出現問題行為時，教學者立即給學生嫌惡的刺激物，以終止學生的問題行為。第三層的處罰是用剝奪的方式，第四層則是給予厭惡的刺激物，比第三層的嫌惡度高。呈現嫌惡刺激物包括下列三種方式（Alberto & Troutman, 2003）：

(一)過度矯正

過度矯正（overcorrection）指當學生出現問題行為時，教學者要求學生用正確的行為來矯正問題行為，並且要求的標準比平時的水準還高。過度矯正比以下所述的「制約」和「非制約嫌惡刺激物」嫌惡度低，因為不只是給予嫌惡刺激物，還包括練習正向行為，過度矯正包括下列二種方式：

1. **恢復原狀過度矯正**（restitutional overcorrection）：指當學生破壞環境時，教學者要求學生將環境恢復原狀，並且還要進一步清理環境。例如，學生將物品丟在地上，老師除了要求學生將物品恢復原狀外，還處罰學生打掃教室。

2. **正向練習過度矯正**（positive-practice overcorrection）：指當學生出現問題行為時，教學者要求學生反覆練習正確的方式，來矯正問題行為，例如學生寫錯一個字，老師罰寫一行。研究發現，當自閉症學生出現自我刺激行為時，教學者實施過度矯正二十秒到五分鐘，能夠有效改善自閉症者的自我刺激行為。例如自閉症學生看手，教學者要求學生做手部上下運動；學生搖晃身體，教學者要求學生做肩部運動，往前往後擺動（Foxx & Azrin, 1973）。過度矯正實施時間的長短，依學生而定，有些學生只需要二十秒，有些則要較長的時間才會有效。

(二)制約嫌惡刺激物

制約嫌惡刺激物（conditioned aversive stimuli）指當學生出現問題行為時，教學者責備學生，例如口語申誡、手勢警告、責罵、大聲斥責等。斥責是一種處罰，多是經由和「非制約嫌惡刺激物」（例如打屁股）配對學習而來，例如當家長斥責兒童時，同時呈現冷漠和不關心，或是打兒童屁股，讓兒童學會斥責是一種處罰（Alberto & Troutman, 2003）。家長或老師在斥責兒童時，切忌不要用髒話或損人的話語，不僅無法改變兒童，還會導致兒童模仿成人說髒話。根據筆者的經驗，斥責的用處只有在個案完全失控時，用大聲斥責來終止問題行為（用音量而非內容），此比肢體阻止快速有效，並且減少個案反抗，之後斥責的話語無任何功用，只有示範「責罵」，要教導個案表現良好行為，要用正向行為支持的方式。

(三)非制約嫌惡刺激物

非制約嫌惡刺激物（unconditioned aversive stimuli）指當學生出現問題行為時，教學者用導致身體不舒服或受限制的方式處罰學生，以阻止問題行為發生，例如讓學生喝檸檬汁、辣椒水、電擊、肢體控制、體罰等。在歐美，嫌惡的處罰方式多限於醫院和治療機構中使用，並且，嫌惡療法不包括體罰（例如鞭打）。其中，肢體控制包括

有條件運動（contingent exercise）和肢體限制（physical restraint）兩種。有條件運動指處罰學生做運動，例如伏地挺身、罰跑操場等；肢體限制則包括下列三種方式（Alberto & Troutman, 2003）：

1. **個人限制**（personal restraint）：由治療人員對患者的身體施壓，來限制患者行動，例如抱住（holding）。

2. **機械限制**（mechanical restraint）：指用器具將患者的手和腳固定在床上或椅子上，限制患者行動。

3. **自我限制**（self-restraint）：指患者對自己的行動施予限制，例如，自己用力將自己的手臂壓地板、用衣物捆住手臂、用機械限制自己的行動等。

有關第四層的處罰方式，臨床治療較常使用的方式為排除隔離和肢體限制。一項研究發現，芬蘭兒童青少年精神治療中心 502 位住院患者中，曾經被隔離者占 28%、抱住 26%、隔離室隔離 8%、機械限制 4%；並且，患者被限制行動者，多起因於攻擊行為，年紀較大者（13-18 歲）或具有自殺念頭、幻覺者，較常用隔離室隔離和機械限制，年紀較小者（13 歲以下）和自閉症者多用抱住的方式（Sourander et al., 2002）。另一項研究調查英國機構中 500 位成人智障者中，最常使用的嚴重問題行為處理法，結果發現 53%的個案，一個月前曾出現至少一項以上嚴重程度為中度或重度的問題行為。當個案出現問題行為時，最常使用的處理方式為：肢體限制 44%、鎮靜劑 35%、隔離室隔離 20%、機械限制 3%。研究還發現，年紀輕者較常用肢體限制，自閉症者較常用隔離室隔離，體重過重者較常使用鎮靜劑控制問題行為（Emerson et al., 2000）。

教學者在運用嫌惡的處罰策略時，必須謹慎小心，對於特殊兒童，若其問題行為會影響學習者，按照規定，學生的問題行為處理方式，必須列入「個別化教育計畫」中（見特殊教育法施行細則第十八條）。若學校決定採用嫌惡的處罰方式處理學生的問題行為，務必取得家長的同意。

筆者發現，一些低功能自閉症者由於缺乏溝通能力和刺激接受能力，經常對教室教學不感興趣（聽不懂），無法忍耐冗長的上課時間，而經常出現問題行為；若教學者用處罰策略，雖能立即阻止攻擊等問題行為，但無法提升學生的能力，以後碰到相同的狀況，學生仍舊會用原來的方式表達（例如攻擊行為、不服從），最後造成惡性循環，導致學生經常犯規被處罰，並且對處罰麻痺。特別是，當家長經常使用體罰來阻止學生的問題行為時，日久學生很容易對處罰產生疲乏，若學校採用比體罰嫌惡度輕的策略，例如暫時隔離法、肢體限制等，經常效果不彰。筆者建議，老師和家長最好放棄舊觀念，改用正向行為支持策略（見第十章），要學生學習新方法，老師和家長需先跨出觀念更新的第一步。

第二節　功能評量

上節所述的行為管理技術，若運用得當，對於具有輕中度問題行為者，多能增進其管理行為的能力，但對於一些經常出現嚴重問題行為者，卻延伸出不少道德、法律糾紛。一九七〇至一九九〇年之間，美國發生不少家長和治療機構間的訴訟案件，引發社會和學界討論處罰的適當性，以及處罰是否真正有效。這些案件的主要爭議在於治療機構經常使用嫌惡療法，來遏止嚴重問題行為（例如攻擊、自傷等），導致個案經常長時間被監禁或肢體限制，人權受到損害，並發生因處罰導致個案出現併發症而死亡的案件（Gerhardt et al., 1991）。

例如，一九八二年羅密歐控告楊伯格案件（Youngberg v. Romeo），智障者尼格拉斯（Nicolas）的母親羅密歐女士控告機構，因在尼格拉斯身上發現多處傷痕；並且，尼格拉斯常因攻擊行為被長時間拘禁，機構並未提供訓練，協助尼格拉斯控制他的行為。美國最高法院最後裁定智障者尼格拉斯有權得到訓練，來控制他的攻擊行為，

治療機構應允許他獲得較大的行動自由，亦即治療機構應該用最少限制的療法，來協助個案控制他的問題行為（Jacob-Timm, 1996）。

總括這些法律訴訟案件，法院裁定治療機構雖有權提供治療，但須在安全的考量下，並且需要提供文件紀錄，使用最少限制的療法，得到家長的同意，以及得到由同僚組成的「人權委員會」（Human Rights Committee）的審核和同意（Gerhardt et al., 1991）。美國不少學會亦紛紛發表意見，認為應該全面禁止使用嫌惡療法，例如一九八八年美國自閉症學會（Autism Society of America）發表該會立場，主張自閉症者應該完全禁止使用嫌惡療法（Gerhardt et al., 1991）。

一九九〇年代以後，行為管理技術在人權和最佳策略的考量下，理念和方法上有了較大的更新，學者多主張處理問題行為前，應對問題行為進行「功能評量」，調查問題行為發生的原因，並採用非嫌惡的「正向行為支持」策略，來增進個案管理自己行為的能力。一九九七年，美國「身心障礙者教育法案」更進一步明文規定，學校在處理身心障礙學生的問題行為之前，個別化教育計畫小組必須在十天內擬定「功能行為評量計畫」（functional behavioral assessment plan），蒐集學生的相關資料，並在行為介入計畫中提出正向行為支持的介入策略（Gresham et al., 2001a；楊蕡芬等人，2003）。至此，處理學生問題行為的發展趨勢正式確立，教學者必須進行功能評量，並採用正向行為支持策略，這不再只是學者個人的意見，而是特教界的共識，也因此，功能評量和正向行為支持成為特教工作者的必備知識。本節敘述功能評量的方式和過程，正向行為支持策略則於第十章中介紹。

一、功能評量的定義

功能評量或稱為功能行為評量（functional behavioral assessment）乃是一種資料蒐集法，主要蒐集前因、行為和後果的資料，以決定個案問題行為發生的原因。早期學者亦常用功能分析（functional analy-

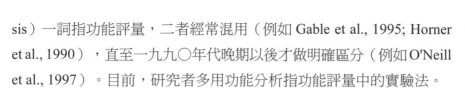

sis）一詞指功能評量，二者經常混用（例如 Gable et al., 1995; Horner et al., 1990），直至一九九〇年代晚期以後才做明確區分（例如 O'Neill et al., 1997）。目前，研究者多用功能分析指功能評量中的實驗法。

　　功能評量主要基於下列兩個假設（Foster-Johnson & Dunlap, 1993）：

　　㈠**問題行為的發生和其情境有關**：情境指任何可能影響學生的因素，例如物理環境、課程、教學活動、時間、人員互動、學生的身心狀況等。

　　㈡**問題行為的發生有其目的或功能**：若從學生的觀點來看，學生會出現問題行為，必是為了達到某種目的。問題行為的目的或功能約可分為兩大類：「獲得什麼」或「逃避／避免什麼」。

　　功能評量的主要原則就是要找出問題行為發生的 ABC 關係，亦即前因（Antecedents）、行為（Behaviors）和後果（Consequences）三者間的關係。從行為主義操作制約的觀點來看，雖然前因事件引發問題行為，但問題行為會持續不斷地出現，乃是因後果事件跟著問題行為發生，使問題行為和後果間產生制約關係，即後果事件維持問題行為，使其不斷地出現（Gresham et al., 2001a）。因此，功能評量的目的就是找出問題行為發生的原因，然後根據評量結果設計行為介入方案。

　　功能評量中的前因事件，一般包括前因刺激（antecedent stimuli）和情境因素（setting events）。前因刺激指引發問題行為的直接導火線，例如指令、要求、困難作業、活動時間過長、生氣等；情境因素指生態環境中任何可能造成導火線，而引發問題行為的因素，包括生理生物因素（例如生病、缺乏睡眠、情緒低落等）、社會情境因素（例如嫌惡事件、課程和教學、某人員等）和物理環境因素（例如人群、噪音、空間大小等）。有時問題行為發生，並無明顯的情境因素，只有前因刺激。後果事件則包括**行為功能**（behavior functions）和**結果**，行為功能指問題行為發生的目的或動機；結果指問題行為的處

理，包括正增強、負增強和處罰等（Horner & Carr, 1997; Horner et al., 1996; Carr et al., 1996）。事件發生的因果關係圖如下（見圖 9-1）（Horner et al., 1996）：

情境因素→前因刺激→行為反應→後果

圖 9-1　事件發生的因果關係圖

二、功能評量的方法

功能評量的方法主要分成三種：非直接觀察法、直接觀察法和實驗功能分析，分別敘述如下（Carr et al., 1999; Gresham et al., 2001a; O'Neill et al., 1997）：

㈠非直接觀察法

非直接觀察法（indirect observation）又稱為「非直接功能評量法」，乃是由認識學生的人來提供資料，包括晤談法（interview）、評量表（rating scales）或檢核表（checklists）和檔案紀錄回顧（archival records）等。

1. 晤談法

晤談法乃是藉由訪問學生本人、家長、主要照顧者、老師或同儕等了解個案的人，來蒐集學生問題行為發生的背景因素。目前研究者較常使用的晤談表如歐尼爾等人（O'Neill et al., 1997）所編製的「功能評量晤談表」（Functional Assessment Interview Form, FAIF），晤談內容共包括下列十一個部分：

(1)**描述問題行為**：例如列出問題行為，以及其發生的次數、時間、強度等。

(2)**界定生態環境因素**：例如藥物、睡眠、日常作息、人員互動等

因素。

(3)**界定事前因素**：例如列出最常和最少發生的時間、情境、人員、活動等。

(4)**指出問題行為的結果**：例如針對每項問題行為，列出個案想獲得或避免的人事物。

(5)**描述問題行為的效能**：學生需要花多少力氣和時間來獲得他想要的結果，用 1 分表示效能低，5 分表示效能高。

(6)**描述功能性替代行為**：列出學生會的功能性替代行為或技能。

(7)**描述溝通方法**：列出學生用哪種方式來達到溝通功能，溝通功能指要求注意、協助、喜歡的物品等，溝通方式包括複雜句子、單字、仿說、手勢、指、搖頭、接近、攻擊或自傷等。

(8)**描述教學時需要做和避免的事情**：列出哪些教學方式可以增進學生學習；哪些教學方式需要避免，以免學生出現問題行為。

(9)**列出喜歡的增強物**：列出學生喜歡的增強物，包括食物、物品、活動等。

(10)**問題行為的歷史**：指出學生過去出現問題行為的歷史，曾經用哪些方式來減少問題行為，效果如何。

(11)**問題行為摘要**：將上述結果列出摘要表，包括：事前因素→問題行為→後果。

筆者綜合一些相關研究，設計自閉症者功能晤談表，題目見附錄六。

2. 評量表或檢核表

　　評量表或檢核表乃是請熟悉學生者填寫編製好的量表，量表題目為學生問題行為的描述，由填寫者指出學生出現的次數或頻率，一般施測時間比晤談法短。評量表舉例說明如下：

(1)動機評量表

動機評量表（Motivation Assessment Scale, MAS）是由杜藍和奎

明斯（Durand & Crimmins, 1988）所編製，共包括 16 題，採用李克氏七點量表，計分從「從不」0 分到「總是」6 分，填答時間約五至十分鐘，主要調查學生問題行為和四項功能之間的關係，四項功能包括（Durand, 1990）：

　　a. **感官**（sensory）：問題行為是為了獲得感官刺激，例如，「若讓他一個人獨處一段時間，他的行為是否會持續一再地出現？」

　　b. **逃避**（escape）：問題行為是為了逃避工作，例如，「當要求他去做一件困難的工作時，他的行為是否就會跟著出現？」

　　c. **注意**（attention）：問題行為是為了引起注意，例如，「當你和別人說話時，他的行為是否就會出現？」

　　d. **物品**（tangible）：問題行為是為了獲得物品，例如，「當告訴他不可以的時候，他是否會用行為去得到物品、食物或活動？」

⑵行為功能問卷

　　行為功能問卷（Questions About Behavior Function, QABF）乃是由梅特森和佛蒙（Matson & Vollmer, 1995）所編製，共包含 25 題，採用李克氏四點量表，計分從「從不」0 分到「經常」3 分，填寫時間約十五分鐘，共評定五項功能（Matson et al., 1999; Paclawskyi, 1999）：

　　a. **注意**：問題行為是為了引起注意，例如，「用行為去得到注意」。

　　b. **逃避**：問題行為是為了逃避工作和指令，或是希望別人不要來打擾，例如，「用行為去逃避工作或學習情境」。

　　c. **非社會**（non-social）：問題行為是為了獲得非社會性的感官刺激，例如，「行為乃是一種自我刺激」。

　　d. **生理**（physical）：問題行為的發生是因為疼痛、生病或不舒服，例如，「行為出現是因為他覺得疼痛」。

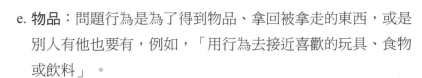

e. **物品**：問題行為是為了得到物品、拿回被拿走的東西，或是別人有他也要有，例如，「用行為去接近喜歡的玩具、食物或飲料」。

(3)情況測驗調查表

情況測驗調查表（Contextual Assessment Inventory）是由麥阿特等人（McAtee et al., 2004）所編製，共包含 93 題，其中 13 題是開放題，由填答者列出學生的問題行為，然後評量其出現頻率，採用李克氏五點量表，計分從「從不」1 分到「總是」5 分，共評量五方面因素包括：社會文化環境（負向互動、失望）、作業或活動（有關作業活動因素、日常作息）、物理環境（不舒適的環境、環境改變）、生物因素（藥物、疾病、身體狀況）。

3. 檔案紀錄回顧

學校的檔案紀錄亦是調查學生問題行為發生原因的寶貴資料，例如學生出缺席紀錄、訓導紀錄、學業成績、轉學紀錄等，都可以提供資訊，協助教學者對問題行為發生的原因提出假設，例如過去曾經發生的攻擊事件等，這些事件在什麼情況下發生？和哪些人有關？這些訊息多半無法藉由直接觀察法獲得，可藉由檔案紀錄回顧了解問題行為發生的可能因素。

非直接功能評量法的優點是省時、省力，調查者可以在短時間內同時蒐集各種不同來源的資訊；並且，填寫者不須受特別訓練或研習，即能完成評量。其中，尤其是晤談法採用開放式答題，經常能蒐集到廣泛的資訊，有時這些訊息無法藉由觀察法或實驗功能分析獲得。非直接功能評量法的最大缺點是，評分者所提供的訊息不一定正確，需要進一步加以驗證；並且，評量表的評分者信度各研究結果不一致。例如，最常使用的「動機評量表」，雖然編製時發現內部一致性相當高，各題相關係數介於.66 至.92 之間，全部達顯著相關，評分者信度亦達.80 以上，但其後一些研究發現，動機評量表的內部一致性

和評分者信度都很低；並且，因素分析結果發現量表的建構效度有問題，題目和所稱的功能不符（見 Duker & Sigafoos, 1998; Zarcone et al., 1991）。

(二)直接觀察法

直接觀察法（direct observation）乃是調查者直接到學生活動的環境中，觀察和記錄學生的問題行為，以及其出現的次數、時間、強度，並列出問題行為出現前後所發生的事件。觀察法主要包括下列兩種方式：

1. A-B-C 評量

A-B-C 評量（A-B-C assessment）乃是直接至學生出現問題行為的情境，實地觀察記錄問題行為出現前所發生的事件，和事後處理的結果，以決定哪些因素可能和學生出現問題行為有關。例如，最簡單的A-B-C 觀察表（Bijou et al., 1968），列出時間、前因、問題行為、後果四欄。筆者修改A-B-C 觀察表，前因包括情境和引發事件，後果包括結果以及行為功能，成為六欄表格，見表 9-1。

歐尼爾等人（O'Neill et al., 1997）則設計較複雜的「功能評量觀察表」（Functional Assessment Observation Form），表中除了列出問題行為和預測行為的變項外，還列出問題行為的功能以及最後結果，行為欄亦可將適當行為列為觀察項目，以做為教學者介入時之參考。筆者參考歐尼爾等人和蓋伯等人（Gable et al., 1995）所設計的複雜觀察表格，舉例說明見附錄七。

2. 分布圖評量

分布圖評量（scatter plot assessment）乃是以座標 X 軸為日期，Y軸為觀察時間間距（interval），所畫出來的格線圖，用來記錄問題行為是否在某觀察間距中出現；若學生在某時間間距中出現問題行為，該格則塗黑（Touchette et al., 1985）。此法特別適用當學生的問題行

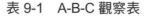

表 9-1　A-B-C 觀察表

| 姓名：　　　　　　　　　 | | 觀察者：　　　　　　　　　 | | | |
| 年級：　　　年　　　　班 | | 日　期：　　　年　　　月　　　日 | | | |

時間	情境	引發事件	問題行為	結果	行為功能
	下課時間，在教室內，老師和隔壁班的老師在說話，同學在玩，小明一個人坐在他的座位上。	無	小明自己打自己	同學大聲叫：「小明在打自己！」於是老師停止談話，走到座位阻止小明自傷，小明停止打自己。	自動增強、引起注意

為經常在某一段時間出現，但行為好像隨機分布，不確定和哪些因素有關時，可以用分布圖來找出可能影響因素。觀察的時間間距視問題行為的出現率做調整，若行為經常出現，可用短間距，例如五、十或十五分鐘；若較久出現一次（如攻擊行為），則可用長間距，例如三十分鐘、一小時或一節課進行記錄。

　　分布圖評量舉例見表 9-2，此表乃是以五分鐘為間距，觀察者觀察學生是否出現自我刺激行為，若學生在該間距中出現自我刺激行為，該格塗黑（只要行為出現即畫記，不需要全部五分鐘都出現），若出現「正向適應行為」該格空白，若出現「非正向適應行為」該格則畫✕。

　　直接觀察法的優點是比非直接功能評量法客觀，特別是當被訪問者的描述和事實有出入時，調查者可以用直接觀察法來確認晤談的結果。例如，老師說當學生出現攻擊行為時，他仍然會持續要求學生，但可能當調查者至教室實際觀察時，卻發現每當學生出現攻擊行為時，老師所進行的活動即中斷。直接觀察法的缺點是比非直接評量法費時、費力，並且，並非所選定的觀察時間，學生即會出現問題行為。因此，直接觀察法大多是在晤談法實施後，再根據晤談結果，選定較常出現問題行為的時間和地點，實地進行觀察記錄。

表 9-2　分布圖評量表

學生姓名：＿＿＿＿＿＿＿＿＿＿　　觀察者：＿＿＿＿＿＿＿＿＿＿
正向適應行為：專心看老師、看課本、跟隨老師指令行動
非正向適應行為：不專心、東看西看、看同學、和同學講話
問題行為：自我刺激拍打手

☐ 正向適應行為　　☒ 非正向適應行為　　■ 問題行為

日期　時間	5月3日	5月4日	5月5日	5月6日	5月7日	5月10日	5月11日	5月12日	月日	月日
8:05										
8:10										
8:15	☒						☒			
8:20	☒						☒			
8:25		■						☒		
8:30	■	■	☒	☒	☒			■		
8:35	■	■	■	■						
8:40					☒	■	■			
8:45										
8:50										
8:55										
9:00										

㈢實驗功能分析

實驗功能分析（experimental functional analysis）又稱為功能分析、實驗分析或類推評量（analogue assessment），乃是有系統地操弄可能影響問題行為的變項，例如引起注意、獲得物品、逃避等，驗證問題行為發生的原因，是否和所假設的功能有關（Gable et al., 1995; Gresham et al., 2001a; Iwata et al., 1982/1994）。實驗功能分析一般進行的方式是設計三至四種實驗情境、一種控制情境，然後觀察學生在不同情境中是否出現問題行為，以判斷問題行為的目的和功能。其中最

有名的實驗為艾瓦他等人（Iwata et al., 1982/1994）所進行的功能分析，他們調查九名中重度智障者的自傷行為，例如咬自己、打頭、拉耳朵、打臉、咬手等，和三種行為功能之間的關係。實驗共包括三種實驗情境和一種控制情境：

1. **社會不允許**（social disapproval）：實驗者和受試者一起進入實驗室，實驗室的桌上和地上有玩具，實驗者告訴受試者：「你可以玩玩具，我要做別的事。」接著，實驗者坐在椅子上，看書或雜誌。若受試者出現自傷行為，實驗者注意受試者，並跟他說：「不可以！」「別打自己」等，接著給受試者身體輕微的接觸，如拍肩膀等。此情境主要是要分析，受試者出現自傷行為，是否是為了引人注意。

2. **學業要求**（academic demand）：實驗者對受試者進行教學活動，例如堆積木、拼圖、拿小東西、遵隨指令做動作等，這些活動受試者過去很少做，因此會覺得困難需要協助。若受試者出現自傷行為，實驗者立即停止活動，然後離開三十秒。此情境主要是要調查，受試者出現自傷行為，是否是為了逃避工作。

3. **非結構遊戲**（unstructured play）：實驗者和受試者一起在實驗室中，實驗室內有玩具和教材，但沒有特別的活動。若受試者表現良好行為，實驗者每隔三十秒誇獎受試者一次；若受試者出現自傷行為，實驗者不理會，用消弱策略。這個情境為控制情境，屬於刺激豐富的環境（包括實驗者、玩具和教材），並且，實驗者增強受試者的良好行為，忽視受試者的不良行為。

4. **獨自一人**（alone）：受試者一人待在實驗室，實驗室中無玩具或教材等環境刺激。此情境主要是要分析，受試者的自傷行為是否和自動增強有關，若獨自一人的自傷行為出現的比率比其他情境高，表示自傷行為乃是一種感官刺激。

每種實驗情境進行十五分鐘，上下午各四種情境，用隨機方式呈

現，直到受試者的行為表現趨勢達穩定為止；若行為持續不穩定，則共實驗十二天。參加實驗的受試者平均實驗八天，三十種情境。實驗結果發現，受試者中有四名在「獨自一人」時，自傷行為出現率最高，顯示自傷行為和自我刺激有關；兩名在「學業要求」情境中，出現最多自傷行為，顯示和逃避工作有關；一名在「社會不允許」出現最多，顯示行為動機是想引起注意；另有二名受試者，各種情境的自傷行為出現率差不多，無法區分。此外，研究還發現，幾乎所有的受試者在「非結構遊戲」情境中，最少出現自傷行為（八人出現率最低、一人次低），顯示提供豐富的環境刺激，可以減少自傷行為。

其後，不少學者運用艾瓦他等人的方式進行功能分析，有些學者多增加一實驗情境「物品」（tangible）（例如 Gable et al., 1995; Tincani et al., 1999）。此情境乃是實驗者和受試者一起在實驗室中進行某活動，旁邊有受試者喜歡的食物或玩具，受試者需答對若干題後，才能得到增強物；但若受試者出現問題行為，實驗者則讓受試者得到他喜歡的物品。此情境是要分析受試者的問題行為是否起因於想獲得物品。

另外，當研究攻擊行為時，因攻擊行為發生需要有第二人在場，「獨自一人」情境不適用，蓋伯等人（Gable et al., 1995）建議將其改為「忽視」（ignore），亦即實驗者和受試者一起在實驗室中，但實驗者對受試者的任何行為皆不予回應。

總結實驗功能分析的優點是比非直接評量法客觀，並且實驗時控制影響的變項，結果可以推論因果關係，驗證假設是否正確。此外，文獻回顧研究發現，行為介入法若採用實驗功能分析，比其他兩種功能評量，較能減少自閉症者的問題行為（Campbell, 2003）。但實驗功能分析亦有不少缺點，最大的缺點是調查多在實驗室由實驗者進行，這些情況常和自然發生的情境有所差別，實驗結果可能無法類推到自然情境。其次，各情境效果間互相影響，例如個案先在「獨自一人」情境，接下來進行「社會不允許」實驗，可能會影響個案比平時更想

去引人注意。第三，功能分析較適用出現頻率較高的行為，不適用低頻率行為，因低頻率行為常不會在實驗情境中出現；並且，有些行為例如自殺等可能會危害個案安全，不適合用實驗功能分析（Sturmey, 1995）。最後，一般傳統的功能分析經常需要實驗三十種或以上的情境，非常費時、費力，因此，不少學者致力於研發簡式功能分析（brief functional analysis）（例如 Derby et al., 1992; Tincani et al., 1999）。

簡式功能分析比傳統功能分析簡短很多，一般只需要進行約九十分鐘的時間，以亭卡尼等人（Tincani et al., 1999）的研究為例，他們的簡式功能分析共包括下列三階段：

1. **類推評量階段**（analog assessment phase）：從五種情境中（獨自一人、物品、注意、逃避、遊戲）挑選四種情境進行，每種情境進行十分鐘；若四種情境中有一種情境顯著出現較多問題行為，接下來則挑選該情境再進行一次，確認問題行為和假設的功能相同。

2. **功能性溝通訓練**（functional communication training）：接下來進行功能性溝通訓練，採用「圖片兌換溝通系統」（Picture Exchange Communication System, PECS）（見第十二章第二節），教個案用圖卡交換來代替問題行為，訓練時間約十五至三十分鐘，直到個案不需要提示即能運用圖卡交換為止。

3. **有條件倒反階段**（contingency reversal phase）：此階段主要是要調查功能性溝通訓練是否能夠有效降低個案的問題行為，實驗過程採倒反設計，共包括三段實驗，每段進行十分鐘。第一段為實驗者對個案的問題行為採忽視策略，若個案使用圖片交換溝通，則給予增強；第二段進行「遊戲」，為控制情境，個案在實驗室中可以自由接觸喜愛的物品；第三段如同第一段，對問題行為採忽略策略。

受試者為三位具有極重度智障和自閉症的成人，具有攻擊或自傷行為。亭卡尼等人進行簡式功能分析後，接下來進行傳統延長型的功

能分析，方式如同艾瓦他等人的實驗，情境包括獨自一人、注意、獲得物品、要求、遊戲，每種情境每次進行十五分鐘，三位受試者共進行三十至三十六種情境，全部共花時間 450 至 540 分鐘。最後，亭卡尼等人比較簡式和傳統兩種功能分析的結果差異，發現二者找出來的問題行為功能相同，因此建議，若受試者能找出其問題行為發生的功能，不需要進行長時間的實驗，可以用簡式來代替。

三、功能評量的優缺點

功能評量的最大優點是著重找出問題行為發生的原因，可以對症下藥，文獻回顧研究發現，處理自閉症者的問題行為時，若事先進行功能評量，能夠顯著增加介入法的成功性（Campbell, 2003; Horner et al., 2002）。但功能評量亦有不少限制，首先，不同功能評量方法所得到的結果常不一致。例如，一項研究比較各種功能評量的結果，發現評量表 MAS 和 QABF 只呈中度相關，十三名智障者中，61.5%的個案二種方法的功能分類相同；若和實驗功能分析的結果做比較，二種方法的相關更低，實驗功能分析和 QABF 只有 46.2%個案功能分類相同，和 MAS 相關更低，只有 30.8%個案分類相同（Paclawskyi, 1999）。其次，不管用哪種功能評量方式，功能評量經常對行為不夠敏感，無法區辨問題行為的功能。第三，很多問題行為具有多項功能，並非如假設單一功能。第四，問題行為常會受障礙者的病症特徵、環境和人員的影響，而改變功能類別，即使是同一項問題行為，可能在不同情境具有不同功能，但目前的功能評量無法區辨其中的不同。最後，研究發現，功能評量較適合分析出現率較高的行為，低頻率行為的再測信度和評分者信度都不佳（見 Duker & Sigafoos, 1998; Martin et al., 1999; Reese et al., 2003; Sturmey, 1995; Zarcone et al., 1991）。

例如，李茲等人（Reese et al., 2003）研究一百名自閉症者的問題行為，採用歐尼爾等人（O'Neill et al., 1997）的晤談表，結果發現，

85%的自閉症者有固執行為問題，40%具有感官異常。若用標準的功能類別分類，受試者中51%的問題行為起因於逃避要求，22%為了獲得物品，15%為了引起注意；但若考慮自閉症的病症特徵和感官異常進行分類，則受試者中67%在從事固執活動時會逃避要求，30%自閉症者是為了獲得接觸固執活動，14%是為了逃避感官打擾。此外，受試者中只有37%其問題行為起因於單一功能，39%問題行為具有二項功能、24%具有三項功能。因此，研究者建議自閉症者應進行「個別化功能評量」（individualized functional assessment），將自閉症的固執行為等特徵和感官問題列入考慮。

四、問題行為的功能

有關問題行為的功能分類，各研究分法大同小異（舉例見表9-3），大多數的研究將行為功能區分為：引人注意、獲得物品、逃避工作、感官刺激四類，或加上多功能，並未特別細分，只有歐尼爾等人（O'Neill et al., 1997）和張正芬（2000）的研究，區分較多功能。卡爾等人（Carr et al., 1999）文獻回顧發現，各研究報導的問題行為動機中，以逃避工作占首位，接近半數（48.8%），其次為多功能占20.8%，引起注意12.8%、獲得物品10.8%、感官刺激6.8%。

研究發現功能評量愈準確，愈能增加介入的成功性（Horner et al., 2002），因此，筆者根據自閉症者常見的問題行為和感官異常，將問題行為的功能重新分類。首先，筆者參考歐尼爾等人（O'Neill et al., 1997）的分類，將問題行為的功能先概分為兩大類：「獲得」和「逃避／避免」，然後兩大類再各分為「內在刺激」和「外在刺激」，其中外在刺激再細分「人員」、「物品／工作／活動」、「環境」三類，然後再列出詳細功能，以供教學者在提出行為功能假設之參考，見圖9-2，圖中灰色的部分是一般研究者常用的功能分類。

表 9-3　問題行為的功能分類

研究者	評量方法	功能
張正芬 （2000）	功能檢核表	八類問題行為的結果分為： 1. 獲得：他人注意、快感、緊張焦慮的減輕、想要的東西、恢復繼續做某事、被拿走的東西、休息、想做的事 2. 逃避：被要求學習或做某事、被罵處罰、被碰觸、不舒服的聲光等刺激 3. 未達目的
楊黃芬等人 （2003）	觀察或晤談	1. 引起別人的注意 2. 獲得東西或事情 3. 逃避、延後、減少事情或活動 4. 逃避或避免人員 5. 感官的刺激或滿足 6. 生理因素
Calloway & Simpson (1998)	非正式功能 分析	1. 逃避／避免 2. 注意 3. 自我表達 4. 權力／控制
Durand & Crimmins (1988)	動機評量表 （MAS）	1. 感官 2. 逃避 3. 注意 4. 物品
Iwata et al. (1982/1994)	實驗功能 分析	用四種實驗情境來了解自傷行為的功能： 1. 社會不允許（引起注意） 2. 學業要求（逃避工作） 3. 非結構遊戲（控制情境） 4. 獨自一人（感官刺激）
Matson & Vollmer (1995)	行為功能 問卷 （QABF）	1. 注意 2. 逃避 3. 非社會 4. 生理 5. 物品

（續）

研究者	評量方法	功能
Meyer & Evans (1989)	A-B-C 分析	1. 社會溝通：乃是一種非口語溝通，主要傳達三種訊息：不要打擾我、注意我、我要某樣東西 2. 自我規範：起因於調整個人生理因素，例如調整激起程度、注意力等 3. 自我娛樂或玩耍：乃是一種娛樂方式，可能想和別人玩或是獨自一人時自娛
O'Neill et al. (1997)	功能評量晤談表（FAIF）	1. 獲得：內在刺激（正自動增強）、注意（正增強：社會）、活動或物品（正增強：物品／活動） 2. 逃避／避免：內在刺激（負自動增強）、注意（負增強：逃避動機社會）、工作活動（負增強：逃避動機工作）
Reese et al. (2003)	功能評量晤談表（FAIF）、感官側面圖	標準功能評量類別： 1. 逃避要求 2. 獲得物品 3. 引起注意 個別化功能評量類別： 1. 從事固執活動時逃避要求 2. 獲得接觸固執活動 3. 逃避感官打擾
Tincani et al. (1999)	簡式功能分析	用五種實驗情境來了解自傷行為的功能： 1. 注意 2. 物品 3. 逃避 4. 遊戲（控制情境） 5. 獨自一人（感官刺激）
Wieseler et al. (1985)	動機分析評量表	1. 正向環境結果 2. 逃避／避免工作 3. 自我刺激

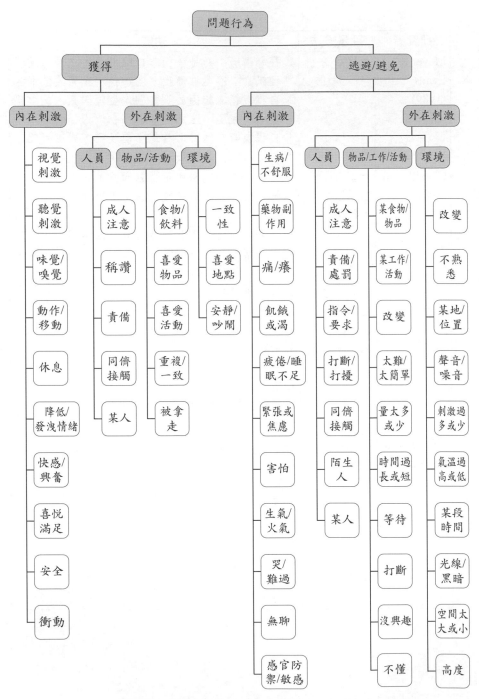

圖 9-2　問題行為的功能（動機）分類

五、問題行為處理流程

當學生出現嚴重問題行為時，過去多是先有介入法（例如各種行為管理技術、遊戲治療、感覺統合訓練等），然後再運用這些介入法，看是否能有效改善學生的不良行為。新的問題行為處理方式，則是先分析問題行為發生的原因，調查問題行為的功能，然後尋找具有相同功能的適當行為來代替問題行為；並且，對前因或後果因素進行介入，以預防和避免問題行為繼續發生，因此，比過去的舊方法解決問題的效能大為增加。新的問題行為處理流程，一般包括下列六步驟（Sugai et al., 2000）：

(一)蒐集資料

利用晤談法、評量表或檢核表、檔案紀錄回顧、直接觀察法蒐集學生問題行為發生的背景資料，進行功能評量，列出問題行為發生的事前因素、行為和後果處理。

(二)提出假設

根據蒐集來的資料，對問題行為發生的原因提出假設，列出學生出現問題行為可能的目的和動機，亦即問題行為的功能（見圖9-2）。

(三)驗證假設

運用直接觀察法或在自然情境進行實驗功能分析，驗證所提出的假設是否正確，驗證時最好包括不同的情境和人員。例如，根據A-B-C評量的結果（見表9-1），調查者提出假設，認為小明出現自傷行為的動機包括：自動增強（自我刺激）和引起注意。這時，調查者可以進一步觀察下列情境，驗證假設是否正確：

- 當小明獨自一人時（同學和老師不在教室），是否會出現自傷行為？　　☑是→自動增強

- 當只有小明和老師在場時，若老師故意忽視小明，小明是否會出現自傷行為？　　☑是→引起大人注意

- 當只有小明和同學在場時，若同學故意忽視小明，小明是否會出現自傷行為？　　☑是→引起同儕注意

- 下課時間，若老師注意小明（例如老師和小明說話、每隔一段時間看小明），小明是否會出現自傷行為？

  ☑是→自動增強　　　　　　☑否→引起大人注意

- 下課時間，若同學注意小明（例如同學找他一起玩，即使小明不會，也在旁參與），小明是否會出現自傷行為？

  ☑是→自動增強　　　　　　☑否→引起同儕注意

㈣擬定行為支持計畫

接下來，調查者召開個別化計畫小組會議，討論學生的問題行為處理計畫，包括：

1. **問題行為的替代技能訓練**：根據問題行為的功能，有哪些適當的技能可以達到和問題行為相同的功能？學生會哪些替代技能？哪些需要進行教學或訓練？

2. **功能性技能訓練**：哪些技能教學或訓練可以提升學生的能力，來協助他控制問題行為？

3. **情境因素介入策略**：哪些情境因素（例如生理因素、嫌惡事件、課程和教學、相關人員、物理環境等）可能和出現問題行為有關？哪些方法可以預防情境因素發生？

4. **前因事件介入策略**：當情境因素發生，並引發前因刺激時（例如要求、衝突等），哪些方法可以避免引發問題行為？

5. **後果處理介入策略**：哪些後果處理方式可以進行改變，以免問題行為持續發生？

㈤擬定執行計畫

然後，個別化計畫小組擬定執行計畫，列出各步驟的執行方式，

並說明時間、地點、人員等配合方式。計畫中，並列出危機處理方式、人員訓練，以及執行效果資料的蒐集方法。

㈥執行計畫，並評估成效

　　相關人員執行行為支持計畫，並定期開會討論執行成效，例如行為支持計畫試行兩週，每隔二天早自習時間相關人員討論一次，決定有哪些部分需要調整或修改？是否需要召開其他個別化計畫小組會議，重新擬定執行計畫？

第十章 / 正向行為支持

　　本章介紹正向行為支持策略，第一節說明正向行為支持的定義和內涵，比較正向行為支持和行為改變技術的差異，並敘述選用行為介入策略的優先順序；第二節介紹各種不同的行為支持策略，包括防治、功能性技能訓練、課程和教學的調整、其他情境因素介入策略，以及後果處理介入策略。

第一節　何謂正向行為支持

一、正向行為支持的定義

　　正向行為支持（positive behavior support, PBS）有不同的定義，根據洪能（Horner, 2000）的定義，正向行為支持指評量和重建環境，讓有問題行為的人能夠減少其問題行為，並增加他在社會、個人和專業方面的生活品質。卡爾等人（Carr et al., 2002）則定義正向行為支持為一種應用科學，主要運用教育的方法，擴充個人行為的範疇，以及使用系統改變法，重新設計個人的生活環境，以增加個人的生活品質和減少問題行為。

　　正向行為支持雖是一個較新的名詞，但不是一個全新的概念，行為療法在一九六○年代就分成嫌惡（aversive）和非嫌惡（nonaversive）療法兩大類。一九八○年代中期以後，不少學會和學者發表立場，認為應該放棄使用嫌惡療法和體罰，改用非嫌惡或教育的方法來處理身心障礙者的行為問題。例如，「美國智障者協會」（American Association on Mental Retardation）和「重度障礙者協會」（Association for Persons with Severe Handicaps）於一九八六年發表立場宣言，建議學界使用非嫌惡療法（Meyer & Evans, 1989），之後，非嫌惡療法逐漸成為學界處理問題行為的主流。一九九○年，洪能等人（Horner et al., 1990）發表報告，認為「非嫌惡行為管理」（nonaversive behavior management）乃是從負面角度看行為介入，建議學界改用「正向行為支持」的名稱。他們認為正向行為支持具有下列九項要素：

(一)**強調生活型態改變**：行為支持計畫著重個案生活型態的改變，而非問題行為，計畫中不只包括行為介入方案，還需要說明如何支持個人在社區中的生活。

(二)**功能評量**：運用功能評量來調查問題行為發生的前後因果關係，並將評量結果和行為介入計畫做連結 [1]。

(三)**多元介入法**（multicomponent interventions）：強調運用複雜多元的介入法，去增加個案的正向行為，減少不良行為，不只是採用單一介入法。

(四)**操弄生態和情境因素**：考慮所有可能影響個案日常生活的因素，例如用餐習慣、運動、睡眠、居家環境等。

(五)**強調前因操弄**：強調消除引發問題行為的前因事件，增加引發正向行為的前因事件。

(六)**教導適應行為**：強調教導適應行為，來代替問題行為。

(七)**在環境中建立有效的後果**：強調後果事件的操弄，增強正向行為，避免負增強問題行為。

註 1：洪能等人（Horner et al., 1990）文中用「功能分析」一詞，但意指「功能評量」。

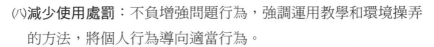

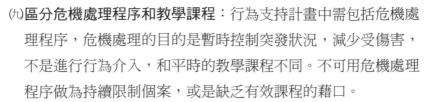

(八)**減少使用處罰**：不負增強問題行為，強調運用教學和環境操弄的方法，將個人行為導向適當行為。

(九)**區分危機處理程序和教學課程**：行為支持計畫中需包括危機處理程序，危機處理的目的是暫時控制突發狀況，減少受傷害，不是進行行為介入，和平時的教學課程不同。不可用危機處理程序做為持續限制個案，或是缺乏有效課程的藉口。

隨後，洪能（Horner, 2000）發表報告，提出未來正向行為支持發展的四個重點：

1. 行為支持計畫不僅減少學生的問題行為，應進一步影響個人廣泛的生活層面，例如學生日常的活動、接觸的人員、社交生活、選擇權、獨立生活等。

2. 功能評量乃是了解問題行為模式的基礎，未來應加強功能評量的有效性、準確度和可用性；此外，研發能測出問題行為複雜度的評量工具，例如多功能狀況（如引起注意、逃避工作）或自動增強。

3. 行為支持計畫的結構和範圍需要包羅廣泛，由於學生不僅是改變行為，亦改變生活型態，因此，介入法必須廣博，內容需包括：(1)所有的問題行為；(2)運用在不同的時間；(3)介入法需和功能評量結果有關；(4)同時運用多種介入方式；(5)適合學生所處的情境，不能危害其他人的福利。

4. 行為支持計畫的影響力，擴及家庭、學校和社區。亦即當行為支持計畫有效時，不僅是學生受益，亦增加學校處理學生問題的能力。此外，並應進一步和生態系統相連結，例如制度、政府和鄉土文化。

一九九九年卡爾等人（Carr et al., 1999）發表著作，分析正向行為支持介入法的效能，他們區分「正向行為支持」（PBS）和「非正向行為支持」（non-PBS）方法的差異，認為正向行為支持指介入法著重改變環境狀況的缺陷（活動模式、選項、提示等）和行為範疇的缺

陷（如溝通、自我管理、社會技能等），主要包括兩大類介入法：刺激本位介入法（stimulus-based interventions）（針對環境狀況缺陷）和增強本位介入法（reinforcement-based intervention）（針對行為範疇缺陷）；這兩類介入法不只改變個案和其行為，亦導致生態系統改變，正向行為支持策略不包括嫌惡療法和藥物治療 [2]。非正向行為支持策略指介入的主要目標在減少問題行為，主要運用和問題行為直接相關的程序進行介入（見表 10-1）。

表 10-1　「正向行為支持」和「非正向行為支持」介入法之比較

正向行為支持	非正向行為支持
■ 刺激本位介入法	■ 區別增強其他行為（DRO）[3]
一散置練習或行為動力	■ 消弱
一增加選擇	■ 處罰
一課程修改	一斥責
一情境因素操弄	一強迫服從
■ 增強本位介入法	一反應損失法
一功能性溝通訓練	一過度校正
一自我管理	一暫時隔離法
一區別增強替代行為（DRA）	一短暫限制
■ 系統改變	一噴水
一重要他人	
一環境重組和重建	

資料來源：Carr, E. G., Horner, R. H., Turnbull, A. P., Marquis, J. G., McLaughlin, D. M., McAtee, M. L. et al. (1999). *Positive behavior support for people with developmental disabilities*: *A research synthesis*. Washington, DC: American Association on Mental Retardation.

註 2：研究多區分行為介入法和藥物治療，因此，藥物治療不屬於正向行為支持，但藥物治療有時亦能改善個案行為的缺陷（例如避免癲癇發作、增加行為控制力、睡眠和情緒穩定等）和環境狀況的缺陷（例如母親有憂鬱症，經服藥控制後，改善互動狀況）。

註 3：卡爾等人（Carr et al., 1999）根據他們對正向行為支持的定義，認為區別增強其他行為（DRO）不屬於正向行為支持策略，因為 DRO 著重減

二、正向行為支持和行為改變技術的比較

　　新的問題行為處理法，主要採用非嫌惡的正向行為支持介入法，「正向行為支持」和傳統的「行為改變技術」在假設、方法和目標上有很大的差別，茲將二者的比較列於表 10-2（Ruef et al., 1998；楊賣芬等人，2003）。

表 10-2　「正向行為支持」和「行為改變技術」之比較

	正向行為支持	行為改變技術
問題行為發生的原因	因技巧缺陷、情境、環境等因素造成問題行為。	因個案本身有問題才發生問題行為。
介入重點	重點在改變技巧缺陷、情境、生態系統等因素。	重點在改變行為。
評量方法	用功能評量來蒐集資料，了解問題行為發生的前因後果關係，以及問題行為的功能。	測量和記錄問題行為發生的次數、頻率、長度，以建立行為發生的基線期資料。
介入目的	創造新經驗、新關係，學習新技巧。	讓問題行為消失。
介入方法	使用非嫌惡的正向行為支持策略，區分前因、行為和後果介入，強調前因操弄和教導適當行為，避免問題行為發生；後果處理著重建立有效行為連鎖，避免負增強問題行為。	使用增強策略來增加良好行為；使用區別增強、消弱、反應損失法（扣分）、暫時隔離法、過度矯正、肢體限制等方法，來減少問題行為。
強調階段	重在事前預防。	重在事後治療。
介入人員	由生態環境中相關的人員一起進行。	由行為改變的專業人員來進行。
切入角度	使用多方面的處理模式，從不同角度切入來處理問題行為。	從行為的角度切入，對問題行為下操作型定義，將情境單一化好控制變項，來減少問題行為的發生。
達成目標	重在達成長期終身的目標。	重在達成短期介入的目標。

三、選用行為介入法的優先順序

　　若從新的問題行為處理觀點，減少問題行為的方法，其優先順序就跟第一節所述的行為管理技術有所不同。筆者根據新近發展的趨勢，修改阿伯託和蔡特門（Alberto & Troutman, 2003）的四層減少問題行為的方法，新增防治、功能評量和正向行為支持，全部共七層（見表10-3）。亦即減少問題行為的優先順序為：採用防治策略，預防問題行為發生；若發生問題行為，則進行功能評量，找出問題行為發生的原因；然後設計行為支持計畫，採用正向行為支持策略；若無效，再用第一節所敘述的行為管理技術。

表 10-3　減少問題行為之方法

第一層	防治
	第一級防治：以全部學生為對象
	第二級防治：以高危險群學生為對象
	第三級防治：以問題行為學生或特殊兒童為對象
第二層	功能評量：調查問題行為發生的原因
	1. 非直接觀察法
	2. 直接觀察法
	3. 實驗功能分析
第三層	正向行為支持策略
	1. 功能性技能訓練：功能相等訓練、功能性溝通訓練、社會技能訓練、自我管理、容忍延宕增強
	2. 課程和教學的調整：調整活動進行方式和時間、根據喜好調整課程、增加選擇的機會、散置法、行為動力、個別化時間表
	3. 其他情境因素介入法：消除誘發情境、嫌惡事件、生理因素、物理環境

註3（續）：少行為，非增加行為（DRO詳見第九章第一節）。但亦有學者認為，DRO屬於正向行為支持策略（例如Reese et al., 1998），因DRO非嫌惡療法，屬於增強策略。

第二節　正向行為支持策略

　　正向行為支持策略重視事前預防，勝過事後治療，因此特別強調防治和事前因素的介入。本節介紹各種正向行為支持策略，包括防治、功能性技能訓練、課程和教學的調整、其他情境因素介入法，以及後果處理介入法。

一、防治

　　防治（prevention）乃是減少學生發生問題行為的最好方式，亦即在學生問題行為未產生前就先預防，使問題行為不發生。防治一般分為三級，分別說明如下（Larson, 1994）：

(一)第一級防治

　　第一級防治（primary prevention）乃是以全體學生為對象，主要

目標在促進學生心理健康和預防身心疾病，減少出現新個案。例如，老師事先制定教室行為管理規則，讓學生遵守，對容易發生問題行為的情境，事先教導學生適當的行為；此外，提供教學課程增進學生的社會能力、挫折容忍力，以及情緒和衝動控制能力；對有特殊兒童安置的普通班，實施同儕接納課程等，可以預防問題行為的產生。

㈡第二級防治

第二級防治（secondary prevention）乃是以容易發生問題行為的高危險群學生為對象，藉由早期發現早期治療，來預防學生出現問題行為，並減少具有行為問題的學生人數。例如，老師可以轉介高危險群學生或疑似自閉症兒童進行醫療診斷，了解學生是否為特殊兒童，並對學生進行治療或輔導，預防學生發生問題行為；此外，可以推薦父母參加親職教育或家長團體，增進父母管教兒女的知識和處理兒童行為問題的技能，避免高危險群學生最後演變為長期問題。

㈢第三級防治

第三級防治（tertiary prevention）乃是以長期具有問題行為的學生或特殊兒童為對象，進行介入、治療或復健，減少個案問題的嚴重度。例如，特殊教育老師對自閉症兒童施以社會情緒技能訓練（例如楊蕢芬等人，2003）、功能性溝通訓練（例如 Reeve & Carr, 2000），以增進自閉症兒童的社會、情緒和溝通能力，預防自閉症兒童出現問題行為。

二、功能性技能訓練

正向行為支持強調增加學生的功能性技能，來協助學生表現適當的行為，並預防問題行為發生。以下敘述功能性技能訓練，包括功能相等訓練、功能性溝通訓練、社會能力介入法、自我管理、容忍延宕增強和放鬆訓練。

(一)功能相等訓練

功能相等訓練（functional equivalence training）又稱為替代技能訓練，指根據問題行為的目的，找到和該行為功能相同的適當行為，來代替問題行為，滿足學生的目的，使問題行為不再發生（Horner & Day, 1991; Ruef et al., 1998）。例如，若自傷行為的目的為引起注意，教學者教導自閉症兒童用口語表達來引起成人注意；若自傷行為的目的為自我刺激，教學者教導兒童如何玩玩具，來達到和自傷行為相同的感官刺激（Carr & Durand, 1985）。

一般功能相等訓練的教學包括二步驟，首先，運用功能評量找到問題行為的功能；接著，在經常出現問題行為的情境，訓練學生若前因事件出現時，能用適當的行為來反應，亦即用新的適當行為來代替舊的問題行為。替代技能要能成功的替代問題行為，必須具有下列三項基本要素（Horner & Carr, 1997; Horner & Day, 1991）：

1. 替代技能必須是社會適當的行為。
2. 替代技能和問題行為具有相同的功能：例如，問題行為是為了引起老師注意，替代技能亦能引起老師注意。
3. 替代技能必須比問題行為效率高：替代技能要比問題行為更能有效地達到學生的目的，學生不僅花較少的代價，並且表現替代技能時，能得到增強。

目前最常用來代替問題行為的適當行為為功能性溝通（functional communication），此主要基於一假設，問題行為乃是溝通的一種形式（form），問題行為例如攻擊、自傷行為等，和非語文溝通相似，乃是傳達某種訊息（Durand & Merges, 2001）。若教學者找到相同功能的功能性溝通，即可用溝通行為（例如要求協助）來代替問題行為，功能性溝通訓練詳述於下。

(二)功能性溝通訓練

功能性溝通訓練（functional communication training）興起於一九

八〇年代中期（Carr & Durand, 1985），發展初期主要為了用功能性溝通來代替問題行為（Durand & Merges, 2001），隨後亦用功能性溝通訓練來增進身心障礙兒童的溝通能力（例如 Keen et al., 2001）和預防兒童出現問題行為（例如 Reeve & Carr, 2000）。

例如，大衛為自閉症男童，具有重度智障，溝通能力低落，只能說單字，例如「不」和「多」，大衛的問題行為為經常自己打自己的臉和頭。經過功能評量後，發現大衛的問題行為和逃避工作有關，因此，教學者決定對大衛進行功能性溝通訓練，每當大衛碰到不會的工作時，就跟老師說：「我需要幫忙。」由於大衛的溝通能力低，無法用口語說出完整的句子（效率低），因此，修改為用溝通輔具協助，每當大衛碰到困難時，只要一按鈕，溝通輔具就會發出聲音說：「我需要幫忙」（效率高），然後老師就會特別來教導他；經過訓練後，大衛學會用溝通輔具來求助，自傷行為也因此大量降低（見 Durand & Merges, 2001）。

上述方法是用功能性溝通來代替問題行為，以問題行為為焦點，此外，功能性溝通訓練亦可以用來增加自閉症兒童的溝通能力，預防問題行為發生。例如，金恩等人（Keen et al., 2001）對四名自閉症兒童（年齡 3-7 歲）進行功能性溝通訓練，用功能性溝通來改善自閉症兒童的語言前期行為，例如訓練自閉症兒童想獲得玩具時，不直接拿走玩具，而是先指照片，然後再選和照片相配的玩具（見表 10-4）。結果發現，功能性溝通訓練能夠顯著減少自閉症兒童語言前期的不適當行為，增加語言溝通能力。

李夫和卡爾（Reeve & Carr, 2000）則是比較功能性溝通訓練和語言表達訓練對問題行為的影響，他們訓練八名發展障礙兒童（年齡二歲九個月至五歲），其中四名接受功能性溝通訓練（實驗組），四名接受語言表達訓練（控制組）。結果發現，實驗組的兒童問題行為較少，並且問題行為不會隨著時間增加，但控制組兒童的問題行為，其強度和次數皆隨著時間增加；隨後，控制組兒童亦接受功能性溝通訓

表 10-4　功能性溝通訓練舉例

兒童	功能	教學活動	語言前期行為	功能性溝通行為
大維	打招呼	團體時間，老師看學生，說「嗨！大維」	看那個人	揮手
	要求	早上點心時間，放兩張照片在桌上，一張為食物、一張寫「不」	隨機亂指	指食物照片，然後從盤中拿相配的食物
	選擇	遊戲時間，呈現玩具和該玩具的照片，說「大維要哪一個？」	直接拿走玩具	指所選的玩具照片，然後拿相配的玩具
艾恩	輪流	團體時間，呈現玩具照片或問「你要玩玩具嗎？」	直接拿走玩具	指玩具照片
	選擇	遊戲時間，呈現二張玩具照片，說「艾恩要哪一個？」	拿走玩具、看喜歡的玩具	指所選的玩具照片，然後拿相配的玩具
	要求	下午點心時間，放食物照片和食物在桌上	拿走食物	碰老師的手，指食物照片，然後從盤中找相配的食物

資料來源：Keen, D., Sigafoos, J., & Woodyatt, G. (2001). Replacing prelinguistic behaviors with functional communication. *Journal of Autism & Developmental Disorders, 31*(4), 385-398.

練，問題行為跟著顯著減少，顯示溝通訓練著重功能性，比一般語言溝通訓練，較能預防發展障礙兒童出現問題行為。

(三)社會能力介入法

　　增加自閉症學生的社會能力，亦可減少和預防學生出現問題行為（方法見第十三章和第十四章），由於自閉症學生較擅長於視覺線索，因此學界最常用認知閱讀的方式，例如社會故事（social stories）或書寫的視覺線索（written visual cues），來增加自閉症學生社會互動技能（例如 Scattone et al., 2002; Thiemann & Goldstein, 2001）。社

會故事雖以小故事呈現，但和一般童書故事不同，主要的目的在增進自閉症兒童的社會技能和適應行為，而非語文閱讀能力。典型的社會故事多以自閉症者常出現的問題行為為主題，社會故事中描述問題行為發生的情境，以及兒童在該情境中應有的適當反應（社會故事詳見第十四章第一節）。

例如，史威葛特等人（Swaggart et al., 1995）研究社會故事對三位就讀特殊班的中重度泛自閉症兒童，學習適當的社會行為，以及減少不良行為的功效。每位兒童有一本社會故事書，故事書中包括二至五個句子，每頁一句，並含一圖形符號。例如丹妮為十一歲女孩，具有少許語言表達能力，喜歡用擁抱和人打招呼，當陌生人或同學對她熱烈的歡迎沒反應時，她會接著攻擊別人，例如抓別人的頭髮。研究者為丹妮設計兩篇社會故事，第一篇為「丹妮的問候簿」主要訓練問候技巧，第二篇為「我怎樣可以得到可樂」，主要教導代幣制度中之反應損失法。結果發現，社會故事能有效增進三位自閉症兒童學習適當的社會行為，如問候、分享等，並顯著減少個案出現攻擊行為，以及亂發脾氣的次數。

㈣自我管理

身心障礙兒童常用自我管理（self-management）策略來減少問題行為，此名稱常和自我控制（self-control）、自我規範（self-regulation）相混用，多指運用自我監督（self-monitoring）、自我評鑑（self-evaluation）、自我增強（self-reinforcement）或自我教導（self-instruction）等策略，來訓練兒童改善自己的行為（Browder & Shapiro, 1985; Wehmeyer et al., 2003）。最常運用的方式為自我監督，包括自我觀察（self-observation）和自我紀錄（self-recording），進行方式為在一段時間內（如十五分鐘），學生每隔數秒鐘（如五或十秒）觀察自己的行為一次；若學生在該時間間距內出現某目標行為，則在紀錄紙上目標行為的空格中畫記。

　　例如，曼西拿等人（Mancina et al., 2000）訓練一位具有中度智障的自閉症女孩，在休閒、職業和閱讀課中，用自我管理策略去減少不適當的口語行為（例如發出無意義聲音、仿說字或句子等）。研究者首先用示範、視覺提示和增強物，訓練學生自我評量是否出現不適當的口語行為，當學生能正確區辨自己的行為後，接著進行自我監督，每隔數秒鐘，計時器會發出音響，然後教學者問學生：「你是安靜還是吵鬧？」接著，學生根據自己的行為，在紀錄紙上安靜或吵鬧的空格中打勾；若學生畫錯，教學者給予指導修正。自我管理記錄的時間間距，先練習五秒，然後十秒；提示方式則是教學者先用口語提示：「你是安靜還是吵鬧？」然後改成口語提示「打勾」，最後再退為肢體提示（教學者手指紀錄紙）。自我記錄時間結束後，接著，學生進行自我增強，教學者先呈現一些增強物讓學生選擇，例如爆米花、貼紙、葡萄乾等，然後學生將所選的增強物名稱寫在紀錄紙上，並將增強物放在桌上的紀錄紙上。凡是紀錄紙上選安靜的格子，學生可以得到一小顆增強物，結果發現，自我管理策略能夠顯著減少自閉症兒童不當的口語行為。

㈤容忍延宕增強

　　容忍延宕增強（tolerance of delayed reinforcement）訓練能增進自閉症者容忍挫折情境，進而減少問題行為發生（例如 Dixon & Cummings, 2001; Fisher et al., 2000）。研究發現，若讓兒童從立即得到小增強物，或是延宕時間得到大增強物，二者中做選擇，兒童多會選擇立即得到小增強物。因此，訓練兒童選擇延宕時間得到大增強物，可以增進兒童自我控制的能力。例如，迪克森等人（Dixon & Cummings, 2001）訓練三名自閉症兒童容忍延宕增強能力，訓練方式是讓兒童從三種狀況中做選擇：(1)立即得到小物品；(2)延宕時間得到大物品；(3)延宕時間得到大物品，並且等待時間進行活動。研究者將三種狀況寫在卡片上，由兒童自由選擇，當兒童持續選擇某卡片十次以後（自由

選擇情境），教學者選擇未選的卡片給兒童，提示他要選另一張卡片（強迫選擇情境）。大增強物的延宕時間，由兒童在基線期的平均等待時間（九至十三秒）開始訓練，然後逐漸延長等待時間。結果發現，三名兒童在基線期全選擇小物品；若大小物品的等待時間相同，則兒童全選擇大物品。此外，在自由選擇情境，若兒童選擇大物品，等待期多會出現問題行為；但若等待期進行活動，則問題行為顯著減少；並且，兒童在強迫選擇情境，顯著比自由選擇情境出現較多的問題行為。此研究顯示，逐漸增加延宕時間，可以增進兒童自我控制的能力；並且，若教學者在延宕時間中，讓兒童進行活動，可以顯著減少問題行為發生。

㈥放鬆訓練

當自閉症者因為緊張、焦慮等因素，而出現問題行為，或是對環境的改變有強烈的反應，容忍力低時，可以藉由放鬆訓練（relaxation training）來降低自閉症者的緊張和焦慮狀態，進而減少問題行為發生。例如，穆林斯等人（Mullins & Christian, 2001）研究「漸進式放鬆訓練」（progressive relaxation training）對改善一名十歲自閉症男童問題行為的功效，受試者具有輕度智障，經常因問題行為，而影響日常學習。主要的問題行為包括：(1)口語——大聲、尖叫、咯咯叫、其他怪聲（例如叮叮叮、槍彈發射聲等）、仿說；(2)非口語——咬手或腳指頭、挖鼻孔、手指不斷地摳皮膚或結疤。

經觀察法和晤談法蒐集資料後發現，個案的問題行為具有多重功能，最常出現問題行為的情境為獨自一人或監督較少時；另外，則為逃避指令或壓力情境。因此，研究者決定對個案進行漸進式放鬆訓練，以常出現問題行為的休閒活動課做為測量情境。放鬆訓練的步驟乃是從科特拉和果登（Cautela & Groden, 1978）的漸進式放鬆訓練修改而成，並影印書中的圖片，做為訓練手冊。全部共十三個步驟，訓練程序為先要個案坐好，採放鬆的姿勢五秒鐘，然後對身體的各部位

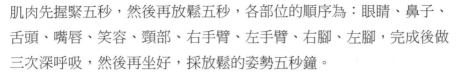

肌肉先握緊五秒，然後再放鬆五秒，各部位的順序為：眼睛、鼻子、舌頭、嘴唇、笑容、頸部、右手臂、左手臂、右腳、左腳，完成後做三次深呼吸，然後再坐好，採放鬆的姿勢五秒鐘。

　　結果發現，在基線期，個案在休閒活動課中出現問題行為的比率平均為 57%（30-85%）；若在休閒活動課之前先進行放鬆練習，休閒活動課中出現問題行為的比率明顯降至 18%（5-50%）；若上課前不先進行放鬆練習，只在課中以口語提示個案要放鬆，出現問題行為的比率為 31%（8-65%）。此研究顯示，雖然口語提示能減少個案出現問題行為，但較佳的方法為在容易出現狀況的情境之前，先讓個案進行放鬆練習，可以顯著減少問題行為發生。

三、課程和教學的調整

　　課程和教學的調整屬於前因事件介入策略，可以用來調整情境因素和前因刺激，避免學生出現問題行為。此策略多運用在問題行為的功能為逃避作業或活動時，調整方式包羅廣泛，包括教材內容、教學方法、呈現方式、進行時間、作業內容、難度和數量等；此外，增加課程的功能性、年齡適當性，以及考慮學生的興趣，提供選擇機會等，亦可減少學生出現問題行為（例如 Dunlap et al., 1991; Dunlap et al., 1995; Foster-Johnson et al., 1994）。以下介紹幾種常用的課程和教學調整方法，包括調整活動進行方式和時間、根據喜好調整課程、增加選擇機會、散置法、行為動力、個別化時間表等。

(一)調整活動進行方式和時間

　　唐類普等人（Dunlap et al., 1991）研究課程調整對學生出現嚴重行為問題的影響，個案為一名十二歲女生，曾被診斷具有嚴重情緒障礙、智能障礙、注意力缺陷過動症和精神分裂症。研究者首先對個案進行五週功能評量，結果發現個案表現較好的情境為：(1)粗大動作比

精細動作的活動好；(2)精細動作或課業進行時間短比長時間好；(3)從事功能性活動，並且能得到具體和喜愛的結果表現較好；(4)對活動具有選擇權表現較好。因此，行為介入方案包括：(1)精細動作和課業進行時間縮短為五分鐘或更短；(2)將精細動作活動穿插在粗大活動中進行；(3)盡可能用個案有興趣的活動，並讓活動可以得到具體喜愛的結果；(4)盡可能活動和教材提供個案選擇機會。結果發現個案在介入階段，顯著增加專心和適當的社會互動行為，不專心和不適當的口語行為亦顯著降低，並且追蹤階段仍然維持良好行為，顯示活動和教學調整能夠有效增加適當行為，減少問題行為。

(二)根據喜好調整課程

另外，研究者常用的課程調整方法為根據學生的喜好，調整活動或教材的內容（例如 Dunlap et al., 1995; Foster-Johnson et al., 1994）。例如，唐類普等人（Dunlap et al., 1995）研究活動調整對三名重度障礙學生問題行為的影響，三名學生分別被診斷為自閉症、多重障礙和嚴重情緒障礙，他們的問題行為包括不適當的口語行為（如不適當話語、製造噪音、傻笑等）、不適當使用物品（例如咬東西、打教材等）、攻擊行為和不服從。研究者首先進行功能評量，藉由觀察法、晤談老師和學生本人，調查學生所逃避和喜歡的活動。以自閉症學生為例（十三歲男生），研究者發現，自閉症學生出現問題行為的情境，多在進行組裝作業時，組裝作業乃是拼裝六部分原子筆零件；自閉症學生喜歡的活動則為和同學分享點心。因此，研究者決定修改組裝作業，按照學生的興趣，並考慮功能性，將組裝技能訓練的內容，修改成製作夾心餅乾，自閉症學生上課時需將蘇打餅乾塗上花生醬，然後組成夾心餅乾，放在盤子上，並在點心時間，負責帶給同學享用。經過活動調整後，發現三名學生上課時的專心程度增加，並且問題行為亦顯著減少。

(三)增加選擇機會

由於自閉症者的能力限制，家長和老師在進行教學時，經常強調學生要遵守規定、服從指令，當學生面臨需要做選擇的情境時，教學者亦常以自閉症者的能力低弱，而幫他們做決定，使自閉症者經常處於被控制的狀況，長久被剝奪表達喜好和選擇的機會，容易使學生用問題行為來表達需要，因此，增加學生選擇的機會，可以有效預防和減少自閉症者出現問題行為。此策略一般的進行方式為教學者提供學生選擇的機會，讓他們在一些生活的事件上具有選擇權，例如教材和活動的內容、次序、分量，以及工作夥伴、增強物等。目前研究一致地指出，提供選擇機會能夠顯著增加學生對活動的參與度，並減少問題行為發生（文獻回顧見 Romaniuk & Miltenberger, 2001）。

例如，戴爾等人（Dyer et al., 1990）調查提供選擇機會對三名重度智能障礙兒童行為的影響，其中二名具有自閉症，三名學生的問題行為包括攻擊、自傷和亂發脾氣等。研究者比較二種情境出現問題行為的比率：(1)選擇——老師進行教學時，學生可以選擇作業、教材和增強物，其中自閉症兒童用手指圖卡做選擇，智障兒童則是用口語表達；(2)無法選擇——老師進行教學時，由老師選擇作業、教材和增強物，教學內容和上述選擇情境相同。結果發現，三名學生在學生選擇的情境，都顯著比老師選擇的情境出現較少的問題行為，顯示增加選擇機會可以減少學生出現問題行為。

(四)散置法

避免學生逃避工作的教學策略還有散置法（interspersal procedure），亦稱為散置要求（interspersed requests）或散置練習（interspersal training），指將簡單的作業散布在困難的作業中，以增加學生執行較困難作業的動機，減少用問題行為來逃避工作（Ebanks & Fisher, 2003; Horner et al., 1991）。例如，洪能等人（Horner et al., 1991）用散置法來減少中重度智障者，在教學時出現攻擊和自傷行為，研究

者比較三種狀況：(1)簡單作業；(2)困難作業；(3)困難作業加上散置簡單作業。結果發現，學生在「簡單作業」和「困難作業加上散置法」情境中，出現較少問題行為，在「困難作業」中出現較多問題行為；並且，學生在「困難作業加上散置法」情境，比「困難作業」情境較願意執行作業，顯示散置法可以增加學生完成作業的動機，減少問題行為發生。

(五)行為動力

若學生的問題行為為逃避工作或不服從教學指令，增加學生服從度的有效策略之一為運用**行為動力**（behavioral momentum）教學法。行為動力指教學者進行教學前，先提供前因刺激，該刺激可以引發學生的順從行為，然後利用順從行為的延續效果，接著進行低服從度的指令，來增加學生執行低服從指令的可能性。一般進行方式為教學者根據過去對學生的觀察，了解哪些指令學生較願意順從（學生喜歡的活動），例如模仿拍手等簡單動作，然後用這些指令做為「動力」，在進行學生較不願意順服的指令前，先進行三至四個高服從指令，以增加學生的服從度（Mace & Belfiore, 1990; Romano & Roll, 2000）。例如，羅馬諾和羅而（Romano & Roll, 2000）研究行為動力對增加發展障礙者服從指令的效果，三名受試者皆為重度智障，其中二名具有自閉症，結果發現，事先呈現三至四個高服從指令（服從度80%或以上）或中度服從指令（服從度50-70%），接著再呈現低服從指令（服從度低於40%），能夠顯著增加發展障礙者進行低服從指令。

(六)個別化時間表

自閉症者在不確定的情境下，較容易產生焦慮反應，而出現問題行為，介入策略之一就是運用**個別化時間表**（individualized schedules），來增加學生對日常作息或變動的預測力（Mesibov et al., 2002; Ruef et al., 1998）。個別化時間表乃是針對學生的作息，將學生所要進行的活動，依照發生的先後順序，用書面圖形、符號或文字呈現出

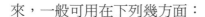
來，一般可用在下列幾方面：

1. **規範日常作息**：用書面呈現一天的作息，讓學生了解所要進行的活動有哪些，每當完成某活動時，則將該活動所代表的圖卡移走，增加作息的預測力（見圖 12-2）。

2. **呈現作息的改變**：將未預期的作息變動列出，減少學生對改變的情緒反應，例如老師請病假，由代課老師上課，學生時間表上的老師，換成代課老師的名字或代表圖卡。

3. **列出轉銜時間**：時間表中各活動的轉銜，用訊號表示，例如老師用燈光開和關表示某活動結束，轉銜時間到了，這時學生需要到時間表看下一個活動項目。

4. **活動的執行程序**：老師可以用時間表列出執行某作業或活動時的步驟，例如上廁所和回到教室的程序。

5. **自我管理**：可以用時間表教導自我管理技能，例如休閒時間如何運用等。

布郎（Brown, 1991）用個別化時間表來改善重度障礙者的問題行為，個案為一自閉症者巴伯，剛搬到新家，巴伯具有嚴重的自傷行為（例如撞牆），並且當別人來阻止時，會攻擊別人。研究者發現，巴伯過去的作息乃是在某固定時間內，設定某項活動，然後按照時間表進行，但進行活動時，若有人打斷或是工作人員提醒巴伯該怎麼做時，經常會引發巴伯出現自傷行為。因此，研究者決定修改時間表，除了服藥、刷牙、洗澡是固定時間外，其他活動採開放式，讓巴伯自由選擇。此外，將長時間的活動修改為小單元活動，每十五分鐘為一單元，由工作人員提供卡片，讓巴伯從中挑選活動，巴伯亦可決定不選。由於巴伯喜歡在廚房工作，因此，若巴伯完成某項活動，並且不出現問題行為時，巴伯可以到廚房十分鐘，做為獎賞。結果發現，個別化時間表加上自由選擇，顯著降低巴伯的自傷行為和其嚴重度。因此，布郎建議教學者在設計時間表時，應考慮學生個人的自由，將時間表視為一種行為管理策略，並且，時間表的形式需方便教學者運用

行為介入法。

四、其他情境因素介入法

　　情境因素主要包括三方面：生理生物因素（例如生病、缺乏睡眠、情緒低落等）、社會情境因素（例如嫌惡事件、課程和教學、某人員）和物理環境因素（例如人群、噪音、空間大小等）（Carr et al., 1996; Carr et al., 2003; Horner et al., 1996），這些因素常會影響學生的學習狀況，若出現前因刺激（如教學指令），很容易引發學生的問題行為。麥吉爾等人（McGill et al., 2003）調查十八所機構中二十二名智障者（13-54 歲）問題行為發生的情境因素，根據工作人員的報導，智障者最常出現問題行為的情境因素為：緊張和焦慮（89%）、壞情緒（82%）、擁擠的房間（69%）、憂鬱或難過（66%）、困難的工作（64%）、噪音（58%）、不懂時（58%）、無事可做（54%）、等待活動時（54%）、早餐時間（53%）、睡眠被干擾（52%）、不了解他人時（50%）。因此，教學者可以藉由情境因素調整，來減少學生出現問題行為。以下說明除了課程和教學調整外，其他幾種常用的情境因素介入法：

(一)消除誘發情境

　　若學生的問題行為和情境因素有關，優先策略就是消除誘發情境，使問題行為不發生。例如，教學者若發現學生睡眠不足，容易出現問題行為，優先策略就是和家長溝通，盡量讓學生有充足的睡眠；另外，若發現塞車會引發問題行為，則盡量改行不塞車的道路，或改變上學時間，以免塞車（Horner et al., 1996）。有時教學者無法避免情境因素發生，若發生就需要進行情境因素調整，以免引發問題行為，常用策略包括當情境因素發生時，教學者增加誘發適當行為的活動，避免引發問題行為的刺激，以及增加增強物的價值等，舉例說明

如下。

(二)社會情境因素

當一些社會情境因素發生時，例如嫌惡事件、作息改變、出現或缺少某人員、負向的社會互動、節日或假期等，經常會影響學生的狀況，使學生出現問題行為，若進行社會情境因素調整，常能避免問題行為發生。以嫌惡事件為例，戴升和洪能（Dadson & Horner, 1993）研究情境因素對問題行為的影響，個案黛瑞為十七歲女生，具有重度智障，溝通能力低落，平時主要用圖卡時間表規範作息，黛瑞有時會突然特別逃避教學和工作，如拒絕上第一堂體育課的有氧體操。經功能評量後發現，黛瑞逃避工作和兩項情境因素有關：校車遲到和睡眠差。每當校車遲到時，黛瑞會罵髒話，一整天常低著頭，並會逃避不喜歡的工作；此外，當睡眠差時，第二天常會哭泣、說髒話和尖叫。

於是，研究者根據評量結果設計介入策略，每當校車遲到五分鐘以上或學生睡眠少於八小時時，家長通知學校老師，老師當天的作息做修改：⑴當黛瑞到學校後，派助理去教室外迎接，給予口頭讚美，例如穿著、打扮等，提升黛瑞的情緒；⑵早上一對一教學課程，允許黛瑞可以選擇助理老師；⑶體育課允許黛瑞不做有氧體操，改用喜歡的伸展動作代替；⑷增加選擇機會，讓黛瑞可以選擇工作進行的先後順序。研究結果發現，經過教學調整後，黛瑞的問題行為顯著下降。

(三)生理生物因素

一些生理因素，例如疼痛、生病、受傷、月經、過敏、藥物副作用、疲倦、缺乏睡眠、飢餓、情緒低落等，可能會影響學生的生理狀況，導致學生出現問題行為（Carr et al., 2003; Carr & Smith, 1995; Kennedy & Meyer, 1996; McGill et al., 2003）。以下舉例說明如何調整生理生物因素：

1. 月經

卡爾等人（Carr et al., 1996）報導一名智障女生凱拉，住在社區家園中，具有嚴重的攻擊行為。研究者經九個月觀察後發現，凱拉九個月中有八個月，其攻擊行為出現在月經來臨前和月經期間，每天早上攻擊行為出現達 2.5 小時；無月經期間，攻擊行為顯著減少，一天中只出現一、兩次。此外，98%的攻擊行為出現在工作人員下指令後，顯示指令和攻擊行為具有高相關，由於不管有無月經，凱拉的日常生活中都有指令，因此，研究者認為指令不是導致問題行為的主因，而是月經。

為了驗證假設是否正確，研究者設計四種情境：(1)無月經加上指令、(2)無月經無指令、(3)月經加上指令、(4)月經無指令。當在無指令狀況，凱拉允許休息不工作；當在指令狀況，凱拉必須做例行工作，例如整潔、穿衣、整理床鋪、打掃等。結果發現四種情境中，凱拉只有在月經加上指令時才會出現攻擊行為，其他狀況很少。因此，研究者設計介入策略包括：(1)當凱拉覺得不舒服時，可以選擇減少指令；(2)當她不舒服時，可以要求協助；(3)實施減輕凱拉身體不舒服的介入法，例如熱水、放鬆操、藥物、特別餐（如減少酸性食物如橘子汁、番茄等，避免因胃酸而不舒服）、按摩等。這介入法實施一年半以後，凱拉的攻擊行為不再出現，並且也都能完成社區家園內所規定的工作。

2. 睡眠障礙

克里斯多督盧等人（Christodulu & Durand, 2004）研究運用正向就寢時間作息（positive bedtime routine）和睡眠限制（sleep restriction），來減少四名發展障礙兒童的睡眠障礙。個案的年齡介於二歲半至五歲十一個月，其睡眠問題包括：(1)就寢時間障礙——例如，拒絕上床睡覺，拖拖拉拉數小時，亂發脾氣、哭泣、丟東西或堅持要玩玩具；(2)半夜起床不睡覺——例如，半夜起床要求和大人睡覺、尖叫、

踢東西、嬉戲、製造噪音或看電視等。

　　首先，研究者教導父母如何建立正向的就寢時間作息，內容包括：⑴日常作息中規定就寢時間，睡覺前至少花三十分鐘準備就寢；⑵就寢時間的活動包括穿睡衣、清潔和閱讀故事；⑶每晚就寢時間所進行的活動相同；⑷就寢時間不進行可能會干擾兒童睡眠的活動，例如準備明天上學的穿著、學校作業等；⑸避免兒童在這段時間看電視；⑹避免延長就寢時間，例如父母再多說一個床邊故事。

　　就寢時間後，若兒童上床後又起來，父母立即帶孩子回他的房間睡覺，並讓他一個人待在自己的房間。此外，還實施睡眠時間限制，將兒童的睡眠時間調整為原來的 90%；並且，上床和起床時間根據新的睡眠時間重新調整，例如若新的睡眠時間為七個半小時，上床時間定為晚上十一點，起床時間為早上六點半。若就寢後小孩一直醒著睡不著，則父母帶孩子進行一些放鬆運動，直到小孩覺得疲倦為止。經過就寢時間調整後，四名兒童的睡眠障礙顯著減少，不僅就寢拖延次數和時間顯著減少，半夜起床不睡覺的時間亦減少，顯示調整就寢時間作息和限制兒童睡眠時間，可以有效改善發展障礙兒童的睡眠障礙。

㈣物理環境

　　物理環境亦是導致問題行為的可能因素，例如不熟悉的環境、人群、噪音、空間過於擁擠、氣溫過高或低、刺激量過多或少、座位安排不適當、經常被打擾等，都可能造成學生出現問題行為（McAfee, 1987; McGill et al., 2003; Ruef et al., 1998）。例如，麥阿費（McAfee, 1987）研究教室空間大小和身心障礙兒童出現問題行為的關係，他觀察七十二間教室，共 918 位中重度障礙兒童，結果發現教室空間大小和問題行為有關，空間密度愈高，愈容易出現問題行為。接著，他挑選兩班身心障礙學生，研究教室空間大小調整，對學生出現攻擊行為的影響，結果發現，兩班學生在狹窄空間都顯著比大教室，出現較多

的攻擊行為。因此，增加教室空間，降低人數密度，可以預防和減少學生出現問題行為。

五、後果處理介入法

行為介入法中的後果處理包括正增強、負增強和處罰策略（Carr et al., 1996）（詳見第九章第一節），由於正向行為支持著重前因事件介入，重在防範問題行為發生，因此，後果處理只有在危機發生時才使用，不屬於例行教學課程。若功能評量發現，學生的問題行為起因於後果事件不當地維持，例如，老師或家長負增強學生的問題行為，這時後果處理策略是避免負增強學生的問題行為，但此多半與其他前因介入策略一起進行，例如課程調整、情境因素調整等，以建立有效的行為連鎖，讓學生不出現問題行為。行為支持計畫的內容需包括如何預防危機事件發生，以及出現危機事件時，應如何反應處理。老師和家長在處理危機事件時，應注意下列幾個要點：

1. 當問題行為出現時，盡量採取消弱忽略策略，避免負增強學生的問題行為。

2. 保護學生和周圍的人員，避免受傷。

3. 將相關的人員分別帶開，或將周圍的學生疏散，不要引發看熱鬧的人潮，愈緊張的情境，愈容易引發危機。

4. 若學生的問題行為可能導致學生受傷（例如攻擊行為），必要時可以短暫限制學生的行動（例如暫時隔離法或肢體限制）。

5. 限制學生行動時，不要進行訓話或勸導，而是引導學生表現正向的行為。例如用冷靜的話語，提示學生用功能性替代行為表達自己的需要；若學生無反應，教學者示範，並要學生模仿。當學生用正向的方式表達時，教學者立即解除限制，誇獎學生的正向表現。

6. 檢討學生發生危機的狀況，並將該狀況列入一般教學活動時的

考慮項目，避免危機情況再度發生。若危機情況經常發生，表示日常作息和教學不適合學生的需要，需進行功能評量，找出前因事件，重新安排環境，設計教學活動。

第十一章／溝通和語言教學法

　　本章介紹自閉症學生的溝通和語言教學法，第一節說明溝通和語言教學法的歷史發展，第二節至第四節分別介紹分立練習訓練、關鍵反應訓練、隨機教學法，以及環境教學法。

第一節　溝通和語言教學法的歷史發展

　　自閉症者的溝通和語言教學法，從一九六○年代發展至今，在方法上有些沿革。一九六○至一九七○年代的溝通和語言教學法，主要根基於行為主義，強調藉由分立練習訓練（discrete trial training）的方式，有系統地逐步訓練自閉症者學會各項技能。教學法著重一對一個別教學，主要運用增強和處罰原則，不斷地要求兒童反覆練習，訓練兒童從注意看、坐在椅子上、到模仿等，逐步學會技能（例如Lovaas, 1981）。

　　此時期的觀念認為，語言教學的主要目的在訓練兒童具有說話的能力，語言學習可以從社會情境中獨立出來，反覆練習直至精熟。教學內容主要由成人主導，著重兒童模仿成人的發音練習，遵循成人的口語指令，區辨不同的名詞以及命名的能力。對於無口語能力的自閉症兒童，若藉由非語言行為來溝通需要，例如用手抓等，教學上多視為一種干擾行為（非溝通行為）（Koegel, 1995; Prizant et al., 2000）。

　　從一九七○年代晚期至一九八○年代，學界開始從發展的觀點來

看溝通和語言學習,主要從自然語言模式（natural language para-digm）的觀點,認為溝通和語言教學應著重自然情境的社會互動,溝通的本質乃是雙方互惠式的互動,兒童為互動的一方,乃是主動的溝通者,不是被動的接收者,因此,教學內容應由教學者和兒童互相建構而成,或是由兒童主導而成。此時期的教學特色為強調語言學習需在有意義的情境中練習,教學內容應融入日常作息和所發生的事件,讓兒童在一個較彈性的結構中學習。教學的目的不在訓練兒童的說話能力,而是發展兒童主動和自發性的社會溝通能力,能藉由社會允許的方式,來溝通其需要。溝通方法不只是說話,包括多元管道,例如口語、聲音和非口語溝通等,此時期所發展出來的教學法,例如關鍵反應訓練（pivotal response training）、隨機教學法（incidental teach-ing）、環境教學法（milieu teaching）等（Koegel, 1995; Prizant et al., 2000）。

從一九九○年至現在,自閉症者的溝通和語言教學法呈現多元化發展,各家學派林立,從一頭源於行為主義主要由成人主導的分立練習訓練,到持中間立場的關鍵反應訓練、環境教學法和隨機教學法,再到另一頭完全從發展觀點著眼,主張由兒童引導的「發展、個別差異、關係本位模式」（developmental, individual-difference, relationship-based mode, DIR）（Greenspan & Wieder, 2000a）,基本上,各種教學法各有其特色和限制。以下分別於第二節至第五節中介紹分立練習訓練、關鍵反應訓練、隨機教學法和環境教學法,DIR 模式則於第十四章第三節中說明。

第二節　分立練習訓練

一、何謂分立練習訓練

行為本位的溝通和語言教學法，主要運用分立練習訓練（discrete trial training）。分立練習乃是一個教學小單元，通常持續五至二十秒鐘，由教學者和學生在一無干擾的環境，進行一對一的教學。每個分立練習主要包括五個部分（Lovaas, 2003; Smith, 2001）：

㈠**指令**：每個分立練習由教學者呈現指令開始，來引發學生反應。指令或稱為**區辨刺激**（discriminative stimulus），可以是口語或非口語，口語指令例如老師說：「坐好！」或問學生：「這是什麼？」非口語指令，例如老師呈現圖片讓學生指認。

㈡**提示**：指老師的任何行動，目的為協助學生表現出正確反應，包括身體、手勢提示或示範。老師給提示的時間，需在下指令的同時，或下指令後一秒左右，提示學生答案。

㈢**反應**：指學生回答老師的問題，行為術語指學生因區辨刺激引發出來的行為，此反應需在老師下指令後一至三秒鐘內出現，以增加刺激和反應間的連結。

㈣**後果**：若學生答對，老師立刻增強學生，稱讚學生或給學生增強物，反應和增強中間的時間要盡量縮短（一秒或以內），以增加增強物的效果；若學生答錯，老師回答「不對」，不看學生，或拿走增強物，來表示學生答錯，以減少學生未來出現不正確答案的可能性。

㈤**練習間之間距**：當學生反應後，教學者在呈現下一個指令前，中間暫停一至五秒鐘。例如若學生答錯，老師給予回饋（後果），然後暫停一至二秒鐘，再重複一次教學指令；若學生第二次還是答錯，老師告訴學生正確答案，等一至二秒鐘後，第三次呈現教學指令，並同時給學生提示。

一般行為本位導向的教學課程，多是讓自閉症兒童每天進行分立練習訓練，從數分鐘至數小時時間不等。若採密集式訓練，一般做法為每個分立練習單元二至五分鐘，每個分立練習之間短暫休息一至二分鐘，每小時休息十至十五分鐘，每天中間休息一至二小時（Smith, 2001）。分立練習訓練常用在教導學生學習新技能或區辨不同的刺激時，應用範圍廣泛，包含各種領域，例如模仿、自助技能、語言接收、語言表達、會話，以及擴大和替代溝通訓練等。

二、研究結果與效能

行為主義的密集式訓練主要以駱發斯的「年幼自閉症計畫」（Young Autism Project）為代表，此訓練課程以年齡小於四歲的自閉症兒童為對象（不會說話的年齡小於三歲四個月，會仿說的小於三歲十個月），採用一對一的密集式訓練，兒童平均每週接受四十小時的訓練，長達二年或以上的時間，研究發現，接受四十小時訓練課程的自閉症兒童，比每週只接受十小時訓練的控制組兒童，較多人的智力功能趨近正常（47% 比 2%）（討論詳見十五章第一節）（Lovaas, 1987）。其後一些研究發現，密集式訓練的確可以增加兒童的智商分數（例如 Eikeseth et al., 2002），但不一定要採用高密集的訓練方式，教學時數若每週能有二十五小時左右，亦能顯著增進自閉症兒童在語言、生活技能、社會和學科等方面的能力（例如 Sheinkopf & Siegel, 1998; Smith et al., 2000）。

但密集式行為訓練的效果，會受自閉症兒童開始訓練時的年齡和智商的影響，例如哈瑞斯等人（Harris & Handleman, 2000）追蹤曾在「道格拉斯發展障礙中心」（Douglass Developmental Disabilities Center）接受訓練的二十七名自閉症兒童；此中心主要運用行為介入法，例如分立練習訓練，但強調兒童在自然情境中學習。兒童初入中心時的平均年齡為四歲一個月（31-65 個月之間），追蹤研究時的平均年

齡為十一歲十個月（122-170 個月）。結果發現，進入中心時智商較高、年齡較小的兒童，入小學後多安置於普通班；進入中心時智商較低、年齡較大的兒童，入小學後多安置於特教班，並且，自閉症的症狀和其嚴重度與智商無關。受試者中有十三名兒童進入中心時的年齡為四歲或小於四歲，其中十名入學後安置於普通班；另外十四名兒童年齡為四歲二個月或大於四歲二個月，其中只有一名安置於普通班，其餘全部安置於特教班。若以智商區分，其中十四名兒童進入中心時的智商為 52 或低於 52，只有一名就讀普通班，其餘全都就讀特殊班；另外十三名兒童進入中心時的智商為 59 或高於 59，其中十名就讀普通班。此研究顯示，除了智商因素外，年齡是介入成功的關鍵，支持早期療育的重要性。

總結一些研究結果，發現分立練習訓練具有下列的優點（Smith, 2001）：

1. 由於各分立練習都很短，學生有很多練習機會。

2. 由於是一對一教學，老師可以根據學生的反應和進度，彈性調整教學內容。

3. 每個分立練習都是按照一定的格式，不僅短，並且具有明確的開始和結束，學生容易明瞭。

分立練習訓練的主要缺點為學生經常需要老師下指令後，才會有反應，並且多依賴老師的提示來回答；雖然因大量練習，學生很快就學會某項技能，但各技能間分立，缺乏連貫性；此外，學生常無法將所學到的技能，類化或應用到日常生活中，保留效果亦差，因此一些學者認為，應該改用語言自然模式的教學法，來增加學生語言類化的能力（例如 Charlop-Christy & Carpenter, 2000; Koegel et al., 1992）。

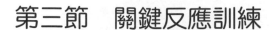
第三節　關鍵反應訓練

一、何謂關鍵反應訓練

關鍵反應訓練（pivotal response training）乃是由柯傑等人（Koegel et al., 1989; Koegel et al., 1999a）針對自閉症兒童類化能力不佳的問題，所發展出來的教學法。這些學者認為，自閉症者的障礙包括主要和次要因素，若一些主要的核心行為改變，會使後續的次要行為也跟著改變，這些不同領域的核心行為稱為「關鍵行為」（pivotal behaviors）。關鍵反應訓練就是針對這些關鍵行為加強訓練，使其他領域例如語言、實用性、社會技能、自助技能和學科等，也能跟著進步。關鍵反應訓練主要要達成三個目標：

1. 訓練兒童能對自然環境中的學習機會和社會互動有反應。
2. 減少教學者持續監督兒童的需要。
3. 減少需將兒童移離自然環境的服務。

關鍵反應訓練的最終目標，是要增進自閉症者社會和教育方面的精熟，使其能夠在融合情境中過豐富和有意義的生活。雖然進行關鍵行為教學時，亦用分立練習的方式，但關鍵反應訓練和分立練習訓練在教學目標、情境和方法上有很多不同，茲將二者之比較列於表 11-1（Koegel, 1995; Koegel et al., 1999a; Koegel et al., 2001）。

二、關鍵反應訓練的內容

柯傑等人認為，關鍵行為主要包括四種行為：動機、多元線索（multiple cues）、自發性（self-initiations）和自我管理，分別說明如下（Koegel et al., 1999a; Koegel et al., 2001）：

表 11-1 分立練習訓練和關鍵反應訓練之比較

	分立練習訓練	關鍵反應訓練
教學目標	・精熟各項領域技能	・能夠在融合情境中過豐富和有意義的生活 ・以家庭為中心
教學情境	・教學者和兒童一對一教學	・重視融合情境,讓兒童參與一般正常兒童的活動
教材選用	・由教學者決定 ・教材從簡單至複雜	・提供選擇機會由兒童選擇 ・選用教材考慮年齡適當和功能性
教學人員	・特教老師、專業人員	・特教老師、普通班老師、學校其他成員、專業人員、家庭成員
教學方法	・內容簡單明確,不斷地重複練習,直至技能精熟 ・採分開密集式訓練 ・教學者呈現指令或教材,要兒童回答,互動方式主要由成人主導	・內容具有變化,提供各種不同例子,練習次數較少 ・兒童盡量不抽離自然環境,著重關鍵行為教學,以縮短教學時間 ・教學者和兒童一起玩,互動方式由兒童主導
增強原則	・兒童答對時給予增強,答錯時移走增強物,強調反應和增強間具有關聯性,以增加兒童未來答對的可能性 ・增強物多用食物和社會增強	・不強調刺激和反應間的連結,若兒童試圖回答但答錯,教學者仍給予增強,以鼓勵兒童回答 ・多用自然增強(例如有機會玩物品)和社會增強

(一)動機

動機乃是各領域的關鍵行為之一,增進動機指兒童能對社會和環境刺激產生反應。主要運用下列教學法,來增進自閉症兒童的學習動機:

1. **兒童選擇**:指教學用兒童喜歡的教材,或由兒童選擇玩具、教

材或教學主題,例如讓兒童選擇作業的順序、選擇所要讀的故事書等。

2. **變化作業和散置練習**:指運用課程和教材的調整,來增進兒童的學習動機,例如將兒童以前學過的內容,散置在新學習的教材中。

3. **自然增強**:主張運用自然、內在動機的物品來做為增強物。自然增強物指直接和作業教材有關的物品,例如教學者教導兒童打開罐子,教材為一個罐子,裡面放一小東西(例如小玩具、鉛筆),當兒童打開罐子時,裡面的東西即為增強物,而不是當兒童完成教學目標時,給學生一塊小餅乾或加分做為增強物。

4. **增強努力嘗試**:當兒童努力嘗試時,教學者亦增強兒童的努力,以鼓勵兒童能持續對教學有反應,而不是在兒童答對題目時,才給予增強。

(二)多元線索

自閉症兒童經常對刺激過度選擇(stimulus overselectivity),亦即只對環境中少數不重要的元素有反應,因而影響兒童學習和類化的能力。減少自閉症兒童過度選擇的方法之一,就是訓練兒童能對多元線索反應,教學法包括:

1. **刺激物內提示法**(within-stimulus prompting):乃是藉由誇大刺激物中重要的部分,來強調該注意的部分,幫助兒童區辨不同刺激,等兒童學會後,教學者再逐漸退去誇大的部分,還原成原來刺激物的大小。例如,教導兒童學習中文字「上」和「下」,教學者將需注意的地方誇大提示,然後逐漸退掉誇大的部分,還原成原來文字的大小比率(見圖 11-1)。

2. **制約區辨**(conditional discriminations):增加自閉症兒童對多元線索反應的另一方法是訓練兒童能夠區辨不同的刺激物,例

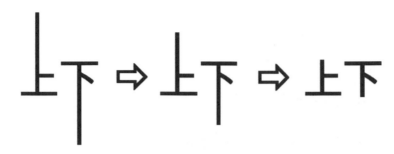

圖 11-1　刺激物內提示法

如，教學者先訓練兒童能夠指認綠色襪子（包含顏色和物品二種屬性），接著，呈現綠色和紅色襪子，兒童能夠指出綠色襪子（區辨顏色）；或是呈現綠色襪子和綠色褲子，兒童能夠指出綠色襪子（區辨物品），基本上，屬性愈多，難度愈大。

㈢自發性

自閉症兒童的特徵為對環境缺乏好奇心，經常不會問問題，日常所使用的語言常限於為了獲得物品，因此，訓練自閉症兒童發問的能力，主動尋求訊息或尋求協助，可以增進兒童在自然環境中自發的學習能力，例如訓練兒童詢問：「這是什麼？」、「怎麼回事？」、「發生什麼事了？」、「××在哪裡？」、「這是誰的（東西）？」等。

㈣自我管理

自閉症兒童的另一特徵為依賴成人的監督，因此，自我管理訓練能讓自閉症兒童主動參與介入和教學過程，增進自主性和參與自然環境中活動的能力。自我管理策略一般的教學步驟包括：

1. 定義目標行為，訓練兒童能夠區辨自己某行為是否出現。
2. 選擇增強物。
3. 選擇自我監督工具。
4. 教導兒童使用自我監督工具。

5. 退去自我監督工具。

6. 效度驗證決定是否在自然環境中運用自我監督工具。

三、研究結果與效能

目前已有一些關鍵反應訓練對增進自閉症兒童語言能力的報告發表，主要以柯傑等人的研究為主，這些研究發現，關鍵反應訓練能夠增進自閉症兒童的語言技能，並且，兒童多能將技能類化至自然環境中；此外，關鍵反應訓練還能增進自閉症兒童對環境的反應，減少問題行為發生（例如 Koegel et al., 1992; Koegel et al., 1998; Koegel et al., 1999b）。例如，柯傑等人（Koegel et al., 1998）比較傳統分立練習訓練和關鍵反應訓練對五名自閉症兒童學習語言發音的效果，兒童的年齡介於三歲八個月至七歲六個月，實驗採用 ABA 設計兩種教學法輪流進行，其中三名兒童先進行分立練習訓練，另兩名先進行關鍵反應訓練。分立練習訓練的進行方式為由治療師選擇重要的音，然後要兒童模仿發音反覆練習，直至練習二十次中，有 80%正確為止；當兒童能夠發出正確的音後，接著練習含有該音的字，教法亦同。關鍵反應訓練的進行方式，則是從含有目標音的字開始練習，所選的字乃是兒童有興趣的東西，並且利用玩具或物品做為自然增強物，教學活動中提供機會讓兒童可以選擇活動，例如丟球等，然後治療師在和兒童互動時，藉機發出音、字或句子，讓兒童模仿。結果發現，五位兒童都是關鍵反應訓練所發出的音正確度比分立練習訓練高。

柯傑等人（Koegel et al., 2003）的另一研究，則是探討關鍵反應訓練中的自發性問句對學習文法造句的影響，受試者為兩名自閉症兒童，一名六歲，一名四歲，教學方式為治療師和兒童一起閱讀內頁會跳出圖形的立體故事書，其中一位兒童學習英文的過去式，一位學習現在式。例如，閱讀動物故事書時，翻頁後出現一隻袋鼠，這時兒童問：「怎麼回事？」（或「發生什麼事了？」）治療師說：「牠在

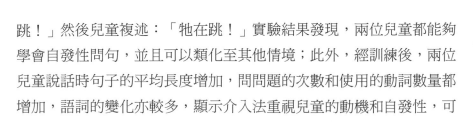

跳！」然後兒童複述：「牠在跳！」實驗結果發現，兩位兒童都能夠學會自發性問句，並且可以類化至其他情境；此外，經訓練後，兩位兒童說話時句子的平均長度增加，問問題的次數和使用的動詞數量都增加，語詞的變化亦較多，顯示介入法重視兒童的動機和自發性，可以增加兒童學習語言的效能。

此外，柯傑等人（Koegel et al., 1996）還發現關鍵反應訓練具有附帶效果，能夠促進正向的親子互動。他們將自閉症兒童的家長隨機分成二組，一組在家用關鍵反應訓練教導兒童（七人），一組用分立練習訓練（十人），然後將家長和兒童在家互動的情形拍攝成錄影帶，由受過訓練的大學生評量訓練前後，家長和兒童在快樂、興致、壓力和溝通型態四方面互動的差異。結果發現，訓練前兩組家長的互動狀況沒有顯著不同，都屬於中性互動；但訓練後，關鍵反應訓練組的家長顯著提升四方面的分數，親子互動時顯得較為高興，對互動的興致較高，壓力較少，並且溝通型態較為愉快，多用問問題或要求的方式溝通。相較下，分立練習訓練組的家長，其分數和訓練前相似，並沒有改變，顯示關鍵反應訓練比分立練習訓練，較能夠促進正向愉悅的親子互動。

雖然上述的研究完全肯定關鍵反應訓練的功效，但獨立研究者卻發現，其實自閉症者對各種教學法的反應具有個別差異。例如，薛爾（Sherer, 2003）研究關鍵反應訓練對增進學前自閉症兒童語言、遊戲（功能性、象徵性和變化）以及社會技能（自發性和維持互動）的功效，兒童年齡介於三至五歲。首先，研究者根據過去的紀錄將兒童分成兩組，兩組兒童在智力、語言和自閉症嚴重度上配對。其中三名為反應組，其行為特徵為對玩具有興趣，能容忍別人接近，具有低度至中度的非口語自我刺激行為，中度至高度的口語刺激行為；另外三名為無反應組，行為特徵為較少玩玩具、接近別人或表現口語自我刺激行為，具有中度逃避或非口語自我刺激行為。受試者接受一對一的關鍵反應訓練，每次九十分鐘，分三段進行，每週教學四至五次，共訓

練六個月（190 小時）。結果發現，反應組兒童的溝通行為顯著增加，二名兒童從基線期 0，增加至介入期 61.85% 和 64.96%，追蹤期並增加至 127.5%，另一名兒童基線期為 67.45%，介入期增加至 118.8%，追蹤期增加為 153.75%；無反應組兒童，其中二名兒童在基線期和介入期都未出現適當的溝通行為，另一名兒童基線期溝通行為出現 43.4%，介入期 42.8%，無明顯改變。遊戲和社會技能的結果相似，反應組兒童經介入後，次數顯著增加，無反應組兒童在基線期和介入期出現的次數相近。此研究顯示，雖然關鍵反應訓練具有功效，但不是每位兒童的效果都相同，教學法的效能具有個別差異。

第四節　隨機教學法

一、何謂隨機教學法

在日常生活中，當兒童表現出對某物或某活動有興趣時，教學者藉由此情境來增加兒童的技能，稱為隨機教學法（incidental teaching）。隨機教學法最早是由哈特和瑞斯里（Hart & Risley, 1975）所提倡，指在非結構的情境中，自然發生的成人和兒童互動，例如成人藉由遊戲，有系統地傳達新訊息給兒童，或讓兒童藉機練習來發展其溝通技能。隨機教學法雖然由兒童主導，但教學者仍能安排環境，吸引兒童的注意和興趣，或對兒童感興趣的主題，給予機會教育，並增強兒童的表現。

隨機教學法運用在語言介入主要包括四要項：(1)安排環境增加兒童主動和成人互動的機會，進行隨機教學；(2)教學者根據兒童的技能程度、興趣和環境提供的機會，選擇語言目標；(3)當兒童主動要求時，教學者用和兒童溝通目的形式相似、但較為完整和複雜的語言來

回應；(4)教學者對兒童的溝通企圖，運用具體的形式獲得成人注意與接觸物品（Warren & Kaiser, 1986）。

　　由於自閉症者在日常生活中，經常很被動，多數缺乏主動溝通互動的能力，因此，一些學者提出「修改式隨機教學法」（modified incidental teaching），將教學程序改為由家長或老師先下指令或發問，例如「給我××（玩具名）」、「去上廁所」等，創造成人和兒童的溝通機會，而非等自閉症兒童主動要求時，才進行教學（例如Charlop-Christy & Carpenter, 2000; McGee et al., 1983）。

二、研究結果與效能

　　目前研究發現，隨機教學法尤其是修改式隨機教學法，能促進自閉症者學習語言溝通技能，並且這些技能多能類化至不同的情境和人員。若和分立練習訓練進行比較，在獲得語言技能方面，二者的效果相當，但隨機教學法花費較多的時間；在類化和自發性用語方面，多數的研究發現，隨機教學法的效果比分立練習訓練好（Charlop-Christy & Carpenter, 2000; McGee et al., 1985）。

　　例如，麥吉等人（McGee et al., 1983）運用修改式隨機教學法，教導自閉症者語言接收命名技能，受試者為二名住在社區家園的重度自閉症青少年，只具有少許的語言溝通能力；經隨機教學後，二名自閉症者都學會物品命名，並能將此技能類化到未訓練的情境和活動中。麥吉等人（McGee et al., 1985）的另一研究，則是比較隨機教學法和傳統分立練習訓練對自閉症兒童學習介系詞的功效，受試者為三名語言遲緩的自閉症兒童，訓練的介系詞包括上、下、裡面、下一個（相鄰）、前、後。結果發現，在獲得技能、保留和時間效能方面，隨機教學法和分立練習訓練沒有顯著差異，但隨機教學法比分立練習訓練，較能增進自閉症兒童將技能類化至不同的情境、老師和刺激物的能力；並且，自發性語言能力亦較佳。

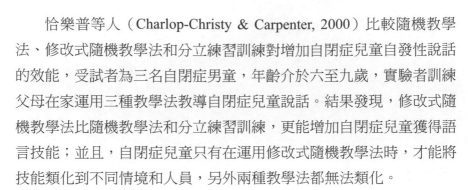

恰樂普等人（Charlop-Christy & Carpenter, 2000）比較隨機教學法、修改式隨機教學法和分立練習訓練對增加自閉症兒童自發性說話的效能，受試者為三名自閉症男童，年齡介於六至九歲，實驗者訓練父母在家運用三種教學法教導自閉症兒童說話。結果發現，修改式隨機教學法比隨機教學法和分立練習訓練，更能增加自閉症兒童獲得語言技能；並且，自閉症兒童只有在運用修改式隨機教學法時，才能將技能類化到不同情境和人員，另外兩種教學法都無法類化。

穆瑞達和門林（Miranda-Linné & Melin, 1992）則是研究兩名重度障礙的自閉症男童，學習顏色形容詞的能力，二者的語言能力只能說一、二個字的片語。研究結果發現，最初訓練效果，在獲得語言和類化方面，分立練習訓練比隨機教學法的效率高，並且，分立練習訓練花較少的時間學會顏色形容詞；但追蹤期發現，隨機教學法的效果較佳，在保留技能方面，兩種教學法沒有顯著差異，但類化和自發性用語方面，隨機教學法優於分立練習訓練。

第五節　環境教學法

一、何謂環境教學法

環境教學法（milieu teaching）經常和上述的隨機教學法名詞相混用，二者都屬於自然語言模式教學法，著重在社會情境中，教導兒童功能性語言。環境教學法最早由哈特和羅吉司（Hart & Rogers-Warren, 1978）所提倡，主要目的在訓練兒童運用語言時，能具有功能性和語言的形式。此教學法主要基於八大假設：(1)在兒童的自然環境中實施訓練；(2)由兒童的重要他人實施訓練，例如父母和老師；(3)訓練的內容和兒童的興趣有關；(4)訓練功能性語言；(5)同時訓練語言的形式、

功能和學習語言的策略；⑹每段訓練簡短和正向；⑺有效訓練著重安排環境；⑻訓練語言類化的能力（Alpert & Kaiser, 1992）。

環境教學法主要運用下列四種方法促進語言學習（Alpert & Kaiser, 1992; Kaiser et al., 1993）：

(一)示範

示範指教學者對兒童感興趣的內容或話題進行示範教學，若兒童反應正確，教學者立即誇獎兒童，並擴充教材內容，或是讓兒童接觸原本褪除的教材。若兒童反應不正確，教學者示範正確反應，要兒童模仿。經示範後，若兒童仍然反應不正確，教學者給予回饋，並讓兒童接觸教材。

(二)口令示範

口令（mand）乃是一種口語行為，功能包括命令、教學指令或要求，此口令和引發出來的反應以及增強間，具有操作制約的關係。口令示範（mand-model）教學法常用來教導兒童的口語溝通行為，例如，教學者示範要求物品時所需要的口令，例如教學者說：「我要喝水」，讓兒童模仿；或是教學者提出一個開放式的問題，要兒童回答不只是是或否的答案，例如教學者說：「你在做什麼？」學者認為，口令示範屬於隨機教學法的一種變化方式，二者的主要差別在隨機教學法的教學互動主要由兒童引導，口令示範則是由成人引導（Warren et al., 1984）。口令示範的教學方式說明如下：

1. 教學者對兒童有興趣的內容呈現口令，例如教學者問：「你在做什麼？」

2. 若兒童反應正確，教學者立即誇獎兒童，例如教學者說：「答對」「很好」，然後擴充教材內容，或讓兒童能接觸原本褪除的教材。

3. 若兒童反應不正確，教學者下第二次口令（兒童仍感興趣時）；或示範正確反應（兒童興趣減弱時），例如教學者說：

「說，我在畫圖！」並要兒童模仿。

4. 若兒童對指令或示範反應不正確，教學者接著運用上述示範的
程序進行教學。

㈢時間延宕

時間延宕指教學者在呈現教學指令後，不立即提供協助或呈現教
材，而是延宕數秒後（例如五秒）才進一步給予反應或提示，亦即教
學者延宕協助，來鼓勵兒童主動要求協助（Halle et al., 1981）。時間
延宕的教學方式為：

1. 調查兒童在哪些狀況下，需要教材或協助。

2. 教學者進行時間延宕教學，呈現教學指令或刺激後，暫停反應
數秒。

3. 若兒童因指令而主動發言，教學者立即誇獎兒童，然後擴充教
材內容或提供協助。

4. 若兒童對教學指令無反應，或是反應不正確，教學者實施第二
次的時間延宕教學。

5. 若兒童仍然反應不正確，教學者示範正確反應，然後根據上述
的示範或口令示範的程序進行教學。

㈣隨機教學法

環境教學法中的隨機教學法，主要運用下列教學方式：

1. 指出兒童在哪些狀況下，會用口語或非口語要求教材或協助。

2. 運用機會教導可理解、複雜或精緻的語言或溝通技能，運用的
教學法包括：⑴示範、⑵口令示範、⑶時間延宕。

二、加強式環境教學法

凱瑟爾等人（Hancock & Kaiser, 2002; Kaiser & Hester, 1994）修改
環境教學法，提出「加強式環境教學法」（enhanced milieu teach-

ing），此教學法共包含三要素：環境安排、回應互動策略（responsive interaction strategies）和環境教學法（見表 11-2）。**環境安排**的主要目的是提供物理情境，促進兒童學習語言，方法為訓練父母或主要照顧者去和兒童溝通，誘發兒童的溝通反應，並示範適當的語言形式和功能。**回應互動策略**的主要目的是要提供會話本位的語言學習，促進父母和兒童間的溝通平衡，不只是單方溝通。此策略主要教導父母基本的互動技巧（例如能回應兒童的引導、促進輪流、配合和擴大兒童的話題），以及語言示範策略（例如能配合兒童的語言程度、模仿兒童、擴充兒童發音、進行口說描述等）。**環境教學法**的目的則是在功能性情境中，父母能提供提示促進兒童反應。

表 11-2　加強式環境教學法之要素

要素	內容
環境的安排	環境的安排
	選擇兒童有興趣的教材
	呈現教材讓兒童可以看到，但無法拿到
	運用教材兒童需要教學者協助
	提供一小部分教材，讓兒童想要更多
	提供不完整的教材
	創造一情境和兒童的期望有很大的不同
	和兒童一起參與活動
回應互動策略	跟隨兒童引導
	教學者和兒童輪流平衡
	維持兒童的話題
	教學者示範語言和選擇適當的語言話題
	擴充和重複兒童的發音
	對兒童口語和非口語的溝通，教學者給予回應
環境教學法	示範
	制約指令示範
	時間延宕
	隨機教學法

參考文獻：Kaiser, A. P., & Hester, P. P. (1994). Generalized effects of enhanced milieu teaching. *Journal of Speech & Hearing Research, 37*(6),

1320-1340.

Kaiser, A. P., Ostrosky, M. M., & Alpert, C. L. (1993). Training teachers to use environmental arrangement and milieu teaching with nonvocal preschool children. *Journal of the Association for Persons with Severe Handicaps, 18*(3), 188-199.

三、研究結果與效能

　　目前有關環境教學法的研究，主要以語言障礙或語言發展遲緩兒童為對象（例如 Alpert & Kaiser, 1992; Kaiser & Hester, 1994），只有少數的研究調查環境教學法對自閉症兒童學習語言的功效（例如 Hancock & Kaiser, 2002）。這些研究多發現，環境教學法能夠增進兒童學習語言和溝通技能，並且，這些技能能夠類化至不同的情境和未受訓練的人員；但這些研究並未和其他教學法進行比較，因此，無從得知環境教學法是否比其他教學法效果更好。

　　例如，凱瑟爾等人（Kaiser et al., 2000）訓練六名家長在臨床中心和家中運用加強式環境教學法，教導泛自閉症兒童語言技能，六名兒童全為男性，年齡介於二歲半至五歲，語言年齡介於一歲八個月至二歲四個月，智商介於 50 至 85 之間。結果發現，家長都能學會加強式環境教學法，並且能將教學法運用在家庭中，所有兒童的社會溝通技能在介入期都顯現進步。隨後六個月的追蹤研究發現，家長在家中運用加強式環境教學法的比率比在臨床中心低，六名中有四名兒童介入期的效果能夠保留和類化，有五名兒童的語言發展能力明顯進步。

　　翰克和凱瑟爾（Hancock & Kaiser, 2002）比較四名泛自閉症兒童（三男一女）運用加強式環境教學法，學習社會溝通技能的效果，由訓練師在大學附設的臨床中心進行教學，兒童年齡介於二歲半至五歲，語言年齡介於一歲八個月至二歲四個月，智商介於 50 至 95 之間。實驗結果發現，經訓練後，所有的兒童都顯著增加目標語言技能，並

且，語言的複雜度和多樣性亦增加；六個月後的追蹤研究發現，所有
兒童的訓練效果都能保留，四名兒童中有三名能夠將訓練的結果類化
至家中和母親的互動上，類化的效果以訓練後的立即效果較佳。

第十二章／無口語學生的溝通訓練

本章介紹無口語溝通能力學生的溝通訓練，第一節說明擴大及替代溝通系統，第二節介紹自閉症學生常用的圖片兌換溝通系統。

第一節　擴大及替代溝通系統

研究發現，約半數的自閉症者無口語溝通能力（宋維村，2000；Peeters & Gillberg, 1999），他們大多需要藉由擴大及替代溝通系統，來輔助原本有限的溝通能力，或是做為主要的表達溝通工具。本節介紹擴大及替代溝通的定義、功能性溝通評量、溝通符號系統的比較、字彙的選擇以及溝通介入計畫。

一、擴大及替代溝通的定義

根據美國聽語學會（American Speech-Language-Hearing Association, ASHA）的定義，擴大及替代溝通（alternative and augmentative communication, AAC）乃是一個臨床實務領域，主要對具有嚴重表達溝通異常者，試圖彌補（臨時地或永久地）其損傷或障礙模式（ASHA, 1989）。擴大和替代不同，「擴大」指運用方法或器具來增

強個人的溝通能力，「替代」則是指有或無說話能力者，用技術來代替口語溝通。擴大及替代溝通系統的介入法著重多元方式，主要由符號（symbols）、輔具（aids）、技術（techniques）、策略（strategies）四要素所組成，用來增強個人的溝通能力，分別說明如下（ASHA, 1991; Beukelmen & Mirenda, 1998）：

(一)符號

符號指用來表徵視覺、聽覺或觸覺習慣概念的方法，可以是非輔具或輔具。非輔具指不需要藉由輔具的幫忙來進行溝通，例如聲音、手勢（包括臉部表情、眼睛注視、身體姿勢）、手語和說話；輔具指用物品、照片、圖片、文字或點字來溝通（見表 12-1）。

(二)輔具

輔具指用來傳達或接收訊息的物品或器具，可分為低科技輔具和高科技輔具。低科技輔具包括自製圖卡、溝通簿（見圖 12-1、圖12-12）、作息時間表和溝通板（見圖 12-2）等；高科技輔具包括語音輸出溝通輔具（voice output communication aid, VOCA）和電腦等。VOCA 又稱為語言產生器（speech generating device, SGD），可藉由錄音（錄音帶或數位）或語音合成技術，產生語音輸出。產品種類非常多，有的功能很簡單，例如大按鍵溝通器 BIGmack 和單格溝通器Partner/One 可錄下一則訊息，按鍵後撥放（見圖 12-3）；有的則很複雜，並且昂貴，例如微電腦語音溝通板 DynaVox（見圖 12-4）和掃描型 Scanning LighWRITER（見圖 12-5）（微電腦語音溝通板加上掃描器，適用於無法打字者），學生按圖或輸入文字後，可以產生數位或合成語音輸出（出版和採購資訊見附錄一）。

表 12-1　溝通符號的形式

形式	舉例
非輔具溝通系統	
動作	抓成人的手去得到想要的物品或執行想要的活動，例如，抓媽媽的手去碰門把，表示要去公園溜滑梯。
聲音	發出非習慣用法的聲音來溝通，例如，發「啊！啊！啊！」表示想上廁所。
臉部表情	用臉部表情表示要或不要，例如，眉毛抬高、嘴巴張開表示要。
眼睛注視	用眼睛注視某玩具，表示想要該玩具。
手勢	用肢體動作來表示意願，例如，手指果汁，表示要喝果汁；搖頭表示不要。
手語	用手語來溝通。
說話─單字	用某單字表示某人、物或事，例如說：「車車！」表示要乘車去找爺爺。
說話─多個字	用二個單字連結起來，表示某人事物，例如說「要去」表示要跟成人一起去。
說話─句子	用模仿成人的句子（3 個或以上的單字，符合造句法）來溝通，例如說：「小明要去麥當勞！」
輔具溝通系統	
真實物品	用真實物品做為符號，例如拿杯子，表示想喝水。
縮小模型	用縮小的物品模型代表某物品或事情，例如拿麵包模型，表示想吃東西。
部分物品	用部分或相關的物品代表某物品或事情，例如拿一個小輪胎，表示要玩小汽車。
照片	用實物拍成的照片，來代表人事物，例如，拿陳老師的照片給代課老師，表示問陳老師去哪裡？
線條圖	用彩色或黑白線條圖來代表人事物，圖案和所指的人事物相似，例如自製圖卡、里巴斯符號、圖片溝通系統。
抽象線條圖	利用圖案符號代表人事物，圖案較為抽象，例如布里斯符號、中文象形字。
拼字式符號	利用拼字式符號來溝通，例如點字、注音符號、摩斯碼。
書寫文字	用書寫文字來溝通，例如，指字卡「廁所」想要上廁所。
數位或合成語音	利用電子語音輸出溝通輔具來溝通，選圖卡或輸入符號、文字後，產生數位或合成語音輸出。

圖 12-1　攜帶式溝通簿

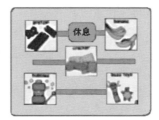

圖 12-2　作息時間表和溝通板

圖 12-3　單鍵語音輸出溝通輔具（左 BIGmack、右 Partner/One）

圖 12-4　微電腦語音溝通板（DynaVox）

圖 12-5　微電腦語音溝通板掃描型（Scanning LightWRITER SL87）

(三)技術

技術指傳達訊息的方法，可分為兩大類：直接選擇和掃描。直接選擇指讓學生從一些選項中做選擇，例如手指頭指、打手語、自然手勢或觸摸等。若學生同時具有肢體障礙，無法移動肢體，亦可用頭部移動控制或眼睛注視來選擇項目。掃描指訊息項目（圖卡）的呈現方式，包括循環掃描（circular scanning）、線性掃描（linear scanning）、項目分組掃描（group item scanning）和橫縱掃描（row column scanning）等（Beukelman & Mirenda, 1998）（見圖 12-6）。

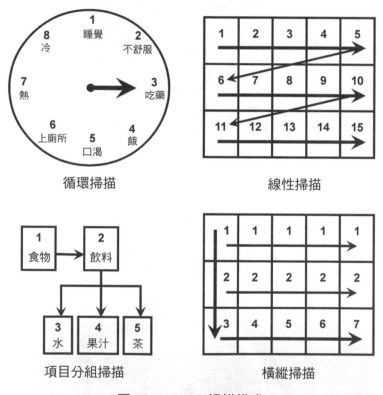

循環掃描　　　　　　　線性掃描

項目分組掃描　　　　　橫縱掃描

圖 12-6　AAC 掃描模式

參考文獻：Beukelman, D. R., & Mirenda, P. (1998). *Augmentative and alternative communication: Management of severe communication disorders in children and adults* (2nd ed.). Baltimore, MD: Paul H. Brookes.

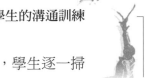

　　循環掃描為最容易的一種，乃是項目排成圓形循環，學生逐一掃描，直到找到選擇的項目；線性掃描指學生先掃描第一橫列，由左到右掃描，然後再掃描第二橫列，亦由左到右，直到找到選擇的項目為止，此法較費時，但學生容易學會；項目分組掃描為將屬性相同的項目排在一起，先選大類，再由大類中選項目，此法比前兩種掃描方式效率高；橫縱掃描屬於分組掃描的一種，每一橫列由屬性相似的項目所組成（例如第一橫列為食物、第二列為飲料、第三列為個人整潔），學生先從縱列選一橫列（例如個人整潔），再從橫列選項目（例如洗臉、刷牙、上廁所、洗澡等）。

　　㈣策略

　　策略指使用 AAC 符號、輔具或技術時，用來增強溝通效能的方法。策略不管是被教導或自學，乃是促進個人表現的計畫，常用的AAC 介入策略包括角色扮演、逐步提示、進修等。

二、功能性溝通評量

　　選擇適當的 AAC 前，需先評量自閉症兒童的溝通和語言能力，評量著重在功能性溝通技能，主要調查自閉症兒童在自然環境中，語言和溝通發展的遲緩情形，以及技能的強弱處，然後設計溝通訓練課程，教導兒童運用AAC 來溝通需要。萊特等人（Light et al., 1998）建議評量的內容需包括下列四個要項：

　　㈠指出溝通需求

　　AAC介入法必須從自閉症者個人的觀點著眼，調查學生在家庭、學校和社區生活中的需要，評量包括下列四種方式：

　　1. 藉由晤談自閉症學生和促進溝通者（facilitators）（例如家長、老師、同學），了解自閉症學生目前和未來的溝通需求，亦即自閉症學生需要知道哪種型態的輸入？

2. 進行溝通需求調查，調查學生在哪種情況下需要溝通？回答何人、何時、何地、為什麼、什麼、如何等問題。

3. 在自然互動情境中，進行生態評量（見第八章第四節），調查學生目前的溝通模式為何？哪些需要已經滿足？哪些需要尚未達成？

4. 對未達成的需要，決定介入的優先順序。

(二)技能評量

技能評量乃是由不同的專業人員（例如語言治療師、職能治療師、物理治療師、心理師、醫師、老師、科技輔具專業人員等），運用評量工具（例如儀器、標準化測驗、觀察法和非標準化測驗等），來評量學生各方面的技能，評量內容包括：

1. **感官知覺功能**：進行功能性視覺和聽覺評量，調查學生感官溝通管道的限制，以及這些限制是否會影響學生使用 AAC。

2. **接收語言技能**：主要調查四方面：(1)學生適用哪種口語輸入？(2)學生何時以及如何需用擴大語音輸入？(3)學生理解和表達能力間的差距如何？AAC 介入法應優先縮小理解和表達能力的差距；(4)哪種方法最適合用來教導學生 AAC 符號？

3. **表達溝通技能**：評量學生目前的表達溝通能力，學生如何提供訊息，例如輪流、主動和反應模式、溝通功能、溝通方式、自然口語能力，以及溝通訊息的內容和形式等。

4. **符號表徵技能**：調查哪種型態的 AAC 符號（例如手勢、物品、圖片、照片、手語、文字等），學生可以了解以及用來傳達訊息。評量的過程包括：

   (1)**接收語言作業**：教學者呈現二個符號（物品、圖片或照片等），問學生：「哪一個是××？」

   (2)**是否作業**：呈現一個符號，問學生：「這個是不是××？」學生回答是或否。

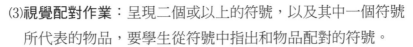

⑶**視覺配對作業**：呈現二個或以上的符號，以及其中一個符號所代表的物品，要學生從符號中指出和物品配對的符號。

⑷**問題／回答作業**：呈現二個或以上的符號，教學者和學生進行會話練習，教學者問學生一個問題，要學生指其中一個符號來回答。

⑸**要求作業**：呈現二個或以上的符號，其中一個符號代表學生所喜愛的物品或活動，學生可以指符號來得到想要的物品或活動。

5. **語彙組織技能**：每名學生的語彙組織方式都不同，有些人喜歡將語彙圖卡用階層方式排列，有些人則是靠語意或上下文線索，有些人喜歡按照字母或筆劃排列、或自己獨特的方式，AAC系統的語彙組織需按照學生的組織方式，不是由治療師或老師選一較佳的方式。評量語彙組織技能的方式包括：

⑴**分類作業**：要學生將 AAC 系統的詞彙分類，放入不同的盒子中，或是放到溝通簿中不同頁。

⑵**配對作業**：要學生將一個詞彙，根據其屬性，放到已經排好的一組（三個或以上）詞彙中。

⑶**組織型態作業**：評估各種組織詞彙法，學生運用的速度、正確度和喜好。

6. **動作技能**：調查學生的動作技能，包括運用非輔具系統（手勢或手語）的動作技能，例如手部動作、方向、擺位、移動等；以及運用輔具系統，所需要的動作技能。評估方式多用非正式的標準本位評量，讓學生嘗試不同的方式，了解學生運用AAC的正確度、效能，以及疲倦、喜好等影響因素。

㈢調查促進溝通者的策略和機會障礙

AAC系統除了評量學生外，還要評量學生周遭人員所運用的互動策略，以及環境中限制學生溝通機會的障礙。環境中可能的障礙包括

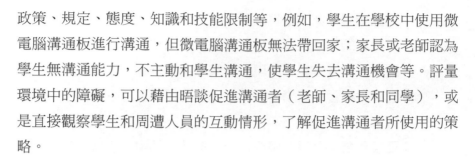

政策、規定、態度、知識和技能限制等，例如，學生在學校中使用微電腦溝通板進行溝通，但微電腦溝通板無法帶回家；家長或老師認為學生無溝通能力，不主動和學生溝通，使學生失去溝通機會等。評量環境中的障礙，可以藉由晤談促進溝通者（老師、家長和同學），或是直接觀察學生和周遭人員的互動情形，了解促進溝通者所使用的策略。

㈣發展介入計畫

溝通介入計畫主要包括下列兩部分：

1.自閉症者的介入計畫

自閉症者的介入計畫主要包括兩部分：第一為選擇適當的個別化AAC系統，提供學生適當的工具進行有效的溝通；其次，對有效溝通所需要的語言、操作、社會和策略技能進行教學。傳統自閉症者的溝通介入法，著重運用非輔具的方法進行溝通訓練（說話、發聲、手勢、手語等），新近發展趨勢則是採用多元溝通管道，非輔具和輔具方式並行，即使自閉症者具有少許的口語能力，亦訓練自閉症者運用輔具（溝通簿和電腦）進行溝通。

2.促進溝通者的訓練計畫

促進溝通者的訓練計畫主要包括下列兩部分：

(1)**操作、維護和發展 AAC 系統**：不只是學生需要學會如何運用 AAC，周遭人員亦要能了解和運用 AAC 系統。促進溝通者需要具備的知識包括：(a)AAC 符號和接觸所需要的技術、(b)如何持續發展語彙、(c)座位和擺放位置、(d)操作 AAC 系統、(e)AAC 系統日常的清潔和維護，以及(f)故障時的維修程序。

(2)**支持溝通的互動策略**：為了減少環境中的溝通障礙，促進溝通者需要進行訓練，學習如何和學生互動，策略包括：(a)問

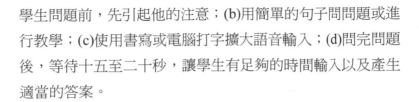

學生問題前，先引起他的注意；(b)用簡單的句子問問題或進行教學；(c)使用書寫或電腦打字擴大語音輸入；(d)問完問題後，等待十五至二十秒，讓學生有足夠的時間輸入以及產生適當的答案。

三、溝通符號系統的比較

溝通形式乃是一連續概念，若按照符號表徵（representation）的程度來看，從一頭較為具體的非象徵性符號（nonsymbolic）（例如動作、手勢、聲音等），到半象徵性符號（quasi-symbolic）（例如照片、圖片、線條圖等），再到另一頭較為抽象的象徵性符號（symbolic）（例如說話、手語、文字等）（Prizant et al., 2000）。到底哪種溝通符號系統較適合自閉症者？史拉瑟和李（Schlosser & Lee, 2000）回顧從一九七六至一九九五年發表的 AAC 研究，比較各種溝通方式的效能，受試者包括智能障礙、多重障礙、肢體障礙和自閉症，結果發現在獲得字彙方面，非輔具方式（例如手語）比輔具方式效果佳，但保留和類化方面，兩種方式沒有顯著差別。

門瑞達（Mirenda, 2003）認為，若從非輔具溝通來看，自閉症者運用手語或全溝通法（total communication）（包括說話和手語）比只運用說話一項，在接收或表達字彙方面，學習速度較快。但是運用手語的能力，受精細動作技能的影響，並不是所有的自閉症者都能運用手語溝通，精細動作差者，運用手語多半有困難。相較之下，大多數的研究發現，不管自閉症者的溝通能力如何，自閉症者多能學會用輔具進行功能性溝通；並且，功能性溝通還能減少自閉症者出現問題行為，增加社會互動行為。

目前有一些研究比較泛自閉症者運用手語和輔具溝通效果的差異，這些研究大多發現，溝通方式的效果受個別差異影響（例如Anderson, 2002; Tincani, 2004）。例如，安德森（Anderson, 2002）比較六

名泛自閉症兒童使用手語和「圖片兌換溝通系統」（PECS）在獲得字彙、自發性、保留和類化間效果的差異。結果發現自閉症兒童具有個別差異，受試者中有三名兒童比較喜歡運用 PECS 溝通，另外三名則喜歡運用手語；並且，功能性遊戲較佳的兒童，比較喜歡用手語溝通。比較兩種系統的差異，PECS 的優點為學習速度較快，類化效果較佳，全部兒童都能將圖片配對技能，類化至未學過的項目，但只有四名兒童能夠將手語技能類化；手語的優點為經訓練後，自發性溝通較多，並且眼睛注視和口語表現亦較佳。

　　另外，在輔具溝通系統中，到底哪種符號系統較容易學習？一些研究比較各種符號系統的透明度（transparency），結果發現，符號從最透明到不透明分別為：里巴斯符號（Rebus Symbols）（見圖 12-7）、圖片溝通符號（Picture Communication Symbols, PCS）（見圖 12-8）、皮克斯符號（Picsyms）、布里斯符號（Blissymbols）（圖 12-9）、拼字式符號例如摩斯碼（Morse code）（圖 12-10）。亦即里巴斯符號和 PCS 較容易了解，皮克斯符號在中間，布里斯符號和拼字式符號較抽象難懂；並且，各種符號系統都是名詞比動詞和形容詞容易學習（Millikin, 1997）。

男孩　　女孩　　走　　吃　　喝

水　　房子　　動物　　鳥　　老師

圖 12-7　標準里巴斯符號（Standard Rebus Symbols）

資料來源：Clark, C. R. (1984). A close look at the standard Rebus system and Blissymbolics. *Journal of the Association for Persons with Severe Handicaps, 9* (1), 37-48.

圖 12-8　圖片溝通符號（PCS）

資料來源：Mayer-Johnson, Inc. (2001). *Introduction to the Picture Communication Symbols*. Solana Beach, CA: Author.

圖 12-9　布里斯符號（Blissymbols）

註：熊乃是「動物」符號加上 b（bear）；老師由「人」、「給」、「知識」（由左至右）三符號所組成。

資料來源：Clark, C. R. (1984). A close look at the standard Rebus system and Blissymbolics. *Journal of the Association for Persons with Severe Handicaps, 9* (1), 37-48.

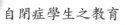
A	·－	J	·－－－	S	···	2	··－－－
B	－···	K	－·－	T	－	3	···－－
C	－·－·	L	·－··	U	··－	4	····－
D	－··	M	－－	V	···－	5	·····
E	·	N	－·	W	·－－	6	－····
F	··－·	O	－－－	X	－··－	7	－－···
G	－－·	P	·－－·	Y	－·－－	8	－－－··
H	····	Q	－－·－	Z	－－··	9	－－－－·
I	··	R	·－·	1	·－－－－	0	－－－－－

圖 12-10　摩斯碼（Morse code）

資料來源：Beukelman, D. R., & Mirenda, P. (1998). *Augmentative and alternative communication: Management of severe communication disorders in children and adults* (2nd ed.). Baltimore, MD: Paul H. Brookes.

四、AAC 字彙的選擇

　　教學者對自閉症學生進行 AAC 訓練時，到底要教哪些字彙？主要視學生的功能性需求而定，字彙需能反應出不同環境的需要，例如家庭、學校、社區、工作場所等。米林金（Millikin, 1997）建議教學者可以藉由以下三種評量方式來選擇字彙：

(一)晤談法

教學者藉由晤談學生環境中重要的人物，蒐集下列資訊：

1. 學生日常生活中所處的環境型態有哪些？發生次數為何？偶發的情境有哪些？
2. 學生在各情境花多少時間？
3. 各情境中和學生溝通者的姓名、次數和特徵為何？
4. 學生需參與哪些活動？
5. 各情境中出現的物品為何？

(二)生態評量

另一選擇字彙的方式是藉由直接觀察法，到學生所處的環境中

（例如家庭、學校、社區和工作），進行生態評量，調查學生在各環境中的溝通需要為何？學生如何運用 AAC？AAC 系統的適當性和效能為何？學生需要哪些溝通字彙？接著進行差距分析，比較學生需要的溝通技能以及目前已會的技能，然後針對學生不會的技能，選擇適當的字彙進行教學，發展教學方案（見第八章第四節）。

(三)腳本

教學者可以針對各環境的溝通需求，以及發生的情況，寫一溝通對話腳本（scripting），然後針對腳本中所描述的溝通對話情形，挑選需要教學的字彙，並將各字彙按照屬性分類，例如人（我、你、老師）、行動（吃、要、想）、物品（書包、球、衣服）、形容詞（高興、難過、有趣）、問句（為什麼、什麼）、其他（時間到了）等。

綜合歸納一些學者的意見，教學者須進行教學的 AAC 字彙，大致包括下列各項（Prizant & Bailey, 1992）：

- 學生的名字或代表我的符號。
- 要求食物、物品或活動時所需要的字彙（例如「我要××」）。
- 拒絕或反對食物、物品或活動時所需要的字彙（例如「我不要××」）。
- 日常生活中常用的物品名稱（例如水、飯、衣服、褲子等）。
- 日常獨立生活時進行活動的字彙（例如吃飯、喝水、穿衣服、上廁所、小便、大便、睡覺等）。
- 表達社會不允許意思的字彙（例如不行、不可以、停止等）。
- 表達同意的字彙（例如很好、可以等）。
- 環境中重要人物的名稱（例如媽媽、爸爸、弟弟、老師、同學名字等）。
- 人物代名詞（例如我、你、他等）。

- 表達不存在和消失的字彙（例如不在、不見了等）。
- 要求協助（例如幫忙、我不會）、情緒安慰（例如擁抱）或互動的字彙（例如玩、要去、要參加）。
- 表達位置的字彙（例如上面、下面、外面、裡面、前面、後面）。
- 所處的環境地方的名稱（例如家裡、學校、公園、廁所等）。
- 行動字彙（例如去、給、到、打開、關等）。
- 描述屬性的形容詞（例如冷、熱、骯髒、乾淨）。
- 描述數量的形容詞（多、少、再一次、繼續）。
- 表達感覺的字彙（例如高興、難過、生氣、害怕、疲倦等）。
- 回答問句（例如什麼、哪裡等）或提供訊息。
- 社交禮儀的字彙（例如謝謝、再見等）。

五、溝通介入計畫

一般正常兒童的早期溝通方式，多是先藉由發聲和手勢表達意圖，引起別人注意，然後藉由模仿成人說話，逐漸擴大溝通的功能（見表 12-2）和形式（見表 12-1），成為一多元化的溝通系統。很多自閉症者由於能力和環境的限制，並沒有發展出溝通的先備技能。研究發現，在非語文溝通功能方面，自閉症幼兒比一般正常幼兒出現較多要求物品的行為，例如獲得物品，顯著較少談論事物或提供訊息的行為，例如吸引成人注意東西掉了、點頭表示要等；在溝通形式方面，自閉症幼兒較常用動作來溝通，例如抓成人的手去得到想要的物品，較少使用手勢溝通，例如接觸指物、遠距離指物、顯示物品、發出聲音或眼睛注視等（Stone et al., 1997）。因此，教學者在設計溝通介入計畫時，需要了解學生的溝通能力發展階段（見表 12-3），並按照該階段的特性，選擇適當的非輔具或輔具溝通系統。

表 12-2　溝通功能

功　能	描　　述
要求物品	學生用行動或聲音去得到某物品，例如指玩具想要玩。
要求活動	學生用行動或聲音去引發某活動發生，例如拉爸爸的手想要出去。
拒絕或反對	學生用行動或聲音表示拒絕或反對某物品或活動，例如將綠色青菜推開、寫作業時不肯拿筆寫。
引人注意	當別人不注意時，學生用行動或聲音吸引別人注意自己，例如不斷發出怪聲吸引老師注意。
要求協助	學生用行動或聲音要求別人協助，例如拿停止不動的玩具給爸爸，要求幫忙換電池。
要求允許	學生用行動或聲音尋求別人同意自己可以進行某活動，例如跟老師說：「我要上廁所」。
尋求安慰	當學生緊張、痛苦或壓力時，用行動或聲音去得到他人的注意，例如伸出受傷的手指頭給老師看，表示痛。
展示	學生向別人展示自己的物品，例如拿新的玩具給叔叔看，這是我的生日禮物。
社交習慣	學生用行動或聲音去獲得他人注意，表達社交習慣禮節，例如學生跟老師說：「再見」；老師叫學生名字時，學生舉手。
評斷	學生藉由指出或描述人事物的特徵，來引發他人注意，例如跟老師說：「東西不見了」、跟媽媽說：「客人來了」。
提供訊息	對他人不知道的人事物，學生提供訊息或回答別人的問題，例如老師說：「你的書呢？」學生指書包。
尋求訊息	學生希望他人回答自己想知道的訊息，例如學生問老師：「球在哪裡？」、學生問：「媽媽呢？」想知道媽媽去哪裡。

參考文獻：Calloway, C. J., Myles, B. S., & Earles, T. L. (1999). The development of communicative functions and means in students with autism. *Focus on Autism & Other Developmental Disabilities*, *14*(3), 140-149.

Reichle, J. (1997). Communication intervention with persons who have severe disabilities. *The Journal of Special Education*, *31*(1), 110-134.

表 12-3　溝通能力的發展

發展階段	溝通行為	非輔具溝通系統	輔具溝通系統
一、意圖前期	多為反射性行為，主要用來表達現況，例如飢餓、尿布濕了等，行為靠聽者的解釋	會發出聲音，如啊啊、哭泣、咯咯笑聲等，會移動頭部或身體，具有臉部表情	
二、意圖期	行為具有意圖，但不會企圖溝通，用行為功能去影響聽者的行為	會因某種因素而吵鬧、微笑，會有目的的手勢或動作，例如伸手抓物品	具體物品
三、非習慣符號前期	會用非習慣用法的聲音、動作或手勢企圖去影響聽者	會發出笑聲、非語言的聲音或低聲哭泣，會用手勢、動作加上眼睛注視，企圖去影響聽者	具體物品
四、習慣符號前期	會用習慣用法的聲音、動作或手勢企圖去影響聽者	會眼睛彼此注視，聲音具有音調，會伸手抓物（人）或推開物品（人），會指物、揮手、點頭或搖頭等	具體物品
五、具體符號期	會用具體的符號去代表環境中的物品，但符號和所指物品只能一對一的對應	會模仿聲音，學習命名、打手勢和簡單手語	觸覺符號（真實物品、縮小的物品模型、部分物品）、照片、線條圖等
六、抽象符號期	會運用抽象、指定的符號或手語溝通，但符號只能單一使用	會說話或運用手語	抽象的符號或圖案（例如里巴斯符號、布里斯符號）、文字、點字等
七、正式符號期	能使用語言，能按照字彙正確的順序，結合多元符號進行溝通	能根據造句原則，將兩個或以上的符號結合使用，例如說句子、結合手語	結合運用不同的抽象符號系統

參考文獻：McCormick, L., & Shane, H. (1990). Communication system options for students who are nonspeaking. In L. McCormick & R. L. Schiefelbusch (Eds.), *Early language intervention: An introduction* (2nd ed., pp. 427-471). Columbus, OH: Merrill.

Rowland, C., & Schweigert, P. (1989). Tangible symbols: Symbolic communication for individuals with multisensory impairments. *AAC: Augmentative & Alternative Communication, 5*(4), 226-234.

　　若自閉症兒童對環境變化缺乏反應，未具有因果概念（某事發生會導致另一件事發生），亦不會主動要求物品或活動，溝通方式屬於「意圖前期」或「意圖期」，這時，教學者最先要建立的教學目標為溝通意圖，而不是教導 AAC 符號溝通系統。亦即教學者的教學目標為設計溝通意圖情境，誘發學生為了達到某種溝通功能，試圖表現某行為來溝通。例如，教學者呈現學生喜歡的食物或玩具，看學生的反應，若學生伸手或發出聲音，就讓學生獲得該物，讓學生學會可以用行為反應，來得到物品。門瑞達和艾利克森（Mirenda & Erickson, 2000）建議 AAC 最初的教學目標應為：運用非輔具 AAC 方式，例如自然手勢、聲音、殘餘說話等，發展兒童的溝通意圖、輪流、聯合注意力（和別人一起做某事）和主動性，然後，再逐漸擴大兒童的溝通功能和形式，選擇適當的輔具協助溝通。

　　當自閉症兒童的溝通能力發展至「具體符號期」，這時，教學者可以教導學生運用觸覺符號系統（tangible symbol system）（例如運用真實物品、縮小模型、部分物品等），或用照片、線條圖（黑白或彩色圖案）等來代表物品、活動或人員。這個階段兒童的溝通發展特徵為（Rowland & Schweigert, 1989）：

1. 兒童具有目的性的精細或粗大動作行為，可以指物或選擇符號。
2. 兒童具有溝通企圖，知道可以藉由某行為去影響或控制聽者的行為，例如會抓成人的手指物，喝完後會拿杯子表示還要等。
3. 兒童的溝通能力未達抽象符號期。

　　教學者開始介紹 AAC 符號系統時，應選用和實物接近的圖片，減少圖案抽象表徵程度，以增加兒童學習的效能。教學者除了可以運用已出版的符號圖片系統，例如圖片溝通符號（PCS）、圖片兌換溝通系統（PECS）等，或至網路下載免費圖案（見附錄一），亦可拍攝實物照片，或影印剪貼大賣場的廣告傳單、雜誌照片等，自製溝通圖卡；這些免費的圖片有時比出版的符號系統，更接近實際生活情境。

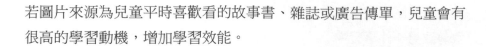

若圖片來源為兒童平時喜歡看的故事書、雜誌或廣告傳單，兒童會有很高的學習動機，增加學習效能。

　　總結自閉症學生的語言和溝通介入訓練，學者建議要達成的教學目標如下（Prizant et al., 2000）：

1. 自閉症學生能從符號前期（例如動作、聲音、手勢等），逐漸發展到運用符號溝通（例如圖卡、文字等）。
2. 自閉症學生能從鸚鵡式的仿說（例如立即仿說、延宕仿說、重複話語），逐漸發展到運用創造性的語言（例如能產生語言，並具有規則和文法）。
3. 自閉症學生的溝通方式，能從非習慣用法（例如鸚鵡式的仿說、怪異語言），逐步發展到傳統的習慣用法。

　　下一節介紹「圖片兌換溝通系統」，以此為例，說明如何訓練自閉症學生運用圖片符號溝通。

第二節　圖片兌換溝通系統

　　本節介紹圖片兌換溝通系統，包括圖片兌換溝通系統的內容、六階段訓練課程，以及研究結果和效能。

一、圖片兌換溝通系統

　　圖片兌換溝通系統（Picture Exchange Communication System, PECS）乃是由邦地和佛斯特（Bondy & Frost, 1994, 2001; Frost & Bondy, 2002）所創，屬於一種擴大及替代溝通訓練系統。PECS 開始發展初期，主要運用於美國德拉瓦州自閉症計畫（Delaware Autistic Program），主要教學目標為教導泛自閉症兒童學會自我引導的功能性溝

通技能。PECS 和其他圖片指認系統不同的地方是，一般圖片溝通訓練著重訓練兒童能夠指認圖片，因此開始訓練時，常花很多時間教導兒童物品和物品，以及物品和圖片的配對技能。邦地和佛斯特（Bondy & Frost, 1998）認為，這些配對練習和真實生活情境有差距，缺少功能性，容易導致兒童缺乏學習動機。並且，教學方式著重老師引導，例如由老師問兒童：「你要什麼？」或「這是什麼？」等，兒童經常仰賴老師的提示，缺乏主動性。他們認為有效的溝通課程應具有下列特徵：

1. 運用有效的增強物，而非效能較差的社會增強，並且教導兒童如何提出「要求」，而非「命名」技能。
2. 訓練開始於兒童自發性的溝通，主動接觸成人，而非配對練習。
3. 避免兒童依賴老師提示。
4. 兒童不需要密集訓練先備技能。

PECS 訓練課程的優點如下（Charlop-Christy et al., 2002）：

1. PECS 只需要兒童一些簡單的動作技能，並且，聽者不需要熟悉或特別學習另一種語言，例如手語。
2. PECS 費用不高，並且圖卡可攜帶，適用於各種情境。
3. 研究發現自閉症兒童學習 PECS 的速度，比學習其他溝通系統快（例如手語）（Anderson, 2002）。
4. PECS 著重功能性溝通反應訓練，促進兒童和環境間有意義的互動。
5. PECS 強調兒童主動接近聽者，主導互動。
6. PECS 不會妨害兒童學習說話，很多運用 PECS 溝通的兒童亦發展出說話能力。
7. PECS 能減少兒童出現問題行為，增進社會行為。

　　PECS 課程中所運用之圖片，主要視兒童溝通發展狀況而定，雖然 PECS 課程亦出版圖片和溝通簿等教材（採購資訊見附錄一），教

學者亦可運用其他符號系統，例如實物、縮小模型、照片、圖片、線條圖等。若學生同時具有視覺障礙，建議用可以觸摸的縮小模型或部分物品進行教學。一般教學者除了使用 PECS 圖片外，亦常用圖片溝通符號（PCS）和里巴斯符號進行教學。此兩種符號可藉由坊間出版的電腦軟體，例如「Boardmaker」（可列印 PCS）和「Writing with Symbols 2000」（可列印 PCS 和里巴斯符號）等，來編輯和列印圖片和教材（見附錄一）。

二、圖片兌換溝通系統課程

PECS 訓練開始前，需先進行增強物調查，了解學生對各種物品或活動的喜愛程度，然後選學生高度喜愛的物品或活動，做為訓練時的增強物圖片。方法為教學者將增強物從高動機增強物，排到低動機增強物，列出階層順序，然後由上往下選用，調查內容亦需包括學生討厭或拒絕的物品。一般增強物調查多藉由晤談法（父母或主要照顧者）或觀察法來蒐集資料，若學生為低功能，教學者可以呈現兩種物品，看學生會先接觸哪個物品。除了調查有哪些增強物外，亦需考慮學生所願意花的代價，基本上，願意花高代價得來的增強物，屬於高動機增強物，會產生較佳的訓練效果。

圖片兌換溝通系統的訓練課程，總共包含六階段，以及從第四階段開始所進行的字彙屬性訓練，分別說明如下（Bondy & Frost, 2002; Frost & Bondy, 2002）：

第一階段：如何溝通

教學目標：當看到喜歡的物品時，學生會拿圖片接觸聽者，然後將圖片放在聽者手中。

第一階段主要教導自閉症學生溝通的基礎概念，亦即學生能接觸

圖 12-11　PECS 教學座位圖

溝通夥伴（聽者），表達訊息要交換物品，此物品對學生具有增強性質。因此，第一階段的訓練著重學生要求物品，並獲得物品，而非教導命名。教學目標為學生能夠主動拿圖片交換增強物，不需要依賴教學者的提示。邦地和佛斯特建議，此階段由兩位教學者進行教學，例如學生喜歡吃餅乾，教學方式為老師甲先呈現餅乾，然後另一位老師乙（家長或教學助理）坐在學生後面或旁邊，提供學生需要的肢體協助（座位圖見圖 12-11）。教學者須等學生主動伸手拿餅乾時，老師乙才抓學生的手拿桌上的圖片，然後將圖片放在老師甲的手中，直到學生不需要提示，即會拿圖片來交換物品。此階段的教學重點在訓練學生能主動要求，因此，老師甲不提供口語提示，例如問學生：「你要什麼？」老師乙亦不主動給學生肢體提示，等學生主動伸手拿增強物時，老師乙才給予肢體提示。

　　邦地和佛斯特（Bondy & Frost, 2002）建議用下列策略來增強學生主動溝通：

1. **讓學生平時無法得到增強物**：教學者將增強物放在學生可以看到、但拿不到的地方。

2. **增強物只給一小部分**：點心時間只給學生小部分的食物，讓學生了解，當特殊訊息出現時，例如在教學區老師拿出餅乾、飲料時（進行教學活動），可以得到更多增強物。

3. **讓學生知道增強物的好處**：讓學生得到一小部分他喜歡的食物

或飲料，並鼓勵他享用。

4. **創造需要協助的情境**：鼓勵學生向別人求助，例如要求要看電視、玩玩具等。

5. **打斷學生喜歡的合作性活動**：當教學者和學生一起進行他喜歡的活動時，教學者故意終止，鼓勵學生提出要求想要繼續。

6. **提供學生討厭的物品**：呈現學生不喜歡的東西，鼓勵他用適當的方法拒絕。

7. **提供選擇**：呈現兩種學生喜歡的物品，讓他選擇要哪一個。

8. **故意違反學生的期望**：例如學生在玩拼圖，拼好幾片後，教學者故意拿給學生一拼片，無法和其他拼片拼在一起，看學生的反應。

9. **讓學生驚訝**：教學者故意不小心將物品掉在地上或打翻等，看學生的反應。

第一階段所需要訓練的圖片數，主要視增強物調查的結果而定，最好能有二至三項，若調查結果發現學生只喜歡餅乾一項，那就只練習餅乾圖片，教學者可以在下一階段再練習其他次要的增強物；若學生喜歡的物品很多，基本上，每種增強物都要練習，直到學生不經提示，即能拿圖片交換物品為止。

第二階段：距離和持續

教學目標：學生會到溝通板取下圖片，然後走到聽者旁邊，吸引聽者的注意，並將圖片放在聽者手中。

第一階段的圖片都是放在學生前面，並且聽者就在學生旁邊，學生很容易達成溝通目的，但日常生活情境中常會出現干擾因素，使學生的溝通目的無法達成。一般正常兒童若無法達成溝通目的，仍會持續溝通，例如走到聽者旁邊，要求想要的物品，但很多泛自閉症兒童並未發展出持續溝通的能力，當溝通遭遇挫折時，就停止溝通或用問

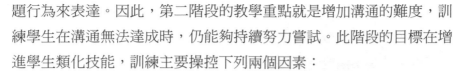

題行為來表達。因此，第二階段的教學重點就是增加溝通的難度，訓練學生在溝通無法達成時，仍能夠持續努力嘗試。此階段的目標在增進學生類化技能，訓練主要操控下列兩個因素：

1. **聽者因素**：例如學生和聽者的距離、不同聽者、聽者不同的表情和身體姿勢、聽者在其他地方等。

2. **環境因素**：例如學生和溝通圖卡的距離、不同房間、增強物、活動和家具等。

這個階段開始介紹學生溝通簿，每名學生需準備一本專屬的溝通簿或溝通資料夾，此簿乃是由三孔活頁夾所組成，內頁為活頁溝通板（材料建議用塑膠製品，可以清洗），封面裡頁邊緣貼有一活動句型板（顏色需和溝通簿不同）。溝通簿正面和溝通板上貼有魔術膠帶（Velcro），每張圖卡後面亦黏上魔術膠帶，讓圖片可以自由黏貼在溝通板上（見圖 12-12）。PECS所用的圖片為正方形，大小分兩種，小張為二‧五公分，大張為五公分，可以購買現成圖卡，或買軟體用列表機列印後，貼在卡片紙上，然後護背。佛斯特和邦地（Frost & Bondy, 2002）建議，開始教學時用五公分大小的圖片，以幫助學生辨

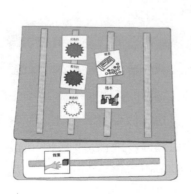
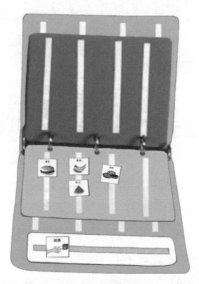

圖 12-12　PECS 溝通簿（左封面、右內頁）

認。並且，從第一階段開始，所有的教學圖片後面都需貼上魔術膠帶，以方便拿取和增加類化。

此階段仍由兩位老師進行教學，每次教學只用一張圖片，開始訓練時，選用和第一階段不同屬性的圖片，讓學生知道圖片可以用在很多情境，不只是要吃餅乾時才使用。例如，若第一階段的圖片為食物或飲料，此階段則用玩具或活動圖片，練習不同的例子。教學要點和第一階段相同，老師甲不提供任何口語提示，老師乙亦不主動給學生肢體提示，需等學生主動反應後，才提供提示，例如帶路去找教學者或溝通簿等。教學過程如下：

1. 將圖片由溝通簿上取下

教學者將要訓練的圖片放在溝通簿正面，其他圖片則按照分類，收藏在溝通簿內的溝通板上。開始時，先讓學生玩圖片十至十五秒鐘，然後教學者將圖片放在溝通簿正面，訓練學生到溝通簿上取下圖片來交換物品；必要時老師乙提供肢體協助，引導學生去取下圖片。

2. 增加學生和教學者的距離

當學生能夠取下圖片來交換物品後，教學者逐漸增加他和學生的距離，學生從需要站起來交換圖片，到需走幾步路，再到學生需到別的房間找教學者等。

3. 增加學生和溝通簿的距離

當學生能走至少 150 至 240 公分距離，將圖片交給教學者時，接下來，可以進行學生和溝通簿的距離訓練。練習先從教學者就在學生旁邊，但溝通簿離學生較遠開始，然後逐漸增加溝通簿和學生的距離。除了距離外，還需練習溝通簿不同的擺放位置，例如溝通簿正面朝下，學生需將溝通簿翻面，才能拿到圖片。最後，訓練學生能到櫃子中或書架上（溝通簿固定存放處，學生可以拿到的地方），取下溝通簿，拿下圖片來和教學者交換物品。

4.評量和除去多餘的提示

教學者在進行第二階段教學時，需記得不能提示學生去溝通，並要避免表情、眼神或動作等提示，或一直看學生期待他拿圖片來交換。雖然環境空間安排結構化，可以幫助自閉症學生學習，但太結構會妨礙技能類化，因此，當學生學會拿圖卡交換後，教學者應變化教學情境，例如不同的教學地點、時間等；並且，讓學生了解圖片交換不僅能在學校使用，還能運用在家中、社區公園或其他地方。

第三階段：圖片區辨

教學目標：當學生看到想要的物品時，會去溝通簿選取適當的圖片，然後走向聽者，拿圖片給他。

當學生已學會五至十張圖片後，可以開始進入第三階段。第三階段主要訓練學生能夠區辨不同的圖片，練習從能區辨兩張圖片開始，直至能區辨五張圖片為止。教學的主要目標在讓學生知道，當選取不同的圖片時，會產生不同的後果。此階段的訓練重點在教導學生能夠選擇正確的圖片，不在學生的主動性，因此只需要一位教學者。教學過程如下：

1.區辨高度喜愛的物品圖片和混淆物圖片

此階段先練習區辨兩張圖片，其中一張為學生喜愛的增強物（例如餅乾、香蕉、玩具），另一張為不相干的物品（例如湯匙、迴紋針）或學生討厭的東西（例如檸檬、番茄等）。教學方式為教學者呈現兩個物品（例如餅乾和迴紋針），以及在溝通簿正面放兩物品的圖片，要學生選擇。若學生選對圖片，教學者給學生增強物；若選錯，則給學生混淆物。教學要點為當學生手碰正確圖片時，教學者立即給予口語鼓勵，例如對學生說：「對！非常正確！」不要等學生拿下圖片後，才給予鼓勵，會延宕增強效果。若學生選錯圖片，教學者不能

有任何反應，只是將混淆物給學生，看學生的反應。當學生出現負面反應時，教學者接著用下列四步驟的錯誤糾正程序：

1. **示範或呈現**：教學者呈現目標圖片，讓學生看清楚圖片。
2. **提示**：教學者抓學生的手碰圖片，或手指圖片提示學生正確的圖片，當學生將圖片交給教學者時，教學者誇獎學生，但不給學生物品。
3. **變換**：接著，教學者進行別的活動，此活動為學生已經學會的技能，例如，模仿教學者做拍手的動作、要學生拿某物給教學者等。
4. **重複**：教學者重新呈現兩物品和對應圖片，要學生選擇，當學生選正確圖片時，教學者讚美學生，並給學生該物品。

2.區辨兩張喜愛的物品圖片

當學生能夠區辨喜愛的物品和混淆物圖片後，可以開始訓練區辨兩張喜愛的物品圖片。教學者呈現兩種學生喜歡的物品，並在溝通簿上放兩張對應物品的圖片，當學生選好其中一張圖片拿給老師時，教學者誇獎學生，然後說：「去拿！」但不指明要拿哪一項物品。若學生拿錯物品，教學者立即阻止學生，然後用上述四步驟錯誤糾正程序，教導學生選擇正確的圖片，教學者需等學生拿正確的圖片時，才能讓學生擁有該物品。

3.區辨多張圖片

當學生能成功從兩張圖片中選擇物品時，可以進行三張圖片訓練，訓練方法如同上述，教學者同時呈現物品和對應圖片，當學生選好圖片後，要學生自己去拿物品，以確定學生真正了解圖片所代表的涵義。當學生能成功區辨三張圖片後，接著訓練四張圖片，直至能夠區辨五張圖片為止，最後練習的步驟為，要學生自己能從溝通簿內找到所要的圖片。

第四階段：句型結構

教學目標：當學生看到想要的物品時，會去溝通簿先拿「我要」
　　　　　圖片，放在句型板上，接著放物品圖片，然後走向聽
　　　　　者，拿句型板給他。這個階段結束時，學生能夠運用
　　　　　二十張或以上的圖片，能和不同的聽者溝通。

　　這個階段開始教學生如何運用圖片，組合成簡單的句子，主要教
學的句型為「我要ＸＸ」，教學步驟如下：

1.將增強物圖片放到句型板上

　　教學者先將「我要」圖片放在句型板左邊（見圖 12-13），並在
溝通簿正面放幾張增強物圖片（例如餅乾、玩具）。由於學生已在前
一階段學會拿圖片交換增強物，因此，教學者等學生主動拿增強物圖
片時，引導他將圖片放在句型板「我要」圖片的右邊（圖片排放需由
左至右），然後將句型板交給教學者。當教學者拿到句型板時，將句
型板朝向學生，然後拿學生的手，用手指依序指圖說：「我要餅
乾。」說完後，再給學生增強物（餅乾）。經幾次練習後，教學者逐
步褪除提示，直到學生能獨立將圖片放在句型板上，交給教學者為
止。

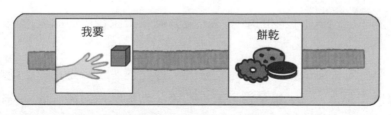

圖 12-13　PECS 句型板

2. 操弄「我要」圖片

教學者先將「我要」圖片放在溝通簿正面左邊,數張增強物圖片（例如積木、球、玩具車）散放在「我要」圖片的右邊。當學生主動從溝通簿上想取下增強物圖片時,教學者阻止學生,引導他先去取「我要」圖片,並將它放在句型板上。接著,讓學生自己去取增強物圖片,放在句型板右邊,再將句型板交給教學者。當教學者拿到句型板時,教學者讀句子,要學生用手指指圖,讀完後,教學者給學生增強物。學生反覆練習,直到能獨立將「我要」以及增強物圖片放在句型板上,交給教學者為止。

3. 讀句子

當學生能完成上述步驟二目標時,教學者開始將教學重點放在讀句子上。教學者運用時間延宕策略,在拿到句型板後,故意暫停不讀圖片三至五秒鐘。由於學生多半希望老師快一點讀完,好得到增強物,因此,一些無口語能力的自閉症學生這時會發出聲音來,催促老師快點說出圖片內容。若學生能發出聲音說出圖片句子,老師逐漸將讀句子改成候補角色,由學生指出和說出句子,老師給予獎勵。有時老師暫停後,學生仍舊不發聲,這時老師照常讀出句子,讀完後給學生增強物。為了鼓勵學生能夠發出聲音,教學者可以運用區別增強策略。若學生說出圖片句子,給學生較多的物品或延長活動的時間;若不說話,則給學生較少的增強物,來鼓勵學生練習用口語表達。

第四階段完成後,教學過程分成兩條路徑,一條是持續不斷地增加屬性和字彙,另一條是進入第五階段,然後第六階段,此兩路徑需要同時並行。

屬性

教學目標:不管是否呈現物品,學生會去溝通簿拿圖片組合成句

子，句子構造包括「我要」圖片、屬性圖片和增強物圖片，然後將句型板交給聽者兌換物品。學生能夠運用和結合不同屬性的圖片造句，句型板中包括三張或以上的圖片。

這個階段配合階段五和階段六一起練習，建議用不同的教學者進行教學，並且，每種屬性概念能有不同的例子做練習。進行教學的屬性包括：物品的顏色（糖果、果汁、積木、彩色筆的顏色）、大小（餅乾、容器、湯匙、杯子的大小）、形狀（圓形、方形、三角形等）、位置（上下、裡外、前後、遠近等）、數量（一個對十個）、溫度（飲料冷對熱）、身體部位（手臂、頭等）、速度（快慢）、紋路（平滑、粗糙）、清潔度（乾淨、骯髒）、行動字彙（打、丟、接球）等。教學步驟如下：

1. 三張圖片造句練習

若增強物調查得知，學生喜歡紅色的果汁糖果，不喜歡藍色的薄荷糖果，可以用糖果來進行顏色辨認練習。教學者先在溝通簿正面由左至右放「我要」圖片、屬性圖片（紅色的）和增強物圖片（糖果），共三張。當學生在句型板上造好句子「我要糖果」後，教學者將句型板上兩圖片的距離拉開，接著呈現紅色和藍色的糖果，問學生：「你要哪一顆？」當他抓紅色糖時，不要給他，教學者抓學生的手，到溝通簿上拿代表紅色的圖片，放在句型板「我要」和「糖果」圖片的中間，然後給他紅色糖。第二次練習時，當學生放好「我要」圖片後，教學者阻止學生拿糖果圖，抓學生的手先拿「紅色的」圖片放在句型板上，然後再讓學生自己去拿糖果圖。當學生完成造句時，教學者將句子讀一遍，然後給學生紅色糖。反覆練習，直到學生能獨立完成造句「我要紅色的糖果」為止。

2. 區辨高度喜歡和低度喜歡的屬性圖片

上述練習，溝通簿上的顏色圖只放「紅色的」，學生不需要區辨顏色，此步驟則需練習辨認顏色。教學者先在溝通簿上放「我要」（第一排）、「紅色的」和「藍色的」圖片（第二排），以及「糖果」圖片（第三或第四排）。教學者讓學生自己造句，若學生排好「我要紅色的糖果」，教學者讚美學生，讚完句子後，將紅色糖交給學生；若學生選錯顏色，拿藍色的圖片，教學者不動聲色，仍然照圖讀句子，讀完後，將藍色糖給學生，看學生的反應。若學生出現負面反應，教學者將「藍色的」圖片放回溝通簿上，然後用四步驟錯誤糾正程序，教導學生選擇正確的圖片。

3. 區辨喜愛物品的屬性圖片兩張或以上

教學者的顏色圖再加上另一張，讓學生練習辨認三種顏色，其中二種顏色為學生喜歡的，另一種為學生不喜歡的，教法同步驟二。

4. 增加區辨屬性作業的複雜度

教學者在溝通簿上增加代表不同顏色的圖片，或增加增強物的種類，例如糖果、果汁、積木等，讓學生練習區辨不同屬性的物品。

5. 增加屬性的例子

學生會選紅色的圖片，並不表示學生已經學會辨認顏色，要教導學生真正了解顏色的概念，教學者需增加顏色的例子，讓學生練習。例如學生喜歡橘色的柳橙汁，討厭紅色的番茄汁，這時教學者可以在溝通簿上放「我要」、二張或三張顏色圖（例如紅色的、藍色的、橘色的），以及「果汁」圖，然後要學生練習造句「我要橘色的果汁」，教法同步驟二。若學生選「紅色的」圖片（學生可能會誤以為「紅色的」代表可以得到物品），教學者給學生番茄汁，看學生的反應。若學生出現負面反應，教學者將「紅色的」圖片放回溝通簿上，然後用四步驟錯誤糾正程序，教導學生選擇正確的圖片。當學生能獨

立完成造句「我要橘色的果汁」後，教學者在溝通簿上放兩種增強物「糖果」和「果汁」，讓學生練習區辨顏色和增強物。

其他適合初學者練習的例子包括區辨物品的大小，例如教學者可以呈現餅乾，讓學生練習從大和小塊餅乾中，選擇「大」餅乾；吃東西時，讓學生從大湯匙和小湯匙中選「小」湯匙。要學生學會屬性，需要正反各種例子都練習，學生才能了解屬性的含意。

第五階段：回答問題

教學目標：學生能主動要求物品，回答「你要什麼？」的問題。

上述階段教學者只是呈現物品和圖片，鼓勵學生主動溝通，並不給予口語提示，這個階段開始，教學者呈現物品和圖片，並問學生：「你要什麼？」然後要學生用圖片造句來回答，教學步驟如下：

1. 零秒延宕

溝通簿上放「我要」和增強物圖片數張（例如彩色筆、球、動物、牛奶等），接著教學者呈現某增強物，例如彩色筆，然後指「我要」圖片說：「你要什麼？」學生需拿「我要」和「彩色筆」圖片放到句型板上，交給教學者，等教學者讀完句子後，才給學生彩色筆。若老師問完問題後，學生沒有反應（因為過去訓練都是由學生主動要求，學生不了解問句的含意），教學者肢體提示學生去拿「我要」圖，教法同第四階段的步驟二。

2. 增加延宕間距

上述練習，老師問問題時，同時用手指指圖片「我要」，此指圖行為乃是一種肢體提示，提示學生去拿「我要」圖片。因此，當學生熟悉步驟一的練習後，教學者需逐步褪除提示。教學者將步驟改成先問學生：「你要什麼？」然後延宕一至二秒，再用手指指圖片「我要」。若學生在老師未指圖前，就先伸手拿「我要」圖，教學者給學

生較多的增強物。

3. 回答問題和主動要求間的變換

當學生能回答老師「你要什麼？」的問題後，為了避免學生從此依賴老師的詢問，不再主動要求，教學者需設計教學情境，讓學生能在回答老師問題和主動要求間做練習。

第六階段：談論

教學目標：學生能回答「你要什麼？」「你看見什麼？」「你有什麼？」「你聽到什麼？」「這是什麼？」等問題，並且能夠主動要求和談論。

一般正常兒童在碰到新奇、意外或驚訝的情境時，常會主動談論（commenting）事情，例如，跟老師報告一隻狗跑到教室外面、杯子打翻了等；但自閉症兒童經常缺乏談論的技能，要教導自閉症者能夠談論事物，教學者需創造適合談論的情境，例如一起閱讀故事書、看錄影帶或DVD、呈現讓學生好奇的物品等。這個階段接續第五階段問問題的訓練，先訓練學生能用圖片回答「你看見什麼？」，然後再教導其他問句，包括「你有什麼？」「你聽到什麼」「這是什麼？」等。教學步驟如下：

1. 回答第一個談論問題

教學者先在溝通簿正面放「我看見」以及數張增強物的圖片（例如糖果、彩色筆、積木、球、玩具車等）。接著，教學者呈現一個大盒子，然後從盒中拿出一件物品（例如玩具車），指圖片「我看見」說：「你看見什麼？」由於此教法和第五階段相同，學生經老師指圖提示後，多會到溝通簿上拿「我看見」的圖片（但不一定知道意思）。當學生造好「我看見玩具車」，並想用句型板交換物品時，教學者記得不能給學生玩具車，只是口頭讚美學生說：「對！是玩具

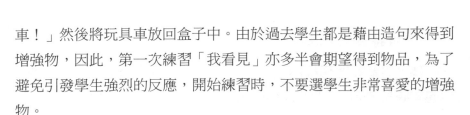
車！」然後將玩具車放回盒子中。由於過去學生都是藉由造句來得到增強物，因此，第一次練習「我看見」亦多半會期望得到物品，為了避免引發學生強烈的反應，開始練習時，不要選學生非常喜愛的增強物。

教學者讓學生練習造句，直到能獨立完成「我看見ＸＸ」的句子，然後逐漸褪除指圖提示，延宕問句和指圖提示間的時間，直到學生不經提示即能造句為止。教學者可以運用區別增強策略，若學生不需提示，即會伸手拿「我看見」圖片，教學者給學生較多的社會增強，例如誇獎學生；若需提示才會拿圖，只是對學生說：「對！是ＸＸ」。

由於談論事情一般對自閉症學生較為困難，有時不提供增強物，只是讚美學生，學生可能會缺乏動機學習。因此，可以藉由讓學生參與活動，來引發動機。例如，教學者呈現一個大盒子，裡面放數件增強物，教學者先拿出玩具車，若學生答對，下一次練習則讓學生從盒中拿出一件物品，進行造句練習。其他的例子，如和學生一起讀故事書，書中有圖片（例如小狗），若學生答對故事中的圖片時（例如我看見小狗），則由學生負責翻下一頁，進行下一個練習。

2. 區辨起始句

教學者接著訓練學生區辨「你要什麼？」和「你看見什麼？」兩問句，教學者先在溝通簿正面左邊放「我要」和「我看見」兩張圖片（同一排），右邊散放數張步驟一所用的增強物圖片（例如彩色筆、積木、球、玩具車、故事書等）。開始時，接續上述步驟，先練習「你看見什麼？」接著再練習「你要什麼？」當學生答對後，教學者隨機輪流兩起始句，讓學生練習。當學生答對「你看見什麼？」時，教學者讚美學生，不給學生物品；答對「你要什麼？」時，則給學生該物品。若學生拿錯圖片，教學者讓學生完成造句後，接著用四步驟錯誤糾正程序，教導學生選擇正確的圖片。

3. 維持自發性要求

為了避免學生不再主動溝通，教學者需創造教學情境，有時要學生回答問句，有時只是呈現增強物，誘發學生主動要求物品。

4. 自發性談論

此階段的最終目標是，學生能自發性地談論環境中所發生的事情，因此，教學者應多創造談論的機會，讓學生能夠主動向老師報告事情。教學方法是老師教學時逐漸褪除問句，由學生主動說出，例如教學者呈現一大盒子，從盒中抓出一件物品，然後問學生：「喔！你看見什麼？」學生答對後，下一個練習，教學者問：「喔！什麼！」然後再褪除成為「喔！」要學生回答問題。

其他需要練習的起始句圖片，包括「這是」、「我聽到」和「我有」等，練習方式同上述步驟。

除了六階段所舉的例子外，還有很多重要的溝通技能需要學習，佛斯特和邦地（Frost & Bondy, 2002）建議下列溝通技能應穿插於六階段中教導學生：

- 要求協助（第三階段先練習「幫忙」圖卡，第四階段以後，練習造較完整的句子）。
- 問：「你要嗎？」學生能回答：「不要」（第三階段）。
- 問：「你要嗎？」學生能回答：「要」（第三階段）。
- 要求休息（下課）（第三階段、第四階段）。
- 呈現「等待」圖卡，學生能等待（第三階段至第六階段）。
- 遵守功能性指令（第二階段、第三階段）。
- 活動轉銜（第四階段、第五階段）。
- 遵守作息時間表（第四階段、第五階段）。

三、研究結果與效能

　　PECS 經過十幾年來的推展，目前已有不少報告發表，探討 PECS 對增進自閉症者學習語言和社會溝通行為的功效，研究大多發現，自閉症者或無口語能力的重度發展障礙者可以經由訓練而學會 PECS；並且，學生多能將圖片溝通技能類化至其他情境（例如 Charlop-Christy et al., 2002; Liddle, 2001; Magiati & Howlin, 2003; Schwartz et al., 1998 等）。

　　例如，恰樂普等人（Charlop-Christy et al., 2002）研究三名自閉症男童學習 PECS 的功效，兒童年齡分別為三歲、五歲和十二歲，三名兒童的語言接收能力都低於二歲，並且缺乏自發性的口語能力，其中兩名年幼者具有問題行為，例如亂發脾氣、拿別人的東西、擅自離座、亂丟物品等。每名兒童每週接受二次十五分鐘的訓練，從第一階段物品交換開始，直到第六階段談論，每階段通過的標準為十次練習中，兒童未經提示能答對 80%。研究結果發現，三名兒童都能完成六階段的訓練，平均每階段花費 170 分鐘，246 次練習（224 至 276 次之間），其中第三階段和第五階段進步較快，第二階段和第四階段花較長的時間訓練。三名兒童經教導後，自發性口語的次數增加，社會溝通行為例如視覺接觸、聯合注意力、玩玩具等行為亦顯著增加，並且，問題行為顯著減少；此外，訓練結束後十個月進行追蹤研究，發現兒童所習得的溝通技能都能夠保留。

　　李斗（Liddle, 2001）研究 PECS 對增進特殊教育學校中自閉症或重度溝通障礙兒童溝通行為的功效，受試者共有二十一名兒童，其中十四名具有自閉症，七名為重度溝通障礙（六名無口語能力）。結果發現，有一名重度溝通障礙兒童因無法通過第一階段的訓練，而退出研究。剩下的二十名兒童中，經過平均約十個月的訓練（1-15 個月之間），十一名兒童（55%）學會用句型板溝通，其中八名可以運用四

個符號溝通，例如「我要大的藍色車子」；未能運用句型板的九名兒童，亦都能主動要求物品。此外，二十名中有九名兒童開始說話，其中七名能用單字溝通，一名可以運用句子，一名只能發出字的音。此研究顯示，PECS 能有效增進自閉症或溝通障礙兒童正向的溝通行為；並且，家長和老師亦多肯定 PECS 的價值，認為兒童經過訓練後，較容易溝通，並增加團體活動的參與度。

史瓦茲等人（Schwartz et al., 1998）研究在一所學前融合幼稚園中，教導發展障礙兒童運用 PECS 的效果，受試者共有三十一名，其中十六名兒童被診斷為自閉症或PDDNOS，其他兒童為唐氏症等發展障礙，所有參與訓練的兒童都具有重度社會、溝通和認知發展遲緩，符合接受特殊教育服務。訓練從第一階段開始，直至第四階段結束，並增加一階段訓練兒童用圖片和同儕通溝。結果發現，所有兒童都能夠學會運用圖片和同儕或成人溝通，第一階段平均花費二個月（1-5個月）、第二階段二個月（1-6個月）、第三階段三個月（1-6個月）、第四階段四個月（1-9個月），和同儕使用PECS花費三個月（1-12個月），亦即經過平均十四個月（3-28個月）的訓練，發展障礙兒童多能學會運用圖片和同儕或成人進行功能性溝通。

目前國內亦有一些 PECS 的研究報告發表，多為碩士論文，研究結果和國外大致相同，多發現自閉症或發展遲緩兒童能夠經由訓練，而學會運用圖片溝通。例如，廖芳碧（2002）研究 PECS 對三名低功能自閉症者溝通行為的影響，三位受試者的年齡分別為九歲、十一歲和二十一歲，二名兒童就讀國小啟智班，成人則在私立教養機構，三人都缺乏適當的社會互動和主動溝通的行為，並具有不適當的溝通行為，例如用哭鬧來表達需要、未經同意拿走物品、打自己的頭、盯著東西看、發出怪聲、被動、拍打桌子等。結果發現經過訓練後，自閉症者不適當溝通行為的次數明顯減少，圖片溝通行為明顯增加；並且，追蹤期發現所學得的溝通技能都能保留。

許耀分（2003）研究 PECS 對增進兩名四歲自閉症兒童自發性使

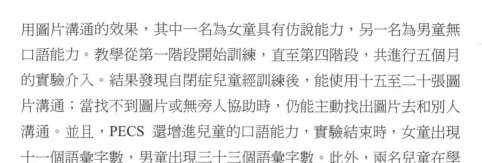

用圖片溝通的效果，其中一名為女童具有仿說能力，另一名為男童無口語能力。教學從第一階段開始訓練，直至第四階段，共進行五個月的實驗介入。結果發現自閉症兒童經訓練後，能使用十五至二十張圖片溝通；當找不到圖片或無旁人協助時，仍能主動找出圖片去和別人溝通。並且，PECS 還增進兒童的口語能力，實驗結束時，女童出現十一個語彙字數，男童出現三十三個語彙字數。此外，兩名兒童在學校所習得的圖片溝通行為，都能類化至家庭生活情境中。

　　上述研究多以兒童為研究對象，但亦有以成人為對象之研究，結果發現不只是兒童，成人也可以經由訓練而學會 PECS。例如，錢伯斯等人（Chambers & Rehfeldt, 2003）研究四位具有重度或極重度智障的成人，學習 PECS 和手語溝通的效能，受試者的年齡介於十九至四十歲，智商界於十八至二十七之間。受試者同時學習 PECS 和手語，每次訓練約三十至四十分鐘，其中一半時間學習 PECS，另一半時間學習手語，中間休息五分鐘，PECS 和手語的學習先後，採隨機輪流的方式，教材為四種增強物。實驗過程中，有一人因生病而中途退出，未完成全部訓練。實驗結果發現，全部受試者學習 PECS 的速度都比手語快，四人都是先學會 PECS 後，再學會運用手語溝通，並且PECS 的正確度比手語高；此外，類化研究發現（只剩三人），三人全都能將PECS類化至其他情境，但只有二人可以將手語類化；並且，當受試者想要某未呈現的增強物時，較會用圖片來要求物品，較少使用手語表達。此研究和第一節中所述的安德森（Anderson, 2002）的研究結果相同，溝通方式的效果具有個別差異，對低功能者而言，學習PECS 比學習手語容易，並且較容易將技能類化。

第十三章／社會能力介入法：技能本位

　　學界對社會能力（social competence）有很多不同的定義，例如，
葛斯漢（Gresham, 1998）認為社會能力主要包括兩大部分：社會技能
（social skills）和干擾問題行為。社會技能指「社會接受的學習來的
行為，可以使人有效地與他人互動，並避免或避開他人出現社會不接
受的行為。」社會技能包括合作、辯護／肯定（assertion）、責任、
同理心和自我控制；干擾問題行為則可分為內在問題行為（例如焦
慮、害怕、社會退縮等）和外在問題行為（例如攻擊、搗亂、衝動
等）。此外，他並從社會效度的觀點區分「社會能力」和「社會技
能」的差異，社會能力乃是評價的術語，或是基於社會人士判斷的結
果，根據某些標準，某人在社會事件上的表現是有能力的；社會技能
則是指某項行為，某人用來成功地表現某社會事件（例如開始交談、
恭維他人、參加遊戲等）（Gresham et al., 2001b）。

　　古茲坦等人（Gutstein & Whitney, 2002）則從社會發展的角度，
認為社會能力包括：安全的依戀（secure attachment）、工具性的社會
學習（instrumental social learning），以及經驗分享關係（experience-
sharing relationships）。依戀指嬰兒和母親間親密的連結，通常在嬰兒
出生後六個月以後發展出來；工具性的社會學習指在社會情境中的社
會行動，如同工具般可以用來協助達成某項目標；經驗分享關係則是
指具有願望和技能，成為一位互惠的良伴，並能尊重他人的觀點，發

展友誼，和經營其他情緒本位的交往。

　　本章介紹自閉症者的社會能力介入法，著重社會互動技能訓練，涵蓋社會技能、情緒技能以及溝通技能。第一節說明泛自閉症者的社會互動技能訓練研究，第二節介紹同儕媒介介入法。

第一節　　自閉症者的社會互動技能訓練

　　本節介紹以泛自閉症者為訓練對象的社會互動技能訓練，包括研究結果、已出版之訓練課程介紹，以及說明實施社會互動技能訓練的要點。

一、泛自閉症者的社會互動技能訓練研究

　　自閉症者的主要特徵之一為缺乏社會互動能力，例如缺乏非口語的溝通技能（如眼對眼的視覺接觸、臉部表情、身體姿勢和手勢等），無法和同儕建立友誼，發展互惠的人際關係，或是根據社會情境調整自己的行為，也不會自發性地跟人分享喜樂或興趣等。因此，社會互動訓練一直是治療機構對自閉症者的介入重點之一。

　　學界對自閉症者的社會互動困難進行介入，至少已有三十年以上的歷史了，但早期的研究多從治療的觀點著手，著重運用行為改變技術或團體治療的方式來減少自閉症者的問題行為，較少從教育或技能訓練的觀點著眼（例如 Graziano, 1970; Lovass et al., 1965）。直至一九八○年代，開始出現以自閉症者為對象的社會技能訓練研究，並以自閉症青少年和成人為訓練對象（例如 Mesibov, 1984），但這種訓練方式一直未獲得很大的迴響。反而是以自閉症兒童遊戲行為以及同儕互動為主題的療育方式，由於一九八○年代融合教育和早期療育逐漸盛行，學界開始興起「同儕媒介介入法」（peer-mediated intervention）

（詳見本章第二節），這些研究多以學齡前或國小低年級的兒童為對象，探討同儕對增進自閉症兒童社會互動能力的影響，很多報告於一九九〇年代發表，使同儕媒介介入法幾乎成為自閉症者社會能力介入的主流做法（例如 Dugan et al., 1995; Odom & Watts, 1991; Wolfberg & Schulter, 1993）。相較之下，以自閉症者為介入對象的社會互動技能訓練研究，只有零星幾篇報告發表（例如 Gena et al., 1996）；並且，有些研究者著重於訓練自閉症者的心智論能力，而非普遍的社會能力（例如 Ozonoff & Miller, 1995）。這個發展趨勢延續至二〇〇〇年以後，開始有些轉變，自閉症者的社會互動技能訓練逐漸受到學界的重視，很多相關的研究報告紛紛於二〇〇〇年以後發表（見表 13-1）。

表 13-1　泛自閉症者的社會互動技能訓練研究

研究者	樣　本	介入方法	結　果
Barnhill et al. (2002)	亞斯伯格症 6 人、高功能自閉症 1 名、PDDNOS/ADHD 1 名，共 7 男 1 女，年齡 13-18 歲	每次教學 1 小時，運用角色扮演、示範、回饋增強。前 4 週教導副語言，包括認識高興、難過、生氣和害怕的語調、了解非語言聲音的模式、說話的速度和意義等；後 4 週教導認識臉部表情、對別人的表情做反應、維持視覺接觸等。每次教學後，受試者參與社區活動 2 至 3 小時，例如和同儕吃飯、看電影等。	比較受試者非語言辨識的正確度，包括成人臉部表情、兒童臉部表情、成人副語言和兒童副語言。其中 1 人缺後測兩分測驗分數。全部分測驗前後測未達顯著差異，但完成測驗的 7 人中，有 5 人 3 分測驗中，有 3 分測驗後測分數比前測進步，1 人 1 分測驗進步，1 人完全沒進步。
Barry et al. (2003)	高功能自閉症 4 人（3 男 1 女），年齡 6-9 歲，語文智商 96-119，非語文智商 89-111；正常 7 名，年齡 7-9 歲	正常兒童接受兩小時課程內容包括認識自閉症、協助自閉症兒童的策略等。正常兒童主要做為評量自閉症兒童的互動技能，不參加介入。自閉症兒童在臨床中心接受心理師 8 週的團體訓練，每次 2 小時，內容包括打招呼、會話和遊戲互動，每個主題用社會腳本的方式，描	回歸分析發現打招呼和遊戲前後測差異達顯著水準，會話雖不顯著，但亦呈現上升的曲線。家長評兒童在家運用技能情形，只有打招呼達顯著水準。此外，經訓練後，受試者增加同班同學的社會支持，老師、家長和朋友的社會支持分數沒有改變。

（續）

研究者	樣　本	介入方法	結　果
		述情境和兒童要做的步驟。	
Gena et al. (1996)	自閉症 4 人（3 男 1 女），年齡 11 歲 4 個月至 18 歲 11 個月，智商 36-58	在機構教室進行，由治療師一對一教導自閉症者情意技能，包括談論喜愛的事、好笑的事情會笑、表現同情心、表達感激、指出不喜歡。受試者學習其中 3 項或 4 項技能，每項技能有 120 個例子，隨機選 80 個例子進行教學，40 個例子用在基線期。教學法主要用示範、提示、增強策略，並且教學過程實施代幣增強制度。	4 名受試者在介入期明顯比基線期出現較多適當的情意行為，並且都可以將技能類化到未訓練的工作、治療師、時間和情境。
Bauminger (2002)	高功能自閉症 15 人（11 男 4 女），年齡 8-17 歲，平均智商 81（60-109）	每週 3 小時，共進行 7 個月，在學校由老師進行教學，並分派 1 位同學和自閉症兒童互動，每週碰面 2 次。教學內容著重人際問題解決，包括 3 部分：朋友的基本概念、情意教育（認識情緒、指認臉部表情、手勢和聲音）、社會問題解決（13 項技能，例如和朋友主動交談、安慰朋友、分享經驗等）。	受試者後測顯著比前測較會主動和同學做正向的社會互動，特別是視覺接觸、和同學分享經驗、向別人表達興趣。問題解決方面，提出較多切題的解決方案，較少非社會的解決方案；情緒知識方面，可以提出較多複雜情緒的例子、較多具體的例子，以及較多例子中包括聽眾。老師評社會技能達顯著進步，尤其是合作和辯護。
Howlin & Yates (1999)	自閉症或亞斯伯格症男性 10 人，年齡 19-44 歲，非語文智商 86-138	受試者先參加 2 天社會問題和技能的訓練課程，接著參加 1 年的訓練，每個月 1 次，每次 2 個半小時。訓練內容著重社會困難和其處理，例如指出和表達不同的情緒、與朋友和陌生人溝通、問題解決、工作面談、對付壓力情境等。	10 人中，9 人認為溝通技能、解釋他人情緒、與人建立關係的能力有進步；8 人認為問題解決和做決定的能力有進步；只有 1 人認為團體對他沒幫助。會話方式在聚會情境方面，維持和主動交談前後測差異達顯著。工作詢問方面，適當反應行為顯著增加，不適當反應顯著降低。

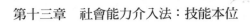

（續）

研究者	樣　本	介入方法	結　果
Marriage et al. (1995)	亞斯伯格症男性 8 人，年齡 8-12 歲	每週 1 次，共 14 次，分兩階段，第一階段 8 週，每次 2 小時，第二階段為加強共 6 週，每次 1 個半小時。教學法包括熱身、角色扮演、拍攝和觀看錄影帶、遊戲、練習、家庭作業、家長團體。父母評兒童社會技能包括：與同儕維持談話、與成人維持談話、在公共場所中表現適當的行為、參與同儕活動、對批評反應適當。	第一階段 8 人參加，第二階段只剩下 6 人。結果父母評兒童的社會技能前後測的分數只有小差距，雖然家長於問卷中認為兒童有進步，例如視覺接觸、用口語表達感覺、較會主動接觸他人、較知道他人和自己的興趣等，但在團體中所學的技能無法類化至家庭、學校或社區中。
Mesibov (1984)	自閉症 15 人（4 女 11 男），年齡 14-35 歲，智商 55-100	訓練自閉症者如何認識人、維持話題、問問題、注意、表達感覺和情緒。教學法主要利用示範、教練、角色扮演，共訓練 10-12 週，每次訓練先進行 30 分鐘個別訓練，接著 60 分鐘團體討論。團體時間的內容分為四部分：團體討論、聽和說、角色扮演、幽默感。	缺乏具體的數據，但稱自閉症者增加會話技能、選擇切題的話題，並改變對自我的看法。
Ozonoff & Miller (1995)	自閉症男性實驗組 5 人，控制組 4 人，年齡 11.3-16.2 歲，智商 73-107	實驗組每週教學 90 分鐘，共進行 4 個半月，訓練內容分成兩段，每段 7 節課，第一段為基本互動和會話技能，第二段為角色取替和心智論技能。	實驗組在心智論錯誤信念作業上，前後測分數差異達顯著進步，控制組的分數則沒有改變；但父母評和老師評社會技能，兩組的分數都未達顯著改變。
Webb et al. (2004)	泛自閉症男性 10 人，年齡 12-17 歲，智商 81-132，在普通班時間 17-100%	受試者分成 3 組（2 人、4 人、4 人），每週 2 次，每次 60 分鐘，前後共 10 週，包括基線期 3 次，介入期 13 次。內容為 5 項社會技能：分享觀點、恭維他人、提供協助或鼓勵、親切地建議改變、自我控制練習。每項技能包括數個步驟，3 項身體語言：聲音、臉部表情、眼睛接觸。	5 項技能中，只有分享觀點前後測差異未達顯著改變，其他技能都明顯進步；各人前後測技能進步幅度介於 10-50% 之間。技能知識（寫出技能所含元素）和情境區辨（哪個情境適用哪項技能）前後測差異達顯著進步；但家長評兒童的社會技能前後測差異未達顯著水準，問題行為亦無顯著改變。

（續）

研究者	樣　本	介入方法	結　果
Williams (1989)	自閉症男性 10 人，年齡 9-16 歲，智商 52-114	每週教學 1 次，每次 45 分鐘，於學期中進行，主要包括 3 種活動：休閒遊戲、角色扮演、示範模仿。前後共進行 4 年，教學內容包括 13 個部分，例如建立友誼、模擬教室情境、處理面臨的困難、維持對話、音調練習等。	社交技能評量 24 題中，有 8 題前後測差異達顯著水準，包括與同儕交談、主動與工作人員談話、問工作人員問題、與工作人員自由交談、適當的面部表情、流暢的語言、適當的笑容、在團體中自願。並且，10 人中有 8 人有一位或以上的朋友。
Yang et al. (2003)	自閉症實驗組 4（2 男 2 女）、控制組 2 人（2 男 2 女），年齡 7-9 歲，語文智商 55- 98，非語文 74-105	由特教老師在資源教室進行教學，每週 80 分鐘共 13 週，採小組教學，內容包括社會和情緒技能共 12 單元，例如注意看、表達自己的好惡、自我介紹、認識高興和不高興的表情等。普通班老師每天觀察記錄自閉症兒童在班上的正向社會行為，例如下課時和同學一起玩、同學邀請時願意加入同學的活動、和同學分享物品或接受同學加入活動、主動表示要和同學玩。	回歸分析發現，4 名實驗組兒童在普通班的正向社會行為呈顯著上升趨勢，2 名控制組兒童則無明顯的趨勢線。效果值考驗發現實驗組兒童介入具有低至中度的效果值，控制組兒童則無。

註：研究未包括未正式發表的博士論文和 ERIC 文件。

從表 13-1 可以發現，社會互動技能訓練的內容大致包括社會技能（打招呼、自我介紹、分享、提供協助、社會問題解決等）、情緒或情意技能（認識情緒、指認臉部表情、指出喜好、表現同情心等）和溝通技能（與成人或同儕談話、維持會話、主動交談、非口語溝通技能等）。大多數的研究都發現，泛自閉症者可以經由訓練而增進其社會互動能力，但是，較難將訓練中所學得的技能類化至家庭、學校或社區中（例如 Marriage et al., 1995; Ozonoff & Miller, 1995; Webb et al., 2004）。其中，有一些研究發現自閉症者具有類化能力，例如，能將技能類化至普通班（例如 Bauminger, 2002; Yang et al., 2003）或其他治

療師和情境（Gena et al.,1996）。這些研究的共通點之一，就是類化的情境和進行訓練的情境相似，例如，能將效果類化至普通班的二個研究，教學者即是受試者的老師（一為普通班老師、一為特教老師），幫助學生將技能運用在學校中。

此外，三項研究所訓練的內容都同時包括社會技能和情緒技能，可能情緒技能能增進學生了解自己和他人的感受，幫助學生學會技能，並將其類化到其他情境中。例如，一項研究比較傳統型和改良型社會技能訓練對增進問題行為兒童社會行為的功效，其中，改良型和傳統型的差異是，改良型增加了解自己和他人觀點的訓練，結果發現，改良型社會技能訓練比傳統型較能增進兒童在學校的社會行為；並且，九個月後進行追蹤研究，發現參加改良型社會技能訓練的兒童仍保留所學的技能，但參與傳統型訓練的兒童無保留效果（Grizenko et al., 2000）。

二、泛自閉症者的社會能力訓練課程

除了研究報告外，有幾本針對泛自閉症者所設計的社會互動技能訓練課程亦於二〇〇〇年以後出版，例如，貝克（Baker, 2001, 2003）所著的兩本社會技能訓練教材、古茲坦和胥立（Gutstein & Sheely, 2002a, b）的「關係發展介入法」（Relationship Development Intervention, RDI）、麥阿費（McAfee, 2001）的《航行於社交世界》，以及筆者和黃慈愛、王美惠所著的《自閉症兒童社會情緒技能訓練》（詳見表 13-2）。由於這些訓練課程為新近出版，仍需更多的研究來驗證這些訓練課程的功效。其中，RDI 除了出版書籍外，還在美國德州休斯頓創立「聯繫中心」（Connections Center），訓練家長如何教導泛自閉症兒童，以及提供研習供專業人員進修 RDI 教學法（網址見附錄一）。

表 13-2　泛自閉症者的社會或情緒技能訓練課程

作者	適用對象	內　容	研　究
Baker (2001)	泛自閉症兒童	採照片故事書的形式，用真人照片呈現正確與錯誤的做法，照片上有人物對話框說明想法與說法，共含 3 類技能： 1. 溝通相關技能：12 項技能，例如聽的位置、打斷、打招呼等。 2. 遊戲相關技能：7 項技能，例如加入遊戲、分享、遊戲中輪流等。 3. 情緒相關技能：7 項技能，例如保持冷靜、處理錯誤、處理嘲笑等。	無
Baker (2003)	亞斯伯格症、具有社會溝通問題者；年齡層兒童和青少年	涵蓋溝通和情緒管理技能，共 6 類技能 70 項技能（活動）： 1. 會話技能：23 項技能，例如維持適當的身體距離、停留在話題等。 2. 合作遊戲技能：9 項技能，例如詢問某人一起玩、分享、輪流等。 3. 朋友處理：15 項技能，例如尊重個人界線、用正向方法引人注意等。 4. 自我規範：10 項技能，例如認識感覺、保持冷靜、問題解決等。 5. 同理心：3 項技能，例如顯示了解別人的感覺、鼓勵朋友等。 6. 衝突處理：10 項技能，例如為自己辯護、應付嘲笑、接受批評等。	Trimarchi (2004) 亞斯伯格症實驗組 6 人、控制組 5 人，年齡 8-12 歲，教導 7 項技能，每週教學一次，每次一小時，共 8 週。研究結果未進行統計考驗，但稱介入達成目標，符合兒童和家長的需求；實驗組兒童有些技能有進步，並且因團體而成為朋友。
Gutstein & Sheely (2002a, b)	亞斯伯格症、自閉症、廣泛發展障礙、非語文學習障礙；年齡層第一冊適用於幼兒（2 至 8 或 9 歲），第二冊適用於兒童、青少年和成人	為一家庭本位的訓練方案，主要針對兒童在經驗分享能力上的缺陷，按照一般兒童正常的發展階段所設計而成，著重人際關係技能，包括 2 冊 6 層，每層 4 階段，共 24 個階段： 第一冊（a） 1. 新手：注意、參考、規範、協調。 2. 學徒：變化、變換、同步、二重奏。 3. 挑戰者：合作、共造、即席、同伴。 第二冊（b） 4. 航行者：觀點、想像、團體基礎、情緒規範。 5. 探險家：意見、裡面是什麼、會話、結盟。 6. 夥伴：分享自己、家庭根源、團體聯	Gutstein (2005) 刊登於網站。泛自閉症實驗組（RDI）17 人，控制組 14 人（12 人行為介入法），實驗組平均年齡比控制組小（60 比 72 個月），平均智商比較高（87 比 75），平均教學時數比較少（9 比 26 小時）。結果經過 16 個月的介入，實驗組自閉症症狀的社會互動和溝通分數顯著下降，控制組分數無顯著

（續）

作者	適用對象	內　容	研　究
		繫、親密關係。	改變。實驗組顯著較多人從特教班轉安置於普通班，控制組的教育安置不變。
McAfee (2001)	高功能自閉症、亞斯伯格症和相關異常	教學法包括壓力處理、觀察學習、直接教學、連環漫畫會話、社會故事等，共有 4 篇 18 單元，每個單元包含目標、教學步驟和學生作業單： 1. 認識和應付個人的情緒：6 單元，例如認識簡單情緒、認識和命名情緒、表達情緒、壓力。 2. 溝通和社會技能：12 單元，例如基本會話反應、打招呼和再見、主動交談等。 3. 抽象思考技能：1 單元，例如比喻的語言。 4. 行為議題：介紹行為管理方法，1 單元，例如順從。	無
楊蕢芬等人（2003）	自閉症、亞斯伯格症和發展障礙；年齡層幼稚園至國小低年級	適用於小團體教學，共有 12 單元，單元一至六活動分為準備活動和教學活動，準備活動適用於一對一教學。每單元包括數項教學目標及其對應活動，單元如下： 1. 注意看 2. 依指令做動作 3. 知道自己和他人的名字 4. 分辨自己或他人的物品 5. 表達自己的好惡 6. 知道自己和他人的性別 7. 自我介紹 8. 認識高興和不高興的表情 9. 知道自己和他人是高興或難過 10. 知道自己和他人害怕的感受 11. 知道自己和他人生氣的感受 12. 容忍挫折	Yang et al. (2003)（見表 13-1）；楊蕢芬等人（2003）自閉症男童實驗組 8 人、控制組 8 人，兩組配對年齡、智商和自閉症嚴重度。普通班老師評學生在普通班的社會情緒行為，前後測結果顯示，實驗組在教室行為上比控制組顯著進步，情意技巧未達顯著水準，但實驗組分數進步，控制組退步。

三、社會互動技能訓練的要素

葛斯漢等人（Gresham et al., 2001b）回顧十六年中，對身心障礙學生所進行的社會技能訓練研究，發現可歸納出下列結論：

- 有效的社會技能訓練策略，多半結合示範、教練和增強程序。
- 認知行為介入法（例如社會問題解決、自我教導）的介入效果不彰。
- 社會技能訓練一直有類化和保留的問題，研究無法一致地證明社會技能能夠跨情境，以及具有長期保留效果。
- 認知行為介入法傾向測量結果（例如社會問題解決作業、社會認知測驗分數等），缺乏社會效度，無法說明這些能力轉換到社會情境中的社會行為為何。
- 社會技能訓練的量和介入的效果呈正相關。
- 當介入策略乃是根據學生的社會技能缺陷進行設計時，較容易達成正向的介入效果。

葛斯漢等人並綜合不同的後設分析研究，發現一般社會技能訓練的教學時數，每週平均教學二個半至三小時，共進行十至十二週訓練，全部約三十小時，各研究的效果值介於.20 至.87 之間，亦即介入效果從低度有效至高度有效不等。葛斯漢認為，要讓社會技能訓練有效，教學者應該增加訓練時數，三十小時不夠；並且，訓練的內容應該針對學生的社會技能缺陷而設計，例如，將技能缺陷分為獲得缺陷（缺乏社會技能的知識）、執行缺陷（有知識，但缺乏在某情境中表現行為到可接受的水準）或流暢缺陷（缺乏練習或出現比率過低）。此外，教學者應增加社會適應行為的效率，讓行為容易執行，並且執行後可以立刻獲得增強，若社會適應行為的效率高，自然可以成功地代替效率低的問題行為。

上述的結論，主要得自分析高出現率身心障礙學生（例如學習障礙、情緒障礙）的社會技能訓練結果。由於自閉症學生的特徵不同於

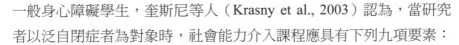

一般身心障礙學生，奎斯尼等人（Krasny et al., 2003）認為，當研究者以泛自閉症者為對象時，社會能力介入課程應具有下列九項要素：

㈠**將抽象概念具體化**：用清楚和具體的名詞來界定抽象的技能，並用「如果××就××」的原則說明做法，以及提供視覺線索和提示。

㈡**提供結構化和可預測性**：讓學生每週的作息相同，活動的開場和結束用相同的方式，並將活動的日程表列出。

㈢**提供鷹架式語言支持**：將自閉症學生按照語言程度分組，盡量將語言簡化，給予視覺支持，並提供語言範本或腳本供參考。

㈣**提供多元和變化的學習機會**：提供多感官的學習機會，變換活動、教材和教學法，教學包括階段內和跨階段訓練，並且變化團體的大小。

㈤**活動的焦點為「他人」**：經常用兩人一組或小組的教學方式，促進組員間的合作和合夥，教導學生了解自己和別人的觀點，強調同儕的喜好和興趣。

㈥**促進自我知覺和自尊**：創造正向和豐富的環境，指出個人的長處並做正向歸因，調查泛自閉症學生的長處並做正向歸因，提供學生建設性的回饋。

㈦**選擇重要的目標**：泛自閉症者的重要技能，包括基本互動技能、會話技能、遊戲和交友技能、情緒處理技能和社會問題解決技能等。教學者應將學生的重要技能，列出教學的優先順序，提供學生社會相關的活動做練習，說明運用技能的目的和原因，並根據學生的需要擬定個別化目標和技能發展。

㈧**課程用連續和漸進的方式**：將複雜的技能分解成具體的步驟，按照順序教導學生各項技能，並將技能統整起來練習直至精熟。

㈨**提供類化機會和持續練習**：運用多元和變化的學習機會，提供學生家中和學校的類化活動，將技能用在不同人員和情境中，

並在學校教導學生社會技能，增進類化效果。

　　總結有關自閉症者的社會互動技能訓練，要能有效，進行方式需根據自閉症者的特殊學習特徵而調整，一般以高出現率身心障礙學生為對象的社會技能訓練，教學方式多藉由教學者與學生討論，然後決定執行的步驟（例如，討論某技能為何重要？在某情形下會產生哪些感覺？如何避免不良後果？等）（例如 McGinnis & Goldstein, 1997）。由於自閉症者的能力限制，口語討論的方式較不適合，較適宜直接教學，用結構化和具體化的方式呈現，並提供書面資料或視覺線索。此外，由於自閉症者普遍有類化和保留的問題，學習新技能時，須同時復習舊技能，並且教學者須針對同一技能，設計不同情境讓學生反覆練習，而不是假設學生在學校中所學得的技能，即能自動運用在家中或社區中。

第二節　同儕媒介介入法

　　早期對自閉症者的介入法多從行為主義的觀點出發，由治療師對自閉症者進行一對一的訓練，這種以成人做為媒介的介入法（adult-mediated intervention），由於忽略兒童社會互動的本質，使自閉症兒童從成人學來的技能，很難類化至同儕互動中，因此，學界逐漸流行同儕媒介介入法（peer-mediated intervention）。以下說明幾種常用來增進自閉症學生社會互動的同儕媒介介入法，包括同儕發動訓練、目標兒童發動訓練、同儕小老師制、合作學習、融合性遊戲團體、同儕網路，以及團體導向制約。

一、同儕發動訓練

　　同儕發動訓練（peer initiation training）乃是訓練一般正常學生主動和自閉症學生互動，典型的做法是挑選能力較佳或較熱心的正常學生，給予社會互動訓練，教導如何和自閉症學生分享教材、注意聽、談論、表示知道等，然後，於介入期和自閉症學生一起進行活動或遊戲。研究發現，同儕發動訓練可以顯著增加自閉症學生和一般正常學生的社會互動（例如 Goldstein et al., 1992; Odom & Watts, 1991）。例如，歐登和華茲（Odom & Watts, 1991）研究在一所學前融合幼稚園中，實施同儕發動訓練對自閉症學生社會互動的效果，受試者為三名自閉症男童和四名正常兒童。在進行同儕發動訓練前，老師先教導正常兒童如何主動去和自閉症兒童互動，例如和自閉症兒童分享、安排遊戲、協助、親切與說恭維的話等，訓練時間約二十分鐘。介入期共分三種狀況：

　　㈠**同儕發動訓練**：老師跟正常兒童說現在要去找朋友來玩，然後介紹活動，開始活動時，提醒正常兒童要去和自閉症兒童互動。

　　㈡**同儕發動訓練加上增強制度**：老師告訴正常兒童，若他們可以找自閉症兒童玩，並按照老師所教的方法做，當活動結束時，可以得到增強物。

　　㈢**增強制度**：將同儕發動訓練褪除，只剩下增強制度。

　　結果發現，當實施同儕發動訓練時，若老師給予學生口頭提示，會顯著增加同儕主動性以及自閉症兒童社會互動的次數；若老師不給正常學生提示，兒童的社會互動次數減少。此外，當同時實施同儕發動訓練和增強制度時，同儕主動性和自閉症兒童的社會互動次數明顯增加；並且，當同儕發動訓練褪除，只剩下增強制度時，正常兒童和自閉症兒童仍能維持原來的社會互動水準。

二、目標兒童發動訓練

上述研究訓練的對象為一般正常兒童，有些研究則是以自閉症兒童為對象，訓練他去和同儕互動（例如 Belchic & Harris, 1994）；另有些研究則是同時訓練一般正常兒童和自閉症兒童（例如 Haring & Lovinger, 1989; McGrath et al., 2003），這些研究都發現可以顯著增加自閉症兒童的社會互動行為。例如，麥桂斯等人（McGrath et al., 2003）研究在學前托兒所中，對同儕和自閉症兒童進行發動訓練，對增進自閉症兒童社會互動的效果。受試者為十八名正常兒童（十男八女）以及一名自閉症男童，正常兒童的年齡介於三至四歲，自閉症兒童的年齡為四歲十一個月，具有明顯的語言、社會和認知缺陷，無自發性口語能力。介入共分成兩種：

㈠**同儕訓練**：老師選六名正常兒童進行訓練，內容包括三部分：(1)成人訓練——共訓練十八次，老師教兒童如何玩遊戲（例如捉迷藏等）、發動策略（例如拍自閉症兒童的肩膀、叫他的名字等）；(2)與自閉症兒童遊戲（老師提示）——共訓練八次，正常兒童主動找自閉症兒童玩遊戲十分鐘，過程中老師給兒童提示；(3)與自閉症兒童遊戲（無提示）——共訓練八次，正常兒童主動找自閉症兒童玩，和他玩遊戲十分鐘。

㈡**自閉症兒童訓練**：老師教導自閉症兒童如何玩，內容包括：(1)成人訓練——共訓練十七次，老師藉由圖片教導自閉症兒童如何玩遊戲，以及當同學找他玩時該如何反應（例如跟同學說「要」、看遊戲卡等）；(2)與同學遊戲（老師提示）——共訓練八次，用所學得的技能和正常兒童玩遊戲十分鐘，過程中老師給予提示；(3)與同學遊戲（無提示）——共訓練八次，與正常兒童玩遊戲十分鐘。

結果發現，同儕經過訓練後，和自閉症兒童互動的次數，從基線期每十分鐘二次，增加到七次，而其他正常兒童間的互動，平均每十

分鐘只有五次；自閉症兒童經過訓練後，適當的社會反應增加，從每十分鐘一次增加到二十四次，而正常兒童只有每十分十二次。此外，若將遊戲種類分成單獨（獨自一人，旁邊無小朋友）、平行（有小朋友在旁邊玩）、相關（和小朋友有口語和非口語互動）和合作（一起玩和分享責任達成目標）四種，一般正常兒童的遊戲以平行最多，接下去為合作、相關和單獨。自閉症兒童在介入前的遊戲主要為平行和單獨，無合作遊戲；介入後則以合作遊戲為主，發生的次數顯著高於其他種類的遊戲。

三、同儕小老師制

同儕小老師制（peer tutoring）或稱為「同儕同伴法」（peer buddy approach）乃是學生兩兩配對，一起進行某項活動或遊戲，其中一名學生為另一名學生的小老師，在活動過程中，對另一名學生提供協助、教導和回饋。綜合同儕小老師制的研究，大致可分為下列三種方式：

㈠**一般學生擔任小老師**：乃是挑選能力較佳的一般正常學生，擔任自閉症學生的小老師，負責提醒或協助自閉症學生（例如 Arceneaux & Murdock, 1997）。

㈡**全班性同儕小老師制**（classwide peer tutoring）：乃是讓全班學生都參加，兩兩配對，一起進行活動（例如 Kamps et al., 1994; Laushey & Heflin, 2000）。

㈢**跨年齡同儕小老師制**（cross-age peer tutoring）：乃是由中高年級的自閉症學生和一般正常學生，一起擔任低年級有學業困難學生的小老師，自閉症學生多為中高功能（例如 Kamps et al., 1999）。

研究發現，這三種方式都能增進自閉症學生和其他學生社會互動的次數，例如，勞須等人（Laushey & Heflin, 2000）調查在一所融合

幼稚園中，運用全班性同儕小老師制增進兩名泛自閉症兒童社會互動技能的效果。幼稚園兒童的年齡介於五至六歲，一班有二十至二十五名兒童，配有一位老師和二位助理。兩名泛自閉症兒童的年齡都為五歲，一名被診斷為自閉症，一名為PDDNOS，語言能力可以說四至六個字的句子，以及寫自己的名字。介入方式為幼稚園上課時，每天每名兒童分派一名同伴一起玩，同伴採輪流制度，每天不同，當老師進行同伴時間時，兒童需到布告欄上看今天和誰一組，然後在自由遊戲時間，和同伴一起玩。全班同學包括泛自閉症兒童，在進行同伴時間前，都先接受訓練如何和同伴一起玩，和同伴說話。訓練的步驟如下：

㈠**步驟一**：訓練師請老師到前面來，要小朋友舉出五項訓練師和老師相似的地方，以及五項不同的地方。

㈡**步驟二**：訓練師對小朋友說明每個人和別人都有相似和不同的地方，並對學生說出自己的五件事（例如嗜好、家庭等），老師亦說出自己的五件事，然後，要學生比較訓練師和老師相似以及不同的地方。接著訓練師告訴小朋友，有時候我們選擇朋友基於我們都做相同的事，但有時候我們也選和我們不一樣的朋友，這也很有趣，因為可以從他身上學到一些新東西。

㈢**步驟三**：訓練師告訴小朋友，為了讓小朋友有機會和不同的小朋友玩，班上將實施同伴制，每天會分配一名同伴一起玩，同伴喜歡的事，可能和我們一樣或不一樣，但我們都可以成為朋友一起玩。

㈣**步驟四**：訓練師呈現同伴名單，說明兩人名字會列在一起，如何看名單知道自己和誰一組。

㈤**步驟五**：當同伴時間到時，每位小朋友找到同伴要做三件事情：(1)和同伴在一起、(2)兩人一起玩、(3)並說話。

研究觀察的社會互動技能，包括泛自閉症兒童跟同伴要東西時，會等他回答、會用適當方法得到同伴的注意、會等待輪流、同伴說話

時會看他。結果發現，兩名泛自閉症兒童在同伴時間時，都顯著比基線期表現較多的正向社會互動行為，並且追蹤期能保留效果。

四、合作學習

合作學習（cooperative learning）乃是數名學生組成一小組，共同解決問題、完成某工作或達成共同目標。主要特徵為小組具有共同的動機或獎賞，採一起合作工作的結構（包括個別作業、團體作業和團體報告），以及小組學生一起參與達成共同目標（Dugan et al., 1995）。合作學習包括許多種類型，大部分用來增進學生的學科能力，以下為幾種常用來促進學生社會互動的方式（Slavin, 1995）：

（一）**小組遊戲競賽**（team-games-tournaments）：學生組成小組，每組四至五名，為異質性團體。老師教完某主題後，各小組聚在一起練習，作業單內容涵蓋學科教材，完後舉行競賽，每組程度最好的組員到第一桌，次好到第二桌，依此類推，每桌各自競賽，組員在各桌所贏得的分數相加即為各組的分數。

（二）**學生小組成就分配**（student teams-achievement divisions）：學生組成小組，每組四至五名，為異質性團體。老師教完某主題後，各小組聚在一起練習，然後全班進行十五分鐘的小考，分數計算乃是藉由「成就分配」計算組員得分，方法為各組中分數最高者互相評比，其中分數最高的學生該組得八分，次高分的學生得七分，依此類推；完後再進行第二高分者評比，計分方式相同，分數最高者該組得八分，次高分者得七分，依此類推，直至所有的學生評比完為止。

（三）**拼圖**（jigsaw）：學生組成小組，每組五至六名，每名組員分派不同的學習主題，然後各組學習相同主題的組員聚在一起，組成專業小組，共同討論所學習的部分，討論完後組員回各小組，輪流教導其他組員在專業小組中所學到的部分，然後全班

進行考試。第二代拼圖（jigsaw II）則是修改拼圖學習法而成，每組包括四至五名學生，各組組員先一起學習某教材，然後將學習內容分成幾個部分，分派給每名組員加強學習；接著，各組學習相同主題的組員聚在一起討論，組成專業小組，討論完後，組員回各自小組教導其他組員。然後全班進行考試，計分方法為每名組員將自己的分數和前測的分數相比，進步的分數即為小組的分數。

㈣**共同學習**（learning together）：學生組成小組，每組四至五名，為異質性團體。小組共同學習某項主題，然後一起討論團體作業單，完成後，老師針對團體所完成的作品給予評分，對表現佳的組給予獎勵。

㈤**團體探究**（group investigation）：全班學習完某主題後，進行分組研討，每組二至六人。各組先選定自己所要學習的次主題，然後進行分組討論，研擬和準備計畫，並將次主題分成數個小題，分派給每位組員，最後小組再將各部分統整起來，並對全班提出報告。

研究發現，合作學習可以顯著增進自閉症學生和同儕的學業分數，並促進彼此間的社會互動（Dugan et al., 1995; Kamps et al., 1995; Kamps et al., 2002）。例如，杜甘等人（Dugan et al., 1995）研究合作學習對增進自閉症學生社會科的分數，以及與同儕社會互動的效果。受試者包括二名自閉症學生和十六名四年級學生，自閉症學生一名為十歲女童，具有中度功能，學業程度為二至三年級，主要問題為缺乏朋友，不注意社會環境的線索，以及對作息改變有強烈反應等；另一名為九歲男童，為高功能，學習二年級和三年級的教材無困難，但有理解和抽象推理的問題，並且非常退縮和害羞。基線期進行二週，由老師上社會課，每週四次，每次四十分鐘；介入期於社會科上課時間採合作學習的方式，共進行三週，每週四次，每次四十分鐘。每組為異質性團體，包括高功能一人、中功能二人、低功能一人，其中二個

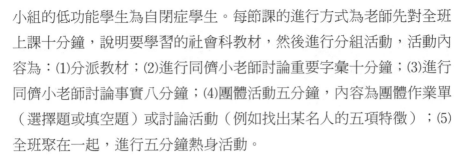

小組的低功能學生為自閉症學生。每節課的進行方式為老師先對全班
上課十分鐘，說明要學習的社會科教材，然後進行分組活動，活動內
容為：⑴分派教材；⑵進行同儕小老師討論重要字彙十分鐘；⑶進行
同儕小老師討論事實八分鐘；⑷團體活動五分鐘，內容為團體作業單
（選擇題或填空題）或討論活動（例如找出某名人的五項特徵）；⑸
全班聚在一起，進行五分鐘熱身活動。

　　此外，每名學生在組內分派一項任務包括：教材管理員、紀錄
員、檢查員或團體組織員。介入期的第一週，先對學生施予合作學習
和社會技能訓練，教導組員如何和他人分享想法、糾正他人的錯誤、
給予讚美、平靜反應，以及鼓勵和幫助他人。並且實施增強制度，增
強板上列有五種社會技能，當小組組員在團體中運用某項技能時，老
師在增強板中加分（貼紙）。第一階段介入結束後，進行二週基線
期，然後再進行第二階段介入。結果發現在每週小考的成績上，自閉
症學生（0-2 比 5-8.6 分）和同組同儕（平均 4.7 和 3.2 比 9.5 和 10.5
分）在二次介入期的成績，都比二次基線期的分數高；學業活動的參
與度（寫、參與作業、閱讀等），介入期亦比基線期高（2-25%比
72-90%）；並且，兩名自閉症學生和同儕的社會互動時數亦顯著增
加，女童從基線期每五分鐘平均出現 0 至 1.25 秒，增至介入期每五分
鐘平均出現 191 和 273 秒，男童則是從基線期平均 17 至 28 秒，增至
介入期平均 219 和 210 秒。

五、融合性遊戲團體

　　融合性遊戲團體（integrated play groups, IPG）屬於一種成人助長
式同儕媒介法，乃是根據韋高斯基（Lev Vygotsky）的「社會建構論」
（social constructivist theory）所發展出來的方法（Lantz et al., 2004;
Wolfberg & Schuler, 1999）。韋高斯基強調遊戲的重要性，認為遊戲
是一種社會和文化的活動，兒童可以藉由遊戲獲得象徵能力、人際技

能和社會知識。他並認為，成人可以將兒童從他目前的功能水準，經由近側發展區（zone of proximal development）拉拔至他的最佳功能水準，達成方式為當兒童進行問題解決作業時，成人（或同儕）給予兒童暗示、示範正確過程、給予鼓勵或提供支持環境（Vygotsky, 1978）。亦即成人藉由有文化價值的活動引導兒童，將兒童的潛能發展推至最大極限。

融合性遊戲團體乃是以年齡三至十一歲的泛自閉症兒童為對象，主要目標為增進泛自閉症兒童社會性和象徵性（symbolic）遊戲的能力，強調兒童具有內在動機去和其他兒童玩或互動，藉由成人安排物理環境，提供泛自閉症兒童和正常兒童一個支持的環境，促進兒童在此環境中互動和遊戲。IPG 的成員包括引導者、遊戲高手（expert player）和遊戲生手（novice players），引導者為團體助長員，乃是由接受過 IPG 訓練的成人所擔任；遊戲高手指一般正常兒童（同儕或兄弟姊妹），具有良好的社會、溝通和想像遊戲技能，最好是具有多種能力和興趣的兒童；遊戲生手指泛自閉症兒童或其他具有相同需求的兒童。一個 IPG 團體包含三至五名兒童，人數比率需高手比生手多，一般研究多為二名身心障礙兒童、三名正常兒童。進行方式為團體成員每週碰面兩次，每次三十分鐘至一小時，場地為自然環境，例如家庭、學校、發展中心或社區中（Lantz et al., 2004; Wolfberg & Schuler, 1999）。IPG 主要包括下列八項特徵（Wolfberg & Schuler, 1993）：

　　㈠**自然融合情境**：乃是在自然情境中（例如家庭、學校），將泛自閉症兒童融入正常發展的兒童，讓他們彼此互動。

　　㈡**設計好的遊戲空間**：物理空間的安排需促進兒童遊戲機會以及社會互動，考慮的項目包括空間的密度、大小、環境安排、教材的組織、可接觸性等。

　　㈢**遊戲材料的選擇**：遊戲材料主要挑選具有潛在互動性、結構性和複雜性的材料，玩具的選擇包括建構性和社會扮演性的玩具，並考慮兒童的性別、文化和能力等因素。

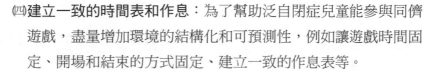

㈣**建立一致的時間表和作息**：為了幫助泛自閉症兒童能參與同儕遊戲，盡量增加環境的結構化和可預測性，例如讓遊戲時間固定、開場和結束的方式固定、建立一致的作息表等。

㈤**形成均衡的遊戲團體**：為了增加泛自閉症兒童的社會互動技能，遊戲團體成員經常是固定的，人數也是固定的。由於不同的年齡有不同的需求，因此，團體的形成亦需考慮兒童在不同年齡的需要，亦即團體在結構化和變化性上需均衡。

㈥**以兒童的能力為焦點**：為了促進兒童能有較多的社會和想像遊戲，活動的選擇考慮兒童的能力，並提供兒童多元機會去選擇想要的活動，以及提供和其發展程度相當的活動。

㈦**引導式參與**（guided participation）：此指成人的角色乃是引導兒童去參與，為支持者的角色，而非主導者，主要任務在逐漸增加遊戲活動的社會協調度和複雜度。成人對兒童的支持，就如同提供兒童活動鷹架般，讓兒童能根據架構進行遊戲，例如，成人引導兒童在遊戲時如何發動、參與、維持和磋商，提供兒童策略了解其他兒童發動的線索，並能給予回應。當兒童能力增加時，成人的支持逐漸褪除。

㈧**完全浸入遊戲中**：兒童完全沉浸於遊戲經驗中，完全參與，遊戲不是分立的次要工作。

IGP 的介入策略主要包括五項：(1)將遊戲的聚會結構化、(2)監督遊戲發動、(3)提供遊戲鷹架、(4)引導社會溝通、(5)引導遊戲。成人支持度從多至少可分為下列三種程度（Lantz et al., 2004）：

㈠**提供模型和指引遊戲**：成人引導團體，導向團體的興趣。

㈡**口語引導**：成人在和團體有一小段距離的地方，用口語指引團體互動。

㈢**從旁監督**：兒童遊戲時，成人不和兒童互動，但仍從旁監督。

研究主要測量的遊戲種類包括下列兩種（Wolfberg & Schuler, 1993; Yang et al., 2003）：

㈠**認知性遊戲**：指兒童玩物品，包括：⑴無互動——兒童不碰玩具；⑵操弄——用非習慣的方式玩玩具，例如咬玩具等；⑶功能性——用習慣的方式玩玩具，某部分會引發另一部分的反應，例如將小火車車廂連結，然後推小火車；⑷象徵性／假裝——假裝做某事或扮演某人，包括聲音、動作等，例如玩扮家家酒，拿玩具小茶杯假裝喝茶。

㈡**社會性遊戲**：指兒童和同伴玩遊戲，包括：⑴孤立（isolate）——兒童明顯不注意或未察覺有他人存在，無所事事地走來走去，或自己玩自己的；⑵朝向或旁觀者（orientation/onlooker）——兒童知道旁邊有其他兒童，會看他們或看他們的玩具或活動，但沒參加遊戲；⑶平行／接近（parallel/proximity）——兒童在其他兒童旁邊玩，和同伴共用空間；⑷共同焦點（common focus）——兒童參與活動，包括二人或以上的人參加，過程需要輪流、協助他人、接受協助或分享物品，例如一起玩積木、玩洋娃娃等。

研究發現，IPG可以顯著增進自閉症兒童和正常兒童的社會互動，並且在認知遊戲方面，從無互動或操弄物品的儀式性固執行為，進步到以功能性或象徵性為主的遊戲；在社會遊戲方面，從獨自一人或旁觀者，進步到以平行或共同焦點為主的遊戲（例如 Lantz et al., 2004; Wolfberg & Schuler, 1993; Yang et al., 2003）。

例如，臥夫伯格等人（Wolfberg & Schuler, 1993）調查 IPG 對增進自閉症兒童功能性和象徵性使用物品，以及參與同儕遊戲的效果。受試者包括三個遊戲團體，每個團體中有兩名自閉症兒童和三名正常兒童，年齡介於六至八歲，每個團體中挑選一名自閉症兒童做為目標兒童，進行觀察，三名兒童的年齡都是七歲，遊戲行為都為儀式性和重複性，社會互動很少或避免社會接觸。遊戲團體每週進行二次，每次三十分鐘，在小學的特教班教室進行，遊戲區內有很多年齡適當的建構性和社會扮演性玩具。基線期進行六至十二次，介入期包括兩階

段，第一階段進行一個月，第二階段進行二個月。結果發現，三名自閉症兒童在基線期的認知性遊戲主要為固執非功能性的操弄玩具（分別為 71%、64%、88%），介入後的各階段（包括撤除介入階段），功能性或象徵性遊戲所占的比率，為基線期的兩倍以上。在社會性遊戲方面，三名自閉症兒童在基線期的遊戲種類以孤立為主，約占 50%（分別為 56%、48%、50%），介入期孤立遊戲明顯減少，平行和共同焦點的比率明顯增加（分別為 84%、85%、64%）。此外，追蹤期發現，三名兒童所學得的遊戲互動技能都能保留，認知性遊戲中的功能性和象徵性遊戲所占的比率分別為 56%、99%、34%；社會性遊戲中的平行和共同焦點遊戲分別為 73%、100%、67%。

六、同儕網路

同儕網路（peer networks）又叫做「朋友圈」（circle of friends），目的在增進身心障礙者的正向社會環境，藉由成立同儕團體，於日常生活中做為身心障礙學生的社會支持網路，幫助身心障礙學生融入學校或社區生活中。同儕為一般正常學生，其年齡與身心障礙學生相近，並具有適當的社會能力（Garrison-Harrell et al., 1997; Haring & Breen, 1992）。同儕網路經常用在原本安置於特殊班的身心障礙學生，後來轉安置於普通班，或是身心障礙者原本住在機構中，後來在社區中獨立生活，藉由建立同儕網路或朋友圈，來支持身心障礙者融入學校或社區生活中（Frederickson & Turner, 2003）。同儕網路一般的進行方式為團體成員全部或輪流，於固定時間和身心障礙學生碰面（例如午餐時間），並且全部成員（包括身心障礙學生、同儕和老師）每週碰面一次，討論團體內所發生的事情，解決問題、提供建議，或給予身心障礙學生支持，同儕網路的簡介見表 13-3。

研究發現，同儕網路能顯著增加自閉症學生和同儕間的互動次數和時間，增加自閉症學生適當的社會反應以及語言表達能力，並且減

表 13-3　同儕網路簡介

1. 如何進行？	找幾名一般正常學生，具有適當的社會能力，並且原本就認識目標學生（身心障礙學生），然後再找一些不認識目標學生的新成員加入。
2. 目的	(1)提升目標學生的生活品質 (2)藉由同儕楷模示範，教導目標學生技能 (3)學校融合 (4)障礙知覺 (5)重視新成員在交友圈中的價值
3. 同儕的特徵	(1)和目標學生具有共同興趣 (2)和目標學生同班
4. 成員	(1)目標學生（身心障礙學生） (2)4 至 5 名一般正常學生（註） (3)成人促進者 (4)班級老師
5. 進行方式	(1)列出目標學生和同儕的學校日課表 (2)決定哪些時間可以碰面 (3)將目標學生列入同儕的日常作息中 (4)團體決定要教目標學生什麼以及如何教 (5)蒐集目標學生的行為和互動資料
6. 聚會時間	(1)於選定的時間同儕和目標學生碰面 (2)不管心情如何都會到 (3)每週所有團體成員碰面一次
7. 團體約定　同儕：	(1)這對每名同伴是件好事 (2)這對團體是件好事 (3)將目標學生當做朋友 (4)開放觀念並誠實 (5)蒐集資料
成人：	(1)維持同儕團體運行 (2)擬定互動時間表 (3)提供所有的書面訊息 (4)對同儕的回饋能敏銳知覺 (5)教導學生需要的技能 (6)採納同儕的建議 (7)回應同儕的批評

註：一般同儕網路研究所建議的同儕人數介於二至八人之間。

資料來源：Haring, T. G., & Breen, C. G. (1992). A peer-mediated social network intervention to enhance the social integration of persons with moderate and severe disabilities. *Journal of Applied Behavior Analysis, 25*(2), 319-333.

少學生出現問題行為（例如 Garrison-Harrell et al., 1997; Haring & Breen, 1992; Kamps et al., 1997）。例如，蓋瑞森等人（Garrison-Harrell et al., 1997）研究同儕網路對增進自閉症學生社會和溝通行為的效果。受試者為三名自閉症學生，其中二名男童為七歲，曾安置於特教班三年，目前至一年級普通班進行融合教育；另一名為女童六歲，安置於一年級普通班，但部分時間接受特殊教育和語言治療。同儕網路的團員為自閉症學生的普通班同學，每班挑選五人，共十五人，挑選方式為藉由全班學生填寫同儕偏好和提名量表，然後老師根據全班學生的得分情形，從中推薦具有適當社會技能和溝通能力的學生，取得學生同意後組成同儕團體。

　進行同儕網路前，同儕先經過訓練，每次三十分鐘，每週四次，共兩週，內容為朋友的重要性、認識自閉症、擴大溝通系統和社會技能等（例如發動、反應、輪流和分享等）。自閉症學生則是接受擴大溝通系統訓練，老師對學生進行一對一教學，每次二十分鐘，每週四次，直至學生學會運用溝通板溝通為止。同儕網路進行的時間，三人不盡相同，主要為午餐和語文課。結果發現，同儕網路顯著增加自閉症學生和同儕間互動的次數和時間；擴大溝通系統的效果雖具有個別差異，但三名自閉症學生都增加運用擴大溝通系統溝通的時間；此外，還增加自閉症學生口語溝通的次數，減少無意義的口語行為和問題行為；並且，自閉症學生在同儕偏好和提名量表的得分亦比介入前高，明顯增加在普通班級的同儕接受度。

七、團體導向制約

　團體導向制約（group-oriented contingencies）或稱為團體制約（group contingencies），指介入法著重以團體的表現，來決定個人是否能得到增強，主要的目的在藉由同儕的功能，影響他人的行為。團體導向制約可以運用在普通班或特教班。若為普通班，多將學生進行

分組，每組約三至六人，並讓各組組員的能力分布大致相同；若為特教班，則全部為身心障礙學生，因人數較少，有時不進行分組，以全班為對象。團體導向制約的增強方式，約可分成下列三種型態（Gresham & Gresham, 1982）：

(一)**相依式團體制約**（interdependent group contingency）：各組學生能否得到增強物，主要視該組的表現而定，若該組學生能累積分數（或圈、笑臉）到達規定的標準，該組可以得到增強物。

(二)**依賴式團體制約**（dependent group contingency）：學生能否得到增強物，主要視目標學生（例如身心障礙學生）的表現而定，若目標學生的行為能達到規定的標準，該組可以得到增強物。

(三)**獨立式團體制約**（independent group contingency）：學生是否得到增強物，與該組的表現無關，主要視學生個人的表現而定，任何學生只要達到規定的標準，都能得到增強。

目前較多研究採用相依式團體制約，研究發現團體導向制約具有下列優點（Gresham & Gresham, 1982; Kohler et al., 1995）：

1. 當班級學生人數較多時，運用團體導向制約能夠幫助老師有效的管理全班學生的行為。

2. 老師教學以團體為對象，而非個人，省時和省力。

3. 以團體為對象進行行為管理，比個別行為管理效率高，並且較能改變個人或團體的行為。

4. 團體導向制約常會出現自然效果的支持行為（corollary supportive behaviors），學生會主動去提示、鼓勵、支持、協助或教導其他學生，使團體能得到較好的成績。

團體導向制約常用來減少學生出現問題行為（例如 Gresham & Gresham, 1982），但亦有研究用來增加學生的正向社會互動，這些研究多半會與社會技能訓練或發動訓練相結合。一般做法為教學者先對

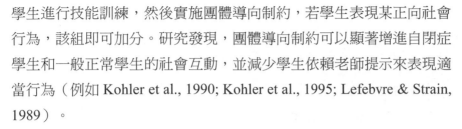

學生進行技能訓練，然後實施團體導向制約，若學生表現某正向社會行為，該組即可加分。研究發現，團體導向制約可以顯著增進自閉症學生和一般正常學生的社會互動，並減少學生依賴老師提示來表現適當行為（例如 Kohler et al., 1990; Kohler et al., 1995; Lefebvre & Strain, 1989）。

例如，柯勒等人（Kohler et al., 1995）研究一所學前融合幼稚園中，實施團體導向制約，對增進自閉症兒童和一般正常兒童社會互動的影響。受試者為三名自閉症男童和六名一般正常兒童，自閉症兒童四歲，一般正常兒童年齡介於三至五歲，全部共分成三組，每組包括一名自閉症兒童和二名正常兒童。先進行基線期，然後對全班學生進行社會技能訓練，每天十五分鐘，共十五天，包括三項技能：遊戲組織建議（指導其他小孩遊戲）、提供和要求分享、提供和要求協助。每項技能用三種策略進行教學：(1)技能用於發動或延長遊戲互動；(2)對別人的建議，能用正向的反應，願意接受遊戲物品或同意一起遊戲；(3)持續運用發動和反應策略。接著，實施團體導向制約制度，老師指布告欄上的名單對兒童宣布說：「今天是團體時間，要得到獎賞，當時間到時，布告欄上的每一格都要填上笑臉。亦即要得到獎賞，需要自己和朋友都得到笑臉才行。」然後老師復習所教過的社會技能，若兒童表現這些技能，就能得到笑臉；並且若他們願意，可以幫助自己組上的朋友得到笑臉，每名兒童都需要得到六個笑臉，該組才能得到獎賞。

完後回到基線期，接著，對全班兒童進行支持性技能訓練，著重訓練兒童如何在遊戲中提示組員表現適當的社會技能，直到半數的正常兒童可以在六分鐘內，出現二至四次提示為止。之後，再進行第二次團體導向制約介入、第三次基線期，以及第三次團體導向制約介入。實驗結果發現，團體導向制約的效果具有個別差異，其中二名自閉症兒童的效果顯著，另一名只有普通效應，但三名自閉症兒童在基線期的正向社會互動行為，都顯著比介入期低。此外，在未教導兒童

支持性提示前，兒童很少出現提示行為，經過訓練後，一般正常兒童在介入期顯著比基線期出現較多的提示行為，並且，提示可以增加和延長兒童社會互動的時間。雖然有些研究發現，團體導向制約會自然產生支持性行為，但本研究發現對幼稚園的兒童而言，支持性行為不是必然產物，需要教導後才會出現。

第十四章 / 社會能力介入法：認知本位

學界除了運用自閉症者的技能訓練以及同儕媒介法，來增進自閉症學生的社會能力外，亦有從認知的角度著手，藉由閱讀或認知學習的方式，來增進學生的社會能力。這些認知本位介入法多假設一個人的想法或認知過程，乃是個人行為表現的媒介，若能改變某人的想法、知覺或信念，就可以改變他的行為和表現。本章介紹認知本位的介入策略，包括社會故事和連環漫畫會話。

第一節　社會故事

本節介紹社會故事，包括社會故事的定義、句型、撰寫步驟和教學步驟，並舉例說明高功能、低功能自閉症學生以及學齡前兒童之社會故事，最後敘述社會故事的研究結果和效能。

一、何謂社會故事

卡羅‧葛瑞（Carol Gray）於一九九一年開始倡導運用「社會故事」（social stories）來教導自閉症者社會技能，並於一九九三年發表第一篇報告介紹社會故事（Gray & Garand, 1993）。社會故事指由老

師、專業人員或父母為自閉症者寫的小故事，主要目的在協助自閉症者了解社會互動的內涵，使其能在社會情境中表現適當的社會行為。社會故事的內容多以自閉症者經常出現問題行為的社會情境為主題，然後從自閉症者的觀點，撰寫個別化的小故事，每個社會故事中，詳述所發生的事件，以及事件發生的時間、地點和參與人員，提供訊息說明人們在這些情境中會怎麼做、有什麼想法或感覺，指出其中重要的社會線索，然後以自閉症者能了解的方式，用書面描述自閉症者在此情境所需要表現的行為或社會技能（Gray, 1995; Gray, 2000）。

社會故事發展至今已有十多年的歷史，在傳達方式上有不少變革。早期的社會故事主要用文字來呈現，多用於教導具有閱讀能力的高功能自閉症者或亞斯伯格症患者，隨後則多用文字加上圖片的形式。例如，葛瑞於一九九四年出版的《新社會故事書》中，每個社會故事都是純文字構成的句子；二〇〇〇年出版的修定版（插圖版），除文字外，每個故事增加插圖，以增進兒童了解文字內容。另外，由於中重度障礙的自閉症學生無法閱讀文字故事，一些研究者改用短句加上圖形符號（例如 PCS）來撰寫社會故事（例如 Kuttler et al., 1998; Swaggart et al., 1995）；亦有學者設計多媒體軟體，用電腦來呈現社會故事（例如 Hagiwara & Myles, 1999）；而布郎尼（Brownell, 2002）則是將社會故事編成歌詞，用音樂治療的方式來進行。

二、社會故事的句型

葛瑞在第一版的《新社會故事書》中，介紹社會故事共包括四種句型：描述句（descriptive sentences）、透視句（perspective sentences）、指導句（directive sentences）和控制句（control sentences）；二〇〇〇年的修訂版再新增二種句型：肯定句（affirmative sentences）和合作句（cooperative sentences）（Gray, 2000）。其中，描述句、透視句、指導句和肯定句為基本句型，這些句型中，只有描述句是必要

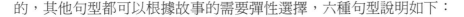

的，其他句型都可以根據故事的需要彈性選擇，六種句型說明如下：

(一)描述句

描述句乃是用來指出情境中最重要的因素，例如，解釋發生什麼事？為什麼會發生？有哪些人參與？句子內容需要盡量接近事實，指出情境中的重要特徵，通常用在開始一新的段落。描述句例子如下：

- 我的名字叫_____，我就讀_____國中____年級。
- 有時候上課時，老師會問我們問題。
- 有時候我們全家會去餐廳吃飯，餐廳和家裡不同，經常還有很多不認識的人。
- 中午吃完飯有午休時間，午休時間是讓大家休息的時間。

(二)透視句

透視句主要用來描述在情境中看不見，但重要的情緒或認知觀點，常用來描述他人的內在狀態，例如想法、意見、感覺、動機或健康狀況等，也有少數的社會故事用來描述自閉症者的內在反應或想法。透視句的例子如下：

- 哥哥常常喜歡拉小提琴（感覺）。
- 上課時，如果我能保持安靜地坐在椅子上，老師會很高興，別的同學也不會討厭我（感覺）。
- 當我們去圖書館時，老師經常要我們講話小聲一點（意見）。
- 當我看到不會寫的題目時，我常會覺得很焦慮，而自言自語（內在反應）。

(三)指導句

指導句主要用來建議自閉症者在情境中的行為反應，或是提供選項供自閉症者選擇。撰寫指導句的重點是不要用武斷的語氣描述，例如「我要××」等，以避免誤導自閉症者這個句子的內容一定要完成，不能出現錯誤。指導句最好用較為彈性的句子，與事實盡量吻

合，例如「我會試著ＸＸ」、「我最好ＸＸ」、「我可以ＸＸ」等做句子的開頭，例子如下：

- 我會試著坐在椅子上。
- 下課時，我最好做一些事情，我可以去溜滑梯，可以去盪鞦韆，可以去和同學玩，也可以去上廁所。
- 當媽媽說不行的時候，我會努力保持冷靜。

四肯定句

肯定句主要用來加強背景知識，通常用來表達社會文化中的一些價值觀念，指出重要的原則、規定等，讓自閉症者了解社會對某行為的看法。肯定句通常接在描述句、透視句或指導句之後，肯定句的例子如下：

- 當別人在說話時，眼睛看他很重要，這可以讓別人知道我有在注意聽。
- 當別人打電話來時，會電話鈴響，這是很正常的，不用緊張。
- 若我不隨便摸女生，老師會說我有禮貌，也才會受女生歡迎。

五控制句

控制句乃是從自閉症者的觀點，指出自閉症者在情境中，可以用哪些策略來幫助自己記得所要表現的行為，例如：

- 當我想要亂發脾氣時，我可以從一數到十，讓自己平靜下來。
- 當我緊張不知道怎麼辦時，我要記得提醒自己深呼吸。
- 當我寫錯時，我經常會很生氣，我要記得提醒自己：「寫錯沒關係，每個人都有可能會寫錯。」

六合作句

合作句用來指出別人在情境中，會如何協助自閉症者，主要用來協助老師、父母記得自己在社會故事中所要扮演的角色。

- 若我不知道作業怎麼寫時，媽媽或爸爸會教我怎麼寫。

■ 當我需要幫忙時，我可以舉手，老師會來幫助我。

社會故事除了寫出完整的句子外，也可以用填空題的方式，將部分的句子空白，請學生自己填上答案，如此可以了解學生是否理解社會故事的內容，例如：

■ 當我手髒的時候，我要記得去＿＿＿＿＿＿＿＿＿＿＿。

■ 若我上課不亂笑，老師會覺得＿＿＿＿＿＿＿＿＿＿＿。

三、社會故事的撰寫步驟

撰寫社會故事時，可分成下列四個主要的步驟：

(一)挑選主題

撰寫社會故事時，首先要挑選一主題，常用的社會故事主題可分為兩大類：一類為自閉症者經常出現問題行為的情境，教學者用社會故事來減少學生的問題行為；另外一類為用社會故事增加學生表現適當的行為，例如教導社會技能（例如分享、打招呼等）、日常作息和改變（例如轉銜、上課、休息時間、代課老師等），或是到一些特殊環境中應有的反應等（例如郊遊、戶外參觀、餐廳等）。老師或父母在撰寫社會故事前，可以先觀察學生的日常作息，找出自閉症者最不被社會接受的行為，或會阻撓自閉症者個人發展的問題行為，然後將目標行為列出。很多內容都可以用來撰寫社會故事，例如葛瑞（Gray, 2000）的《新社會故事書》中，社會故事類別包括社會技能、人和寵物、個人照顧、烹飪和用餐、幫忙做家事、戶外遊戲／活動、學校時光、附近走走、社區生活、餐廳和購物、天氣、節日假期和休閒等。

(二)蒐集資料

決定好主題後，接著要蒐集相關的背景資料，例如，故事的主題常發生在什麼時間、地點？有哪些人員參與？有哪些事發生？事件發生的先後順序為何？為什麼會發生？這些資料可以藉由觀察自閉症者

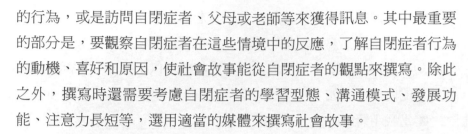

的行為，或是訪問自閉症者、父母或老師等來獲得訊息。其中最重要的部分是，要觀察自閉症者在這些情境中的反應，了解自閉症者行為的動機、喜好和原因，使社會故事能從自閉症者的觀點來撰寫。除此之外，撰寫時還需要考慮自閉症者的學習型態、溝通模式、發展功能、注意力長短等，選用適當的媒體來撰寫社會故事。

㈢社會故事撰寫要點

資料蒐集好後，就可以著手撰寫社會故事，撰寫時需要注意下列事項：

1. 社會故事中要包括引言、主要內容和結語。

2. 社會故事中要說明發生的地點、時間、人物、事情、為什麼等。

3. 社會故事要用第一人稱撰寫，需以自閉症者的觀點來寫故事。

4. 社會故事盡量用正向的語句撰寫，若描述錯誤的行為，最好是第三人通稱，不特別指明是某人具有此行為，例如，「有時候同學會無緣無故地打我，這是不好的行為，但我會努力保持冷靜。」

5. 葛瑞（Gray, 2000）建議社會故事中基本句型的比率為：每二至五句描述句、透視句或肯定句，零至一句指導句；完整句型比率為：每二至五句描述句、透視句、肯定句或合作句，零至一句指導句或控制句。

6. 由於自閉症學生很容易誤解句子的意思，並經常有固執行為，因此，在撰寫社會故事時要小心所使用的語氣，盡量和現況相同，避免用一定會發生的語氣，而是用有時候、通常、經常、可以等。

7. 由於自閉症學生的能力和障礙常呈高度個別化，用語和字體大小要考慮自閉症學生的閱讀程度，句子不要太長，用具體明確的句子，不要用抽象的文辭，必要時並可以用照片、圖片或符

號做輔助說明，幫助自閉症學生理解內容。

8. 高功能自閉症學生可以用純文字來撰寫，低功能或年幼兒童則宜使用短句，再加上照片、圖片或溝通符號。

9. 社會故事的長度一般約二十至一百五十個字（Smith, 2001）。故事的長短需根據學生的功能調整，對低功能學生，一頁句子約一到三句，最好一頁只有一句話，以幫助學生注意句子的內容（Swaggart et al., 1995）。

10. 社會故事的形式、內容、插圖以及執行需考慮學生的興趣。

11. 葛瑞建議社會故事應有一適當的標題，用標題指出社會故事的內涵；有時也可以用問句當標題，例如「為什麼要洗手？」然後，故事內容為回答標題的問題。

㈣社會故事教學要點

社會故事撰寫好後，即可進行教學，教學時須注意下列事項：

1. 教導社會故事的時間，最好選用故事內容發生的情境，例如，社會故事內容為「上課時注意聽」，老師可以選用上課時間，先教導學生讀社會故事，然後再進行其他的教學活動。

2. 教學時，老師或父母先讀一遍社會故事給學生聽，然後再和學生一起讀社會故事。老師或父母要確定學生了解每句話的意思，並示範社會故事中希望學生表現的行為讓學生模仿。若是在普通班中進行，在教完社會故事後，可以讓自閉症學生讀給其他同學聽，好讓同儕了解應配合的事項。為了幫助學生記得內容，最好讓讀社會故事成為學生日常生活作息中的一部分，例如，每次上正課前先讀一遍社會故事「上課時注意聽」。

3. 進行教學時，若發現句子有問題，可以立即進行修改，修改時最好一次只改一項，例如，只修改故事內容或只修改教學的時間，若同時幾個變項一起修改，常無法知道哪個項目不適合。有時候在教學時，老師或父母覺得故事的內容學生完全理解，

但學生卻一直無法表現出適當的社會行為，若教學兩週後，學生仍無法學會，表示所撰寫的社會故事對學生不適合，需要修改或重新撰寫社會故事，並考慮改用其他的介入法（Swaggart et al., 1995）。

4. 當學生學會社會故事以後，要逐步褪除社會故事，可以藉由延宕閱讀社會故事的時間，或逐漸減少社會故事中句子的數量來褪除，例如可以將社會故事重寫，只留下描述句和透視句，將指導句刪除，看學生在情境中是否仍知道如何做。另外，也可以將社會故事類化到其他情境，再寫另一篇社會故事，讓自閉症學生練習將相同的技能類化到其他情境。練習時，舊情境的社會故事刪除指導句，新情境則保留指導句（Gray, 1995）。

四、社會故事舉例

(一)高功能自閉症或亞斯伯格症學生

斯凱騰等人（Scattone et al., 2002）研究運用社會故事減少自閉症學生的問題行為，受試者包括兩位國小學生，一位高中自閉症學生，每名一篇社會故事，除了文字故事外，還包括三個待答問題，每名學生的社會故事含八至九頁，用十六點的字體列印在白紙上，然後裝訂成小冊子。結果發現，社會故事能夠有效減少學生的問題行為。其中，高中生約翰的社會故事，舉例說明如下。

約翰為十五歲的高功能自閉症學生，具有閱讀能力，經常在下課時用不合宜的態度看女生，並且看完後，他會忍不住產生自慰行為，造成同學和老師很大的困擾。因此，研究者為約翰設計一個社會故事，教導約翰用適當的行為看女生，社會故事的題目為「看女生是可以的」：

學校中有很多女生，

有時我會在教室中看到女生，

有時我會在走廊上看到女生，

有時我會在集會中看到女生，

有時我會在下課時看到女生。

若我一直看著某位女生，

她可能會覺得生氣或難過。

當我看女生時，我會慢慢地數到二，

然後我會試著去看別處；

當我試著看別處時，我會慢慢地數到十。

當我慢慢地數到十以後，如果我還想要看，我可以再看

一下女生。

理解問題：

1. 可不可以看女生？

2. 看女生時，可以看多久？

3. 當我看別處時，我要數到多少？

(二)中重度自閉症學生

古特勒等人（Kuttler et al., 1998）研究運用社會故事來減少一位十二歲男童問題行為的功效，個案就讀機構特殊班，被診斷具有自閉症、X 染色體易脆症和間歇性亂發脾氣，每天服藥來幫助控制自己的行為。個案的認知能力約五歲，語言接收能力四歲、語言表達能力二歲、說話一歲半。語言多半為一或兩個字的句子，並使用溝通符號進行溝通，溝通簿中約有一百個符號。此外，個案亦用手語和手勢溝通，並且在學校時每天攜帶溝通板，來了解日常作息。個案的主要問題為經常會在轉銜、等待或自由時間時亂發脾氣，最後，經常會被老師帶至隔離室隔離，影響個案的學習進度、自我概念和對學校的態度。

研究者為個案撰寫兩篇社會故事，第一篇為「工作」共五頁，第二篇為「午餐」共七頁，每頁有一至三個句子，並包含一個圖形符號，符號取自圖片溝通符號（PCS）。句子用十六號黑體字列印在六英吋正方形（15 × 15 公分）的白色卡紙上，左邊角落用金屬環裝訂成小冊子。結果發現，社會故事能夠顯著減少個案亂發脾氣的次數，其中社會故事「午餐」見圖 14-1。

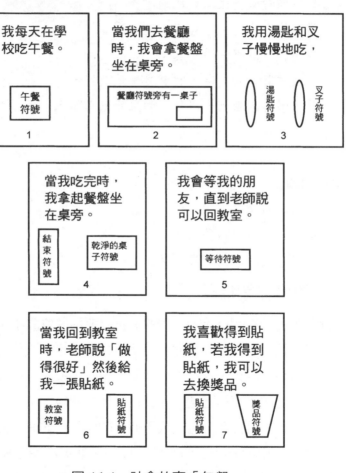

圖 14-1　社會故事「午餐」

資料來源：Kuttler, S., Myles, B. S., & Carlson, J. K. (1998). The use of social stories to reduce precursors to tantrum behavior in a student with autism. *Focus on Autism & Other Developmental Disabilities, 13*(3), 176-182.

(三)學齡前自閉症兒童

駱瑞蒙等人（Lorimer et al., 2002）研究社會故事對減少五歲自閉症男童桂格在家中亂發脾氣的功效，桂格具有一般的智力，溝通能力類似同年齡的兒童，每天服藥控制強迫行為，並接受語言治療和職能治療。桂格的問題行為包括亂發脾氣，例如尖叫、打人、踢人和丟東西，並且會用強烈和大聲的命令式語句，打斷別人說話；若別人忽略他或制止他的行為，他會亂發脾氣或出現攻擊行為。研究者為桂格設計兩則社會故事，第一篇為「與成人說話」共有十三頁，第二篇「等待」共有九頁，每頁有一到三句。由於桂格為學齡前兒童，社會故事除文字外，加上圖形符號，圖形符號取自圖片溝通符號（PCS）。兩篇社會故事用十八號羅馬字體列印在 13 × 18 公分的海報紙上，角落用金屬環裝訂成冊。教學過程是每天早上讓桂格讀一遍社會故事書，並且，在和成人談話前或需要等待前，再讓桂格讀一遍社會故事。結果發現，兩篇社會故事能夠有效地減少桂格打斷別人說話和亂發脾氣的次數。社會故事「與成人說話」舉例說明見圖 14-2。

圖 14-2　社會故事「與成人說話」

7	8	9
看錄影帶、 看電視符號 聽錄音帶、 錄音帶符號	看書、 或安靜地玩遊戲。 遊戲符號	當我想要說話時，我會等到輪到我。 輪流說話符號

10	11
如果他們沒看到我，我可以舉手或說「對不起，請問」。 打斷借問符號	然後，他們會聽我說，我不需要大叫或打人。

12	13
我要記得等待，用螞蟻故事提醒我，螞蟻走時都是一隻接著一隻，人也是一個接著一個說話。 記得符號　螞蟻符號	我很高興等待結束輪到我，我喜歡別人聽我說。 等待符號 注意聽符號

圖 14-2　社會故事「與成人說話」（續）

資料來源：Lorimer, P. A., Simpson, R. L., Myles, B. S., & Ganz, J. B. (2002). The use of social stories as a preventative behavioral intervention in a home setting with a child with autism. *Journal of Positive Behavior Interventions, 4*(1), 53-60.

社會故事舉例

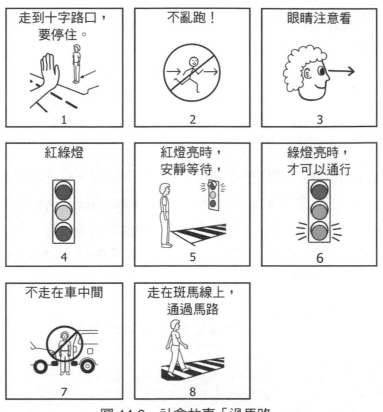

圖 14-3　社會故事「過馬路」

註：圖案取自做中學（Do To Learn）網址 http://www.dotolearn.com/

五、研究結果與效能

　　社會故事從葛瑞於一九九三年撰文倡導後，十多年來已有不少研究發表（見表 14-1）。總括這些研究結果可以發現，社會故事的效能具有個別差異，有些學生的效果較好，有些較差（例如 Smith, 2001; Thiemann & Goldstein, 2001）；但幾乎所有的研究都指出，社會故事能減少泛自閉症學生的問題行為，例如亂發脾氣、尖叫、喊叫、哭泣、大聲說話、怪聲、攻擊行為等。在增加適當行為方面，效果較不

一致，有些研究發現能增加泛自閉症者的社會技能（例如Barry & Burlew, 2004），有些研究則發現無效（例如 Norris & Dattilo, 1999）。

　　另外，在社會故事的形式方面，雖然葛瑞建議社會故事需按照一定的句型比率來撰寫，亦即描述句、透視句或肯定句合起來需比指導句多，但在發表的研究報告中，有些社會故事並未按照這個比率來撰寫（句型分析見Kuoch & Mirenda, 2003）。例如黑吉瓦拉等人（Hagiwara & Myles, 1999）的研究，其舉例說明的社會故事中含八句指導句、一句描述句，指導句比率過高，目前尚未有研究調查句型比率對介入效果的影響，仍需更多研究來澄清之間的關係。有一篇研究比較社會故事和「童書故事加上老師提醒」對減少泛自閉症兒童問題行為的功效，結果發現，社會故事能顯著減少兒童的問題行為，童書故事則無效果，顯示故事的內容對問題行為具有影響力（Kuoch & Mirenda, 2003）。

表 14-1　泛自閉症者的社會故事研究

研究	樣本	目標行為	介入	結果
Adams et al. (2004)	自閉症男童 1 人，7 歲	寫作業時哭泣、從椅子上跌下、打人、尖叫	社會故事 1 篇「寫作業」	目標行為顯著減少
Agosta et al. (2004)	自閉症男童 1 人，6 歲	團體時間尖叫、喊叫、哭泣、發嗡嗡聲	社會故事 2 篇，文字加上圖片，圖片取自PCS；增強系統	目標行為顯著減少
Barry & Burlew (2004)	自閉症 2 人，女童 7 歲、男童 8 歲	遊戲時間能選擇活動、與同儕適當地遊戲（分享、輪流、說話）	社會故事 3 篇，文字加上照片，由老師讀，兒童看插圖	2 人的目標行為都顯著增加
Bledsoe et al. (2003)	亞斯伯格症和ADHD男童 1 人，13 歲	吃午餐時，說話時嘴巴含食物、將食物飲料噴在桌上或衣服上、大聲說話、不會將臉擦乾淨、不會將餐桌擦乾淨	社會故事 1 篇「吃飯的禮節」，文字加上同儕照片（良好的吃飯習慣）	顯著減少噴出食物，增加擦臉次數

（續）

研究	樣本	目標行為	介入	結果
Brownell (2002)	自閉症男童 4 人，6-9 歲	延宕仿說、跟隨指令、用平靜的聲音	將社會故事讀出或唱出	讀出或唱出都能顯著減少 4 人的問題行為；唱出比讀出功效大
Hagiwara & Myles (1999)	自閉症男童 3 人，7-9 歲	2 名受試者為洗手，1 名為上課專心（閱讀、眼睛看老師、回答老師問題等）	多媒體社會故事，用電腦呈現，教導洗手技能以及上課專心	教導洗手技能的兩名學生，技能明顯進步；教導上課專心的學生，只有部分進步
Ivey et al. (2004)	PDDNOS 男童 3 人，5-7 歲	新奇情境中能獨立完成作業的行為，技能包括舉例、上課專心、運用教材和跟隨指令、語彙、要求	由父母在家中和兒童每週讀 2 篇社會故事，共 11 或 12 週，每名兒童的社會故事都相同；社會故事為文字加上照片和圖片（Boardmaker）	3 人都顯著增加目標行為
Kuoch & Mirenda (2003)	泛自閉症男童 3 人，3-6 歲	3 人的問題行為分別為：(1)當要他和別人分享時，會攻擊、哭泣和喊叫；(2)吃飯問題（尖叫、哭泣、丟食物等）；(3)和同儕遊戲時欺騙、拿別人的東西、摸別人、輪時說負面的話	3 篇社會故事分別為「分享」、「吃飯時間」、「玩遊戲」，其中第三人多一階段「閱讀童書加上老師提醒」	3 人都顯著減少目標行為，並且社會故事比童書加上老師提醒有效
Kuttler et al. (1998)	自閉症和X 染色體易脆症男童 1 人，12 歲	經常在轉銜、等待或自由時間亂發脾氣，被老師帶至隔離室隔離	社會故事 2 篇：「工作」和「午餐」，文字加上圖片，圖片取自 PCS	目標行為顯著減少
Lorimer et al. (2002)	自閉症男童 1 人，5 歲	在家中的問題行為包括亂發脾氣（例如尖叫、打人、踢人、丟東西），常用無效的方式溝通需要，用強烈和大聲的命令式語句打斷別人說話	社會故事 2 篇：「和成人說話」和「等待」，文字加上圖片，圖片取自 PCS	打斷和亂發脾氣的行為顯著減少

（續）

研究	樣本	目標行為	介入	結果
Norris & Dattilo (1999)	自閉症女童 1 人，8 歲	增加適當的社會互動（主動或對其他學生有口語、肢體或手勢反應），減少不適當社會互動（怪異內容、延宕仿說電視句子、唱歌或發出噪音等）	社會故事 3 篇有關午餐時間的社會互動	午餐時間適當的社會行為沒有改變，但不適當的社會行為顯著降低，無社會互動的比率亦增加
Rogers & Myles (2001)	亞斯伯格症男童 1 人，14 歲	午餐至下午第一節體育課間的轉銜時間，出現問題行為，例如做鬼臉、拍打手、自言自語等，需提示才會打開體育櫃，體育課經常遲到	介入包括社會故事和連環漫畫會話；社會故事共兩篇，有關午餐和轉銜時間	目標行為顯著減少
Rowe (1999)	亞斯伯格症男童 1 人，國小二年級	午餐時間會對其他兒童大聲罵「真噁心」、「太吵」。若助理要帶他去餐廳用餐，他會大聲尖叫和掙扎	社會故事 1 篇「午餐時間」	目標行為顯著減少
Scattone et al. (2002)	自閉症男童 3 人，2 名 7 歲、一名15歲	3 人的問題行為分別為：(1)椅子往後或往旁邊倒；(2)數學課時高聲喊叫，打斷上課；(3)下課時用不適當的方式看女生	每人 1 篇社會故事，分別為：「椅子上保持安全」、「為什麼不要喊叫」、「看女生是可以的」，除了文字故事外，還包括 3 個待答問題	3 人都減少目標行為，其中兩人效果非常顯著，一人中等有效
Smith (2001)	共19人，其中泛自閉症15人	學校或家中行為，包括強迫反應、危險行為、不服從行為、自助技能、不適當的性行為（摸自己和他人）、發展友誼、轉銜	社會故事共 19 篇	效能用滿分 10 分表示，其中 16 篇超過 5 分，13 篇介於 7-10 分
Swaggart et al. (1995)	自閉症 2 人，女童 11 歲，男童 7 歲；PDD男童 1 人 7 歲	3 人的問題行為分別為：(1)打招呼行為、攻擊行為；(2)喜歡獨自一人，當同儕接近時會尖叫或亂發脾氣；(3)語言主要為仿說，用句和食物有關	女童 2 篇社會故事，包括「丹妮的問候簿」和「我怎樣可以得到可樂」；兩位男童為「分享」	女童顯著增加適當打招呼行為，減少不適當打招呼（摸人）和攻擊行為；兩名男童亦顯著減少攻擊行為

（續）

研究	樣本	目標行為	介入	結果
Thiemann & Goldstein (2001)	泛自閉症男童 5 人，6-12 歲；正常 10 人	適當的社會語言包括制約反應、安全的注意、主動談論、主動要求；不適當的社會語言包括改變話題、無法了解、動物聲音、固執性語言、仿說、無反應等	1 名泛自閉症兒童和 2 名正常兒童配成一組；介入包括社會故事、圖片和書寫的視覺線索（漫畫對話框）、錄影回饋；社會故事 4 篇：安全的注意（如何引人注意）、主動交談、主動要求、制約反應（如何和朋友交談）	5 人中 3 人 3 項技能顯著增加，2 人 2 項技能增加；2 人能類化，1 人部分類化，2 人無法類化；3 人技能能夠保留

第二節　漫畫會話

　　本節介紹如何運用漫畫會話來教導自閉症學生社會溝通技能，包括「連環漫畫會話」教學法的定義、教學步驟、研究結果和效能。

一、何謂連環漫畫會話

　　葛瑞（Gray, 1994）除了社會故事外，還倡導用「連環漫畫會話」（comic strip conversation）教學法，來教導自閉症者社會溝通互動技能。「連環漫畫會話」乃是用簡單的線條圖畫，來表示兩人或兩人以上之間的對話，可以用連續幾幅圖畫，描述進行中的溝通對話情形。由於自閉症學生經常對會話溝通的訊息有困難，藉由漫畫圖形的提示，可以讓自閉症者掌握人際溝通交換的過程，以及事件發生的先後順序。教學理念乃是基於自閉症者對視覺線索較為敏感，因此，藉由漫畫圖形來增進自閉症者對人際對話的了解。

　　運用連環漫畫會話教學法進行教學時，並不需要特別的教材，可以運用教室中的黑板或白板，也可以用白紙。運用黑板和白板的好處

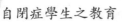

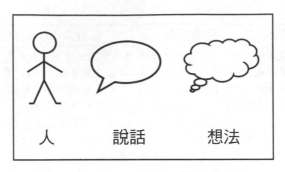

圖 14-4　連環漫畫會話之基本圖形

是隨時可以修改，但不易保留；若畫在紙上，則下次仍可使用。一般教學方式是要學生先將白紙畫成四格或六格，然後在每格中畫圖，說明發生的過程以及溝通對話情形。

二、連環漫畫會話的教學步驟

㈠介紹連環漫畫會話

進行教學時，首先需要讓自閉症學生知道，當兩人對話時，可以藉由畫圖來表示，最基本的圖形例如：人、說話和想法（見圖14-4）。

㈡建立漫畫符號字典

當自閉症學生認識基本圖形後，教學者可以進一步建立漫畫符號字典（見圖 14-5），說明各種圖形所代表的意思。教學者可以依據學生畫畫的習慣，或參考兒童喜歡看的漫畫書，建立學生個別化的漫畫字典。開始時只教一兩個漫畫符號，然後逐漸增加符號，讓學生認識符號所代表的意思。當學生認識了主要的漫畫符號後，就可以用畫畫的方式，來表示人際之間的對話。

圖 14-5　漫畫符號字典

㈢情境對話教學

當學生了解漫畫所代表的含意後，教學者可以選擇一個情境，利用漫畫會話來教導自閉症學生互動溝通技能。一般教學常以學生經常出現問題行為的情境做為主題，例如，學生經常下課時和同學起衝突，老師可以以「下課」為主題和學生討論，教學過程舉例說明如下

圖 14-6　連環漫畫會話舉例「下課」

（見圖 14-6）：

1. 我們來畫圖，看今天發生什麼事？下課了，你人在哪裡？（學生畫操場和一個人）（若學生不會畫，老師先示範）
2. 你在操場，你旁邊還有誰？（學生畫另一個人）
3. 你在做什麼？（學生畫重要的情境或物品）
4. 發生什麼事？其他人在做什麼？（學生畫重要的情境或物品）
5. 你對他們說什麼？（學生畫漫畫說話框）
6. 他們對你說什麼？（學生畫漫畫說話框）
7. 你在想什麼？（學生畫漫畫想法框）
8. 他們在想什麼？（學生畫漫畫想法框）

三、其他建議事項

葛瑞（Gray, 1994）建議，畫畫時還可以用不同的顏色來代表心情，例如藍色代表難過、黃色代表高興、灰色代表疲倦和無聊、粉紅色和紫色代表精力旺盛和興奮、生氣用紅色和橘色表示、平靜則是用綠色（McAfee, 2001）。

當學生了解如何用漫畫會話表達後，可以每日鼓勵自閉症學生用畫畫來表示他和其他兒童之間的互動，不一定只在衝突情境出現時才

討論，如此，當學生真正發生問題時，才會熟悉用漫畫會話來描述所發生的事情。此外，教學者可藉由漫畫會話來教導學生與人互動時的會話技能，例如打招呼、參與同儕活動等。而「漫畫會話簿」還可以當成聯絡簿，讓學生帶回家跟父母說明在學校中發生的事情（Glaeser et al., 2003）。

四、研究結果與效能

　　漫畫會話教學的好處，是將抽象的人際對話用具體的人物漫畫來呈現，可以增進自閉症學生理解人際互動過程，彌補口語溝通的困難，並且學生多半具有很高的學習動機。目前有關漫畫會話教學法的研究較少，只有兩篇報告調查「連環漫畫會話」對減少自閉症學生問題行為的功效。其中一篇研究社會故事和連環漫畫會話，對改善一名亞斯伯格症學生問題行為的效果，個案的問題行為主要出現在午餐至下午第一節體育課間的轉銜時間，例如做鬼臉、自我刺激拍打手、自言自語等，並且需提示才會打開體育櫃，動作緩慢，體育課經常遲到。結果發現，連環漫畫會話可以顯著減少個案的問題行為，協助個案了解社會互動的內涵；並且，當個案學會用漫畫會話溝通時，還會主動要求其他老師，也用漫畫會話來解釋社會互動（Rogers & Myles, 2001）。

　　另一篇為葛類瑟等人（Glaeser et al., 2003）所做的研究，他們運用連環漫畫會話來改善兩名學生與同儕、成人間的互動衝突，其中一名學生為自閉症女童。結果發現，連環漫畫會話能有效改善女童與他人之間的衝突，並且，隨著時間，學生的自信力漸增，愈能將自己的感覺、想法和意見用漫畫對話框來表示，了解自己在衝突中所扮演的角色，進而學習解決衝突情境。

　　雖然「連環漫畫會話」的實證研究不多，但從心智論觀點延伸出來的研究，卻顯示漫畫會話對自閉症學生具有相當大的教學潛力。一

些研究者調查心智論和漫畫「想法框」（thought bubbles）之間的關係，發現三歲兒童就知道「想法框」的心智表徵含意。例如，凱爾和杜克林（Kerr & Durkin, 2004）比較一般正常兒童（3-4 歲）和自閉症兒童（3-6 歲）通過「錯誤信念」測驗的比率（見第三章第二節），其中一些作業改用漫畫「想法框」呈現圖片人物的想法。結果發現，雖然大部分的正常兒童和自閉症兒童都無法通過錯誤信念測驗，但當測驗用「想法框」呈現時，這些兒童都知道：(1)想法框中的話代表想法；(2)想法可以用來推論不知道的事實；(3)想法可能不同；(4)想法可能錯誤。顯示即使低語文心智能力的自閉症兒童，亦能了解心智表徵的涵義。

威爾門等人（Wellman et al., 2002）則是研究運用「想法框」來教導自閉症者了解錯誤信念，共進行兩個實驗：第一個實驗包括七名男性自閉症者，年齡介於八至十八歲，語文心智年齡介於四至六歲半；第二個實驗包括十名自閉症者（九男一女），年齡介於五至十七歲，語文心智年齡介於四至八歲。兩個實驗的進行方式類似，都是先進行錯誤信念測驗前側，然後進行教學，教學完後再進行後側，其中第二個實驗比第一個實驗周詳，並且施測較多的錯誤信念測驗。教學內容主要為「莎莉和安妮」作業，每次教學三十分鐘，從第一階段逐步教導至第五階段，視兒童的進度，最多教學五次（但第二次實驗有兩名兒童教學八次）。教學共分下列六階段：

第一階段：介紹「想法框」

第二階段：看不見對物品的想法，但想法仍舊一樣

第三階段：看不見對物品的想法，且想法已經改變

第四階段：預測隱藏物品的地點，物品仍未移動

第五階段：預測隱藏物品的地點，物品已經移動

第六階段：莎莉和安妮作業，但無想法框

結果發現，兩個實驗中的所有錯誤信念測驗分數，都是後測分數顯著高於前測，顯示漫畫想法框可以增進自閉症者的心智論能力，研

究者認為和其他心智論教學法相比，用「想法框」呈現想法，自閉症者不僅較容易了解心智表徵概念，學習速度亦較快，並且還能將「莎莉和安妮」作業中所學得的技能，類化到未教導的錯誤信念作業中。

第十五章 統整性介入方案

本章介紹一些著名的自閉症學生統整性介入方案，包括駱發斯的「年幼自閉症計畫」、夏普樂的「自閉症和相關溝通障礙兒童之處遇與教育」（TEACCH），以及葛林斯班的「發展、個別差異、關係本位模式」（DIR）與「地板時間」。

第一節　年幼自閉症計畫

一、何謂「年幼自閉症計畫」

艾發・駱發斯（O. Ivar Lovaas）於一九六二至一九六九年間，在美國加州大學洛杉磯分校（University of California, Los Angeles, UCLA）附屬神經精神科醫院，對自閉症兒童進行治療和研究，並同時發展介入課程。其後，他和同僚發現，在醫院的治療模式有幾個限制，首先，在醫院的效果無法類化到其他情境；其次，在某領域的學習效果（例如語言）無法類化到其他領域（例如社會互動）；並且，經治療後的兒童仍舊有明顯的發展遲緩現象，尤其是五歲以後才開始治療的兒童，效果較差（Smith et al., 2001）。因此，於一九七〇年開始著手「年幼自閉症計畫」（Young Autism Project），這個計畫的主要目的為發展重度發展障礙兒童的教材教法，教學法主要根基於行為

療法,此課程主要的特色為(Lovaas, 1981):

1. 介入的場所從傳統的機構或醫院移到兒童的自然生活情境。
2. 介入的重點從治療轉變為教學。
3. 教學由兒童的父母和老師來進行,而非醫療人員。
4. 教學不按照兒童的診斷類別來分類,例如自閉症、智能障礙、腦傷等,而是將行為分成小的教學單元,以領域分類,例如語言、遊戲、自助技巧等。
5. 不強調診斷測驗。

此外,將訓練的重點移到早期療育,以四歲以下的自閉症幼童為對象,採密集式一對一的訓練,兒童平均每週接受四十小時的訓練,長達兩年或以上的時間。若兒童至入學幼稚園年齡,具有正常智力,並安置於普通幼稚園,訓練時數減少為每週十小時或以下;若兒童至入學年齡,仍未痊癒,則繼續進行每週四十小時訓練,長達六年或以上。第一年的介入主要為減少自我刺激和攻擊行為、跟隨指令、模仿、遊戲技能等;第二年強調語言表達和抽象語言、與同儕互動遊戲等;第三年教導兒童情緒表達、先備學科技能(例如閱讀、書寫、數學)以及觀察學習。並且,若教學時自閉症兒童呈現自我刺激或攻擊等不適當的行為,教學者會運用嫌惡的處罰策略給予矯治,例如對兒童大聲說:「不」、暫時隔離法等(Lovaas, 1987)。

二、駱發斯早期介入協會

由於一九七○年代訓練的這批兒童,介入效果較佳,隨後,駱發斯進一步擴大「年幼自閉症計畫」,在美國洛杉磯成立「駱發斯早期介入協會」(Lovaas Institute For Early Intervention, LIFE)(網站見附錄一),提供自閉症、廣泛發展障礙,以及其他相關發展障礙兒童的介入服務。訓練內容包羅廣泛,主要強調語言和溝通、社會遊戲、先備學科、獨立生活等技能。截至二○○五年六月為止,成立的臨床訓

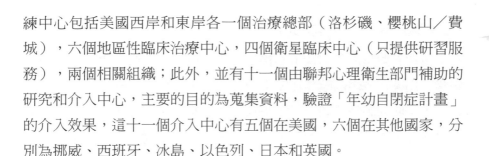

練中心包括美國西岸和東岸各一個治療總部（洛杉磯、櫻桃山／費城），六個地區性臨床治療中心，四個衛星臨床中心（只提供研習服務），兩個相關組織；此外，並有十一個由聯邦心理衛生部門補助的研究和介入中心，主要的目的為蒐集資料，驗證「年幼自閉症計畫」的介入效果，這十一個介入中心有五個在美國，六個在其他國家，分別為挪威、西班牙、冰島、以色列、日本和英國。

「駱發斯早期介入協會」主要提供下列兩種服務（Smith et al., 2001; Smith & Wynn, 2003）：

㈠臨床服務

以住處靠近各臨床中心的家庭為服務對象，提供自閉症兒童訓練課程，採密集式一對一訓練，每名兒童分派一組工作人員（助理四至六名、資深助理一名、個案督導一名），平均每週接受四十小時的訓練。但有些情形訓練的時數較少，例如：

1. 兒童年齡小於三歲，每週訓練時數從二十小時開始。

2. 兒童的治療接近終結，逐漸減少治療時數。

3. 其他理由（例如醫療限制、四十小時介入的進步緩慢等）。

介入通常持續三年，訓練內容主要按照教學手冊（Lovaas, 1981）和錄影帶示範的教學法（Lovaas & Leaf, 1981），由治療師用分立練習訓練的方式，對自閉症兒童進行一對一的教學，每週介入五至七天，每次介入二至三小時。訓練課程第一年著重模仿、跟隨簡單指令、模仿簡單粗大和精細動作、配對、模仿發音、自助技能等學習；第二年強調溝通語言、抽象概念、遊戲技能、自助技能等，若兒童口語能力有限，則介紹「圖片兌換溝通系統」（PECS）；第三年著重社會化以及學校和社區情境的適應，訓練技能包括觀察學習、角色扮演、玩遊戲、對話練習、問問題、獨立工作等。介入費用平均每名兒童每月美金三千至三千五百元。

(二)研習服務（家長介入）

主要針對無法至訓練中心接受治療的自閉症兒童，提供家長諮詢服務，由家長或老師輪流在家中訓練兒童，此模式亦建議最好每週能有四十小時的訓練時間。研習服務方式為家長、兒童和家教老師（大學生助理）先參加三天每天六小時的研習營，研習著重教導家長和老師如何教導自閉症兒童，內容包括應用行為分析、教學技能和程序、如何記錄兒童進度、了解兒童哪些領域有困難等。研習中，研習顧問會對家長和老師示範教學法，以及提供教學回饋；並於研習結束後，提出自閉症兒童的介入計畫報告書，建議需要進行訓練的領域和活動。隨後，家長、兒童和老師需參加間隔一星期至三個月的研習，每次一至二天，時間長達二至三年。家長和老師在研習中，與研習顧問討論自閉症兒童的教學進度，並擬定或修改教學計畫。每次研習間的時間，則以電話聯絡，視需要從一星期一次至一個月一次，每次電話諮詢時間約三十分鐘。此外，家長亦可拍攝教學錄影帶，由研習顧問給予回饋。家長在每次研習前，都需先閱讀兩本駱發斯所著的教學手冊（Lovaas, 1981, 2003）以及研習講義。

三、訓練課程

駱發斯早期介入協會的訓練課程，主要按照駱發斯於一九八一年出版的發展障礙兒童教學手冊（Lovaas, 1981），此手冊將教學課程分成六大部分：

(一)**學習準備**：正確的坐姿、引導和維持兒童的注意、去除輕度問題行為。

(二)**模仿、配對、早期語言**：模仿簡單動作、視覺刺激配對、跟隨口語指令、口語模仿、適當的遊戲技巧、類化和保留。

(三)**基本自助技能**：進食、如廁訓練、穿衣、梳頭、刷牙。

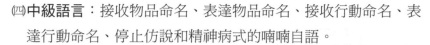

㈣**中級語言**：接收物品命名、表達物品命名、接收行動命名、表達行動命名、停止仿說和精神病式的喃喃自語。

㈤**高級語言**：大小、顏色和形狀、介系詞、代名詞、時間概念、是與不訓練、片語和句子教學。

㈥**擴大兒童世界**：在社區情境管理兒童、教導感覺、假裝和想像、觀察學習、建立自發性以及控制行為、兒童就學準備、學校（特殊教育）、常見問題。

並且，配合上述的教學單元，拍攝五捲教學錄影帶，示範教學步驟，供父母和老師參考（Lovaas & Leaf, 1981）。

新近，駱發斯又於二○○三年出版另一本發展遲緩者之基本介入技術，內容為修改和擴充一九八一年版的教學法，二手冊內容的主要差異為，新手冊將嫌惡處罰策略移除，不再採用，並且新增一些章節，例如閱讀與書寫、介紹圖片兌換溝通系統、課程的考慮和選擇，以及澄清一些人對 UCLA 介入法的質疑等。二○○三年版並建議一般自閉症兒童的教學進度（見圖 15-1），讓家長和老師可以配合進度，閱讀教材中相關的部分。

四、教學課程舉例

以下舉例說明駱發斯的教學方式，包括正確的坐姿、模仿簡單動作和穿衣（Lovaas, 1981）：

㈠正確的坐姿

正確的坐姿為第一個活動，屬於學習準備活動，主要讓學生練習在椅子上坐好，共包括三個指令：坐下、坐直、手放好。以「坐下」為例，教學步驟為：

步驟一：選一張大小適中的椅子放在學生背後。

步驟二：下指令「坐下」，然後協助學生坐在椅子上（推他或肢

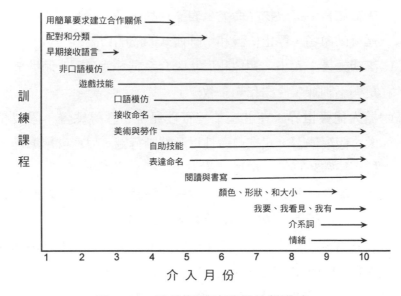

圖 15-1　駱發斯訓練課程教學進度

資料來源：Lovaas, O. I. (2003). *Teaching individuals with developmental delays: Basic intervention techniques* (p. 411). Austin, TX: Pro-ed.

體提示）。

步驟三：當學生坐下時，立即給予增強（例如誇獎或用食物）。

步驟四：下指令「站起來」（必要時拉他起來），然後重複步驟一和二。

步驟五：逐漸減少提示。

步驟六：若未下指令前，兒童已先站起來，強迫他坐回椅子上。

步驟七：下指令「站起來」，提示他要站起來（注意需由教學者決定學生何時可以站起來和坐下）。

(二)模仿簡單動作

當學生能夠坐好、注意看時，接著教導學生模仿簡單動作，模仿由粗大動作開始（例如舉手、摸鼻、拍手、摸耳朵等），然後再學習模仿面部表情和手勢（例如張開嘴巴、微笑、皺眉等）。粗大動作的

模仿訓練包括舉手、摸鼻子和拍手等，其中「舉手」的教學步驟如下：

步驟一：讓學生和你面對面坐下，並注意看你的臉。

步驟二：教學者下指令說「照著做」，同時舉起雙手過頭。若學生沒有模仿你的動作，給予提示。

步驟三：提示方式——重複步驟二，教學者舉起雙手說「照著做」，接著抓起學生的手臂，要學生舉手一秒鐘；也可以讓助理站在學生背後，協助他舉起手來；或是用口語提示「舉手」。當學生舉起手時，立即給予增強。

步驟四：褪除提示——當步驟三學生反應正確時，教學者需逐漸減少提示，例如教學者舉起雙手說「照著做」，然後抓學生的手臂，要他舉手（但不支撐），接著教學者亦跟著舉起雙手，這時若學生仍舉著雙手，教學者立即給予增強；若不扶學生的手，他就將手放下，則回到步驟三。

步驟五：若步驟四的方式，連續試幾次後，學生都反應正確，則進一步減少肢體提示。教學者舉起雙手說「照著做」，接著輕推學生的手往上舉（肢體提示減少），然後教學者舉起雙手，這時若學生仍舉著手，教學者立即給予增強；若不扶學生的手，他就將手放下，則回到步驟四。

步驟六：當學生步驟五反應正確時，需更進一步減少提示。教學者舉起雙手說「照著做」，接著用指尖提示要學生跟著舉手，若學生模仿教學者的動作而舉手，立即給予增強。

當學生不需提示即會模仿教學者的動作而舉手後，接著，可以教導學生模仿第二個動作，標準為十次練習中有九次正確，或是二十次練習中有十八次正確。另外，所挑選的第二個動作，需與第一個動作具有大的差異，例如「摸鼻子」，教學方法同舉手。

(三)穿衣

此單元包括脫衣（鞋子、襪子、褲子）和穿衣（褲子、汗衫、襪子、鞋子），教學法建議採用逆向連鎖（backward chaining）的方式，由教學者先幫學生完成目標行為前面的步驟，留最後一個步驟讓學生練習，當學生學會後，再練習次靠近完成目標的動作，直到學生學會所有的步驟為止。亦即第一個步驟最後教，最後一個步驟先練習，讓學生每次練習都有完成的動作，增加學生的學習動機。其中「穿汗衫」的教學步驟如下：

步驟一：教學者下指令「穿衣服」，然後抓學生的手，幫他穿衣服，直到衣服已拉至胸部，然後讓學生自己將衣服拉至腰圍。

步驟二：同步驟一，教學者幫學生穿衣服，並協助他將一手伸進袖口，然後讓學生練習自己伸另一手，穿好衣服；學會一手後，再練習伸另一手進袖口。

步驟三：教學者幫學生將衣服套在頭部，然後將袖口定位，讓學生練習將手伸進袖口，穿好衣服。

步驟四：教學者幫學生將衣服套進頭部，讓學生自己穿好衣服。

步驟五：教學者幫學生將衣服套在頭頂，讓學生自己穿好衣服。

步驟六：教學者幫學生將衣服洞口定位好，讓學生自己穿好衣服。

步驟七：教學者拿衣服給學生，讓學生自己穿好衣服。

五、研究結果與效能

在所有的自閉症兒童訓練課程中，就以駱發斯的「年幼自閉症計畫」最受各界注目，尤其是他於一九八七年所發表的研究報告，倍受爭議（Lovaas, 1987）。此篇研究報導對自閉症兒童進行行為介入，實

驗組共十九人，介入時年齡全部小於四歲，心智年齡三十個月或以上，每週進行四十小時的密集行為訓練，長達兩年或以上的時間；控制組共有兩組，第一組十九人，和實驗組一樣接受行為訓練，但每週只有十小時或以下時間，第二組二十一人，接受其他訓練。這些兒童在入小學一年級時（6-7 歲）進行追蹤研究，結果發現，實驗組中有47%（九人）的兒童從自閉症中「痊癒」，智力呈現正常水準（IQ 94-120），並就讀於普通班；42%的兒童具有輕度智障（IQ 56-95），就讀語言遲緩班；10%的兒童具有重度智障（IQ < 30），安置於自閉症或智障特殊班；實驗組兒童的智商平均增加二十分，最佳效果（痊癒）兒童平均增加三十七分（Lovaas et al., 1989）。相較下，兩組控制組兒童的結果差不多，合起來只有 2%的兒童入學時智力正常，安置於普通班；45%兒童具有輕度智障，安置於語言遲緩班；高達 53%的兒童具有重度智障，安置於自閉症或智障特殊班。

　　隨後，駱發斯和其同僚又於一九九三年發表另一篇追蹤研究（McEachin et al., 1993），此篇報告乃是以一九八七年研究的自閉症兒童為對象，在兒童成長至平均十一歲半時，追蹤其智能、適應行為和人格的發展狀況。當時實驗組兒童中，九名最佳效果者在七歲時停止接受治療，其他未痊癒的十名兒童則繼續接受行為訓練。結果發現，實驗組兒童中，原本痊癒的九名兒童，有一名後來轉至特殊班就讀，十名就讀特殊班的兒童中，有一名轉至普通班就讀；控制組兒童（只剩第一組）的教育安置，則和七歲時相同，全部安置於特殊班。此外，實驗組兒童的平均智商為 84.5，控制組只有 54.9；文蘭適應行為量表分數，實驗組平均分數為 72，控制組為 48，並且，控制組兒童顯著比實驗組具有較多的不適應行為。總括此兩篇研究顯示，密集式行為訓練效果極佳，若自閉症兒童在年齡小於四歲時（心智年齡 30 個月或以上），施予密集式行為訓練，約接近半數的自閉症兒童在入小學時，智力可以達到正常水準；並且至十二歲時，多數的自閉症兒童仍維持七歲時的智力和行為發展狀況。

此兩篇研究在學界造成轟動，引發各界熱烈的討論，很多家長給予讚美，認為自閉症兒童因此課程而受益。例如毛瑞思（Maurice, 1993）著書《讓我聽見你的聲音》（*Let me hear your voice*），描述她的女兒和兒子分別被診斷為自閉症，後因駱發斯教材、錄影帶和研習的協助，使她先對女兒進行行為訓練，後來對兒子，最後兩人都因駱發斯的教學法，而從自閉症中「痊癒」，智力和各方面的發展狀況與一般正常兒童無差異。

除了讚美外，也引發不少批評，很多學者認為自閉症是生理疾患，不贊成用「痊癒」一詞，來描述實驗組中智力正常的高功能自閉症，認為會誤導家長，使其期望過高，以為自閉症可以痊癒；並且，研究設計的取樣和測量有問題，取樣不具代表性，用不適當的控制組和實驗組做比較，缺乏內在和外在效度。還有，很多人不贊成駱發斯於教學中，運用嫌惡的處罰策略處理兒童的問題行為；另外，每週進行四十小時的訓練，實在過於密集，無法重複驗證實驗等，可說學界對駱發斯教學法的批評聲從未間斷（見 Gresham & MacMillan, 1997; Schopler et al., 1989; Shea, 2004）。

經過十多年來的論戰，雖然沒有共識，但在爭論之餘，總算有較建設性的做法，亦即各種不同教學法需各自提出具體的研究數據，證明其功效；並且，研究設計需嚴謹，實驗組和控制組的取樣需採隨機分派，盡量控制可能的影響變項，例如診斷標準、智力、年齡等因素。其中一項大型研究計畫，就是由史密斯所領導的跨國性「年幼自閉症計畫」實驗，參與的國家包括美國、歐洲和亞洲等地區，總共十一個據點，主要目的為驗證駱發斯教學法的介入效果（Smith et al., 2001）。

近年來，並有不少行為介入法的研究報告發表，例如，艾克塞斯等人（Eikeseth et al., 2002）研究一年密集式行為訓練對自閉症兒童的功效，受試者為挪威一所公立幼稚園的自閉症兒童，年齡介於四至七歲，屬於「年幼自閉症計畫」的研究單位，實驗組兒童共有十三人，

採用駱發斯的行為訓練，每週平均訓練二十八小時；此外，介入前三個月，家長需到幼稚園中，每週四小時，用分立練習訓練的方式，與治療師輪流對兒童進行一對一的教學。控制組兒童共有十二人，介入方式採彈性選擇，每週平均介入二十九小時，介入法包括 TEACCH（見本章第二節）、感覺統合治療、應用行為分析等，乃是根據兒童的個別需要，結合不同的療法。兩組兒童在介入前智商和適應行為分數相近，介入目標亦相似，經一年用不同的方法介入後，實驗組兒童顯著比控制組具有較高的智商和適應行為，實驗組兒童平均智商增加 17 分、語言理解 13 分、語言表達 23 分、適應行為 11 分；相較下，控制組兒童的平均智商只增加 4 分、語言理解-1 分、語言表達-2 分、適應行為 0 分。

　　郝爾德等人（Howard et al., 2005）比較三種介入方式對學齡前泛自閉症兒童（自閉症或PDDNOS）的功效，全部兒童開始介入時的年齡小於四歲，第一組兒童（自閉症 24 人、PDDNOS 5 人）採用一對一密集式行為介入法，年齡小於三歲者每週教學二十五至三十小時，年齡超過三歲者三十五至四十小時，除此外無其他治療；第二組兒童（自閉症 12 人、PDDNOS 4 人）採用特殊教育，由特教老師根據兒童的需要決定介入方式，工作人員與兒童的比率為一比一或一比二，每週教學二十五至三十小時，介入方式包括分立練習訓練、圖片兌換溝通系統（PECS）、感覺統合治療、TEACCH 活動等，此外，其中有七人每週接受語言治療一至二次；第三組兒童（自閉症 9 人、PDDNOS 7 人）亦採用特殊教育，工作人員和兒童的比率為一比六，每週平均教學十五小時，介入方式強調發展上適當的活動，例如語言、遊戲和感覺經驗，並且，其中十三名兒童每週接受語言治療一至二次。所有兒童先進行前測，接著進行介入，十三至十五個月後進行後測，三組兒童在前測的各項分數上無顯著差異。結果後測時，第一組兒童在智商、非語文技能、接收和表達語言、文蘭適應行為量表分數上，顯著高於其他兩組兒童，第二組和第三組兒童的各項分數無顯

著差異。若比較前後測分數的進步幅度，第一組兒童各項分數的進步幅度大於第二組和第三組兒童，其中，只有文蘭適應行為量表「動作技巧領域」未達顯著水準。三組兒童在各項測驗的進步分數，智商第一組進步 29.72 分、第二組 8.44 分、第三組 8.94 分；非語文技能第一組進步 20.57 分、第二組 6.13 分、第三組 2.31 分；接收語言第一組進步 20.17 分、第二組 3.87 分、第三組-4.82 分；表達語言第一組進步 20.08 分、第二組 3.80 分、第三組-4.45 分；文蘭適應行為量表總分第一組進步 10.52 分，第二組和第三組兒童的分數則是略為退步（分別為-.56 分和-2.77 分），顯示行為介入法比其他混合式介入法，較能提升泛自閉症兒童的能力。

史密斯等人（Smith et al., 1997）研究駱發斯的行為訓練，對具有重度智障的發展障礙兒童的功效，受試者的年齡小於四歲，智商低於三十五，被診斷為具有智能障礙和廣泛發展障礙，並且無明顯的身體疾病。實驗組兒童共有十一人，每週接受三十小時或以上的一對一行為訓練，控制組十人，每週接受十小時或以下的一對一行為訓練，二組兒童接受治療的時間長達兩年或以上，並於介入後二至四年之間，進行追蹤研究。結果實驗組兒童的智商從平均二十八分增至三十六分，控制組兒童的智商從二十七分退步至二十四分；介入前兩組兒童都不會說話，追蹤期實驗組兒童有十人（91%）能用單字命名，控制組只有二人（20%）有口語能力。

總結這些研究結果發現，駱發斯的密集式行為訓練，的確比其他混合介入法，較能增進自閉症兒童的智力和適應能力，不僅年齡小於四歲的兒童呈現顯著進步（Howard et al., 2005; Sheinkopf & Siegel, 1998），年齡介於四至七歲者亦有顯著功效（Eikeseth et al., 2002）。在障礙類別的比較上，研究發現，PDDNOS 兒童的介入效果高於自閉症兒童（Smith et al., 2000）；而自閉症兒童中，功能高者（心智年齡高於三十個月的兒童）的效果，又高於功能低者（重度智障 IQ < 30）（Smith et al., 1997）。在服務方式的比較上，臨床服務（治療師介

入）的介入效果，顯著高於家長訓練團體（研習服務，由家長介入）
（Smith et al., 2000），而家長訓練團體的效果又顯著高於其他介入法
（例如特殊教育等）（Sheinkopf & Siegel, 1998）。在介入時數的比較
上，每週介入時數較多的兒童（26-40 小時），智商進步的幅度比介
入時數較少（25 小時以下）的兒童大（Hutchison-Harris, 2004; Shein-
kopf & Siegel, 1998）；並且，第一年（平均年齡三歲三個月）的介入
時數，可以預測自閉症兒童入學時的智力、適應行為和教育安置，但
其後幾年的介入時數或總介入時數，與兒童入學時的智力和適應行為
無關（Hutchison-Harris, 2004）。

　　雖然駱發斯的行為介入法效果佳，但亦有其限制。首先，密集式
行為訓練對雷特症兒童無效（Smith et al., 1995）；其次，所謂最佳效
果已痊癒之自閉症兒童，雖然其智力、適應行為、語言能力和老師評
社會技能，與一般正常兒童的分數無顯著差異，但其他社會能力測驗
的分數顯著低於一般正常兒童，例如文蘭適應行為量表中的社會化領
域、史坦佛比奈荒謬量表、心智論角色取替能力、情緒知覺作業等，
並且，同儕問卷中的負向互動較多（Bailey, 2001）。顯示自閉症幼兒
若經兩年以上的密集式行為介入，有可能在入小學時，其智力和適應
行為達正常水準，但其社會能力仍舊比同儕落後。

第二節　TEACCH

一、何謂 TEACCH

　　艾立克・夏普樂（Eric Schopler）於一九六六年接受美國聯邦政府
經費補助，在北卡羅萊納大學教堂山分校（University of North Carolina
at Chapel Hill）研究自閉症兒童的介入方式。由於此計畫的經驗，使

他和他的同僚們認為，自閉症乃是起因於大腦異常，不是因為父母管教不當所造成；並且，自閉症兒童的進步與家長的努力、興趣以及技能有關，因此，認為介入方式應加強家長和專業人員間的合作，讓父母做協同治療者。此理念有別於當時的主流看法，多認為自閉症源於「冰箱母親」，因此，介入主要由醫療人員進行（Schopler et al., 1984）。

由於此研究計畫很成功，發現對自閉症兒童有很大的幫助，因此，一九七二年北卡羅萊納州立法，將研究計畫的介入理念在全州推廣，成為該州自閉症和重度溝通障礙者的特殊教育課程，這個計畫稱為「自閉症和相關溝通障礙兒童之處遇與教育」（Treatment and Education of Autistic and related Communication handicapped CHildren），簡稱TEACCH，附屬於北卡羅萊納大學教堂山分校的精神醫學系，稱為「TEACCH分部」（Division TEACCH），主要負責提供自閉症者及其家庭有關診斷、治療、訓練和教育等服務（Schopler, 1997; Schopler et al., 1984）。

一九七二年立法的同時，州政府決定經費補助北卡羅萊納州公立學校設立十一個TEACCH實驗班。由於效果顯著，各地方政府亦跟著提供經費，補助學校增設班級，目前全州所設立的TEACCH教室已擴充至三百個（Mesibov et al., 2005）。TEACCH教室的特色為，配有老師和助理各一名，四至六名自閉症學生，由TEACCH分部和學校簽訂契約，雖然教室位於一般中小學，但行政上附屬於TEACCH分部，教師聘用由學校和TEACCH分部一起雇用，每名教師皆需參加TEACCH五天的密集研習（Schopler, 1997）。

TEACCH分部並在北卡羅萊納州各地設立地區性中心，開始時只有三個TEACCH中心，目前已擴充至九個，這些TEACCH中心都位於北卡羅萊納大學的分校所在地，每個中心配有五至七名治療師，負責提供轄區學校診斷評量、治療計畫、執行、教育、諮詢、支持性就業、訓練和研究等服務。運作方式為地區性中心先對轉介的兒童進行

診斷評量，然後，將符合資格的自閉症兒童安置於TEACCH班級，並由 TEACCH 中心負責提供治療計畫和諮詢服務（Schopler, 1997）。除了地區性中心外，並於一九九〇年設立一個住宿型農場，稱為「卡羅萊那生活和學習中心」（Carolina Living and Learning Center），主要負責成人自閉症者之獨立生活技能訓練與職業訓練，目前共有兩個家園，一住有五名自閉症者，另一住有十名自閉症者。此外，TEA-CCH分部還對外提供專業人員進修訓練，專業人員除了來自美國各州外，還包括二十個國家的專業人員，例如英國、法國、瑞典、義大利、俄羅斯、日本、香港和台灣等（詳見 TEACCH 網站；Mesibov et al., 2005）。

過去三十年來，TEACCH 分部已服務超過 5,800 人次以上（Marcus et al., 2001），在服務對象的診斷類別上，主要為自閉症、廣泛發展障礙和嚴重溝通障礙。過去約 56%為自閉症、44%為相關溝通障礙，近年來則以自閉症為主，人數比率超過 80%。在服務對象的年齡上，涵蓋各年齡層，包括學齡前幼兒、兒童、青少年和成人，年齡介於一歲四個月至六十歲。但不同年代主要服務的年齡層有些改變，在一九七〇年代，從學校轉介的兒童，主要以幼稚園和國小一年級的自閉症兒童為主，近十五年來年齡層逐漸往下降；目前，TEACCH中心主要服務的對象為三歲幼兒，並有為數不少的二歲幼兒，男女比為四比一，六歲以下的兒童，其平均智商為六十三（介於 10-122）（Marcus et al., 2001; Schopler, 1997）。

二、TEACCH 的哲學理念

TEACCH主要根據下列的哲學理念進行介入（Schopler, 1997）：

1. 從觀察兒童來了解自閉症的特徵，著重實證證據，而非專家的理論。
2. 注重家長和專業人員之間的合作。

3. 著重長期適應力的培養，主要藉由兩方法：(1)教導兒童新興趣和新技能；(2)根據兒童的缺陷，進行環境調整。

4. 評量採個別化的方式，並根據評量結果設計個別化介入課程。

5. 運用結構式教學法。

6. 將認知和行為理論列為優先，整合兩理論做為介入和研究的指引。

7. 增強兒童的技能，並接受兒童的缺陷和短處。

8. 從全方位的角度來看兒童，而不是從某專業領域的角度，特別強調某方面的訓練，例如強調兒童的行為問題、口語缺陷和感覺動作缺陷等。

9. 自閉症乃是終身的障礙，注重終身社區本位服務。

三、診斷和評量

(一)診斷和評量過程

當學校或其他單位轉介兒童至TEACCH中心時，會先由中心的專業人員進行入口診斷評量，以篩選轉介的兒童是否適合進入TEACCH班級。中心的治療師會先和家長、兒童碰面，進行約一小時的評量，評量內容包括晤談父母，以及治療師與兒童互動，以了解兒童的行為和發展狀況。接著會舉行轉介會議，治療師回顧主要議題，對適合接受TEACCH服務者建議做進一步的完整評量。完整評量主要由五名專業人員組成小組，包括一名臨床心理師、三名心理教育治療師，以及一名小兒科醫師。參與評量的人員包括父母、兒童、老師或其他轉介人員，評量小組主要蒐集下列資料：

1. 標準化測驗：例如魏氏幼兒智力量表修訂版。

2. 修訂心理教育側面圖（PEP-R）（敘述於後）。

3. 家長晤談：當自閉症兒童施測 PEP-R 測驗時，治療師晤談父

母、老師或其他熟悉兒童的人士，了解他們對自閉症兒童的看法、父母的疑慮、兒童在家中的行為模式等，並請家長填寫文蘭適應行為量表。

4. 非正式觀察：治療師觀察兒童行為，填寫「兒童期自閉症評量表」（CARS）（見第七章第一節）。

5. 小兒科醫師進行兒童身體檢查。

6. 其他發展測驗：例如貝力量表（Bayley Scales）、梅若帕門心智測驗（Merreill-Palmer Scale of Mental Tests）等。

(二)修訂心理教育側面圖

「修訂心理教育側面圖」（Psychoeducational Profile-Revised, PEP-R）由夏普樂等人（Schopler et al., 1990）所編製，屬於發展測驗，主要的目的在了解自閉症兒童不均勻和獨特的發展模式，以協助老師擬定學生的個別化教育計畫。此測驗適用於年齡六個月至七歲的兒童，若兒童年齡介於七歲和十二歲之間，亦可用 PEP-R 來了解兒童的發展遲緩情形，十二歲以上的兒童適用「青少年與成人心理教育側面圖」（敘述於後）。PEP-R 全部共有 174 題，包括發展量表和行為量表兩部分（舉例見表 15-1）。全部施測時間約四十五分鐘到一個半小時。其中發展量表共有 131 題，主要測量七大發展領域，分別為：

1. **模仿**：共 16 題，例如滾動黏土、學動物叫等。

2. **知覺**：共 13 題，例如視覺追視、聽到並轉向哨音聲源等。

3. **精細動作**：共 16 題，例如穿珠、換手拿東西等。

4. **粗大動作**：共 18 題，例如拍手、單腳站立等。

5. **手眼協調**：共 15 題，例如拼圖、仿繪線條和圖形、堆積木等。

6. **認知表現**：共 26 題，例如寫出名字、執行二步驟指令、二物分類等。

7. **認知語言**：共 27 題，例如說出物品形狀（表達語言）、你叫什麼名字等。

此量表計分採用三點量表，分成：

1. **通過**（Passing）：兒童不需示範，即能成功地完成工作，記分為 P。

2. **浮現**（Emerging）：兒童證明對完成工作有某些知識，但無法成功地完成它，則登記為 E。

3. **失敗**（Failing）：即使經過示範，兒童不會或不願意完成工作，登記分數為 F。

行為量表共有43題，包含四大領域，用來指出自閉兒不尋常的行為模式，這四個領域為：

1. **關係與感情**（relating and affect）：共 12 題，例如發動社會互動、對身體接觸的反應等。

2. **遊戲與興趣的物質**（play and interest in materials）：共 8 題，例如探索施測環境、對物品增強有動機等。

3. **感覺反應**（sensory responses）：共 12 題，例如視覺敏感度、聽覺敏感度、觸覺敏感度等。

4. **語言**：共 11 題，例如字彙運用、延宕仿說、代名詞運用等。

計分採用三點量表，分成：

1. **適當**（Appropriate）：行為對小孩的年齡來說是適當的，登記分數為 A。

2. **輕度**（Mild）：行為顯得有些不尋常，登記為 M。

3. **重度**（Severe）：在行為的強度或質方面，明顯地較為誇大和妨礙，行為顯得很奇怪或功能異常，則登記為 S。

(三)青少年與成人心理教育側面圖

「青少年與成人心理教育側面圖」（Adolescent and Adult Psycho-educational Profile, AAPEP）由麥瑟伯等人（Mesibov et al., 1988）所編製，主要目的為評量個案目前和潛在的技能，使個案能在家中或社區中過半獨立的生活。AAPEP 共包括 168 題，包括三量表：

表 15-1　修訂心理教育側面圖（PEP-R）題目舉例

題目	領域	過程	計分
1. 扭開泡泡瓶蓋	發展量表 精細動作	將泡泡瓶放在桌上，說：「這是泡泡。」接著將泡泡瓶給小孩，並做扭開蓋子的姿勢；如果小孩打不開，示範給小孩看，然後指示小孩再試一次。	通過：自己扭開瓶蓋。 浮現：嘗試扭開蓋子不成功，但知道打開的必要動作。 失敗：打開蓋子不成功，不知如何打開，或在示範後還是不願意嘗試。
33. 表達性指認顏色	發展量表 認知語言	將 5 塊積木放在小孩面前的桌上，指或拿起一塊積木說：「這是什麼顏色？」剩餘的積木重複相同的施測程序。	通過：正確地指出全部 5 種顏色。 浮現：正確地指出至少一種顏色，或所有的顏色都說成相同的顏色（如稱所有的積木為綠色）。 失敗：不能正確地指出任何顏色，或不願意做。
55. 對身體接觸的反應	行為量表 關係與情感	向小孩表示你要舉起他，將他舉起輕輕地搖晃。（若小孩太重，可改用雙手搖晃。）觀察小孩對身體接觸是否顯得過於興奮或難過？小孩是否對身體接觸沒反應？	適當：對身體接觸反應適當，表現互動的樂趣及歸屬感。 輕度：表現有些不恰當，但反應未達到嚴重的程度。 重度：對身體接觸出現不適當的反應，例如尖叫、跑走、害怕、哭或完全被動。
90. 自娛	行為量表 遊戲與興趣的物質	觀察孩子自己一個人玩有困難嗎？孩子是否變得沒組織或出現固執行為？孩子是否變得過動或退縮不想做任何事？孩子對探索房間及玩物品是否顯得沒興趣？當施測者未將空間及物品結構化時，孩子是否出現奇怪的自我刺激行為？	適當：獨自一人玩時方式適當，用年齡適當的方式使用空間和物品。 輕度：獨自一人玩時有些方式不適當，或顯示對玩沒興趣。 重度：獨自一人玩時方式不適當，變得過動、焦躁不安或憂傷，表現自我刺激行為，或使用物品不適當。

資料來源：Schopler, E., Reichler, R. J., Bashford, A., Lansing, M. D., & Marcus, L. M. (1990). *Individualized assessment and treatment for autistic and developmentally disabled children: Vol. I. Psychoeducational Profile-Revised, PEP-R*. Austin, TX: Pro-ed, Inc.

1. **直接觀察表**：共有 72 題，由治療師在臨床中心直接觀察個案。

2. **家中量表**：共有 48 題，由晤談員訪問父母或照顧者。

3. **學校／工作量表**：共有 48 題，由晤談員訪問學校老師或職場的管理員。

每一量表評量下列六大功能領域：

1. **職業技巧**：評量完成不同職業工作所需要的技能。直接觀察表題目，如分類、配對、打字等；家中量表題目，如使用工具、清潔、洗衣等技能；學校／工作量表題目，如測量、裝配、區辨大小等。

2. **獨立功能**：評量包括自助技巧和自我引導技巧。直接觀察表題目，如緊急情況、認識錢幣等；家中量表題目，如洗澡、刷牙、煮飯、購物等；學校／工作量表題目，如上廁所、餐桌禮節、時間管理等。

3. **休閒技能**：評量個案是否能夠運用休閒時間，主要評量個案的興趣和維持活動的技能，題目包括獨自一人以及在團體活動中。直接觀察表題目，如玩牌、縫紉、閱讀雜誌等；家中量表題目，如時間的運用、獨自一人時的娛樂、聽錄音機或看電視等；學校／工作量表題目，如時間的運用、獨自活動、午餐或休息時間等。

4. **職業行為**：評量工作相關的技能。直接觀察表題目，如工作不需監督、容忍打斷、遵守時間表；家中量表題目，如獨立工作、容忍打斷、作息改變的調適等；學校／工作量表題目，如工作率、錯誤率和上級關係等。

5. **功能性溝通**：評量溝通基本需求的能力、了解指示的能力、對指令和禁止的反應等。直接觀察表題目，如寫自己的名字、溝通需求、自發性溝通等；家中量表題目，如溝通基本需求、了解概念、閱讀標誌等；學校／工作量表題目，如活動時溝通需求、對禁止的反應、數物品等。

6. **人際行為**：評量工作時不干擾他人的能力、團體中的一般能力、出現他人時的反應等。直接觀察表題目，如對名字的反應、分享點心、適當的笑容等；家中量表題目，如與熟人有正向的人際行為、與陌生人有正向的人際行為等；學校／工作量表題目，如出現他人的反應、與熟人有正向的人際行為等。

量表計分方式如同 PEP-R 採用三點量表：

1. **通過**：個案不需示範或只需簡單示範，即能成功地完成工作，記分為 P。

2. **浮現**：個案具有某些知識去完成工作，但無法成功地完成，登記為 E。

3. **失敗**：即使經過示範，個案不會或不願意完成工作，登記分數為 F。

四、結構式教學

自閉症者普遍有組織、聽覺處理、注意等方面的缺陷，由於視覺處理為自閉症者的優勢管道，因此，TEACCH 特別強調藉由「結構式教學」（structured teaching）來增進自閉症者的學習。結構式教學主要包括下列四個元素（Schopler et al., 1995）：

(一)物理組織

物理組織（physical organization）指物理空間的規劃和安排，每個活動空間要有一致的、視覺清楚的區域或界限，以增進自閉症學生了解其所處的環境，進而能在環境中有效地運作。教室的布置可以藉由拉門、隔間、書架、窗簾等，來減少不相干的視覺和聽覺干擾，協助自閉症學生集中注意力，專注活動中的重要內容。並且，獨立學習區不可放在靠近窗戶或鏡子的地方。

教室的安排除了需考慮視覺的組織外，亦須考慮非視覺的物理結

構，例如，若自閉症兒童正在進行如廁訓練，教室的位置不能離廁所
太遠；若學生在學習中常會跑走，教室不能有很多出口；若學生的年
級為國小中年級，則其教室不宜與幼稚園兒童安排在一起，應位於普

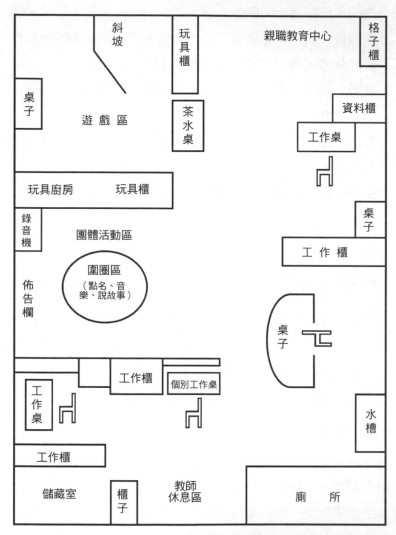

圖 15-2　TEACCH 學前教室平面圖

參考文獻：Marcus, L., Schopler, E., & Lord, C. (2001). TEACCH services for
preschool children. In J. S. Handleman & S. L. Harris (Eds.), *Preschool
education programs for children with autism* (2nd ed., p. 222). Austin,
TX: Pro-ed.

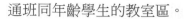通班同年齡學生的教室區。

　　此外，教室的結構組織要考慮學生的年齡和發展程度，對幼稚園的兒童來說，教室一般包括遊戲區、獨立學習區、團體活動區、轉銜區、親職教育中心、廁所、戶外遊戲區（見圖 15-2）；學齡學生則根據年齡需要而規劃，例如獨立學習區、一對一教學區、小組教學區、大團體教學區、休閒區、轉銜區、電腦區等（見圖 15-3）；而成人的社區家園，活動的安排則按照一般家庭中的房間分類，但是，在空間的安排上加上視覺線索的輔助。

　　另外，由於自閉症學生經常無法適應改變，因此，TEACCH 教室中設有一個「轉銜區」（transition area），主要的功用為放置學生的

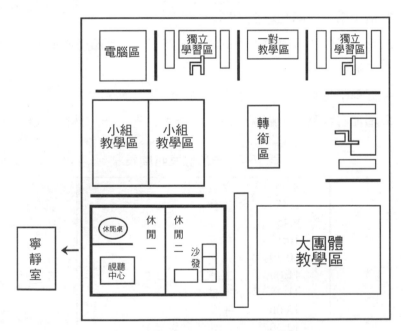

圖 15-3　TEACCH 中學教室平面圖

註：寧靜室的作用為當自閉症學生覺得煩惱、焦慮或出現攻擊行為時，可以
　　離開教室到寧靜室冷靜。

參考文獻：Mesibov, G., & Howley, M. (2003). *Accessing the curriculum for pup-
　　ils with autistic spectrum disorders: Using the TEACCH programme to
　　help inclusion (p. 31). London, UK: David Fulton Publishers.

日常作息時間表，學生需於每次活動開始前，到轉銜區來看他們下一個活動是什麼。此轉銜區的設立可以增加學生對環境改變的預期，減少出現問題行為。

(二)時間表

物理結構主要在幫助學生了解活動將會在哪個地方發生，時間表（schedules）則是說明活動將會在哪個時間發生。由於自閉症學生普遍時間觀念不佳，因此藉由視覺清楚的時間表，可以協助學生知道哪個活動將要開始進行，活動發生的次序為何。夏普樂認為，教室中呈現時間表有下列優點：

1. 減少學生因記憶缺陷和注意力缺陷所產生的問題。
2. 減少學生時間和組織的問題。
3. 輔助學生語言接收方面的缺陷，避免學生因聽不懂口語指示而不遵從指令。
4. 促進學生獨立學習，避免負向的師生互動。
5. 增加自我動機，視覺作息告訴學生「先工作，然後休息」。

表 15-2　一般教室時間表

8:00	學生到校
8:45	工作一
9:45	工作二
10:15	休息
10:30	休閒時間
11:00	工作三
11:45	準備午餐
12:00	午餐
12:30	戶外活動或體育
1:00	清潔餐廳餐桌和地板
1:45	工作四
2:30	放學

資料來源：Schopler, E., Mesibov, G. B., & Hearsey, K. (1995). Structured teaching in the TEACCH system. In E. Schopler, & G. B. Mesibov (Eds.), *Learning and cognition in autism* (p. 253). New York: Plenum Press.

TEACCH 教室內共有兩種作息時間表：(1)一般教室時間表（見表15-2），以及(2)個別學生時間表。一般教室時間表主要用來說明全班的作息時間，由於每名學生各時段的活動可能不同，因此，通常只列出工作時間和休息時間；個別時間表則是詳細說明每名學生在哪個時候，要進行哪項活動。學生可以自己一人有獨特的時間表，也可以幾名同學共用相同的時間表，而時間表的呈現方式則依學生的語言溝通能力而定，可以用實物、照片、圖片或文字表示（見圖 12-2）。

㈢工作系統

結構式教學注重學生能獨立學習，不需要依賴老師的監督，因此，當學生在獨立學習區時，其作業的安排主要藉由「工作系統」（work systems）。工作系統的目的在提供學生訊息說明哪些作業需要完成，活動對他的期望、如何在活動中有系統地安排自己，以及如何完成作業。工作流程採由左至右的方式，亦即左邊放置需要完成的作業，桌子中間放置進行中的作業，完成的作業放在右邊的大箱子中。工作系統至少提供學生三方面的訊息：

1. **需要做哪些作業？**工作系統中放有「工作學習箱」，裡面有學生需要完成的作業，學生可以清楚地看到他所要完成的作業。

2. **有多少作業需要完成？**學生可以清楚地從工作學習箱中看到作業的數量，知道有多少作業需要完成。

3. **如何知道作業已經完成？**當學生完成工作學習箱中的作業時，將成品移到桌子右邊的空箱子中，表示完成。

㈣作業組織

除了工作系統外，作業組織（task organization）亦用清楚的視覺引導，協助學生了解部分和完成之間的關係位置。TEACCH 主要用「模具盤」（jig）或藍圖（blueprints）來幫助學生了解某項作業的要求、順序和重要概念。模具盤原指盛放螺絲起子等工具的盤子或盒子，裡面有模仿工具造型的大小不同凹洞，剛好可以將指定的工具放

入。TEACCH 用模具盤的概念,讓自閉症學生能在不需成人的監督下,藉由模具盤的視覺引導,獨立完成作業。模具盤的作用如同工作完成說明書,主要目的是要學生依照說明的方式來執行,而非按照自己的意思完成工作。模具盤的作業具有多種形式,可以針對學生的發展程度和個別需求進行調整,可以用物品、照片、圖片、顏色、數字或文字說明,例如顏色分類作業,讓學生依照彩色筆的顏色,放進模具盤中相同的顏色或名稱上(見圖 15-4、圖 15-5)。

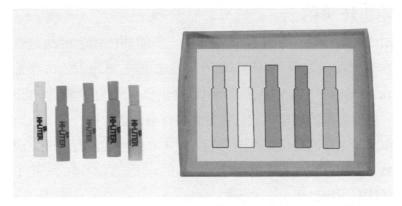

圖 15-4　模具盤──彩色筆顏色和顏色分類作業

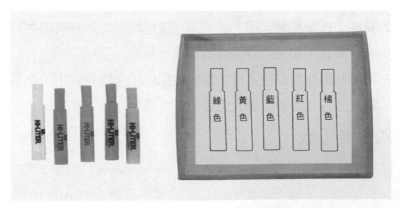

圖 15-5　模具盤──彩色筆顏色和文字分類作業

五、研究結果與效能

　　雖然TEACCH出版很多書籍和報告，但介入效能的實證研究相對比行為介入法少。其中有一些研究調查家長對TEACCH服務的評價，以及家庭方案的效能，這些研究顯示，家長普遍對TEACCH的服務感到滿意（Schopler et al., 1982），認為TEACCH能夠增加家長的投入度（Short, 1984），增加自閉症兒童的適當行為、發展領域技能，以及作業的精熟度（Ozonoff & Cathcart, 1998; Schopler et al., 1982; Short, 1984），但減少不適當行為的效果較差（Hungelmann, 2001; Short, 1984）。此外，研究還發現自閉症兒童成年後，住進機構的比率顯著比其他研究少（Schopler et al., 1982）。

　　例如，夏普樂等人（Schopler et al., 1982）調查從一九六六至一九七七年間，曾接受TEACCH服務的家庭對TEACCH的評價，共發出657份問卷，回收348份。結果發現，在整體服務的功效方面，滿分五分，平均得分4.6分，其中給予滿分的家長占79%，只有2%的人對TEACCH不滿意；在自閉症兒童問題的改善方面，五項領域中評分從高至低依次為：社會關係（4.48分）、動作技能（4.44分）、自助技能（4.37分）、語言和溝通（4.36分）、難應付與怪異行為（4.08）；在長期結果分面，調查發現，接受TEACCH訓練的自閉症者，只有8%最後住進機構，相較於其他研究發現自閉症者成年後，約39%至74%的人最後會住進機構中。

　　歐容夫等人（Ozonoff & Cathcart, 1998）調查TEACCH家庭方案介入法的效果，實驗組和控制組每組各有十一名自閉症兒童，年齡介於二至六歲，兩組兒童都接受地區性的服務，例如特殊教育等，但實驗組的父母還接受TEACCH中心的訓練，內容包括結構式教學、如何用視覺優勢教導較難的技能、運用時間表、教導學業先備和職業先備技能等。實驗組父母每週和TEACCH中心的兩治療師碰面，每次約一小時，平均十次（8-12次）。進行方式為甲治療師教導自閉症兒童，

乙治療師和父母在單面鏡觀察室中觀看,並由甲治療師解釋介入法,然後列出建議活動,讓父母在家中教導自閉症兒童,每天教學半小時。兩組兒童施測兩次 PEP-R,前後測間隔約四個月。結果發現,時間和組別的交互作用達顯著,實驗組兒童在模仿、精細動作、粗大動作、認知表現和總分上,顯著比控制組兒童進步幅度大;並且,實驗組兒童中前測分屬較高者,以及自閉症症狀較輕、語言技能較佳者,進步幅度較大。

此外,亦有一些研究調查自閉症兒童經介入後的進步情形,這些研究亦多發現 TEACCH 的介入具有功效,能夠提升兒童的智商(Lord & Schopler, 1989)、自發性溝通能力(Panerai et al., 1998)、適應能力和發展技能(Panerai et al., 1998; Panerai et al., 2002)。例如,羅德和夏普樂(Lord & Schopler, 1989)調查曾在二至七歲時接受 TEACCH 服務的自閉症兒童,經過二年以上的時間,其智力發展的改變情形。受試者共分三組,第一組共有七十二人,平均年齡三歲二個月(2-3歲),再測時平均七歲八個月(6-8 歲);第二組共有七十人,平均年齡四歲七個月(4-5 歲),再測時平均九歲一個月(8-10 歲);第三組共有七十一人,平均年齡六歲六個月(6-7 歲),再測時平均十一歲一個月(10-12 歲)。結果發現,再測時,第一組兒童智商平均增加 15.33 分,第二組增加 12.18 分,第三組增加 11.10 分;變異數分析發現,年齡效果達顯著水準,顯示年齡小的自閉症兒童,其智商進步的幅度比年齡大的兒童大,智商提升的人數比率:第一組 76.4%、第二 48.6%、第三組 38%。若將各組兒童再按照其智商高低分成重度智障(IQ 30-49 分)、輕度智障(50-69 分)和無智障(70-105 分)三組,結果發現,年齡和智商的交互作用達顯著水準,三歲重度智障的自閉症兒童,其智商的進步幅度顯著比其他組大,二十二人中有二十一人進步,平均智商從 38.20 分增至 56.68 分;六歲無智障的高功能自閉症兒童,其智商顯著比其他組較多人退步,十三人中有十二人退步,智商從 81.20 分退步至 74.05 分。

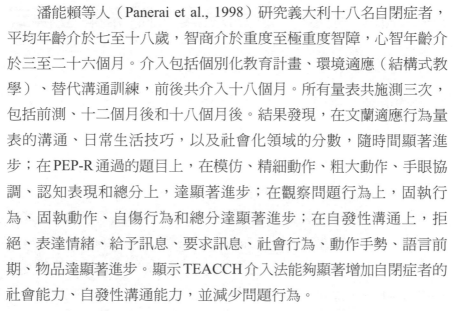

　　潘能賴等人（Panerai et al., 1998）研究義大利十八名自閉症者，平均年齡介於七至十八歲，智商介於重度至極重度智障，心智年齡介於三至二十六個月。介入包括個別化教育計畫、環境適應（結構式教學）、替代溝通訓練，前後共介入十八個月。所有量表共施測三次，包括前測、十二個月後和十八個月後。結果發現，在文蘭適應行為量表的溝通、日常生活技巧，以及社會化領域的分數，隨時間顯著進步；在 PEP-R 通過的題目上，在模仿、精細動作、粗大動作、手眼協調、認知表現和總分上，達顯著進步；在觀察問題行為上，固執行為、固執動作、自傷行為和總分達顯著進步；在自發性溝通上，拒絕、表達情緒、給予訊息、要求訊息、社會行為、動作手勢、語言前期、物品達顯著進步。顯示 TEACCH 介入法能夠顯著增加自閉症者的社會能力、自發性溝通能力，並減少問題行為。

　　其後，潘能賴等人（Panerai et al., 2002）進一步比較 TEACCH 和其他介入法的功效，實驗組和控制組各有八名自閉症兒童，年齡平均九歲，心智年齡介於一歲至二歲。實驗組兒童住在機構中，採用 TEA-CCH 介入法，週末和每隔兩週有四天可以回家；控制組兒童則接受學校提供的服務，例如心理動作治療、語言治療和物理治療等，前後測施測時間間隔一年。結果發現，在 PEP-R 通過的題目上，實驗組兒童除了精細動作未顯著外，其他都顯著進步；控制組兒童則是只有手眼協調顯著進步，其他分量表分數接近。在文蘭適應行為分數上，實驗組兒童日常生活技巧領域總分、次領域個人生活技巧、社會化次領域遊戲和休閒，以及全量表總分達顯著進步，控制組兒童只有日常生活技巧領域總分達顯著進步，並且，兩組兒童的不適應行為都未達顯著進步。此研究顯示 TEACCH 介入法比其他混合介入法，較能提升自閉症兒童的發展和適應能力。

第三節　發展、個別差異、關係本位模式

一、何謂「發展、個別差異、關係本位模式」

　　「發展、個別差異、關係本位模式」（developmental, individual-difference, relationship-based model, DIR）乃是由史坦利‧葛林斯班（Stanley I. Greenspan）等人所提倡，主要根基於發展理論，指介入時同時考慮 D、I、R 三要素。D 代表兒童早期出現的發展能力（功能里程碑），包括分享注意（shared attention）（指成人和兒童一起注意某事物）與參與、一來一往的互動、問題解決、創造遊戲點子，以及抽象思考；I 指感覺動作處理與規範方面的個別差異，這些聽覺或視覺處理方面的缺陷應予以治療，以支持兒童不斷地發展；R 指互動時所需要的關係和環境，並從互動中滋養、練習和增加情緒、社會和認知能力（Greenspan & Wieder, 1998; Greenspan & Wieder, 1999; Wieder & Greenspan, 2003）。

　　傳統上治療兒童的障礙，主要依據兒童所罹患的病症，例如自閉症、廣泛發展障礙、智能障礙、唐氏症等，這些診斷分類的假設是，具有相同病症的兒童，其特徵非常接近；但葛林斯班根據其臨床經驗認為，很多兒童雖具有相同的診斷名稱，但其特徵差異很大，介入應從兒童發展的角度來看，而不是根據診斷名稱，強調協助每一位兒童能爬上發展的階梯。DIR 介入的主要目的為讓兒童能對自己形成一種意識，知道自己是有意圖、互動的個體，並藉由此最基本的意圖性（intentionality），發展認知、語言和社會能力（Greenspan & Wieder, 1999; Greenspan & Wieder, 2000a），DIR 的介入方案見表 15-3。

表 15-3　DIR 之介入方案

---

1. 家庭本位、發展上適當的互動和練習（即地板時間）：
   - 自發性的、由兒童主導的地板時間（每次 20-30 分鐘，每天 8-10 次）
   - 半結構問題解決活動（15 分鐘或以上，每天 5-8 次）
   - 空間、動作和感覺活動（15 分鐘或以上，每天 4 次）
     - 改變方向奔跑、跳、旋轉、搖晃、觸覺重壓
     - 向知覺動作挑戰，包括注意看和玩遊戲
     - 視覺空間處理和動作計畫性遊戲，例如尋寶、障礙物活動
     - 上述遊戲可以藉由假裝遊戲進行統整

2. 語言治療，每週 3 次或以上

3. 感覺統合本位的職能治療和（或）物理治療，每週 2 次或以上

4. 每日教育方案：
   - 對能互動或模仿手勢和（或）言語，以及能參與語文前期問題解決的兒童，參與融合性課程、或一般學前課程並有助理隨行
   - 對無法參與語文前期問題解決或模仿的兒童，參與特殊教育課程，強調參與、語文前期有目的的手勢互動、語文前期問題解決（不斷地進行一來一往的溝通）以及學習模仿行動、聲音和言語

5. 生物醫學介入，包括用藥物增強動作的計畫性和連續性、自我規範、注意力和（或）聽覺處理和語言

6. 考慮：
   - 營養和飲食控制
   - 運用科技增進處理能力，包括聽覺處理、視覺空間處理、感覺調節和動作計畫

資料來源：Greenspan, S. I., & Wieder, S. (1999). A functional developmental approach to autism spectrum disorders. *Journal of the Association for Persons with Severe Handicaps, 24*(3), 147-161.

二、何謂地板時間

　　DIR 模式的主要介入法之一就是「地板時間」（floor time），地板時間指介入法著重治療師、家長或其他主要照顧者，根據兒童獨特的功能性發展階段，調整互動方式，使其符合兒童的需要。地板時間主要要達成下列四目標（Greenspan & Wieder, 1998）：

　　1. 鼓勵注意和建立親密關係。

　　2. 促進雙向溝通。

　　3. 鼓勵兒童表達需要、希望和感覺。

　　4. 促進邏輯思考，能將想法和感覺用邏輯的方式結合。

　　此介入法著重幫助兒童精熟情緒發展里程碑，能一個接著一個有順序的往上發展。進行地板時間的基本原則為（Greenspan & Wieder, 2000b）：

■ 活動由兒童引導。

■ 根據兒童的發展階段，建構在兒童有興趣的事物和活動上。

■ 開始與結束溝通循環：成人和兒童進行一來一往的溝通循環，亦即由兒童感興趣的話題開始，然後教學者將兒童的話題延伸和擴充，最後由兒童結束，形成一個溝通循環。

■ 用兒童有興趣的玩具或物品，例如球、玩偶、車子等做為工具，創造遊戲環境，促進溝通循環。此外，教學者應避免太結構化的遊戲，容易減少互動機會。

■ 增廣兒童互動經驗的範疇，擴充主題和情緒範圍。

■ 增廣互動中所運用的感官處理和動作能力方面的範疇，讓兒童參與聽覺、視覺、觸覺和動作方面的活動。

■ 互動根據兒童在聽覺處理、視覺空間處理、動作計畫和次序、感覺調節方面的個別差異而調整。

■ 六大功能性發展階段（functional developmental levels）（分享注意、參與、手勢、複雜語文前期問題解決、運用點子、連結

點子和想法）同步發展。

上述六大功能性發展階段的重要元素說明如下 （Greenspan & Wieder, 2000b; Wieder & Greenspan, 2003）：

㈠階段一：自我規範與分享注意（self-regulation and shared attention）

階段一乃是根據兒童個別的感官和動作能力，讓兒童能喜愛互動，並於互動中保持冷靜、節制，和成人分享注意。此階段教學應盡量包括所有的感官和動作技能，例如聽覺、視覺、觸覺和動作，教學者可以藉由結構性、好玩的障礙物策略，來增進兒童的能力。

㈡階段二：從事與關係（engagement and relating）

此階段注重由兒童引導，鼓勵兒童從事互動，並享受互動的喜悅。教學者可以從兒童的笑容、聲音和動作中了解兒童的喜好，並從互動中與兒童建立關係，強調成人和兒童發展安全、親密、關心和同理心的關係。並且，藉由此關係以發展較為困難的動作計畫、語言，以及能對學習產生正向的態度。

㈢階段三：雙向意圖性溝通（two-way intentional communication）

此階段注重由兒童引導，成人挑戰話題，讓兒童能藉由手勢、聲音或表情表達興趣、需要、喜愛或拒絕。進行溝通時，教學者需加強口語的音調和臉部表情，讓兒童能了解成人的意圖。雙向溝通循環乃是從兒童有興趣的事物出發，然後教學者擴大兒童的話題，最後由兒童結束，如此進行一來一往的多重循環溝通。此外，溝通時強調互惠式的溝通，教學者協助兒童和成人一起做某事，而非由兒童獨自一人進行活動。

㈣階段四：有目的的複雜問題解決式溝通（purpo-
seful complex problem solving communication）

此階段擴充上一階段的雙向溝通，但增加溝通的複雜度，由教學者和兒童進行一來一往的溝通循環三十次或以上。增加複雜度的方法，包括增加內容的情意和情緒範疇，以及增加運用各種感官處理和動作領域。例如，兒童抓教學者的手，走到門口，發出聲音，指門表示他要出去。這時教學者詢問兒童：「你要去哪兒？」「你要什麼？」「是不是有客人來？」等，擴充兒童的溝通範圍，進行複雜的溝通循環。

㈤階段五：創造與精心設計構想（creating and elabo-
rating ideas）

此階段鼓勵兒童將其感覺、手勢和行為融入想像的遊戲中。進行方式為教學者讓兒童主動創造遊戲的構想，然後教學者加入兒童的遊戲中，擴充遊戲中的人物角色，以及遊戲的主題和情緒範疇（例如親密、高興、害怕、生氣、攻擊等）。例如，兒童可以扮演母親，假裝安慰兒子；或假裝東西被同學拿走了，兒童對同學說：「我很生氣」，教學者鼓勵兒童對有興趣的話題或事情進行長的對話。

㈥階段六：建造各構想間的橋樑（building bridges be-
tween ideas）

此階段注重成人挑戰兒童的想法，藉由詢問兒童的意見、辯論或討價還價，協助兒童將其構想串聯起來。進行方式可以藉由教學者和兒童一起玩假裝遊戲，協助兒童連貫劇情，或是和兒童進行邏輯性的對話，協助兒童串聯各主題間的關係。對於破碎的主題，鼓勵兒童讓劇情合理化，劇情的開始、中間和結束，各部分間的連結具有邏輯性。

DIR 介入法獨特的地方為，對兒童的問題行為不從行為著手，而是由建立成人和兒童間的互動著手，例如，自閉症兒童具有固執性行為，喜歡不斷地旋轉玩具車的輪胎，若從行為介入法的觀點，教學者會運用方法減少兒童旋轉輪胎的行為，並鼓勵兒童用適當的方法玩車子。但 DIR 介入法不同，當成人看見兒童在旋轉輪胎時，成人不予以阻止，而是加入兒童的活動中，當兒童將輪胎往某一邊旋轉時，成人接著將輪胎往相反的方向旋轉，和兒童產生一來一往的互動（Greenspan & Wieder, 1999）。

三、研究結果與效能

有關 DIR 和地板時間的實證研究並不多，主要以葛林斯班和魏德（Greenspan & Wieder, 1997）於一九九七年所發表的報告為主，此研究報導兩百名泛自閉症兒童（自閉症或 PDDNOS），經 DIR 介入後的功效。受試者開始介入時的年齡介於一歲十個月至四歲，其中多數的兒童介於二歲半至三歲半，所有的兒童都接受完整的服務，包括語言治療、職能治療、一般教育或特殊教育等（見表 15-3）；並且每天進行二至五小時的地板時間，長達二年或以上（最長八年）的時間。受試者開始介入時的能力如下：

- 從事情意活動：無 5%、部分 95%。
- 接收語言：完全不懂 55%、了解部分字和片語 41%、部分時間可以進行連續性的教導 4%。
- 兒童期自閉症評量表（CARS）分數：重度自閉症（40-60 分）36%、中度（35-40 分）39%、輕度（30-35 分）25%。
- 感覺處理和動作計畫：反應過低 39%、過分敏感 19%、混合反應（過低和過高）36%；聽覺處理功能失調 100%；動作計畫功能失調 100%。
- 病症開始出現的時間：第二年和第三年退化 69%、第一年逐漸

出現症狀 31%。

■ 關聯的能力：完全缺乏 5%；完全缺乏互惠式互動連鎖 100%。

■ 有目的的複雜手勢：二歲前缺乏有目的的複雜手勢 68%。

二至八年後，當兒童年齡介於四至十歲時，進行追蹤研究，結果發現，兒童介入的效果可以分成三組：效果顯著者占 58%、中間 24%、持續困難 17%。其中，「持續困難組」顯著比「效果顯著組」具有較多和較嚴重的自閉症症狀。此外，葛林斯班等人並將結果和控制組的結果進行比較，控制組兒童共有五十三人，乃是曾經接受過 DIR 諮商，但未接受服務的兒童，這些兒童曾接受過語言治療、職能治療、行為介入法、特殊教育等，年齡介於四至十歲。結果發現，控制組中效果顯著者占 2%、中間 40%、持續困難 58%。

葛林斯班等人接著將實驗組中效果顯著者，挑選二十名，進行詳細調查，結果發現，這些兒童全在二至四歲時開始接受治療，並且接受治療的時間長達二至八年。文蘭適應行為量表的得分，在溝通領域方面，全部兒童得分高於平均、社會化領域 95%的兒童得分高於平均，適應行為總分只有一名兒童有動作困難，其餘兒童的總分都高過平均，並且無人有不適應行為。此外，並填寫葛林斯班等人所編製的「功能性情緒評量表」（Functional Emotional Assessment Scale, FEAS），此量表主要評量規範和興趣、形成關係或依戀、有目的的雙向溝通、發展複雜的自我感、表徵能力、象徵性思考的精致性、情緒的思考或發展與表達主題遊戲。結果發現，效果顯著組平均得分 74.8 分（70-76 分），一般正常兒童 74.9 分（65-76 分），持續困難組 23.7 分（<20-40 分）。另外，在感官和動作方面，效果顯著者與持續困難者最大的差異為，具有動作計畫困難者，效果顯著組占 18%，持續困難組占 78%。

其後，魏德和葛林斯班（Wieder & Greenspan, 2005）進一步追蹤十六名效果顯著者的後況，學生的年齡介於十二至十七歲，平均十三歲九個月。家長和治療師分別填寫「功能性情緒發展問卷」（Functional Emotional Developmental Questionnaire, FEDQ），共評量自我規範、關係、目的性溝通、複雜自我感、表徵、情緒思考，每項最高得分為七分。結果家長和治療師評分非常接近，平均得分都介於 6.4 至 6.9 分之間，顯示情緒發展正常。此外，家長並填寫「兒童行為檢核表」（Child Behavior Checklist）（Achenbach 編製），在能力量表方面，分數屬於正常者，社會能力占 94%、活動 88%、學校 88%、總分82%；在症狀分數分面，具有臨床症狀者，焦慮／憂鬱占 12%（2人）、退縮 6%（1 人）、抱怨身體病痛 0%、社會問題 12%（2 人）；在問題行為方面，有思考問題者占 18%（3 人）、注意問題 6%（1人）、不遵守規定 0%、攻擊行為 0%、其他問題 0%。

　　另外，在感覺動作方面，正常者占 88%，22%的人仍會尋求感官刺激；並且，對痛覺和味覺過分敏感者有 49%、對嗅覺過分敏感者有33%。在學科成績分面，所有受試者的數學、自然科學和社會科學的分數都在平均分數以上，語文科分數則有 15%的受試者分數低於平均數；並且，喜愛閱讀者占 46%，喜愛寫作者占 46%。顯示「效果顯著者」中，成長至青少年時期，大多數人仍屬於正常水準，只有少數人具有焦慮／憂鬱症狀、思考或注意問題；在感覺動作方面，有些人仍會對痛覺、味覺、嗅覺過分敏感；在學科成績方面，語文成績相對比其他學科分數低。

　　瑟非斯（Surfas, 2004）研究 DIR 介入法對年齡較大的自閉症者之效果，自閉症學生年齡介於十二至二十歲，共有四十名，由四十名主修學校心理學的研究生，對自閉症學生進行十週 DIR 介入。介入前後觀察自閉症學生的行為，填寫 FEAS，共包括四領域：參與、雙向溝通、複雜問題解決和溝通、形成情緒想法。結果自閉症學生後測得分顯著高於前測，前測平均分數為 24.98 分、後測為 40.25 分，顯示 DIR 介入雖為幼兒而設計，但對年紀較大的自閉症學生，仍舊可以有效提升功能性情緒發展分數。

　　總結本章所介紹的三種自閉症學生介入方案，各有不同的理念基礎，其中駱發斯的「年幼自閉症計畫」屬於行為介入法，夏普樂的 TEACCH 根基於行為和認知介入法，葛林斯班的 DIR 則屬於發展理論。在教學法的比較方面，年幼自閉症計畫主要運用分立練習訓練，TEACCH 強調結構式教學法，DIR 則是注重成人和兒童間的互動，藉由遊戲發展兒童各種能力。在介入的密集度方面，年幼自閉症計畫和 DIR 都主張對兒童進行密集式訓練，TEACCH 則是與特殊教育結合，不特別進行密集訓練。在受試者的年齡層方面，年幼自閉症計畫和 DIR 都以年齡小於四歲的兒童為服務焦點，TEACCH 的服務則是涵蓋各年齡層，除了幼兒外，還包括青少年和成人，並有成人的支持性就業服務。

　　在介入效果的比較方面，三種介入法都顯示能有效增進自閉症學生的能力，其中以年幼自閉症計畫的效果最好，自閉症兒童經二年以上的訓練，約 47% 的兒童，其智力於入小學時可達正常水準（Lovaas, 1987）（註：由於其他研究結果相近，筆者認為此數據可信）；並且，高功能自閉症者的效果比低功能自閉症者好（Smith et al., 1997）。相較下，接受 TEACCH 介入的自閉症者，其進步幅度不如年幼自閉症計畫顯著，其中，家長介入法發現高功能自閉症兒童進步幅度較大（Ozonoff & Cathcart, 1998）；臨床中心介入法則是年幼的低功能自閉症兒童進步幅度較大（Lord & Schopler, 1989）。在 DIR 方面，雖然介入效果比年幼自閉症計畫還好，效果顯著者高達 58%，但由於該報告發表於葛林斯班自己所出版的刊物，未經他人審核，並且無其他相同結果之研究發表，因此，仍需更多研究來驗證 DIR 和地板時間的功效。

第十六章／感覺與動作介入法

　　研究發現，泛自閉症者普遍具有感覺反應異常，研究所報導的異常比率介於 42%至 88%之間，常見的問題，例如對感覺過分敏感、過分不敏感，或被物品的感覺特徵所霸占等（Baranek, 2002）。此外，研究還發現，很多泛自閉症者具有精細或粗大動作問題，異常比率介於 15%至 100%之間，常見的問題，例如抓取、書寫、協調、速度、平衡、視覺動作、姿勢和步法等（Dawson & Watling, 2000），因此，泛自閉症兒童亦多半會接受感覺和動作方面的治療。例如，史密斯等人（Smith & Antolovich, 2000）以參加「年幼自閉症計畫」研習的自閉症家長為對象（121 人），調查自閉症兒童曾接受的療法種類，結果發現，其中高達 56%的自閉症兒童曾進行感覺統合治療。本章介紹感覺和動作介入法，包括感覺統合治療和感覺刺激技術，分別於第一節和第二節中說明。

第一節　感覺統合治療

一、何謂感覺統合

　　感覺統合（sensory integration）理論，最早由珍·艾爾絲（A. Jean Ayres, 1920-1988）所倡導，指一種神經處理過程，亦即大腦將感

覺訊息組織起來運用的能力，使人能與環境進行有效地互動；若大腦處理感覺訊息出現障礙，無法將訊息統整，會使個人的正常發展受到阻撓，導致出現感覺、動作和學習方面的異常（Ayres, 1972, 1979）。邦迪和蒙瑞（Bundy & Murray, 2002）則是將感覺統合定義為「有關大腦和行為關係的理論」，此定義強調感覺統合乃是根據假設所產生的理論，不是事實。換句話說，雖然我們假設兒童的感覺或動作障礙，乃導源於中央腦神經系統（central nervous system）處理感覺訊息異常，但當我們為兒童進行大腦醫學檢查時，經常無法發現兒童的大腦有任何損傷。因此，感覺處理異常只是一種假設，理論的主要目的在協助我們解釋、計畫和預測行為與環境間的關係。感覺統合理論主要基於下列三大假設（Bundy & Murray, 2002）：

1. 學習能力視個人從動作和環境中擷取與處理感覺的能力而定。
2. 若個人處理感覺的能力薄弱，表現適當行動的能力也會出現困難，並進而會干擾學習和行為。
3. 若增進個人處理感覺的能力，能增進學習和行為。

二、感覺系統

感覺系統的作用為提供大腦訊息，當大腦接收訊息後，將訊息組織，使我們能在空間和時間中定位，並決定適當的反應或行動。感覺系統共包括下列七大系統（Cook & Dunn, 1998; Dunn et al., 2002）：

㈠觸覺系統

觸覺系統（tactile system）的負責部位為皮膚上的感受器，主要提供物品品質和環境的訊息，例如觸摸、紋路、壓覺、溫覺、冷覺、痛覺等。當兒童具有觸覺防禦（tactile defensiveness）時，會對觸覺刺激過分敏感，容忍度低，例如，害怕身體被別人碰觸或擁抱、害怕手弄髒、不願碰某材質的物品、穿某質料的衣服，或吃某種食物等。相反

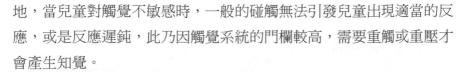

地，當兒童對觸覺不敏感時，一般的碰觸無法引發兒童出現適當的反應，或是反應遲鈍，此乃因觸覺系統的門檻較高，需要重觸或重壓才會產生知覺。

　　觸覺系統的另一重要功能為提供有關身體部位的地圖，當大腦儲存的身體地圖不正確時，會造成兒童產生不正確的動作（例如笨拙），或出現太多動作以獲得更多的輸入（例如重複行為咬手或打頭），或缺乏動作（因動作無法產生有用的訊息）。從感覺統合的觀點來看，自閉症者的重複性行為，乃是一種感覺產生行為（sensory-generating behaviors），非臨床診斷所稱的固執性行為。

(二)前庭系統

　　前庭系統（vestibular system）位於內耳之骨性迷路（bony laby-rinth），主要負責身體的平衡，其中前庭負責靜態平衡，半規管（semicircular canal）負責動態平衡，主要提供有關身體在空間和時間位置的訊息，並說明我們或周遭事物是否移動，以及移動的速度和方向。從感覺統合的觀點來看，當自閉症者出現重複行為，例如前後搖動身體、擺動頭部等動作時，乃是一種試圖在空間和時間中定位的行為，由於大腦對一般動作所產生的訊息不夠，因此，需要更多的動作來定位。

(三)本體感覺

　　本體感覺（proprioception）與身體知覺有關，負責部位為肌肉、肌腱與關節，主要提供身體部位的訊息，說明肌肉收縮、肌腱張力、關節位置改變的程度，以及身體某部位與其他部位的相關位置和移動速度。本體感覺和前庭系統與姿勢的控制有關，主要功能為協助身體保持直立，能在空間中移動，對抗重力（地心引力）方向。此外，當我們專注於某項工作時，本體感覺和前庭系統扮演一個默默無聲卻重要的角色，亦即自動維持身體位置，使其在空間中定位，支持我們進行工作。若自閉症者具有本體感覺缺陷，會使其只專注於身體在空間

中的位置，影響其參與認知或社交活動的程度。

㈣視覺系統

視覺系統（visual system）的負責部位為眼睛上的視網膜，藉由光線產生影像，協助我們辨認人事物、判斷其大小和距離，以及偵測邊緣、對比和移動速度。此外，視覺系統並支持其他感覺系統，協助確認感覺經驗。當自閉症者具有空間定位的問題時，若增加視覺輸入（例如運用視覺作息時間表），可以提供大腦較多的訊息，進而協助兒童表現適當的行為反應。

㈤聽覺系統

聽覺系統（auditory system）的負責部位為內耳之耳蝸（cochlea），提供環境中聲音的訊息，例如音量大小、音階高低、遠近等。聽覺系統的主要功能為協助溝通，此外，還提供環境方位的訊息，例如聲音的方向、距離和品質等。從感覺統合的觀點來看，若自閉症者的聽覺輸入不夠時，會出現喃喃自語、發出怪聲，或是玩弄物品製造聲音，以增加聽覺輸入；若聽覺輸入過多時，則容易對聲音過分敏感，而出現焦慮或害怕反應，例如聽到下雨聲如同海嘯聲一般。

㈥味覺系統

味覺系統（gustatory system）的感受器位於味蕾，大部分的味蕾位於舌頭上，少部分位於軟顎及咽，主要提供各種物品味道的訊息，例如甜、鹹、酸、苦、辣等。若自閉症者對某些食物產生強烈排斥，表示該食物對味覺系統具有高度激起值，因味覺區辨過度發展所造成；若自閉症者只喜歡某些食物，表示其味覺刺激不夠，需要更多的輸入。

㈦嗅覺系統

嗅覺系統（olfactory system）的感受器位於鼻腔頂部鼻中隔兩側之上皮上，主要提供各種物品與環境氣味的訊息，例如香味、臭味、

霉味、辛辣味、刺激性氣味等。若自閉症者的嗅覺系統接收過多訊息時，自閉症者會特別排斥某氣味，對此氣味產生強烈反應；若接收訊息過少時，自閉症者會表現特別喜歡聞某種氣味。

這七種感覺系統中，艾爾絲（Ayres, 1979）特別強調前庭、本體感覺和觸覺系統的重要性，認為此三種感覺系統為其他能力的核心，感覺統合治療亦以增進此三大感覺系統的統整為主。

三、感覺統合功能失調

感覺統合功能失調（sensory integration dysfunction）指大腦無法處理或組織輸入的感覺刺激，無法提供有關人和環境適當、精確的訊息，進而影響行為造成學習困難。感覺統合功能失調可分成下列兩大類（Bundy & Murray, 2002）：

(一)動作計畫功能失調

動作計畫（praxis）指計畫新動作的能力，動作計畫功能失調（praxis dysfunction）指個人具有一種或多種感覺處理缺陷，主要包括兩方面：「兩側統整與順序性」（bilateral integration and sequencing, BIS）缺陷以及「身體動作計畫障礙」（somatodyspraxia）。BIS缺陷與前庭、本體感受處理有關，身體動作計畫障礙則與觸覺、前庭和本體處理有關。

(二)感覺調節異常

感覺調節異常（sensory modulation disorders）包括下列四種：

1. **感覺防禦**（sensory defensiveness）：指對一般人無害的感覺，兒童會出現抵抗或逃逸的反應，此問題和邊緣或網狀系統處理不良有關。

2. **重力不安全感**（gravitational insecurity）：指在沒有安全疑慮的

狀況下爬高或腳離地時，兒童會出現害怕移動的反應，此問題源於耳內前庭處理不良。

3. **動作嫌惡反應**（aversive responses to movement）：當多數人認為無害的動作時，兒童會出現嫌惡反應，此與前庭處理不良有關。

4. **對刺激反應不足**（underresponsiveness to sensation）：上述三種調節異常為兒童對感覺的反應過度，有些兒童則是對刺激反應不足，亦即當多數人對某刺激會出現反應時，兒童沒有反應、或反應比期望低、或是延宕反應。

四、自閉症兒童的感覺統合功能失調

(一)艾爾絲之理論

艾爾絲（Ayres, 1979）認為自閉症兒童的感覺處理障礙，主要包括下列三方面：

1. 感覺訊息登錄異常

一般正常大腦的訊息處理過程為，先決定哪些感覺輸入需要進行登錄（registration），然後引發我們的注意，採取適當的行動。很多自閉症兒童由於大腦感覺訊息登錄異常，造成感覺和動作方面的問題，例如在聽覺方面，有些自閉症兒童會對某些聲音過度登錄，因此，對該聲音會反應過度；有些兒童則是某些聲音未登錄，因此，對該聲音無任何反應。在視覺方面，由於自閉症兒童的大腦無法了解哪些訊息比較重要，哪些不重要，因此，有些兒童會對人視而不見，有些兒童則是會特別注意某事物的細節。

2. 感覺輸入調節異常

自閉症兒童不僅訊息登錄異常，並且具有訊息調節困難，例如，

很多自閉症兒童會抗拒移動，出現重力不安全感現象，乃起因於前庭系統無法調節感覺輸入，導致自閉症兒童對重力和空間關係出現強烈的焦慮反應。

3. 感覺統合異常

由於自閉症兒童的大腦無法從環境中適當地登錄訊息，因此，無法將輸入的訊息進行整合，造成在個人與空間的關係上，無法產生清楚的知覺。例如，有些自閉症兒童會抗拒改變，或抗拒不熟悉的物品和環境，因為這些改變未在兒童的大腦中形成知覺，造成兒童不安全感；另外，有些兒童因為聽覺輸入不夠，造成語言學習困難。若自閉症兒童無法從感覺系統，例如皮膚、肌肉、關節和前庭系統中適當的登陸訊息，會影響身體概念的發展，造成無法和環境產生適當的互動。

(二)堂恩之理論

堂恩（Cook & Dunn, 1998; Dunn et al., 2002）則是根據神經門檻（neurological thresholds）和自我規範策略，提出感覺處理模式，用來說明自閉症及其他身心障礙兒童的行為反應特徵。他將感覺處理分成下列四種模式（見表 16-1）：

1. 低登錄

當兒童大腦對感覺屬於低登錄（low registration）模式時，兒童會對環境中的事物沒興趣，心神被自己霸占，或感覺遲鈍，無法察覺周遭發生的事。從感覺處理的角度，此類兒童乃因神經門檻較高，因此，一般環境刺激的強度不足以引發兒童的注意，使其對活動顯得很被動。

2. 刺激尋求

當兒童的感覺處理模式屬於刺激尋求（sensation seeking）時，會顯得非常活躍和衝動，經常過於興奮、製造噪音或坐立不安，喜歡環境中的刺激經驗，會不斷地尋求更多的刺激輸入。從感覺處理的角

表 16-1　堂恩之感覺處理模式特徵

	低登錄	刺激尋求	感覺敏感	避免刺激
神經門欄	高	高	低	低
行為反應／自我規範策略	被動	主動	被動	主動
潛在干擾特徵	對事物不感興趣或退縮	經常活躍的，持續參與	容易分心、被打斷	抗拒改變
	感覺遲鈍或心神被自我霸占	坐立不安或易興奮的	無法完成作業	依賴儀式性的參與
	過度疲倦或無動於衷		易抱怨	
泛自閉症者常見特徵	不注意他人臉部表情或手勢	重複行為	對改變出現焦慮反應	拒絕或不願意參與活動
	自我監督能力低落	過度追求興趣或活動	日常活動避免觸覺輸入	儀式性或僵化的社會方式
	動作笨拙	過動或不專心	對環境噪音過分敏感	自我孤立
介入要點	加強作業屬性的強度，增加對比和變化，減少預期，創造感覺輸入的機會	將兒童喜歡的刺激融入日常作息中，增加作業中動作的強度，增加前庭刺激的輸入，使尋求刺激行為不影響功能性表現	強調感覺系統的區辨，增加預期度與感覺的組織性，運用觸摸壓力增加訊息輸入	將活動融入日常作息中，增加熟悉性，讓兒童在熟悉的日常作息中適應與學習新刺激

參考文獻：Cook, D. G., & Dunn, W. (1998). Sensory integration for students with autism. In R. L. Simpson & B. S. Myles (Eds.), *Educating children and youth with autism* (pp.191-239). Austin, TX: Pro-ed.

Dunn, W., Saiter, J., & Rinner, L. (2002). Asperger syndrome and sensory processing: A conceptual model and guidance for intervention planning. *Focus on Autism & Other Developmental Disabilities, 17*(3), 172-185.

度，此類兒童乃因神經門檻較高，一般的刺激輸入無法滿足兒童的需要，因此會不斷地尋求刺激以符合高標準。

3. 感覺敏感

感覺敏感（sensory sensitivity）的兒童會顯得非常容易分心，常因注意周圍環境中的刺激，而打斷進行中的活動，導致經常無法完成作業。由於作息常被打斷，造成學習困難，使兒童缺乏信心，因而經常覺得害怕、小心翼翼或是容易挫折。此類兒童乃因神經門檻較低，因此，環境中一點點的刺激就會引發兒童的注意。

4. 避免刺激

避免刺激（sensation avoiding）的兒童常會排斥或不願意參與活動，特別是不熟悉的活動，會顯得很僵化或不合群。此類兒童起因於神經門檻較低，環境中過多的刺激常會令他們覺得不舒服，因此會盡量減少環境中刺激的輸入，來限制或躲避刺激輸入，因而會出現退縮或減少活動的行為。

五、典型感覺統合治療

感覺統合治療（sensory integration therapy）約可分成三大類：典型感覺統合治療、感覺刺激技術（重壓），以及其他感覺統合本位法（例如魏巴格法）（Baranek, 2002）。本節介紹典型感覺統合治療，感覺刺激技術包括魏巴格法於第二節中說明。

(一)何謂典型感覺統合治療

典型感覺統合治療指介入法根據艾爾絲的理論（Ayres, 1972, 1979），所發展出來的介入方式。艾爾絲認為，七歲前的兒童為感覺統合發展的階段，大腦仍具有可塑性，若藉由前庭、本體感覺和觸覺方面的活動，提供兒童感覺經驗，增進兒童表現適應性動作，可以使

腦神經系統處理環境中的訊息，具有較佳的調節、組織與統整性。

　　艾爾絲的感覺統合治療的特色之一為以兒童為中心，藉由遊戲般的感覺統合活動，例如滑行板和懸吊式鞦韆等，增進兒童的感覺和動作能力，強調兒童的內在動機，而非採認知行為策略或要求兒童不斷地反覆練習。其次，感覺統合治療屬於統整法（holistic approach），進行活動時所運用的部位，包括全身、全部感覺系統和全腦。艾爾絲認為，當我們身體的肌肉一起運作形成適應性動作時，肌肉和關節傳送組織好的感覺給大腦，能促進大腦統整，並提供前庭輸入，幫助其他感覺系統進行統合（Ayres, 1979）。一般典型的感覺統合治療計畫，乃是根據兒童的個別需求而設計，多由職能治療師（occupational therapist）採一對一方式，對兒童進行每週一至三次的訓練，每次一小時，持續數月或數年之久（Baranek, 2002）。艾爾絲（Ayres, 1979）建議的感覺統合活動，包括：

1. **滑行板**：滑行板（scooter board）包括一塊木板和四個輪子（見圖 16-1），可以自由滑行任何方向，大小需可支撐兒童的軀幹，可以將手和腳伸直。艾爾絲建議兒童採俯臥姿勢，練習嬰兒時期的爬行姿勢，此動作為一般正常嬰兒四至六個月時的主要姿勢，為感覺統合重要的發展階段，以做為未來站立或走路等動作的基礎。滑行板活動可以增加前庭和本體感覺輸入，促進觸覺系統正常化，減少過動行為，增加神經系統產生有目的性的活動。當兒童進行滑行板活動後，經常會較為冷靜與專心。

2. **圓柱墊鞦韆**：圓柱墊鞦韆（bolster swing）長約 183 公分，圓周約 91 公分（見圖 16-2 左圖），兒童可以採俯臥（抱住圓柱）或騎馬的姿勢，進行方式為治療師將鞦韆往各種方向搖動，以刺激兒童的前庭接受器。當兒童採俯臥姿勢時，需要有好的屈肌（flexor），亦即手腳彎曲的能力，才能抱住圓柱墊（見圖 16-2 右圖）。彎曲抱緊乃是嬰兒時期的第一個全身動作，為未

來感覺動作發展的基礎。屈肌姿勢與觸覺、前庭和本體感覺的統整有關，當兒童抱住圓柱墊時，會從圓柱墊的布面接收到觸覺刺激，從肌肉和關節得到本體感覺刺激，並從搖晃中得到前庭刺激。當兒童採騎馬的姿勢時，則是可以幫助發展身體姿勢和平衡反應。

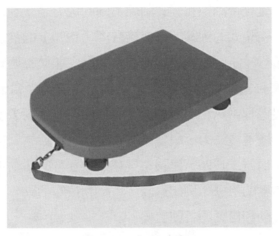

圖 16-1　滑行板

圖 16-2　圓柱墊鞦韆（左）與屈肌姿勢（右）

除了滑行板和圓柱墊鞦韆外,艾爾絲建議治療師應根據兒童的需要,設計各種活動,刺激兒童的感覺系統,蒐集的器材應包括兒童可以用來搖擺、轉動、滾動、攀爬、爬行、騎,以及其他全身運動的器材,讓兒童可以選擇和操弄各種工具(Ayres, 1979)。

(二)密集式感覺統合治療

台灣的感覺統合訓練和美式訓練不同的地方是,訓練由家長在家中對兒童進行密集式的訓練,鄭信雄醫師(1990)的治療模式為父母每天帶兒童進行一小時以上的感覺統合活動,並於每週六參加家長團體,與其他家長交換心得、技巧與經驗。此模式強調俯臥滑行板運動,強化發展過程中趴和爬的動作,並藉由滑行板刺激前庭反應,調節眼球注視,增進注意力、視覺聽覺處理、眼手協調,以及調整觸覺過度敏感。鄭信雄(1990)建議家長在家中進行的活動,包括:

1. 觸覺防禦的治療,例如重觸、重壓和按摩活動。
2. 原地被動和自動的各種旋轉。
3. 滑行板。
4. 還不會滑行板活動的兒童進行爬行和匍匐活動。
5. 推球:趴在滑行板上面對牆壁做推球和接彈回球的活動。
6. 搶球:把學童分成兩組,趴在滑行板上做搶球和丟球的活動。
7. 躲避球:當兒童可以進行推球和搶球活動後,開始練習以慢速度玩躲避球。
8. 踢足球:當上述動作能夠完成時,練習面對牆壁踢足球、接彈回的球、再踢回去。

目前,艾爾絲在美國加州所創立的「艾爾絲臨床中心」(The Ayres Clinic)(網址見附錄),亦採用密集式感覺統合訓練,每週治療四至五天,每天二至二個半小時;並且,讓家長參與治療活動,由治療師設計家庭訓練方案,讓家長在家中對兒童進行治療。

六、研究結果與效能

　　感覺統合治療是否具有療效，一向是學術界熱門討論的話題（例如Goldstein, 2000），由於艾爾絲於一九七二年出版的書籍中（Ayres, 1972），強調感覺統合對學習障礙兒童的療效，因此研究多半以學習障礙兒童為對象，只有少數的研究探討對自閉症兒童的功效（研究見表16-2）。發戈斯等人（Vargas & Camilli, 1999）對一九七二至一九九四年間發表的感覺統合治療研究，進行後設分析，資料庫搜尋後發現全部共有七十六篇研究報告發表，排除個案研究和單一組別（未含控制組）研究後，剩下十四篇報告（比較16次），比較感覺統合治療和無治療組（SI/NT）的效果，另外十一篇報告（比較16次）則比較感覺統合治療和其他療法（SI/ALT）的效果。全部研究的受試者人數，SI/NT實驗組共有341人，控制組237人；SI/ALT實驗組共有250人，控制組191人。治療的時數從十三小時（每週2次，每次25分鐘，共4個月）至180小時（每週5次，每次45分鐘，共12個月）；兒童的平均年齡 SI/NT 研究介於四至十歲，SI/ALT 研究介於三至九歲；兒童的診斷類別包括學習障礙、智能障礙和動作遲緩。

　　結果發現，SI/NT 研究的平均效果值為.29（效果值 1.0 表示實驗組中有84%的受試者表現比控制組好）；若區分研究發表的年代，發現早期研究（1972-1982年）的效果較佳，平均效果值達.60，其中心理教育（效果值 .62）和動作（.65）兩領域的效果值達顯著水準，語言（.25）和感官知覺（.41）未達顯著水準；相較下，近期研究（1982-1994年）發現感覺統合治療的效果不彰，效果值只有.03。若比較早期和近期研究在研究法上的差異，發現二者的差異只有近期研究測量較多的變項，但與研究是否運用標準化測驗無關，無法找到合理的影響因素。此外，每次介入的時數、每週介入的次數，以及總介入時數，與介入的效果無關，介入總時數低於六十小時的研究效果值為.33，超過六十小時的研究為.11。在 SI/ALT 的研究方面，平均效果

值只有.09，顯示感覺統合治療未比其他療法有效，並且，早期和近期研究的結果相似。總結研究結果顯示，感覺統合治療的療效隨年代的不同而改變，早期的研究較為有效，近期研究則多半無效，並且感覺統合治療未比其他療法有效。

有關感覺統合治療對自閉症兒童的療效，目前共有兩篇文獻回顧報告發表（Baranek, 2002; Dawson & Watling, 2000），此兩篇研究未進行後設分析，但結論類似，都認為無法從已發表的報告中，推論感覺統合治療對自閉症兒童具有療效。筆者分析已發表的報告（見表16-2），發現全部研究都未含控制組，其中只有一篇研究比較不同介入法的差異（Reilly et al., 1983），結果發現自閉症兒童進行精細動作活動時，顯著比感覺統合治療，出現較多口語變化、較長的說話長度，以及較少的自閉式語言。

此外，有關近期流行的密集式感覺統合訓練，雖然有些學者認為密集式訓練的效果佳（例如鄭信雄，1990；艾爾絲臨床中心；Koomar & Bundy, 2002），但目前已發表的研究報告並未支持此理論（見 Vargas & Camilli, 1999），仍需更多的研究來調查密集式感覺統合訓練的功效。筆者認為，目前感覺統合治療多以三至七歲的兒童為對象，此階段的兒童屬於感覺、動作技能快速發展的階段，若研究設計只含實驗組，未含控制組，無法了解兒童的進步是導因於感覺統合治療？還是自然成長因素？因此，需要更多的研究來澄清各變項之間的關係。

表 16-2　自閉症兒童之典型感覺統合治療研究

研究	樣本	測量變項	介入	結果
Ayres & Tickle (1980)	自閉症 10 人（9 男 1 女），4 歲 4 個月至 13 歲，輕至重度	語言、環境知覺、參與有目的活動、自我刺激行為、社會和情緒行為	接受一年職能治療運用感覺統合技術，著重軀體感覺、前庭感覺經驗，對刺激產生適應性反應。	10 人中，7 人顯現進步，3 人無顯著改變。介入對過分敏感個案比不敏感個案有效。

（續）

研究	樣本	測量變項	介入	結果
Case-Smith & Bryan (1999)	自閉症男童5人，4至5歲3個月	參與度，包括精通與非精通的遊戲（探索和目標導向）、非參與行為、與同僚和成人互動	基線期3週，介入期10週，每次介入30分鐘，方法包括用懸吊式鞦韆促進前庭刺激，器材提供線性動作，用刷子等物品按摩身體和四肢，促進觸覺和本體感覺輸入。此外，並提供老師諮商，建議適當的感覺動作活動。	精通遊戲5人中，有3人顯著進步、非參與行為4人、成人互動1人、同僚互動無。
Linder-man & Steward (1999)	自閉症男童2人，3歲9個月和3歲3個月	個案甲：社會互動、接觸新活動、對抱起和摟抱的反應；個案乙：社會互動、用餐時間之功能性溝通、對動作反應	基線期2週，介入期個案甲11週、個案乙7週，每次介入一小時，介入器材包括：大型枕頭、小彈簧床、數種懸吊式鞦韆、身體襪、彈性墊子、具有紋路和操弄性玩具和活動等。	個案甲社會互動、接觸新活動、對抱起和摟抱的反應3項皆呈現顯著進步；個案乙社會互動、對動作反應呈現小幅進步，功能性溝通則無改變。
Ray et al. (1988)	自閉症男童1人，9歲	發出聲音的時間	除了由治療師進行的感覺統合治療外，並於介入中允許個案自己決定使用懸吊式鞦韆5分鐘，共介入17天，前後4星期。	當個案自己使用鞦韆時，發出較多的聲音，並學會說13個新字。
Reilly et al. (1983)	自閉症18人（15男3女），6-11歲	說話的量與質	3週內隨機輪流進行2種活動：(1)感覺統合治療共2次；(2)桌上的精細動作活動共2次。	精細動作活動顯著比感覺統合治療引發較多的口語變化、說話的平均長度較長、較少自閉式語言。2種活動在說話的功能、語音、語言總分、說話的比率上無顯著差異。

（續）

研究	樣本	測量變項	介入	結果
Watling (2004)	泛自閉症 4 人，3-4 歲	觀察法、家長填寫家中日常行為和參與度、行為調節	ABAB 設計，介入階段每週進行感覺統合治療 3 次，每次 40 分鐘，完後進行 10 分鐘桌上活動，共介入 11 週。	觀察法和家長評量前後測分數無顯著差異，雖然家長表示感覺統合介入日期，兒童行為表現較佳。行為調節方面，進行感覺統合介入後比桌上活動，較能調節行為反應。研究結果顯示感覺統合治療的短期效果不佳。

第二節　感覺刺激技術

一、何謂感覺刺激技術

感覺刺激技術（sensory stimulation techniques）含多種方法，指個案被動地藉由觸覺壓力、本體感覺，提供感覺刺激，此技術亦常併入大範圍的感覺統合治療中。常用的感覺刺激技術為重壓（deep pressure），亦即藉由穩定的觸覺壓力，提供鎮靜輸入，主要有兩種方式：一為藉由治療性觸摸，例如按摩、緊壓關節（joint compression）等，提供觸覺刺激；另一種方式為藉由器具，例如擠壓機（Squeeze Machine）、壓力服（pressure garments）、重量背心（weighted vests）等，提供觸覺輸入（Baranek, 2002）。

古馬和邦迪（Koomar & Bundy, 2002）建議用下列活動，來促進觸覺和本體刺激：

■ 織物（例如地毯、燈心絨、羊皮等）遮蓋器材，增加觸覺刺激。
■ 刷子、具有紋路的手套、觸覺球或按摩物品（見圖 16-3），用

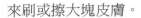

來刷或擦大塊皮膚。

■ 繃帶包裹四肢。

■ 躺入球池中並移動（見圖 16-4）。

■ 在一池或箱子中放入扁豆、豆子、米等小顆粒的物品，讓年幼兒童可以坐在裡面，年紀大的兒童可以將手掌和手臂埋入豆子中。

■ 大枕頭或具重量的毯子包裹身體。

■ 大治療球在學生背後滾動，或讓學生俯臥在大治療球上（見圖 16-5）。

■ 魏巴格法（敘述於後）。

■ 穿著壓力服、重量背心、腳套筒、手套環、背重物等（在衣服或褲子中縫製多個口袋，內放重量袋）（見圖 16-6）。

■ 重物可以用來推或拉。

■ 用吸管吸食需要用力吸的食物。

■ 玩具、物品或食物可以用來咬。

■ 器材可以跳、彈跳或搖擺時可以拉（例如繩子）。

■ 用震動按摩器，按摩手臂和腳。

■ 刮鬍膏、乳液或按摩油等，用來按摩皮膚提供重壓。

圖 16-3　刷子、觸覺球和紋路物品

圖 16-4　球池

圖 16-5　治療球

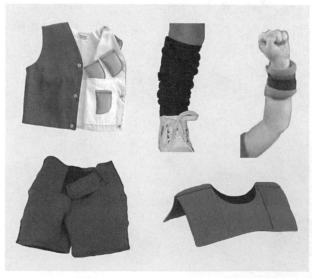

圖 16-6　重量背心、短褲、腳套筒、手套環和披肩

進行重壓技術時的一般原則為（Koomar & Bundy, 2002）：

1. 若學生具有執行能力，最好由學生自己執行重壓，決定需要重壓或重觸的部位，以及進行的時間。進行時需注意學生的反應，是否會顯得過度警覺、過動或緊張。

2. 重壓常用來減輕學生的觸覺防禦，但每個人對重壓的感覺不同，有些人喜歡輕壓或快速移動，有些人對輕壓的感覺像重壓，因此，執行時，需了解學生對觸覺刺激的喜好和敏感度。

3. 不需要全身進行重壓，一般常進行重壓的部位為手、腳和背部。

4. 用刷子擦刷皮膚時，多數學生對順行毛髮生長方向，比逆行方向擦刷，較能容忍觸覺刺激。

5. 多數學生喜歡在安靜封閉的空間（例如大空箱子內，放有枕頭）進行按摩或用刷子擦刷，可降低其他干擾和未期待的刺激。

6. 本體感覺乃是最具組織型態的感覺，學生多半沒感覺；若學生有觸覺刺激方面的問題，用本體感覺來替代，或加上重壓，經常能介入成功。

若介入不成功，教學者需要修改方案，或改用其他方法，有時負面效果不會在活動後立即出現，而是延宕數小時後才發生。另外，有關震動按摩器的使用方面，基本上亦適用上述六項原則，需注意的事項為，有些學生只需要短時間使用，並且自己會停止，有些學生無法指出是否已足夠，會一直使用下去，教學者需觀察學生進行震動按摩時的行為，來決定學生需要使用的時間。此外，有些學生的臉或嘴非常敏感，亦可運用重壓技術來增加適應力，年幼兒童可運用手指或牙刷重壓嘴內上面或牙齦部分，年紀較大的兒童可藉由各種吹笛活動，當學生吹笛時，即自己進行重壓。除此之外，亦有些學生喜歡藉由咬物品，來提供嘴部重壓，例如咬橡皮物品等。

二、魏巴格法

魏巴格法（Wilbarger approach）乃是由茱莉亞‧魏巴格（Julia Wilbarger）和派翠西亞‧魏巴格（Patricia Wilbarger）所提倡，主要用來治療感覺防禦現象，認為若於一段時間內，經常重複某種感覺經驗，可以有效降低感覺防禦症狀。用來降低感覺防禦反應的感覺經驗，包括重壓、本體感覺和前庭輸入，本體感覺指肌肉抗力（muscle resistance）、關節牽引（joint traction）和緊壓。魏巴格法屬於個別化的介入計畫，介入共包括下列三要素（Wilbarger & Wilbarger, 2002）：

(一)教育和促進對感覺防禦症狀的知覺

教育個案及其家人對感覺防禦的知識與知覺，以及感覺防禦如何影響日常生活，此知識乃根據對個案進行評量所得到的結果，詳細列出個案感覺防禦方面的問題。

(二)感覺飲食規定

感覺飲食規定（sensory diet）乃是一種治療計畫，將感覺本位的活動融入日常作息中，主要用下列兩種方式來治療感覺防禦：

1. 列出具有感覺品質的活動，亦即當個案進行這些活動時，較少引發感覺防禦行為，然後將這些活動融入日常作息中，活動強調感覺輸入，例如重壓、本體感覺和動作。

2. 感覺飲食規定包括增加個案對環境的適應力，促進個案最佳的功能狀態。進行方式為建議個案日常需要進行的活動，或修改日常作息，增加作息的一致性和可預測性。例如穿衣、洗澡和轉銜等日常活動，促進個案在活動中的適應性，減少進行過程中產生的壓力和不適應行為。

㈢專業人員引導式介入

專業人員引導式介入包括評量、發展介入目標和介入計畫。介入方式主要運用重壓和本體感覺，亦稱為「魏巴格規程」（Wilbarger protocol），指運用特定的刷子（見圖 16-7），擦刷身體，屬於一種拂拭技術（brushing technique），需經過專業訓練才能進行。治療師實施時，動作需平順和均勻，持續移動刷子，快速刷過大塊皮膚，避免重複擦刷身體的某一部位。進行拂拭的部位，包括手、手臂、背部、腳和腳掌，絕對不擦刷胃部、鼠蹊、臀部、頭和臉等敏感的部位。並且，刷過皮膚後，立即對四肢的皮膚和關節進行重壓和牽引。重壓和關節緊壓每次進行九十分鐘至兩小時，視個案的日常作息而調整。臨床顯示若此法有效，多半第一天就會顯現效果，若個案經介入數天後，未產生正向的反應，則需由職能治療師重新對個案進行評估。

圖 16-7　魏巴格之治療刷

三、擠壓機

擠壓機（Squeeze Machine）又稱為擁抱機（Hug Machine），乃是由自閉症者畜牧學博士天寶·葛蘭汀（Temple Grandin）所發明，美國瑟瑞芬公司（Therefin Corporation）製作和銷售（見圖 16-8）。此機器適用於自閉症或注意力缺陷過動症兒童或成人，主要用來協助個案克服觸覺防禦現象，藉由擠壓機擠壓身體，促進神經安定和放鬆，降低焦慮和恐慌的情緒。

擠壓機內含兩片板子，形成一 V 字形，板子外包裹軟墊，使用時，個案俯臥在兩片軟墊中間，自己操縱搖桿，將軟墊往內擠壓或往外放鬆（見圖 16-9）。一般成人所用的壓力約每平方英吋六十至七十五磅，兒童所用的壓力則介於四十至五十磅之間。葛蘭汀發現，她每天只要使用擠壓機十五分鐘，就能夠協助她降低焦慮四十五至六十分

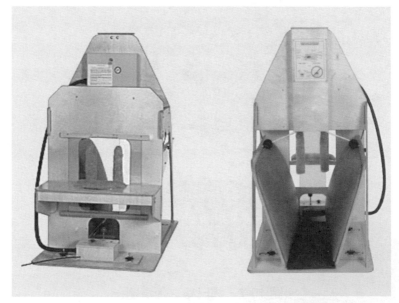

圖 16-8　葛蘭汀之擠壓機（左正面、右背面）

註：擠壓機由美國瑟瑞芬公司製作和銷售，詳見網站 http://www.therafin.com/

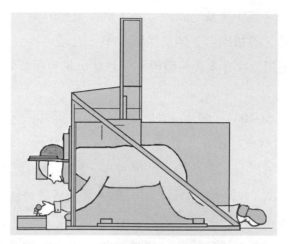

圖 16-9　葛蘭汀之擠壓機側面圖

參考文獻：Grandin, T. (n.d.). *Description and schematic details of the squeeze machine.* Retrieved April 1, 2005, from: http://www.grandin.com/inc/intro-squeeze.html

鐘；若每天使用兩次，可以讓身體放鬆達到最大效果。葛蘭汀經長期使用後，發現對自己有很大的幫助，減少攻擊性，降低緊張焦慮，並且增加自己對別人碰觸身體的容忍力，以及碰觸動物（例如貓、狗等）的能力。此外，所需要的擠壓壓力，亦隨著時間，從開始時每平方英吋八十磅降為六十磅（Grandin, 1992）。

四、研究結果與效能

　　目前感覺刺激技術對自閉症者的效果研究並不多，並且各研究所報導的主題不盡相同（詳見表 16-3）。有兩篇個案研究，報導戴厚手臂套筒或長手套（含肘關節部分），對減少自閉症兒童自我刺激和自傷行為的功效，結果發現，手臂套筒可以有效降低自閉症兒童的自我刺激或自傷行為（McClure & Holtz-Yotz, 1990; Zissermann, 1991）。有一篇調查魏巴格法的介入功效，個案為亞斯伯格症男童，結果發現，

魏巴格法能顯著減少男童的問題行為（例如亂發脾氣），但介入一次（每次兩小時，連續兩週）無法保留效果，五個月後，男童的問題行為又增加；經第二次介入後，發現九個月後仍具有保留效果（Stagnitti et al., 1999）。

露絲（Luce, 2003）則是調查感覺動作治療對學前泛自閉症兒童的功效，介入器材包括刷子、墊子、乳液、治療球、可穿越爬行的木桶、包裹毯子等感覺刺激活動。結果發現，四個月的短期介入效果不佳，實驗組兒童（A組）的固執行為分數未顯著低於控制組（B組），但介入具有長期效果，A組兒童經六個月介入後（無控制組比較），顯著降低感覺本位的固執行為，並增加溝通和社會化領域的適應行為分數。但此篇研究具有研究法上的問題，B組（第一階段擔任控制組）兒童的表現顯著優於A組，若B組兒童未在第四個月時亦進行介入，仍舊擔任控制組，有可能六個月後，A組和B組兒童的分數無顯著差異；並且，由於兩組兒童都同時接受其他介入（例如TEACCH或行為介入法），因此，很難斷定兒童的進步和感覺動作介入有關。

此外，有一篇研究調查葛蘭汀擠壓機對自閉症兒童的療效，實驗組兒童（五人）每週使用擠壓機兩次，每次二十分鐘，前後共六週，控制組兒童（七人）可躺入擠壓機中，但無法操弄機器。結果發現，實驗組兒童在家長評兒童的緊張、焦慮和過動分數上，後測比前測分數顯著下降，控制組兒童的緊張和焦慮前後測分數相近，過動分數則是降幅比實驗組小；在電流皮膚反應方面，兩組兒童的前後測分數無顯著差異（Edelson et al., 1999）。由於此篇研究的樣本數少，並且實驗組兒童的前測分數顯著高於控制組，兩組兒童的後測分數又相近，因此，有可能實驗組兒童因需進行擠壓二十分鐘，在實驗前產生緊張、焦慮和亢奮的情緒，經六週使用熟悉機器後，降低緊張、焦慮和過動症狀。

費爾德等人（Field et al., 1997）則是調查接觸治療（touch thera-py）亦即按摩的功效，實驗組兒童每週按摩二天，每次十五分鐘，前

後共四週，控制組兒童的活動為玩遊戲。結果發現，實驗組兒童比控制組兒童在固執行為、自閉症行為檢核表（感覺、關係和總分）的分數上顯著降低，早期社會溝通量表的分數上顯著增加，顯示接觸治療能有效改善自閉症兒童的自閉症症狀，並能增加社會溝通行為（包括聯合注意力、行為規範、社會行為、發動行為）。另外，許林和史瓦茲（Schilling & Schwartz, 2004）調查自閉症兒童上課時坐在治療球上的功效，結果發現，四名受試者上課時坐在治療球上比坐在椅子上，能顯著增加坐好和參與活動的行為。

表 16-3　自閉症兒童之感覺刺激技術介入研究

研究	樣本	測量變項	介入	結果
Edelson et al. (1999)	自閉症12人，9男3女，4-13歲；分成兩組，實驗組5人、控制組7人	電流皮膚反應、康能氏家長評量表、副作用	介入前，先讓所有兒童熟悉葛蘭汀之擠壓機5-10分鐘，完後實驗組兒童使用擠壓機，每週2次，每次20分鐘，前後共6週；控制組亦可躺入擠壓機中，但V形板分開，無法操弄機器。	家長評兒童緊張、焦慮和過動分數，實驗組兒童前測分數顯著高於控制組，介入後，實驗組分數顯著下降，控制組維持原狀（後側分數兩組相近）；電流皮膚反應兩組兒童無顯著差別。
Field et al. (1997)	自閉症22人，平均4.5歲，隨機分成兩組	教室行為觀察、自閉症行為檢核表（感覺、關係、物品使用、語言、社會技能）、早期社會溝通量表（聯合注意力、行為規範、社會行為、發動行為）	實驗組接受接觸治療，每次15分鐘，每週2天，共4週（8次），由大學生按摩兒童身體，包括臉、胸部、胃部、腳、手臂、背部；控制組活動為玩遊戲15分鐘。	教室行為方面，觸覺嫌惡、不專心、注意不相干刺激兩組分數都顯著降低，固執行為只有實驗組分數顯著降低；自閉症行為檢核表只有實驗組分數顯著降低，包括感覺、關係和總分；早期社會溝通量表方面，實驗組四分量表分數顯著增加，控制阻只有社會行為小幅增加，另三分量表分數下降。

442

（續）

研究	樣本	測量變項	介入	結果
Luce (2003)	泛自閉症25人，3歲3個月至5歲7個月，分成二組	固執行為評量表（總分和8分量表）、兒童期自閉症評量表（CARS）、文蘭適應行為量表	全部兒童就讀特殊幼稚園，課程內容為TEACCH或行為導向。A組兒童先接受感覺動作治療，第4個月時B組亦進行介入，A組前後共介入6個月，每次介入30分鐘。運用的器材包括刷子、墊子、乳液、治療球、可穿越爬行的木桶、包裹毯子等。	AB組間只比較固執行為，A組分數未顯著低於B組，短期效果A組降低5.88分，B組降低19.33分。長期介入效果（6個月），在固執行為方面，只有感覺本位行為分量表分數顯著降低；適應行為分面，只有溝通和社會化領域分數顯著增加；CARS分數未顯著改變。
McClure & Holtz-Yotz (1990)	自閉症男童1人，13歲，無口語，具重度智障	自傷行為、攻擊、自我刺激、固執行為	除了洗澡、吃飯、運動外，個案佩戴手臂套筒，防止自傷和自我刺激行為，共分四階段：(1)入院1-21天佩戴復健用之手臂固定支架，肘關節只能彎曲10°；(2)22-38天佩戴之支架關節可彎曲45°；(3)39-52天佩戴5公分厚之泡棉手臂套筒，可彎曲；(4)53天除去手臂套筒，改用毛巾包裹手臂，增加洗澡次數。由於問題行為增加，於68天開始在四肢裹上彈性繃帶，提供重壓和觸覺輸入。	復健用之手臂支架或手臂套筒可以顯著減少個案出現自傷、自我刺激和攻擊行為。在個案四肢上裹上彈性繃帶比未裹時，顯著降低自我刺激、自傷行為，並增加社會互動行為。並且，個案出院後，自己會主動找毛巾包裹手臂，或將毯子、衣物等物品塞入襯衫中，提供觸覺刺激。
Schilling & Schwartz (2004)	自閉症男童4人，3歲11個月至4歲2個月	坐好、參與活動	ABAB設計，受試者在一些課例如美術課，改坐在治療球上上課，治療球的大小適中。	4名受試者上課時坐在治療球上，比坐在椅子上，顯著增加坐好和參與活動的行為。

（續）

研究	樣本	測量變項	介入	結果
Stagnitti et al. (1999)	亞斯伯格症男童1人，5歲	個案具有感覺防禦症狀，觀察幼稚園上課行為、社會接觸、亂發脾氣等	介入用魏巴格法，包括用刷子刷身體，對手臂、腳的皮膚和關節進行緊壓，以及手指和腳指感覺輸入。此法原本建議每天進行2小時，持續2週，修改為第一週每天分成3次進行，第二週分成4-5次進行。5個月後又進行介入一次，每天分3次進行。	經魏巴格法介入後，個案的亂發脾氣的次數減少，並允許叔叔碰他，顯得較為快樂和放鬆。但5個月後，問題行為未顯現進步，因此，又介入一次。6個月後進行追蹤，發現個案在各感覺領域有顯著進步，並且9個月後仍能顯現進步。
Zissermann (1991)	重度發展遲緩似自閉症女童1人，8歲	個案問題包括身體僵硬、哭泣、激動、用腳尖走路、自我刺激，觀察教室行為、自我刺激行為	個案戴長手套兩個月，手套上蓋過肘關節，下延伸至手掌拇指。由於手套具有效果，改穿壓力服，為有袖子的重量背心，未含手掌部分，共9週。	當個案戴長手套時，自我刺激行為降低46%；當穿著壓力服時，自我刺激行為降低11.8%，一手拍另一手行為降低54.5%，但右手（2.5%）和左手（9.6%）碰桌子的動作增加。

　　總結有關感覺刺激技術方面的研究，由於研究數量少，多為個案或小樣本研究，再加上有些研究又具有研究法上的問題，因此，很難從中推論感覺刺激技術對自閉症者具有療效。其中，研究結果較為一致的為戴手臂套筒，發現可以顯著降低自閉症兒童的自我刺激或自傷行為（McClure & Holtz-Yotz, 1990; Zissermann, 1991），但由於此兩篇為個案研究，無法類推至其他自閉症者。此外，研究發現接觸治療（按摩）（Field et al., 1997）和坐在治療球上上課（Schilling & Schwartz, 2004），對自閉症兒童具有正向功效，由於各只有一篇研究發表，仍需更多研究來驗證療效。

第十七章／藥物治療和營養補充品

本章第一節介紹自閉症學生的藥物治療，包括抗憂鬱劑、抗精神病藥物、興奮劑、鎮靜劑或抗焦慮劑、情緒穩定劑、抗高血壓藥、鴉片拮抗劑、抗痙攣劑、抗帕金森症藥，以及腸促胰激素；第二節說明飲食療法及自閉症者常服用的營養補充品，包括維他命B6、鎂、維他命 C、綜合維他命和二甲基甘胺酸（DMG）。

第一節　藥物治療

目前，藥物治療對一些神經或精神異常疾病，例如注意力缺陷過動症、情感性疾病、焦慮性疾病、強迫症等，發現具有好的療效，雖然自閉症本身可說無藥可醫，但由於自閉症者經常伴隨一些注意力、情緒或精神方面的症狀，這些症狀有時可以藉由藥物加以控制。連哈特（Lainhart, 1999）文獻回顧有關泛自閉症者罹患精神疾病的研究，發現泛自閉症者經常同時具有其他精神疾病，同時罹患焦慮症的比率介於 7%至 84%、憂鬱症 4.4%至 57.6%、注意力缺陷或過動 21%至72%、躁鬱症 0%至 21%、強迫性思考或儀式性強迫行為 16%至 81%、強迫症 1.5%至 29%、精神分裂症 1.08%至 2.2%、抽搐 7%至 29%、土瑞氏症候群 2.8%至 20%、睡眠問題 11%至 65.1%；其他曾報導的問

題，還包括自殺、緊張、飲食問題、遺尿、大便失禁、酒精或藥物濫用等。

　　一些研究者調查自閉症者服用精神藥物（psychotropic drugs）或其他藥物的比率（年齡介於 1-82 歲，平均年齡 13.24-15.96 歲），結果發現，其中有30.5%至55%的自閉症者服用一種或以上的精神藥物，其中較常服用的精神藥物為抗憂鬱劑（antidepressants）（6.1-32.1%）、抗精神病藥（antipsychotics）（12.2-16.5%），以及興奮劑（stimulants）（6.6-20.2%）；另有一些人服用鎮靜劑（sedatives）或抗焦慮劑（anxiolytics）（6.3-8.7%）、情緒穩定劑（mood stabilizers）（3.9-9.2%）、抗高血壓藥（antihypertensives）（4.4-12.5%），以及鴉片拮抗劑（opiate blockers）（0-.9%）。其他常服用的藥物還有抗痙攣劑（anticonvulsants）（11.5-13.2%），以及少數人服用抗帕金森症藥（antiparkinsonians）（1.3-2.9%）（詳見表 17-1）。

　　此外，研究發現，自閉症者服用藥物的比率和年齡成正比，成人比兒童較常服用藥物（Aman et al., 1995; Aman et al., 2003; Langworthy-Lam et al., 2002; Martin et al., 1999）；並且，成人較常服用抗精神病藥、抗憂鬱劑、情緒穩定劑或鎮靜劑，兒童較常服用興奮劑。另外，服用藥物的比率和自閉症的嚴重度以及智能障礙程度呈正比，並且，自閉症症狀較嚴重者較常服用精神藥物，症狀較輕微者較常服用興奮劑（Langworthy-Lam et al., 2002）；智能障礙程度愈嚴重者，愈常服用精神藥物，例如抗精神病藥、情緒穩定劑（Aman et al., 2003）、鎮靜劑（Langworthy-Lam et al., 2002），以及抗痙攣劑，智障較輕微者較常服用興奮劑（Langworthy-Lam et al., 2002）。以下介紹一些自閉症者常服用的藥物（見表 17-2）（芮耀誠，2002；Kerbeshian et al., 2001; Tsai, 2005）：

表 17-1　自閉症者服用藥物和維他命之人數比率

藥物型態	Aman et al. (1995) n = 838		Martin et al. (1999)[1] n = 109		Langworthy-Lam et al. (2002) n = 1,538		Aman et al. (2003) n = 417	
	人數	%	人數	%	人數	%	人數	%
目前服用精神藥物	256	30.5	60	55.0	703	45.7	190	45.6
一種	185	22.1	28	25.7	371	24.1	103	24.7
二種	54	6.4	25	22.9	212	13.8	41	9.8
三種	14	1.7	5	4.6	95	6.2	32	7.7
四種	3	.4	2	1.8	16	1.0	10	2.4
五種	0	0	0	0	3	.2	3	.7
六種	0	0	0	0	6	.4	0	0
七種	0	0	0	0	0	0	0	0
八種	0	0	0	0	0	0	1	.2
抗憂鬱劑	51	6.1	35	32.1	333	21.7	90	21.6
抗精神病藥	102	12.2	18	16.5	258	16.8	62	14.9
興奮劑	55	6.6	22	20.2	214	13.9	47	11.3
鎮靜劑或抗焦慮劑	53	6.3	7	6.4	110	7.3	36	8.7
情緒穩定劑	33	3.9	10	9.2	77	5.1	19	4.5
抗高血壓藥	37	4.4	7	6.4	145	9.4	52	12.5
鴉片拮抗劑	3	.4	—	—	14	.9	0	0
抗痙攣藥	111	13.2	—	—	191	12.4	48	11.5
抗帕金森症藥	11	1.3	—	—	45	2.9	11	2.6
維他命	161	19.2	—	—	383	25.0	73	17.5
自閉症維他命[2]	42	5.0	—	—	86	5.7	43	10.3

註：表格中列「一」表示未報導服用人數。

1. 此研究的樣本包括自閉症、亞斯伯格症、PDDNOS，並且全部受試者的智商等於或高於 70。

2. 自閉症維他命指常用來治療自閉症的 B6、B6 加鎂、二甲基甘胺酸（DMG）或 Super Nu-Thera（為綜合維他命，由 Kirkman 研發銷售，詳見 http://www.kirkmanlabs.com/）。

一、抗憂鬱劑

自閉症者所服用的抗憂鬱劑主要包括兩類：三環抗憂鬱劑（tricyc-lic antidepressants, TCA）和新型抗憂鬱藥——選擇性血清素再吸收抑制劑（selective serotonin reuptake inhibitors, SSRI）。美國十年前調查發現，自閉症者多用三環抗憂鬱劑（Aman et al., 1995），目前則多用SSRI（Aman et al., 2003; Langworthy-Lam et al., 2002）。抗憂鬱劑的主要目的為治療憂鬱症患者，但對焦慮症、恐慌症、強迫症、注意力缺陷過動症者亦有療效。此藥物於一九五〇年代末期開始用於自閉症者，主要目的為增進自閉症者的注意力和專注力，有時亦會用來治療自閉症者的自我刺激行為，以及增加土瑞氏症候群患者的注意力；療效包括減少憂鬱或情緒變動，減少強迫行為、固執行為、衝動性、過動，以及減少尿床現象（尿床多用 imipramine）。

(一)三環抗憂鬱劑

三環抗憂鬱劑（TCA）的結構為三個苯環，作用為抑制正腎上腺素（norepinophine）和血清素的傳導。自閉症者常用藥品包括 clomi-pramine、imipramine（Aman et al., 1995），主要在增加自閉症者的注意力、專心，減少過動、衝動、重複或固執行為。此類藥物的副作用，包括口乾、便秘、視力模糊、嗜睡、頭痛、體重增加、心律失常、顫抖等。

(二)選擇性血清素再吸收抑制劑

選擇性血清素再吸收抑制劑（SSRI）如名稱所示，主要功能為抑制血清素再吸收，不會抑制正腎上腺素再吸收，目前自閉症者最常用的藥品為 fluoxetine（Prozac）（服用人數占自閉症者的 6.6-15.6%）以及 sertraline（Zoloft）（3.3-5.5%）（Aman et al., 2003; Langworthy-Lam et al., 2002; Martin et al., 1999），主要作用在減少自閉症者之憂鬱、恐慌、強迫行為和攻擊行為；此外，研究發現，還可以減輕自閉

症整體症狀的嚴重程度。此類藥物的副作用包括噁心、嘔吐、口乾、腹瀉、厭食、體重減輕、頭痛、頭昏、顫抖、失眠等。

二、抗精神病藥

　　抗精神病藥又稱為神經抑制藥（neuroleptics），主要作用為阻斷腦中神經傳導物質，例如多巴胺（dopamine）、血清素、α腎上腺素（α-adrenaline）、組織胺（histamine）等，減少受體的活性，以達到治療效果。此類藥物主要用來治療精神分裂症者，可以減輕患者的幻聽、幻覺、妄想、說話紊亂沒組織、冷漠、退縮、焦慮等症狀，使思維和行為趨於正常。此外，並常用來減輕躁鬱症者躁期階段時的不穩定情緒，對抽搐症例如土瑞氏症亦有療效。抗精神病藥可分為下列兩大類：

㈠傳統抗精神病藥

　　傳統抗精神病藥的主要作用為阻斷腦中多巴胺受體，減少多巴胺活性，進而減輕患者的幻覺、妄想、亢奮、抽搐、攻擊等行為。自閉症者用此類藥物來治療重複和固執行為、攻擊行為、過動、情緒不穩定、退縮等，最常用的藥品為 thioridazine（Mellaril）和 haloperidol（Haldol）（Aman et al., 1995）。此類藥物的副作用包括嗜睡、口乾、心悸、便秘、視力模糊、低血壓、過敏反應，以及體重增加等；並且，不適用於癲癇患者，會降低癲癇閾值，導致癲癇發作。此外，還可能引發「錐體外症候群」（extrapyramidal syndrome），症狀包括（Tsai, 2005）：

1. **急性肌張力不全**（acute dystonia）：肌肉收縮或痙攣。
2. **抗精神病藥引發之帕金森氏症**（neuroleptic-induced parkinso-nism）：特徵為動作不能、動作徐緩、顫抖、僵直等。
3. **急性靜坐不能**（acute akathisia）：無法靜坐，坐立不安。

(二)非典型抗精神病藥

非典型抗精神病藥的作用除了阻斷腦中多巴胺受體外，還可以阻斷血清素受體，具有雙重功能。此類藥物常用來治療精神分裂症、躁鬱症、強迫症、土瑞氏症患者，可以減輕患者的症狀，例如幻覺、妄想、緊張、焦慮、情緒不穩定、亢奮、重複行為、攻擊行為和抽搐等。自閉症者常用此類藥物來治療攻擊行為、過動、重複和固執行為、自傷行為、焦慮、憂鬱、易怒、亂發脾氣等症狀。最常用的藥品為 risperidone（Risperdol）（服用人數占自閉症者的 10.3-11%）和 olanzapine（Zyprexa）（1.8-2.9%）（Aman et al., 2003; Langworthy-Lam et al., 2002; Martin et al., 1999）。一項研究比較 olanzapine 和 haloperidol 對自閉症兒童的療效，發現 olanzapine 比較有效，較多兒童有正向反應（Malone et al., 2001）。非典型抗精神病藥除了效果比傳統型佳外，副作用亦比較少，尤其在錐體外症候群和癲癇發作等副作用上，有明顯的改善，常見的副作用包括嗜睡、體重增加、頭痛等。

三、興奮劑

興奮劑的作用為促進中樞神經系統的活力與激起，以振奮精神、提高情緒，並降低疲倦和憂鬱的情緒。此類藥物主要用來治療注意力缺陷過動症者，研究發現具有好的療效，可以減輕患者的過動和衝動行為，增加注意力集中。興奮劑中最常見的藥品為 methylphenidate〔Ritalin（利他能）〕，調查發現，約有 5%至 15.6%的自閉症者服用，此藥對大腦的興奮作用較為溫和，一般常見的副作用包括失眠、頭痛、噁心、食慾不振、胃痛、心悸、愛哭等，並且不適用於癲癇患者。其他的興奮劑還有 pemoline，其藥效介於中間，dextroamphetamine（右旋安非他命）的效果最強，會產生較快的欣快作用。右旋安非他命的副作用多和中樞神經系統過於興奮有關，常見的問題包括失

眠、煩躁、口乾、食慾不振、頭痛、出汗、噁心、心跳過速、心悸等；並且，長期服用具有成癮性，易產生精神依賴。

　　雖然調查發現有不少自閉症者服用興奮劑，但研究所報導的療效不一致，有些研究發現，可以減輕自閉症者和PDDNOS患者的過動和易怒行為，增進患者的社會反應和注意力；有些研究得到負面的結果，發現反而增加自閉症者的過動、固執行為、害怕、分離焦慮，心跳加快、幻想、攻擊行為和抽搐等症狀（Aman & Langworthy, 2000）。因此，自閉症者是否用興奮劑進行治療，仍需進一步的評估，可能適用的對象為高功能自閉症者，不伴隨抽搐或其他神經症狀，其病症特徵為注意力短暫、容易分心、過動和衝動（Tsai, 2005）。

四、鎮靜劑或抗焦慮劑

　　鎮靜劑或抗焦慮劑的主要作用為鎮靜、催眠、抗焦慮及抗驚厥，美國十年前調查發現，此類藥物最常服用的為Cloral Hydrate，服用人數占自閉症者的1.2%（Aman et al., 1995）。此藥為長效催眠藥，特點為催眠快速，次日醒後無持續效應，主要用來治療失眠和煩躁不安。近年來的調查則發現，自閉症者以服用 buspirone（1.9-3.7%）和松果腺素（melatonin）（2.9-3.4%）為主（Aman et al., 2003; Langworthy-Lam et al., 2002）。buspirone 為較新的抗焦慮劑，不具鎮靜、催眠、抗癲癇或肌鬆作用，主要用來治療焦慮症，研究發現，此藥可以減輕自閉症者的過動、固執行為、自傷行為和攻擊行為；此藥的副作用包括嗜睡、頭暈、胃腸不適、心悸和神經質。

　　另外，有不少自閉症者服用「松果腺素」來改善睡眠障礙，松果腺素乃是由松果腺（pineal gland）所分泌的荷爾蒙；松果腺位於第三腦室頂部，其分泌激素與否和光線有關，當黑暗時會分泌松果腺素，光線進入眼球就停止製造，作用為規範睡眠和甦醒之生理時鐘（許世

昌，2000；Malow, 2004）。此激素國內常譯為「退黑激素」，因其另一作用為使皮膚顏色看起來較淡。目前服用的激素乃是用牛腦所淬取分離出來的物質，屬於健康食品，未列入藥物管制。有關松果腺素的研究並不多，一項研究發現，松果腺素可以改善多重障礙兒童的睡眠障礙，但睡眠功能的改善幅度具有個別差異；此外，還有一項個案研究發現，松果腺素可以改善一名重度智障自閉症者的睡眠問題（Malow, 2004）。松果腺素的療效仍需進一步評估，其優點為不是藥品，並且副作用很少。

五、情緒穩定劑

情緒穩定劑可分成下列兩大類：

(一)鋰鹽

鋰鹽（lithium）常用於治療躁鬱症患者，可以預防躁症和鬱症發作，主要作用為抑制腦內神經突觸細胞釋放正腎上腺素，促進其再吸收，使突觸細胞的正腎上腺素含量減低，進而降低神經興奮。此外，還可促進血清素合成，使其含量增加，有助於情緒穩定。鋰鹽治療較大的麻煩是治療期間需定期抽血，監控血中的鋰鹽濃度，鋰鹽濃度與療效以及副作用有關。常見的副作用包括噁心、嘔吐、胃腸不適、腹痛、腹瀉、頭昏、顫抖、多尿等，長期治療並可能影響甲狀腺功能。此藥適用於自閉症者同時具有躁鬱症，或家族史中有人罹患躁鬱症，可以減輕躁症症狀和固執行為，增加適當的社會行為。此外，對於具有嚴重過動行為，但興奮劑無效之自閉症患者亦具療效，也常用來治療自閉症者的症狀出現具週期性、無端發笑、易怒以及攻擊行為等（Kerbeshian et al., 2001）。十年前，自閉症者中服用鋰鹽的人數約占2.3%（Aman et al., 1995），近年來服用比例下降，只有1%（Aman et al., 2003; Langworthy-Lam et al., 2002）。

(二)抗痙攣劑

除了鋰鹽外，亦常用抗痙攣劑做為情緒穩定劑，主要用來治療智能障礙、自閉症以及精神疾病患者，或是做為抗精神病藥物的輔助性藥物，可增加情緒穩定，預防躁症或鬱症發作。其中最常用的藥品為valproic acid〔Depakine（帝拔癲）〕，做為情緒穩定劑的服用人數約占自閉症者的 2.4%至 6.4%（Aman et al., 2003; Langworthy-Lam et al., 2002; Martin et al., 1999）。本藥物的作用為抑制腦內 γ 胺基酪酸（γ-aminobutyric acid, GABA）降解酶系，提高腦中 GABA 的濃度，阻止腦內細胞不正常放電的擴散，而產生抗癲癇作用。常見副作用包括頭痛、暈眩、胃腸不適、皮膚疹，並且需定期測量血中濃度，以避免中毒。

六、抗高血壓藥

抗高血壓藥可分成下列兩大類：

(一)α腎上腺素受體阻斷劑

α腎上腺素受體阻斷劑（α-adrenergic receptor agonists）的功能為減低正腎上腺素傳導，降低血管運動中樞的緊張性，使外周交感神經的功能降低，達到降壓的效果。此類藥物除了降低高血壓外，還可以減少活動量、衝動性，以及增加專注力，常用來治療注意力缺陷過動症、土瑞氏症、躁鬱症患者，目的為減少攻擊行為、自傷行為，以及睡眠障礙。研究發現，此類藥物可以減輕自閉症者的過動、衝動、不專心、易怒、固執行為，以及不適當的口語等。此類藥物最常見的為clonidine（Catapres），自閉症者服用的人數有逐漸增加的趨勢，十年前服用人數比率只占 3.1%（Aman et al., 1995），近年來則增至 6.3%至 10.8%（Aman et al., 2003; Langworthy-Lam et al., 2002）。此藥常見副作用包括口乾、便秘、嗜睡、焦慮、暈眩、浮腫、噁心、體重增

加。

(二)β腎上腺素受體阻斷劑

β腎上腺素受體阻斷劑（β-adrenergic receptor blockers）的作用為降低正腎上腺素傳導，減慢心率、抑制心肌收縮、降低心輸出量，進而降低血壓。此類藥物除了降低高血壓外，還可以減少攻擊行為、衝動和自傷行為，常用來治療攻擊行為、焦慮症、恐慌症和躁症。此類藥物最常見的為propranolol（Inderal），屬於非選擇性β受體阻斷劑，自閉症者服用的人數少於 clonidine，介於 0.9%至 1.8%，主要用來減少自閉症者的衝動性、攻擊行為和儀式性行為，並增加注意力。常見的副作用包括低血壓、心率慢、噁心、嘔吐、頭昏、乏力、失眠和抑鬱。

七、鴉片拮抗劑

鴉片拮抗劑的結構與嗎啡相似，能與嗎啡和類似物品競爭鴉片受體，但不產生嗎啡樣激動作用，因而能阻斷嗎啡樣作用。此類藥物常用來治療酒精或嗎啡上癮，由於自閉症者有些症狀和長期使用嗎啡者相近，例如不怕痛、不理人等，因此用鴉片拮抗劑進行治療，主要作用為減少過動、易怒、情緒化，並讓痛覺敏感度正常化，減少自傷行為。此類藥物最常見的藥品為 naltrexone（Trexan, ReVia），研究發現，此藥可以改善自閉症者的過動行為；在自傷行為方面，研究結果較不一致，有些研究發現有效，有些發現沒效（Aman & Langworthy, 2000; Kerbeshian et al., 2001; Tsai, 2005）。自閉症者服用此類藥物的人數比率很少（0-.9%），多是其他藥物無效才採用。此藥物的副作用包括噁心、頭痛、腹痛、無力、抑鬱、不安、胃腸不適、皮膚疹。

八、抗痙攣劑

　　癲癇為自閉症者常伴隨的疾病，因此，自閉症者常服用抗痙攣劑，以避免癲癇發作。抗痙攣劑中最常服用的為 carbamazepine〔Tegretol（癲通）〕，約 3.8%至 7.8%的自閉症者服用，主要目的為抗癲癇，非情緒穩定。此藥的副作用包括嗜睡、口乾、頭痛、暈眩、運動失調、複視、皮膚疹、血鈉過低、肝功能失調、白血球減少等。其次為 valproic acid〔Depakine（帝拔癲）〕，約 4.2%至 4.5%的自閉症者服用（Aman et al., 1995; Aman et al., 2003; Langworthy-Lam et al., 2002），副作用包括噁心、嘔吐、胃腸不適、鎮靜、皮膚疹、肝功能失調、顫抖等。

九、抗帕金森症藥

　　抗帕金森症藥或稱為抗膽鹼藥（anticholinergics），主要用來治療帕金森氏症者的運動機能衰退和僵硬等現象；此外，亦常用來治療因服用抗精神病藥所產生的副作用「錐體外症候群」。其中，自閉症者最常服用的藥物為 amantadine（Symmetrel）（.2-1.1%）和 benztropine mesylate（Cogentin）（.8-1.7%）。amantadine 為擬多巴胺類藥，能促進多巴胺分泌，減少神經細胞對多巴胺的重攝取，減輕帕金森症者的運動機能衰退，並可用來治療 A 型流行性感冒所引起的呼吸道感染。此外，一項研究用 amantadine 來治療自閉症者，發現可以減少過動和不適當的口語（King et al., 2001），仍需更多研究來了解此藥對自閉症者的療效。其副作用包括頭昏、視力模糊、神經質、失眠、皮膚疹等。benztropine mesylate 為中樞抗膽減藥，用於治療帕金森症，以及抗精神病藥引發的副作用錐體外症候群，副作用包括頭昏、口乾、噁心、嘔吐、便秘、皮膚疹、憂鬱。

表 17-2　自閉症者常服用之藥物

學名	商品名	主治病症	作用	副作用
抗憂鬱劑				
clomipramine	Anafranil, Clopran	憂鬱症、焦慮症、恐慌症、強迫症、注意力缺陷過動症	為三環抗憂鬱劑，作用為抑制正腎上腺素和血清素傳導，各藥品阻斷比例不同，可以減少憂鬱、恐慌、強迫行為、固執行為、過動、衝動	口乾、便秘、視力模糊、嗜睡、頭痛、體重增加、心律失常、顫抖等
imipramine	Tofranil			
nortriptyline	Pamelor, Aventyl			
fluoxetine	Prozac, Fluoxeren	憂鬱症、焦慮症、恐慌症、強迫症、自傷行為	為選擇性血清素再吸收抑制劑，不會抑制正腎上腺素再吸收，可以減少憂鬱、恐慌、強迫行為、攻擊行為，減輕自閉症嚴重度	噁心、嘔吐、口乾、腹瀉、厭食、體重減輕、頭痛、頭昏、顫抖、失眠等
fluvoxamine	Luvox			
paroxetine	Paxil			
sertraline	Zoloft			
抗精神病藥				
chlorpromazine	Thorazine	精神分裂症、躁鬱症之躁期情緒、攻擊行為、抽搐症	阻斷腦中多巴胺受體，減少多巴胺活性，可以減輕幻覺、妄想、亢奮、攻擊行為、易怒、抽搐等	嗜睡、口乾、心悸、便秘、視力模糊、低血壓、過敏反應、癲癇發作、錐體外症候群等
haloperidol	Haldol			
thioridazine	Mellaril			
olanzapine	Zyprexa	精神分裂症、攻擊行為、抽搐症、土瑞氏症	阻斷腦中多巴胺和血清素受體，可以減輕幻覺、妄想、情緒冷淡、緊張、焦慮、情緒不穩定、亢奮、重複行為、攻擊行為和抽搐等	嗜睡、體重增加、頭痛等，副作用比傳統抗精神病藥物少
risperidone	Risperdol			
興奮劑				
methylphenidate	Ritalin, Ritalin SR, Ritalin LA	注意力缺陷過動症	為哌啶類精神興奮劑，對大腦具有興奮作用，能增加精神活動、提高情緒，減少過動、衝動	失眠、頭痛、噁心、食慾不振、心悸等，不適用於癲癇患者，長期服

（續）

學名	商品名	主治病症	作用	副作用
pemoline	Cylert	注意力缺陷過動症	、增加注意力 具有αβ腎上腺素能激動活性，對中樞神經具有興奮作用，能增加精神活動、提高情緒，減少過動、衝動、增加注意力	用具成癮性 失眠、煩躁、口乾、食慾不振、頭痛、出汗、噁心、心跳過速、心悸等，不適用於癲癇患者，長期服用具成癮性
dextroamphetamine	Dexedrine			
amphetamine salts	Adderall,			
鎮靜劑或抗焦慮劑				
chloral hydrate	Aquachloral, Notec	失眠	長效催眠藥，催眠快速，次日醒後無持續效應，並具鎮靜和抗驚厥作用	對胃腸有刺激性、易引起噁心、嘔吐等
clonazepam	Klonopin	焦慮症、失眠、癲癇	抗焦慮作用，可以改善緊張、憂慮、恐懼症狀，並具鎮靜、催眠、抗驚厥、肌鬆和抗癲癇作用	嗜睡、眩暈、頭痛、抑鬱、腸胃障礙、運動失調等，長期服用可產生依賴性
diazepam	Valium			
lorazepam	Ativan			
hydroxyzine	Atarax	焦慮症、失眠	抗組胺、鎮靜、止吐、弱安定、肌鬆作用	副作用較少，長期服用可產生耐藥性
buspirone	BuSpar	焦慮症	抗焦慮作用，無鎮靜、催眠、抗驚厥、肌鬆、抗癲癇效果	嗜睡、頭暈、胃腸不適、心悸、神經質等
melatonin		失眠	為松果腺所分泌的荷爾蒙，屬於健康食品，可增進睡眠	副作用少
情緒穩定劑				
lithium carbonate	Eskalith, Lithane	躁鬱症、攻擊行為	預防躁鬱症發作、控制攻擊行為和自傷行為，服用期需監控血中鋰鹽濃度	噁心、嘔吐、胃腸不適、腹痛、腹瀉、頭昏、顫抖、多尿等
clonazepam	Klonopin, Clonopin	躁鬱症、失神、癲癇	為常用的抗痙攣劑，並具鎮靜、抗	嗜睡、口乾、乏力、頭痛、

（續）

學名	商品名	主治病症	作用	副作用
			驚厥作用，可增加情緒穩定，預防躁鬱症和癲癇發作	暈眩、胃腸不適等
carbamazepine	Tegretol, Neurotol	躁鬱症、癲癇	為抗痙攣劑，並具鎮靜、抗驚厥、抑制三叉神經痛作用，可預防躁鬱症、癲癇發作	嗜睡、暈眩、噁心、嘔吐、頭痛、運動失調、皮膚疹等
valproic acid	Depakine	躁鬱症、癲癇	為抗痙攣劑，可增加情緒穩定，預防躁鬱症、癲癇發作	噁心、嘔吐、胃腸不適、鎮靜、皮膚疹、肝功能失調、顫抖等

抗高血壓藥

學名	商品名	主治病症	作用	副作用
clonidine	Catapres	注意力缺陷過動症、土瑞氏症、攻擊行為、自傷行為、睡眠障礙	為α腎上腺素受體阻斷劑，減低正腎上腺素傳導，可以降壓，減少活動量、衝動性，增加專注力	口乾、便秘、嗜睡、焦慮、暈眩、浮腫、噁心、體重增加等
guanfacine	Tenex, Estulic			
metoprolol	Lopressor, Toprol	攻擊行為、焦慮症、恐慌症、躁症	為β腎上腺素受體阻斷劑，減低正腎上腺素傳導，可以降低心肌收縮力、心律、心排出量，減少攻擊性、衝動、自傷行為	低血壓、心率慢、噁心、嘔吐、頭昏、乏力、失眠、抑鬱等
propranolol	Inderal			

鴉片拮抗劑

學名	商品名	主治病症	作用	副作用
naltrexone	Trexan, ReVia	過動、嗎啡或酒精上癮	能阻斷嗎啡樣作用，減少過動、易怒、疼痛敏感度、自傷行為	噁心、頭痛、腹痛、無力、抑鬱、不安、胃腸不適、皮膚疹等

抗痙攣藥

學名	商品名	主治病症	作用	副作用
carbamazepine	Tegretol, Neurotol	癲癇、躁鬱症	預防癲癇、躁鬱症發作	嗜睡、口乾、頭痛、暈眩、運動失調、複視、皮膚疹、血鈉過低、肝

（續）

學名	商品名	主治病症	作用	副作用
				功能失調、白血球減少
valproic acid	Depakene, Depakote	癲癇、躁鬱症	預防癲癇、躁鬱症發作，增加情緒穩定	噁心、嘔吐、胃腸不適、鎮靜、皮膚疹、肝功能失調、顫抖等
phenytoin	Dilantin	癲癇	預防癲癇發作	暈眩、頭痛、顫抖、抑鬱、幻想、噁心、嘔吐、皮膚疹等
gabapentin	Neurontin	癲癇	預防癲癇發作	嗜睡、頭痛、乏力、暈眩、焦慮
lamotrigine	Lamictal	癲癇	預防癲癇發作、具鎮靜、催眠作用	嗜睡、暈眩、嘔吐、胃腸不適、運動失調、皮膚疹等
抗帕金森症藥				
amantadine	Symmetrel	帕金森症、A型流行性感冒、錐體外症候群	為擬多巴胺類藥，主要用於治療帕金森症，以及抗精神病藥所產生的副作用錐體外症候群，亦用於減少過動、不適當口語、易怒、自傷行為	頭昏、視力模糊、神經質、失眠、皮膚疹等
benztropine mesylate	Cogentin	帕金森症、錐體外症候群	為中樞抗膽鹼藥，用於治療帕金森症，以及抗精神病藥所產生的副作用錐體外症候群	頭昏、口乾、噁心、嘔吐、便秘、皮膚疹、憂鬱
diphenhydramine	Benadryl	帕金森症、錐體外症候群、皮膚過敏、過敏性鼻炎	為H受體阻斷藥和抗組胺藥，具抗膽鹼、鎮靜、止吐和局部麻醉作用，用於治療帕金森症，以及抗精神病藥所產生的副作用錐體	嗜睡、疲乏、口乾、頭痛

				（續）
學名	商品名	主治病症	作用	副作用
			外症候群，並常用 來減輕過敏反應	

註：本表所列之藥物，只限於表 17-1 研究中自閉症者之常用藥物。

十、腸促胰激素

　　除了上述介紹的常用藥品外，腸促胰激素（secretin）亦曾一度引起各界熱烈的討論。腸促胰激素為十二指腸分泌的一種荷爾蒙，乃是由二十七個胺基酸所組成的胜肽，當酸性食物進入十二指腸時，會刺激腸黏膜分泌腸促胰激素，其功能為抑制胃液分泌，刺激胰臟分泌重碳酸鹽和酶，並刺激肝細胞分泌膽汁，以促進進一步的消化。目前醫療上所用的腸促胰激素乃是由豬的十二指腸所製造，屬於消化功能檢查用藥，病人經由靜脈注射腸促胰激素後，從內視鏡收集胰臟分泌液，以試驗胰腺和膽囊的功能。腸促胰激素會引發各界討論，起因於何費斯等人（Horvath et al., 1998）於一九九八年所發表的一篇研究報告，其中報導三名泛自閉症兒童，由於長期腹瀉，接受腸促胰激素注射，注射五週內，發現兒童不僅胃腸功能獲得改善，並在社會和語言技能方面呈現顯著進步，因此研究者建議，可能自閉症者的胃腸和大腦功能有關。

　　其後，由於電視的宣揚報導，造成轟動，也引發不少研究者的興趣，調查腸促胰激素對自閉症者的療效。截至目前為止，共有十五篇隨機分組的雙盲實驗，以及三篇開放藥名的研究正式發表，總計參與實驗的自閉症者共 724 人，其中多數實驗對象為兒童，只有一篇研究以成人為對象（12 人）；此外，並有兩篇自閉症者腸促胰激素治療的完整文獻回顧（詳見 Esch & Carr, 2004; Sturmey, 2005）。筆者分析目前已發表的研究報告，發現除了何費斯等人所發表的報告外，其他後

續研究大多發現，實驗組（注射腸促胰激素）和控制組（安慰劑——假藥）兒童在社會、語言和行為上無顯著差異，亦即腸促胰激素無法改變自閉症兒童的社會和語言功能。其中，研究結果較不一致的部分為，腸促胰激素是否適用於治療有胃腸問題的自閉症兒童？其中有一篇研究比較有胃腸問題和無胃腸問題的療效，結果發現，腸促胰激素對有腸胃問題的自閉症兒童具有療效，對無腸胃問題的兒童則無效；但另有二篇研究發現，腸促胰激素的功效和自閉症兒童是否具有胃腸問題無關。因此，根據目前已發表的研究研判，幾乎可以肯定地說——腸促胰激素對自閉症者無療效，對腸促胰激素有興趣的讀者，可閱讀上述兩篇文獻回顧。

以上介紹自閉症學生常服用的藥物，很多家長或老師常有疑問，到底自閉症學生是否需要進行藥物治療？基本上，視自閉症學生出現的問題而定，蔡逸周醫師（Tsai, 2005）建議先對自閉症學生進行功能評量，然後再進行醫學診斷評量，以及身體和神經檢查。若自閉症學生具有嚴重的行為或情緒問題，其他非藥物療法無法產生良好的療效，則可以考慮運用藥物治療；但藥物治療只能做為行為介入計畫中的一部分，不應全靠藥物來解決學生的問題行為。一般藥物優先考慮的治療項目包括（Towbin, 2003）：

1. 學生出現的症狀會危害學生、家人以及同學等人的安危。

2. 症狀造成自閉症學生的困擾和痛苦。

3. 症狀嚴重影響自閉症學生的家庭生活。

4. 症狀嚴重影響自閉症學生的教育學習。

藥物雖能改善學生的行為和情緒問題，但不是仙丹，無法治癒自閉症，並且常具有副作用；一般避免藥物副作用的方式為，先給學生較少的劑量，等身體適應藥物的作用後，再逐漸調高劑量，直到達到滿意的效果為止。由於很多自閉症學生缺乏適當的口語能力，無法表達，進行藥物治療時，家長和老師應詳細觀察記錄學生服藥前和服藥

後的反應，以找到適當的藥品。雖然問題行為或情緒異常發生的原因
很複雜，但有時和腦中的神經傳導物質有關，可藉由藥物來抑制或促
進腦中神經傳導物質的分泌與吸收，進而影響學生的行為與情緒。目
前發現藥物具有療效的症狀，包括：攻擊行為、強迫行為、自傷行
為、過動、衝動、注意力不集中、焦慮、憂鬱、亢奮、情緒不穩定、
易怒和抽搐等。

第二節　飲食控制與營養補充品

　　上節所述的調查報告發現，自閉症者中服用維他命和補充品的人
數約占 17.5%至 25%，其中，5%至 10.3%的人服用宣稱可以治療自閉
症的補充品，包括維他命B6、B6加鎂、二甲基甘胺酸（DMG）或綜
合維他命 Super Nu-Thera（見表 17-1）。除此之外，史密斯等人
（Smith & Antolovich, 2000）以曾參加「年幼自閉症計畫」研習的自
閉症家長為對象（121 人），調查自閉症兒童接受的療法種類，兒童
的年齡全部小於五歲。結果發現，其中高達半數（50%）的兒童曾進
行飲食控制，61%的兒童服用維他命 B6 和鎂，此比例比表 17-1 中所
列之數據還高；由於表 17-1 研究中所調查的年齡層涵蓋兒童、青少年
和成人，因此，有可能自閉症幼兒較常進行飲食控制和服用健康食
品。本節介紹飲食療法，以及自閉症者常服用的維他命和補充品。

一、飲食療法

　　自閉症兒童經常有偏食的問題，只選擇性地吃某些食物，或特別
排斥某些食物，研究發現，高達 57%的泛自閉症兒童對食物具有低度
的接受度，選擇食物乃是按照食物的種類或質地（Ahearn et al.,
2001）。一些學者認為自閉症兒童的偏食問題，和對食物的過敏反應

有關，自閉症兒童對麩蛋白（gluten）（小麥、燕麥、大麥等穀類製品）和酪蛋白（casein）（奶製品）食物常具有代謝困難，當這些食物在胃腸中無法完全消化代謝時，會在腸中產生鴉片胜肽（opioid peptides）（胜肽為胺基酸連結成串），這些過量的胜肽大多會排入尿液中，但由於腸滲透性（intestinal permeability），會有少部分胜肽進入血管，最後進入大腦中，而改變中樞神經系統的正常運作；尤其是一至三歲的幼兒，正是大腦快速發展的時候，這些神經毒素會使兒童出現自閉症或其他病症，尤其是出生正常，但後來出現退化現象的自閉症兒童，其病因可能和胃腸代謝異常有關（Adams & Conn, 1997; Shattock & Lowdon, 1991; Wakefield, 2002; Wakefield et al., 2002; Yazbak, 2002）。

此理論獲得一些研究的支持，一項較早發表的研究對自閉症兒童的二十四小時尿液進行分析，結果發現，自閉症兒童尿中的胜肽含量增加（Reichelt et al., 1986）。另一項新近研究比較自閉症（69 人）、智能障礙（60 人）、腦性麻痺（63 人、46%智力正常）和正常兒童（54 人）血液中四項神經胜肽（neuropeptides）以及四項神經營養因子（neurotrophins）的含量，兒童的血液樣本取自檔案中的新生兒血液樣本。結果發現，99%的自閉症兒童和 97%的智障兒童，血液中至少有一項神經胜肽或神經營養因子含量顯著超過正常兒童；並且，自閉症和智能障礙組兒童血液中的四物質含量顯著高於正常兒童，包括血管活性腸胜肽（vasoactive intestinal peptide）、抑鈣激素基因相關胜肽（calcitonin gene-related peptide）、大腦獲得神經營養因素（brain-derived neurotrophic factor），以及神經營養因子 4/5（neurotrophin 4/5）；自閉症兒童此四物質還顯著高於腦性麻痺兒童，但和智能障礙兒童的含量無顯著差異。此研究顯示，自閉症和智能障礙兒童在新生兒時，即具有異常的神經胜肽和神經營養因子含量（Nelson et al., 2001）。

一些學者認為（例如 Reichelt et al., 1991; Wakefield, 2002），若自

閉症兒童進行飲食控制，日常飲食中避免含麩蛋白和酪蛋白的食物，可以改善自閉症症狀，增進兒童的學習表現。目前有不少飲食療法的研究發表，主要集中於英國和挪威的學者，在發表的研究中，多數的研究發現，限制自閉症兒童攝食麩蛋白或酪蛋白，可以減少自閉症症狀，並增進兒童的認知、社會、溝通或行為表現（例如Adams & Conn, 1997; Knivsberg et al., 1995; Knivsberg et al., 2003; Reichelt et al., 1991; Whiteley et al., 1999）。

　　例如，懷特力等人（Whiteley et al., 1999）研究限制麩蛋白食物對減輕自閉症兒童行為異常的功效，實驗組共有二十二名兒童，診斷類別包括自閉症（9人）、亞斯伯格症（4人）、泛自閉症（5人）和其他障礙（4人）。此外，還有兩組兒童，一組為「麩蛋白挑戰組」（家長晤談5人、尿液分析8人），此組兒童為原本實施麩蛋白食物限制，超過六個月以上，停止飲食控制；另一組為控制組（家長晤談和尿液分析各6人），乃是自閉症兒童從未進行飲食控制。全部實驗觀察長達五個月以上，結果發現，實驗三個月後，實驗組兒童開始顯現進步，實驗組中有十六名兒童家長評整體行為表現顯示進步，行為觀察分數達顯著進步的項目包括：動作障礙、餵食行為異常、注意力、知覺和智力功能。家長晤談發現，實驗組中有十六名兒童在開始進行飲食限制時，出現退化現象，例如無理由哭泣、情緒變動、不舒服等，這些副作用約持續七至二十一天。晤談挑戰組的家長發現，雖然自閉症兒童很多行為並無改變，但有些人因停止飲食控制，開始出現一些問題行為，例如過動和衝動（3人）、固執行為和攻擊（3人）、語言和溝通技能（3人）。但進行尿液分析時，三組兒童的成份無顯著差異，並且尿液分析的結果和兒童的行為表現無關。

　　奈斯伯格等人（Knivsberg et al., 2003）研究自閉症兒童限制麩蛋白和酪蛋白食物的效果，實驗組和控制組各有十名自閉症兒童，平均年齡七歲，並且，全部兒童的尿液胜肽含量異常，全部實驗長達一年。結果發現一年後進行再測時，實驗組兒童在拒絕溝通和互動、社

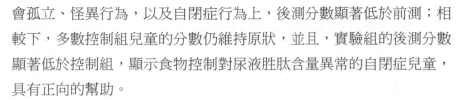

會孤立、怪異行為，以及自閉症行為上，後測分數顯著低於前測；相較下，多數控制組兒童的分數仍維持原狀，並且，實驗組的後測分數顯著低於控制組，顯示食物控制對尿液胜肽含量異常的自閉症兒童，具有正向的幫助。

　　但亦有少數研究發現，限制麩蛋白食物並不會增進自閉症兒童的學習表現（Grace et al., 1999; Pontino et al., 1998）。例如，葛瑞絲等人（Grace et al., 1999）研究三名自閉症兒童（年齡 5-8 歲）限制麩蛋白食物一年的功效，這些兒童除了飲食限制之外，還接受行為療法，兒童每三個月測量一次學習效能。結果發現，三名兒童作業精熟的練習次數，和限制麩蛋白食物的時間無關，限制時間愈久，並不會增加兒童的學習速率。

　　雖然大多數的研究顯示，飲食療法能改善自閉症兒童的行為，但亦可能造成負面效果，有些學者認為，限制麩蛋白和酪蛋白食物，可能會造成自閉症兒童營養不均衡，而影響發育。例如，阿諾等人（Arnold et al., 2003）比較自閉症兒童（36 人）和其他發展障礙兒童（24 人）血漿中胺基酸的成分，所有兒童的年齡小於五歲，自閉症兒童分成兩組，一組兒童未限制飲食（26 人），另一組兒童限制麩蛋白和酪蛋白食物（10 人）。結果發現，自閉症兒童顯著比發展障礙兒童較常具有胺基酸缺乏現象，飲食限制組共缺乏五種胺基酸，包括纈胺酸（valine）、異白胺酸（isoleucine）、白胺酸（leucine）、苯丙胺酸和離胺酸（lysine）；飲食未限制組共缺乏四種，包括纈胺酸、白胺酸、苯丙胺酸和離胺酸。此外，飲食限制組的自閉症兒童顯著比未限制組的自閉症兒童缺乏色胺酸（tryptophan），並且血漿中重要胺基酸的含量，比未限制組兒童低，但未達顯著水準。此研究結果顯示，自閉症兒童由於常具有偏食問題，營養比其他發展障礙兒童不均衡，若進行飲食限制，可能會加重胺基酸不均衡狀況。由於胺基酸和新陳代謝有關，阿諾等人認為，飲食限制不僅無法增加自閉症兒童的生長發育，反而會阻礙大腦的正常發展。

二、維他命或營養品療法

如同上述研究，自閉症兒童常有營養不均衡的問題，因此，一些研究者認為，若給自閉症兒童服用巨量的維他命、礦物質或補充品，可以改善自閉症兒童的行為。此理論的主要倡導者為美國聖地牙哥「自閉症研究所」（Autism Research Institute）的主管柏能德·瑞聯（Bernard Rimland）。瑞聯從一九六七年開始，調查自閉症兒童之家長對各種生物醫學療法的評鑑，調查內容包括藥物治療、維他命補充品，以及飲食療法。他發現，維他命的療效常比藥物還好，例如，他比較維他命 B6 和藥物 fenfluramine（為增加血清素的藥，由於會造成心臟瓣膜疾病與高血壓，目前已停產）的療效，結果發現，45%的家長認為維他命 B6 可以增進自閉症兒童的行為，相較下，fenfluramine只有 30%；並且，維他命 B6 無副作用，服用 fenfluramine 出現副作用的人高達 65%，再加上藥物比維他命昂貴，因此，他建議應先讓自閉症兒童服用維他命 B6，若無效再服用藥物（Rimland, 1991）。瑞聯（Rimland, 2004）最新公布的自閉症兒童之家長調查結果，見表17-3。

(一)維他命 B6 和鎂

在所有的營養品中，自閉症者最常用來改善行為的補充品為維他命 B6（pyridoxine）和鎂（magnesium）。維他命 B6 為水溶性維生素，參與身體一些神經傳導物質的代謝，例如血清素、γ胺基酪酸（GABA）、多巴胺、正腎上腺素和腎上腺素；礦物質鎂則是酵素催化代謝路徑所需要的重要物質。由於一般人多認為自閉症者具有神經傳導物質代謝異常，因此，一些學者主張用維他命 B6 或 B6 加上鎂來治療自閉症者。早期發表的維他命 B6 療效報告，其中之一就是瑞聯等人（Rimland et al., 1978）於一九七八年所發表的報告，該篇研究調查十六名自閉症者（4-19 歲）服用維他命 B6 的效果，結果發現可以

表 17-3 家長評量飲食療法和營養品之療效[1]

	人數	變好(%)	無效(%)	變壞(%)	瑞聯建議之療效指數[2](變好：變壞)	筆者建議之療效指數[3](有效：無效)
飲食療法						
禁食麩蛋白和酪蛋白	1,109	63	33	4	17：1	1.70：1
禁食麩蛋白	2,983	47	51	2	26：1	0.89：1
禁食奶製品	5,369	49	50	2	30：1	0.94：1
禁食巧克力	1,631	49	49	2	29：1	0.96：1
禁食蛋	1,002	39	59	2	17：1	0.64：1
禁食糖	3,560	47	51	2	23：1	0.89：1
營養補充品						
維他命 A	462	39	59	2	22：1	0.64：1
維他命 B3	566	41	55	4	9.2：1	0.69：1
維他命 B6	620	30	63	8	3.9：1	0.42：1
維他命 B6 和鎂	5,495	47	49	4	10：1	0.89：1
維他命 C	1,503	39	58	2	16：1	0.65：1
葉酸	1,274	41	55	4	11：1	0.69：1
鈣	1,175	35	62	2	15：1	0.55：1
鎂	301	29	65	6	4.6：1	0.41：1
鋅	1,020	45	53	3	17：1	0.83：1
魚肝油	603	46	51	3	16：1	0.85：1
DMG	4,918	42	51	7	5.8：1	0.72：1
松果腺素	427	58	33	9	6.3：1	1.38：1

資料來源：Rimland, B. (2004, August). *Parent ratings of behavioral effects of bio-medical interventions* (ARI Publication 34). San Diego, CA: Autism Research Institute. Available from: http://www.autismwebsite.com/ari/treatment/form34q.pdf

註：1. 全部調查之家長人數共有 23,100 人，題目只有一題，採六點量表，評量 1 和 2 分列為變壞人數，3 和 4 分列為無效人數，5 和 6 分列為變好人數；變好比變壞欄乃是變好人數比變壞人數。本表只列出飲食療法和營養品的調查部分，藥物部分詳見原始資料。

　　2. 筆者驗算所公布的變好和變壞比率，發現所得的結果和公佈的數據不符，因此，此數據只能參考。

　　3. 有效指變好，無效指無效或變壞，有效數值大於 1 表示傾向有效，小於 1 表示傾向無效。

顯著改善自閉症者的行為。

匹費佛等人（Pfeiffer et al., 1995）回顧從一九七五年以來，有關維他命 B6 和鎂對自閉症者療效之研究，結果發現共有十二篇研究發表，發表年代介於一九七八至一九八九年之間。此十二篇研究未包括瑞聯等人（Rimland et al., 1978）所發表的報告，由於該文有研究法上的疏失，因此被研究者刪除，例如未說明診斷標準（標題是自閉症兒童，但內文未說明診斷，並且，樣本來源文獻註明為重度智障和精神病）、行為評量表無信效度資料、抽樣錯誤等。十二篇研究中，有六篇為雙盲實驗、九篇含控制組、九篇有追蹤期；受試者的人數，從一至四十四人，平均約二十一人；維他命治療時間介於十四至兩百四十天之間，平均四十二天；其中九篇研究，受試者每天所服用的維他命劑量，乃是按照體重計算，維他命 B6 為每公斤三十毫克，鎂為每公斤十至十五毫克。

研究結果發現，在實驗室檢查方面，共包括兩種檢查：「同香草酸」（homovanillic acid, HVA）和「平均誘發電位檢查」（averaged evoked potentials, AEP）。HVA 乃是多巴胺的代謝檢查，過去研究發現自閉症者的含量異常增加；AEP 的目的為測量腦部處理外在感覺刺激的能力，認為可以反應出兒茶酚胺（catecholamine）的代謝，兒茶酚胺和動作控制、認知，以及荷爾蒙分泌有關，過去研究發現，自閉症者誘發電位的潛期較短、振幅較少、波形變動較大。共有十篇研究測量 HVA，其中七篇報導含量降低、二篇相似、一篇增加。另外，有六篇測量 AEP，六篇都發現治療期間，誘發電位的潛期較長、振幅增加。在行為評量方面，有十篇報導行為改變，十篇都發現自閉症者的行為顯現進步，進步幅度從中度到顯著。

從匹費佛等人的文獻回顧後，又有數篇研究發表，其中一篇為個案研究，描述一名十五歲具重度智障的自閉症男童，需不斷地補充維他命 B6 以控制抽搐發作（Burd et al., 2000）。另有三篇實驗研究，其中一篇發現維他命 B6 能顯著增進泛自閉症兒童（亞斯伯格症或

PDDNOS）的語文智商，但作業智商和社會成熟量表無顯著改變（Kuriyama et al., 2002）；另二篇發現，維他命B6和鎂對自閉症者無顯著功效。例如，托伯特等人（Tolbert et al., 1993）研究自閉症者服用低劑量維他命 B6 和鎂的功效，受試者共二十人，實驗組自閉症者十五人，年齡介於六至十八歲，進行雙盲實驗；控制組五人，全程未服用任何營養品。實驗組先進行五週基線期，然後隨機分派至第一組或第二組，兩組自閉症者先服用維他命十週，完後第一組繼續服用維他命，第二組改服用安慰劑，亦進行十週；接著，兩組互換，再進行實驗十週。實驗組在實驗階段每天服用維他命 B6 每七十公斤兩百毫克、鎂為每七十公斤一百毫克，安慰劑階段則服用假維他命；行為評量項目包括感覺動作、社會、情意、感覺反應和語言。結果發現，三組各階段的分數無顯著差異，雖然兩組實驗組的分數呈現逐漸下降的趨勢，由於控制組下降趨勢亦同，顯示分數下降和服用營養品無關。

樊斗霖等人（Findling et al., 1997）調查服用高劑量維他命 B6 和鎂的功效，受試者為十二名自閉症者，年齡介於三至十七歲，全部先服用安慰劑兩週，然後進行八週雙盲實驗。進行方式為受試者隨機分派至實驗組和控制組，實驗四週，然後再調換組別，亦實驗四週；受試者於實驗階段每天所服用的維他命劑量，維他命 B6 為每公斤三十毫克（最高劑量 1000 毫克）、鎂為每公斤十毫克（最高劑量 350 毫克）。結果發現，受試者在實驗階段和安慰劑階段的表現，五種評量表分數無顯著差異，包括臨床整體評量表、兒童精神評量表、強迫行為評量表、康能氏家長評量表，以及康能氏老師評量表。

(二)葉酸

葉酸（folic acid）亦屬於維他命 B 群中的成員，參與身體中核酸的合成、DNA 的甲基化（DNA methylation）（細胞關閉基因表現），以及許多新陳代謝的過程。由於缺乏葉酸會因起染色體斷裂，引發基因突變，因此，一九八〇年代流行用葉酸來治療 X 染色體易脆症患

者。結果有些研究發現，葉酸可以顯著增進X染色體易脆症患者的注意力、動作協調和口語能力等（例如 Brown et al., 1984），有些研究則發現無顯著療效（例如 Madison et al., 1986）。一些研究者發現，葉酸對X染色體易脆症者的療效和患者的年齡有關，青春期前的兒童較為有效，成人則多半發現無效（例如 Gustavson et al., 1985; Hagerman et al., 1986）。

有關葉酸對自閉症者的療效，正式發表的研究很少，筆者發現，只有一篇研究以自閉症者為對象。吉伯等人（Gillberg et al., 1986）調查葉酸對減輕自閉症者自閉症症狀的功效，受試者為四名自閉症男童，年齡介於六至十四歲，此四名男童亦同時具有X染色體易脆症。研究採用ABA/BAB設計，受試者於實驗期（B）每天服用三次葉酸，劑量為每公斤 0.5 毫克，共進行三個月，然後換至基線期（A），改服用安慰劑三個月。結果發現，其中有三名男童顯現進步，一名完全沒有影響。三名進步的男童，其自閉症行為檢核表分數在實驗階段呈現顯著下降趨勢，在安慰劑階段，一人分數上升、一人維持原狀、一人小幅下降，顯示實驗期進步幅度比基線期明顯，但三人中可以確定進步導因於葉酸者，只有一人（實驗階段分數下降、安慰劑階段上升）。四人中唯一沒有任何影響的男童，乃受試者中年紀最大者，正進入青春期，因此，研究者認為，可能葉酸對年幼的自閉症兒童較為有效。

㈢維他命 C

維他命 C 又稱為「抗壞血酸」（ascorbic acid）屬於水溶性維生素，參與身體多項代謝、抗氧化和生物合成過程，乃膠原蛋白（collagen）生成與維護的重要物質；由於膠原蛋白是結締組織的重要成分，因此，維他命 C 會影響身體組織細胞、牙齒、骨骼和血管等的生成與修復。除此之外，維他命 C 還能防止中毒，例如水銀、砷等金屬，以及毒蛇、蜘蛛等生物，並預防各種病毒、細菌之感染，提高身體免疫

力。瑞聯（Rimland, 1998）建議自閉症兒童可以服用維他命C，因為對身體和大腦有幫助，即使服用高劑量，亦很安全，還可用來防止嬰兒因注射疫苗而死亡，以及增進精神分裂症者的社會功能。目前維他命C對自閉症者的療效，只有一篇研究發表（Dolske et al., 1993），受試者為機構中的自閉症者，年齡介於六至十九歲，共十八人，進行三十週雙盲實驗，實驗階段（B）服用維他命C十週，基線階段（A）則服用安慰劑十週，受試者隨機分派為兩組，採 BBA/BAB 設計。結果發現，實際生活評量表的總分和分量表感覺動作達顯著水準，社會、情意、感覺反應和語言分量表不顯著，顯示維他命C可以增進自閉症者的行為表現，尤其是感覺動作方面。

㈣綜合維他命

一篇研究調查自閉症者服用綜合維他命（含礦物質）的療效（Adams & Holloway, 2004），受試者為二十五名自閉症兒童，年齡介於三至八歲，隨機分成兩組，實驗組兒童服用綜合維他命共九十天。進行方式為先服用劑量較低的綜合維他命（Spectrum Support II, SSII），從八分之一劑量開始，然後逐漸調高劑量；第二十四天開始服用完整劑量；第三十五天以後，換成劑量較高的綜合維他命（Spectrum Support III, SSIII），亦採逐漸增加劑量的方式；第五十天開始服用完整劑量，直至第九十天實驗結束為止。控制組兒童則於九十天中，服用安慰劑。結果實驗組有十人完成實驗，控制組九人，家長評自閉症兒童的睡眠和腸胃症狀達顯著進步，語言、一般行為、眼睛注視和社會能力未達顯著水準。此外，測量兩組自閉症兒童血液中的維生素含量，發現兩組兒童的維生素C含量低於同年齡的正常兒童，雖然實驗組兒童所服用的綜合維他命中含維他命C（SSII 650mg、SSIII 800mg），但含量仍比一般兒童低；在維生素 B6 方面，不管是實驗前或實驗後，兩組自閉症兒童的含量都顯著高於正常兒童，研究者認為，可能是自閉症兒童具有比哆醛活動酵素（pyridoxal kinase）（為B6 三種化學結

構中的一種）缺陷所造成的，此缺陷蘊含需要較多維生素B6，才能功能正常。

三、二甲基甘胺酸（DMG）

除了維他命 B6 和鎂之外，瑞聯（Rimland, 1990）最常建議自閉症兒童服用的補充品還有「二甲基甘胺酸」（dimethylglycine），簡稱DMG。DMG 為非蛋白類的胺基酸，常在動物或植物的細胞中發現，乃是膽鹼（choline）和甘胺酸（glycine）代謝過程中的中間產物。亦即 DMG 從小腸吸收後，進入肝臟，肝臟先代謝成一甲基甘胺酸（monomethylglycine）或甲基甘胺酸（sarcosine），然後再轉為甘胺酸，未被肝臟代謝的部分則傳送至身體的組織細胞中。

DMG 於一九六〇年代開始出現於前蘇聯，當時所用的名稱為維他命 B15、潘胺酸（pangamic acid）或潘胺酸鈣（calcium panga-mate），在蘇聯運動員間使用很普遍，傳言服用後可以增進細胞中的氧和作用，減輕疲勞，增加體力。DMG 進入美國市場時，美國聯邦藥物管理局認為 DMG 不是人體重要的維生素，無已知的病症導因於DMG缺乏，不贊成用維他命B15 的名稱，因此，DMG在美國不屬於維他命，也不是藥物，而是食品（營養品）；並且，化學成分和蘇俄的潘胺酸鈣配方有些不同。

根據瑞聯（Rimland, 1990）的描述，DMG 用於治療始於兩名蘇俄學者，於一九六五年所發表的研究報告，稱用 DMG 治療十五名心智障礙兒童，這些兒童原本無口語能力，經服用 DMG 後，其中十二名兒童口語呈現顯著進步；除了語言能力外，認知功能和注意力亦增加，並開始對玩具和遊戲感興趣。此外，瑞聯還報導韓國釜山孩童問題研究中心的主任，用 DMG 治療該中心三十九名自閉症兒童，結果有三十一名兒童（80%）呈現進步，包括增進口語能力、吃東西、排泄和意願等；另有八名兒童（20%）問題變糟，包括一至二週無法睡

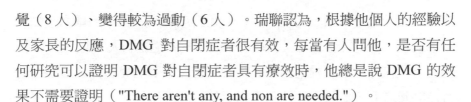

覺（8 人）、變得較為過動（6 人）。瑞聯認為，根據他個人的經驗以及家長的反應，DMG 對自閉症者很有效，每當有人問他，是否有任何研究可以證明 DMG 對自閉症者具有療效時，他總是說 DMG 的效果不需要證明（"There aren't any, and non are needed."）。

　　筆者資料庫搜尋發現，目前只有兩篇研究調查 DMG 對自閉症者的功效，並且兩篇都發現 DMG 無療效。其中一篇（Bolman & Richmond, 1999）調查十名自閉症者服用 DMG 的效果，受試者的年齡介於四至三十歲，其中七人小於十歲。實驗採 ABABA 設計，基線期（A）兩週，不服用任何藥品，實驗期（B）四週，受試者隨機分派為兩組（DMG 組或安慰劑組），全部實驗共包括三次基線期、兩次實驗期，前後共十四週。DMG 的服用劑量根據體重計算，藥丸每顆一百二十五毫克，三十六公斤以下每天服用一顆，三十六至五十四公斤服用二顆，超過五十四公斤服用三顆。DMG 藥丸和安慰劑由瑞聯提供，研究者直到實驗結束後才知道哪些人服用 DMG。評量項目共有三量表，含五十五項行為，例如社會關係、語言特質、活動、情意、異常動作、眼睛注視、合作、睡眠、怪異行為等。結果共有八人完成實驗，五十五項行為中有五題 DMG 組的分數高於安慰劑組，十四題服用 DMG 變糟，三十六題 DMG 組和安慰劑組無顯著差異。此外，顯著性考驗發現，DMG 組和安慰劑組在三量表分數無顯著差異，分量表除了眼睛注視和睡眠兩分量表為DMG組比安慰劑組略為進步外，其他都是安慰劑組比 DMG 組進步；錄影帶觀察，亦未發現自閉症者有任何進步。研究者認為，可能因為服用的 DMG 劑量不夠高，因此無法顯出DMG 的功效。

　　另一篇研究（Kern et al., 2002）以三十九名自閉症者為對象，診斷類別包括自閉症或廣泛發展障礙，受試者的年齡介於三至十一歲，其中半數分至實驗組（DMG），半數分至控制組（安慰劑）。實驗組服用的DMG劑量按照受試者的體重計算，藥丸每顆一百二十五毫克，十八公斤以下每天服用一顆，十八至三十一公斤服用二顆，三十二至

四十五公斤服用三顆，四十六至五十九公斤服用四顆，超過六十公斤服用五顆；行為評量包括文蘭適應量表中的不適應行為領域、ABC異常行為檢核表，以及神經測驗。結果共有三十七名兒童完成實驗，在行為評量方面，實驗組和控制組都隨著時間顯現進步，兩組分數無顯著差異。在神經測驗方面，兩組分數亦無顯著差異，雖然有三名實驗組兒童的粗大動作功能顯現進步，無任何控制組兒童顯現進步。在家長評量方面，十九名實驗組兒童中，有十一名兒童（58%）家長表示進步、三名（16%）變糟、五名（26%）無改變；十九名控制組兒童中，有十名兒童（53%）顯現進步、六名（32%）變糟、三名（16%）無改變。兩組分數無顯著差異，顯示服用 DMG 和服用安慰劑的效果差不多。

國內鄭信雄和李月卿（2000）亦調查 DMG 對自閉症者的功效，是目前唯一發現 DMG 具有療效的研究，全部受試者共一百零六人，年齡介於三至二十五歲，隨機分成 AB 兩組。第一階段 A 組服用 DMG、B 組服用安慰劑，中間停二週，然後進行第二階段，A 組服用安慰劑、B 組服用 DMG。實驗階段服用的 DMG 劑量，乃按照受試者的體重計算，藥丸每顆一百二十五毫克，第一階段所服用的顆數如同上述研究（Kern et al., 2002）（1-5 顆），第二階段增加一顆（2-6 顆）。評量項目包括托尼非語文智力測驗、ABC 異常行為檢核表，以及家長每週紀錄表。

結果第一階段有二十二名（21%）自閉症兒童之家長未寄回評量表，第二階段有六十一人（58%），由於第二階段遺失率過高，因此，研究者以第一階段結果為主。第一階段在 ABC 異常行為檢核表方面，時間和交互作用達顯著，實驗組（46 人）進步的幅度顯著多於控制組（38 人），並在總分和五分量表上（易激動不安、鬱悶沒精神、重複動作、好動分心、語言失常）前後測分數達顯著水準，控制組只有在「鬱悶沒精神」上達顯著進步；在家長每週紀錄表方面，兩組分數無顯著差異；在托尼非語文智力測驗方面，實驗組（22 人）前

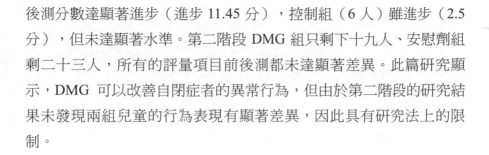

後測分數達顯著進步（進步 11.45 分），控制組（6 人）雖進步（2.5分），但未達顯著水準。第二階段 DMG 組只剩下十九人、安慰劑組剩二十三人，所有的評量項目前後測都未達顯著差異。此篇研究顯示，DMG 可以改善自閉症者的異常行為，但由於第二階段的研究結果未發現兩組兒童的行為表現有顯著差異，因此具有研究法上的限制。

　　總結本節所描述的飲食療法和營養品，在飲食療法方面，大多數的研究發現，限制自閉症兒童服用麩蛋白和酪蛋白食物，可以增進自閉症者的行為表現，尤其是對尿液胜肽含量異常的自閉症兒童，具有正向幫助，但有可能會造成自閉症者營養不均衡的問題。在維他命營養品方面，目前研究較多的為維他命 B6 和鎂，早期發表的研究大多發現可以增進自閉症者的行為表現，新近發表的研究中，有兩篇報告發現無效，由於所用的測量工具和早期採用實驗室檢查不同，因此，無從得知是受年代影響，還是因測量工具或其他因素所造成。另外，有關瑞聯大力推薦的 DMG，筆者認為療效仍需進一步評估，有可能大部分的療效來自於家長的自我安慰，若根據瑞聯 Rimland（2004）自己所做的家長調查（4,918 人），其中約 58% 的自閉症者之家長認為無效（見表 17-3），此結果跟上述兩篇實驗研究未發現 DMG 具有療效的結論相近。

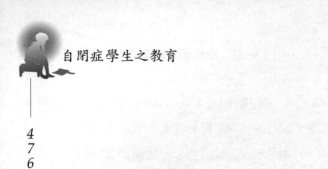

參考文獻

中文部分

中華民國苯酮尿症關懷之友協會（無日期）：苯酮尿症之形成原因及
　　症狀。下載日期 2005 年 4 月。http://www.pku.org.tw/pku.htm。

王天苗（2002）：修訂嬰幼兒綜合發展測驗。台北市：教育部。

台北市政府社會局編印（2000）：個案管理員工作手冊。台北市：台
　　北市政府社會局。

行政院衛生署（2002）：身心障礙等級：附件三。

宋維村（1993）：幼兒自閉症的行為與教育矯治。台北市：財團法人
　　中華民國自閉症基金會。

宋維村（2000）：自閉症學生輔導手冊。台北市：教育部特殊教育工
　　作小組。

吳武典、林寶貴（1992）：特殊兒童綜合輔導手冊──第二次全國特
　　殊兒童普查結果之應用。台北市：教育部第二次全國特殊兒童普
　　查工作執行小組。

吳武典、張正芬、盧台華、邱紹春編譯（2004）：文蘭適應行為量表
　　（中文版）。台北市：心理。

吳武典、蔡崇建、胡致芬、王振德、林幸台、郭靜姿編譯（1996）：
　　托尼非語文智力測驗第二版（中文版）。台北市：心理。

佛禮斯原著、王大延譯（1996）：自閉症與亞斯勃格症。台北市：行
　　政院衛生署。

芮耀誠主編（2002）：實用藥物手冊。香港：中華書局。

俞筱鈞編譯（1992）：瑞文氏標準圖形推理測驗。台北市：中國行為
　　科學社。

俞筱鈞編譯（1992）：瑞文氏彩色圖形推理測驗。台北市：中國行為

科學社。

俞筱鈞編譯（1992）：瑞文氏高級圖形推理測驗。台北市：中國行為
　　科學社。

徐享良（2002）：中華適應行為量表。台北市：教育部委託台灣師範
　　大學特殊教育中心印行。

陸莉、劉鴻香編譯（1994）：修定畢保德圖畫詞彙測驗（中文版）。
　　台北市：心理。

教育部編印（1999）：特殊教育學校（班）國民教育階段智能障礙課
　　程綱要。台北市：教育部。

教育部特殊教育工作小組（1999）：八十八年度特殊教育統計年報。
　　台北市：教育部。

教育部特殊教育工作小組（2000）：八十九年度特殊教育統計年報。
　　台北市：教育部。

教育部特殊教育工作小組（2001）：九十年度特殊教育統計年報。台
　　北市：教育部。

教育部特殊教育工作小組（2002）：九十一年度特殊教育統計年報。
　　台北市：教育部。

教育部特殊教育工作小組（2003）：九十二年度特殊教育統計年報。
　　台北市：教育部。

教育部特殊教育工作小組（2004）：九十三年度特殊教育統計年報。
　　台北市：教育部。

許世昌編著（2000）：解剖生理學。台北市：永大。

許耀分（2003）：圖片兌換溝通系統教學對增進自閉症兒童自發性使
　　用圖片溝通行為。台北市立師範學院身心障礙教育研究所碩士論
　　文，未出版，台北市。

陳榮華編譯（1997）：魏氏兒童智力量表第三版（中文版）。台北
　　市：中國行為科學社。

陳榮華、陳心怡編譯（2000）：魏氏幼兒智力量表修訂版（中文

版）。台北市：中國行為科學社。

陳榮華、陳心怡編譯（2002）：魏氏成人智力量表第三版（中文版）。台北市：中國行為科學社。

陳麗如、王文科、林宏熾（2001）：身心障礙者轉銜服務評估量表。台北市：心理。

黃惠玲（2000）：零歲至六歲兒童發展篩檢量表。台北市：心理。

張正芬（2000）：自閉症兒童問題行為功能之探討。特殊教育研究學刊，18期，127-150頁。

張正芬、吳淑敏（1998a）：「自閉症兒童發展測驗」指導手冊。台北市：國立台灣師範大學特殊教育中心。

張正芬、吳淑敏（1998b）：「自閉症兒童發展測驗」之編製及相關研究。特殊教育研究學刊，16期，291-314頁。

張蓓莉、林幸台（1999）：身心障礙及資賦優異學生鑑定原則鑑定基準總說明。出自張蓓莉主編，身心障礙及資賦優異學生鑑定原則鑑定基準說明手冊。台北：教育部特殊教育工作小組委託，國立台灣師範大學特殊教育系編印。

楊蕢芬、黃慈愛、王美惠（2003）：自閉症兒童社會情緒技能訓練。台北市：心理。

廖芳碧（2002）：圖形溝通訓練對低功能自閉症者溝通能力影響之研究。國立台中師範學院進修暨推廣部國民教育研究所碩士論文，未出版，台中市。

鄭信雄（1990）：從感覺統合治療觀點談如何有效協助多重感覺障礙和自閉症的孩童。特殊教育季刊，36期，24-27頁。

鄭信雄、李月卿（2000）：Dimethylglycine（二甲基甘安酸DMG）對自閉症孩童的療效探析。慈濟醫學，12期，111-121頁。

盧台華、鄭雪珠、史習樂、林燕玲（2003）：社會適應表現檢核表。台北市：心理。

英文部分

Adams, J. B., & Holloway, C. (2004). Pilot study of a moderate dose multivitamin/mineral supplement for children with autistic spectrum disorder. *Journal of Alternative & Complementary Medicine, 10*(6), 1033-1039.

Adams, L., & Conn, S. (1997). Nutrition and its relationship to autism. *Focus on Autism & Other Developmental Disabilities, 12*(1), 53-58.

Adams, L., Gouvousis, A., VanLue, M., & Waldron, C. (2004). Social story intervention: Improving communication skills in a child with an autism spectrum disorder. *Focus on Autism & Other Developmental Disabilities, 19*(2), 87-94.

Agosta, E., Graetz, J. E., Mastropieri, M. A., & Scruggs, T. S. (2004). Teacher-researcher partnerships to improve social behavior through social stories. *Intervention in School & Clinic, 39*(5), 276-287.

Ahearn, W. H., Castine, T., Nault, K., & Green, G. (2001). An assessment of food acceptance in children with autism or pervasive developmental disorder-not otherwise specified. *Journal of Autism & Developmental Disorders, 31*(5), 505-511.

Akefeldt, A., & Gillberg, C. (1991). Hypomelanosis of Ito in three cases with autism and autistic-like conditions. *Developmental Medicine & Child Neurology, 33*, 737-743.

Alarcon, M., Cantor, R. M., Liu, J., Gilliam, C. et al. (2002). Evidence for a language quantitative trait locus on chromosome 7q in multiplex autism families. *American Journal of Human Genetics, 70*(1), 60-71.

Alberto, P. A., & Troutman, A. C. (2003). *Applied behavior analysis for teachers* (6th ed.). Upper Saddle River, NJ: Merrill Prentice Hall.

Allen, G., & Courchesne, E. (2003). Differential effects of developmental cerebellar abnormality on cognitive and motor functions in the cerebellum: An fMRI study of autism. *American Journal of Psychiatry, 160*(2), 262-273.

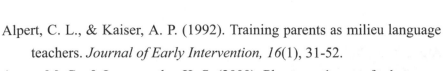
Alpert, C. L., & Kaiser, A. P. (1992). Training parents as milieu language teachers. *Journal of Early Intervention, 16*(1), 31-52.

Aman, M. G., & Langworthy, K. S. (2000). Pharmacotherapy for hyperactivity in children with autism and other pervasive developmental disorders. *Journal of Autism & Developmental Disorders, 30*(5), 451-459.

Aman, M. G., Lam, K. S., & Collier-Crespin, A. (2003). Prevalence and patterns of use of psychoactive medicines among individuals with autism in the Autism Society of Ohio. *Journal of Autism & Developmental Disorders, 33*(5), 527-534.

Aman, M. G., Van Bourgondien, M. E., Wolford, P. L., & Sarphare, G. (1995). Psychotropic and anticonvulsant drugs in subjects with autism: Prevalence and patterns of use. *Journal of the American Academy of Child & Adolescent Psychiatry, 34*(12), 1672-1681.

American Psychiatric Association (1952). *Diagnostic and Statistical Manual of Mental Disorders* (DSM). Washington, DC: Author.

American Psychiatric Association (1968). *Diagnostic and Statistical Manual of Mental Disorders* (2nd ed.) (DSM-II). Washington, DC: Author.

American Psychiatric Association (1980). *Diagnostic and Statistical Manual of Mental Disorders* (3rd ed.) (DSM-III). Washington, DC: Author.

American Psychiatric Association (1987). *Diagnostic and Statistical Manual of Mental Disorders* (3rd revised ed.) (DSM-III-R). Washington, DC: Author.

American Psychiatric Association (1994). *Diagnostic and Statistical Manual of Mental Disorders* (4th ed.) (DSM-IV). Washington, DC: Author.

American Psychiatric Association (2000). *DSM-IV-TR Diagnostic and statistical manual of mental disorders: Text Revision*. Washington, DC: Author.

American Speech-Language-Hearing Association (1989). Competencies for speech-language pathologists providing services in augmentative communication. *Asha, 31*(3), 107-110.

American Speech-Language-Hearing Association (1991). Report: Augmentative and alternative communication. *Asha, 33*(Suppl. 5), 9-12.

Amir, R. E., Van Den Veyver, I. B., Wan, M., Tran, C. Q., Franke, U., & Zoghbi, H. (1999). Rett syndrome is caused by mutations in X-linked MeCP2, encoding methyl CpG binding protein 2. *Nature Genetics, 23*, 185-188.

Anderson, A. E. (2002). Augmentative communication and autism: A comparison of sign language and the Picture Exchange Communication System (Doctoral dissertation, University of California, San Diego, 2001). *Dissertation Abstracts International: Section B, 62*(09), 4269. (UMI No. AAT 3027052)

Anderson, G. M. (2002). Genetics of childhood disorders: XLV. Autism, part 4: Serotonin in autism. *Journal of the American Academy of Child & Adolescent Psychiatry, 41*(12), 1513-1516.

Anderson, G. M., Freedman, D. X., Cohen, D. J., Volkmar, F. R., Hoder, E. L., McPhedran, P. et al. (1987). Whole blood serotonin in autistic and normal subjects. *Journal of Child Psychology & Psychiatry, 28*(6), 885-900.

Arceneaux, M. C., & Murdock, J. Y. (1997). Peer promoting reduces disruptive vocalizations of a student with developmental disabilities in a general eight-grade classroom. *Focus on Autism & Other Developmental Disabilities, 12*(3), 182-186.

Arnold, G. L., Hyman, S. L., Mooney, R. A., & Kirby, R. S. (2003). Plasma amino acids profiles in children with autism: Potential risk of nutritional deficiencies. *Journal of Autism & Developmental Disorders, 33*(4), 449-454.

Arvidsson, T., Danielsson, B., Forsberg, P., Gillberg, C., Johansson, M., & Kjellgren, G. (1997). Autism in 3-6-year-old children in a suburb of Göeteborg, Sweden. *Autism, 1*(2), 163-173.

Asperger, H. (1944/1991). 'Autistic psychopathy' in childhood. In U. Frith (Ed. & Trans.), *Autism and Asperger syndrome* (pp. 37-92). Cambridge, NY: Cambridge University Press. (Original work published

1944)（本文有中文譯本，見中文參考文獻，佛禮斯原著、王大延譯）

Asperger, H. (1979). Problems of infantile autism. *Communication, 13,* 45-52.

Atlas, J. (1989). Birth seasonality in developmentally disabled children. *Psychological Reports, 64*(3 Pt. 2), 1213-1214.

August, G. J., Stewart, M. A., & Tsai, L. (1981). The incidence of cognitive disabilities in the siblings of autistic children. *British Journal of Psychiatry, 138,* 416-422.

Auranen, M., Nieminen, T., Majuri, S., Vanhala, R., Peltonen, L., & Järvelä, I. (2000). Analysis of autism susceptibility gene loci on chromosomes 1p, 4p, 6q, 7q, 13q, 15q, 16p, 17q, 19q, and 22q in Finnish multiplex families. *Molecular Psychiatry, 5*(3), 320-322.

Ayres, A. J. (1972). *Sensory integration and learning disorders.* Los Angeles, CA: Western Psychological Services.

Ayres, A. J. (1979). *Sensory integration and the child.* Los Angeles, CA: Western Psychological Services.

Ayres, A. J., & Tickle, L. S. (1980). Hyper-responsivity to touch and vestibular stimuli as a predictor of positive response to sensory integration procedures by autistic children. *American Journal of Occupational Therapy, 34*(6), 375-381.

Badner, J. A., & Gershon, E. S. (2002). Regional meta-analysis of published data supports linkage of autism with markers on chromosome 7. *Molecular Psychiatry, 7*(1), 56-66.

Baieli, S., Pavone, L., Meli, C., Fiumara, A., & Coleman, M. (2003). Autism and Phenylketonuria. *Journal of Autism & Developmental Disorders, 33*(2), 201-204.

Bailey, A., Le Couteur, A., Gottesman, I., & Bolton, P. (1995). Autism as a strongly genetic disorder: Evidence from a British twin study. *Psychological Medicine, 25*(1), 63-77.

Bailey, K. J. (2001). Social competence of children with autism classified as

best-outcome following behavior analytic treatment (Doctoral disser-
tation, Washington State University, 2000). *Dissertation Abstracts In-
ternational: Section B, 61*(12), 6696. (UMI No. AAI 9997891)

Baird, G., Charman, T., Baron-Cohen, S., Cox, A., Swettenham, J., Wheel-
wright, S., & Drew, A. (2000). A screening instrument for autism at 18
months of age: A 6-year follow-up study. *Journal of the American
Academy of Child & Adolescent Psychiatry, 39*(6), 694-702.

Baird, T. D., & August, G. J. (1985). Familial heterogeneity in infantile aut-
ism. *Journal of Autism & Developmental Disorders, 15*(3), 315-321.

Baker, J. E. (2001). *The social skills picture book: Teaching play, emotion,
and communication to children with autism.* Arlington, TX: Future
Horizons.

Baker, J. E. (2003). *Social skills training: For children and adolescents with
Asperger syndrome and social-communication problems.* Shawnee
Mission, KS: Autism Asperger Publishing.

Baker, M. J., Koegel, R. L., & Koegel, L. K. (1998). Increasing the social
behavior of young children with autism using their obsessive behavi-
ors. *Journal of the Association for Persons with Severe Handicaps, 23*
(4), 300-308.

Baker, P., Piven, J., & Sato, Y. (1998). Autism and tuberous sclerosis com-
plex: Prevalence and clinical features. *Journal of Autism & Develop-
mental Disorders, 28(*4), 279-285.

Ballaban-Gil, K., & Tuchman, R. (2000). Epilepsy and epileptiform EEG:
Association with autism and language disorders. *Mental Retardation &
Developmental Disabilities Research Review, 6*(4), 300-308.

Barak, Y., Ring, A., Sulkes, J., Gabbay, U., & Elizur, A. (1995). Season of
birth and autistic disorder in Israel. *American Journal of Psychiatry,
152*(5), 798-800.

Baranek, G. T. (2002). Efficacy of sensory and motor interventions for chil-
dren with autism. *Journal of Autism & Developmental Disorders, 32*
(5), 397-422.

Barnard, J., Broach, S., Potter, D., & Prior, A. (2002a). *Autism in Scotland's schools crisis or challenge?* London: The National Autistic Society. Available from: http://www.nas.org.uk/content/1/c4/29/27/aawrn_s02.pdf

Barnard, J., Broach, S., Potter, D., & Prior, A. (2002b). *Autism in schools crisis or challenge?* London: The National Autistic Society. Available from: http://www.nas.org.uk/content/1/c4/29/26/aawrn_ew02.pdf

Barnby, G., & Monaco, A. P. (2003). Strategies for autism candidate gene analysis. In G. Bock & J. Goode (Eds.), *Autism: Neural basis and treatment possibilities* (pp. 48-63). Novartis Foundation Symposium 251. Chichester, UK: John Wiley & Sons.

Barnhill, G. P., Cook, K. T., Tebbenkamp, K., & Myles, B. S. (2002). The effectiveness of social skills intervention targeting nonverbal communication for adolescents with Asperger syndrome and related pervasive developmental delays. *Focus on Autism & Other Developmental Disabilities, 17*(2), 112-118.

Baron-Cohen, S. (1989). The autistic child's theory of mind: A case of specific developmental delay. *Journal of Child Psychology & Psychiatry, 30*(2), 285-297.

Baron-Cohen, S., & Hammer, J. (1997). Parents of children with Asperger syndrome: What is the cognitive phenotype? *Journal of Cognitive Neuroscience, 9*(4), 548-554.

Baron-Cohen, S., & Howlin, P. (1993). The theory of mind deficit in autism. In S. Baron-Cohen, H. Tager-Flusberg, & D. J. Cohen (Eds.), *Understanding other minds: perspectives from autism* (pp. 466-480). New York: Oxford University Press.

Baron-Cohen, S., Leslie, A. M., & Frith, U. (1985). Does the autistic child have a "theory of mind"? *Cognition, 21*(1), 37-46.

Baron-Cohen, S., Ring, H. A., Bullmore, E. T., Wheelwright, S., Ashwin, C., & Williams, S. C. R. (2000). The amygdale theory of autism. *Neuroscience and Biobehavioral Review, 24*(3), 355-364.

Baron-Cohen, S., Ring, H. A., Wheelwright, S., Bullmore, E. T., Brammer, M. J., Simmons, A., & Williams, S. C. R. (1999). Social intelligence in the normal and autistic brain: An fMRI study. *European Journal of Neuroscience, 11*(6), 1891-1898.

Baron-Cohen, S., Wheelwright, S., Stott, C., Bolton, P., & Goodyer, I. (1997). Is there a link between engineering and autism? *Autism, 1*(1), 101-109.

Barry, L. M., & Burlew, S. B. (2004). Using social stories to teach choice and play skills to children with autism. *Focus on Autism & Other Developmental Disabilities, 19*(1), 45-51.

Barry, T. D., Klinger, L. G., Lee, J. M., Palardy, N., Gilmore, T., & Bodin, S. D. (2003). Examining the effectiveness of an outpatient clinic-based social skills group for high-functioning children with autism. *Journal of Autism & Developmental Disorders, 33*(6), 685-701.

Bartlik, B. (1981). Monthly variation in births of autistic children in North Carolina. *Journal of the American Medical Women's Association, 36*, 363-369.

Barton, M., & Volkmar, F. (1998). How commonly are known medical conditions associated with autism? *Journal of Autism & Developmental Disorders, 28*(4), 273-278.

Bauman, M. L., & Kemper, T. L. (2003). The neuropathology of the autism spectrum disorders: What have we learned? In G. Bock & J. Goode (Eds.), *Autism: Neural basis and treatment possibilities* (pp. 112-128). Novartis Foundation Symposium 251. Chichester, UK: John Wiley & Sons.

Bauminger, N. (2002). The facilitation of social-emotional understanding and social interaction in high-functioning children with autism: Intervention outcomes. *Journal of Autism & Developmental Disorders, 32*(4), 283-298.

Belchic, J. K., & Harris, S. L. (1994). The use of multiple peer exemplars to enhance the generalization of play skills to the siblings of children with autism. *Child & Family Behavior Therapy, 16*(2), 1-25.

Belmonte, M. K., & Yurgelun-Todd, D. A. (2003). Functional anatomy of impaired selective attention and compensatory processing in autism. *Cognitive Brain Research, 17*(3), 651-664.

Bertrand, J., Mars, A., Boyle, C., Bove, F., Yeargin-Allsopp, M., & Decoufle, P. (2001). Prevalence of autism in a United States population: The Brick township, New Jersey, investigation. *Pediatrics, 108*(5), 1155-1161.

Betancur, C., Leboyer, M., & Gillberg, C. (2002). Increased rate of twins affected sibling pairs with autism. *American Journal of Human Genetics, 70*(4), 1381-1383.

Bettelheim, B. (1967). *The empty fortress: Infantile autism and the birth of the self.* New York: The Free Press.

Beukelmen, D. R., & Mirenda, P. (1998). *Augmentative and alternative communication: Management of severe communication disorders in children and adults* (2nd ed.). Baltimore, MD: Paul H. Brookes.

Beyer, K. S., Blasi, F., Bacchelli, E., Klauck, S. M., Maestrini, E., & Poustka, A. (2002). Mutation analysis of the coding sequence of the MECP2 gene in infantile autism. *Human Genetics, 111*, 305-309.

Bijou, S. W., Peterson, R. F., & Ault, M. H. (1968). A method to integrate descriptive and experimental field studies at the level of data and empirical concepts. *Journal of Applied Behavior Analysis, 1*(2), 175-191.

Bledsoe, R., Myles, B. S., & Simpson, R. L. (2003). Use of a social story intervention to improve mealtime skills of an adolescent with Asperger syndrome. *Autism, 7*(3), 289-295.

Bleuler, E. (1913). Autistic thinking. *American Journal of Insanity, 69*, 873-886.

Bolman, W. M., & Richmond, J. A. (1999). A double-blind, placebo-controlled, crossover pilot trial of low dose dimethylglycine in patients with autistic disorder. *Journal of Autism & Developmental Disorders, 29*(3), 191-194.

Bolton, P. F., & Griffiths, P. D. (1997). Association of tuberous sclerosis of temporal lobes with autism and atypical autism. *Lancet, 349*(9049), 392-395.

Bolton, P., Macdonald, H., Pickles, A., Rios, P., Goode, S., Growson, M. et al. (1994). A case-control family history study of autism. *Journal of Child Psychology & Psychiatry, 35*(5), 877-900.

Bolton, P., Pickles, A., Harrington, R., Macdonald, H., & Rutter, M. (1992). Season of birth: Issues, approaches and findings for autism. *Journal of Child Psychology & Psychiatry, 33*(3), 509-530.

Bolton, P., Pickles, A., Murphy, M., & Rutter, M. (1998). Autism, affective and other psychiatric disorders: Pattern of familial aggression. *Psychological Medicine, 28*, 385-395.

Bondy, A. S., & Frost, L. A. (1994). The Picture Exchange Communication System. *Focus on Autistic Behavior, 9*(3), 1-19.

Bondy, A. S., & Frost, L. A. (1998). The Picture Exchange Communication System. *Seminars in Speech & Language, 19*(4), 373-389.

Bondy, A. S., & Frost, L. A. (2001). The Picture Exchange Communication System. *Behavior Modification, 25*(5), 725-744.

Bondy, A. S., & Frost, L. A. (2002). *A picture's worth: PECS and other visual communication strategies in autism.* Bethesda, MD: Woodbine House.

Borys, S., Spitz, H., & Dorans, B. (1982). Tower of Hanoi performance of retarded young adults and nonretarded children as a function of solution length and goal state. *Journal of Experimental Child Psychology, 33*(1), 87-110.

Boucher, J. (2003). Language development in autism. *International Journal of Pediatric Otorhinolaryngology, 67*s1, s159-s163.

Boutin, P., Maziade, M., Mérette, C., Mondor, M., Bédard, C., & Thivierge, J. (1997). Family history of cognitive disabilities in first-degree relatives of autistic and mentally retarded children. *Journal of Autism & Developmental Disorders, 27*(2), 165-176.

Bowlby, J. (1951). Maternal care and mental health. *Bulletin of the World Health Organization, 3*, 355-533.

Brambilla, P., Hardan, A., di Nemi, S. U., Perez, J., Soares, J. C., & Barale, F. (2003). Brain anatomy and development in autism: Review of structural MRI studies. *Brain Research Bulletin, 61*(6), 557-569.

Brian, J. A., & Bryson, S. E. (1996). Disembedding performance and recognition memory in autism/PDD. *Journal of Child Psychology & Psychiatry, 37*(7), 865-872.

Browder, D. M., & Shapiro, E. S. (1985). Application of self-management to individuals with severe handicaps: A review. *Journal of the Association for Persons with Severe Handicaps, 10*(4), 200-208.

Brown, F. (1991). Creative daily scheduling: A nonintrusive approach to challenging behaviors in community residences. *Journal of the Association for Persons with Severe Handicaps, 16*(2), 75-84.

Brown, L., Branston, M. B., Hamre-Nietupski, S., Certo, N., & Gruenewald, L. (1979). A strategy for developing chronological-age-appropriate and functional curricular content for severely handicapped adolescents and young adults. *The Journal of Special Education, 13*(1), 81-90.

Brown, W. T., Cohen, I. L., Fisch, G. S., Wolf-Schein, E. G., Jenkins, V. A., Malik, M. N. et al. (1984). High dose folic acid treatment of fragile (X) males. *American Journal of Medical Genetics, 23*(1-2), 263-271.

Brownell, M. D. (2002). Musically adapted social stories to modify behaviors in students with autism: Four case studies. *Journal of Music Therapy, 39*(2), 117-144.

Bryson, S. E., Clark, B., & Smith, I. M. (1988). First report of a Canadian epidemiological study of autistic syndromes. *Journal of Child Psychology & Psychiatry, 29*(4), 433-445.

Bundy, A. C., & Murray, E. A. (2002). Sensory integration: A. Jean Ayres' theory revisited. In A. C. Bundy, S. J. Lane, & E. A. Murray (Eds.), *Sensory integration: Theory and practice* (2nd ed., pp. 3-33). Philadelphia, PA: F. A. Davis Company.

Burd, L., Stenehjem, A., Franceschini, L. A., & Kerbeshian, J. (2000). A 15-year follow-up of a boy with pyridoxine (vitamin B6)-dependent seizures with autism, breath holding, and severe mental retardation. *Journal of Child Neurology, 15*(11), 763-765.

Buxbaum, J. D., Silverman, J. M., Smith, C. J., Kilifarski, M., Reichert, J., Hollander, E. et al. (2001). Evidence for a susceptibility gene for autism on chromosome 2 and for genetic heterogeneity. *American Journal of Human Genetics, 68*(6), 1514-1520.

Calloway, C. J., & Simpson, R. L. (1998). Decision regarding functions of behavior: Scientific versus informal analyses. *Focus on Autism & Other Developmental Disabilities, 13*(3), 167-175.

Calloway, C. J., Myles, B. S., & Earles, T. L. (1999). The development of communicative functions and means in students with autism. *Focus on Autism & Other Developmental Disabilities, 14*(3), 140-149.

Campbell, J. M. (2003). Efficacy of behavioral interventions for reducing problem behavior in persons with autism: A quantitative synthesis of single-subject research. *Research in Developmental Disabilities, 24*(2), 120-138.

Carney, R. M., Wolpert, C. M., Ravan, S. A., Shahbazian, M., Ashley-Koch, A., Cuccaro, M. L. et al. (2003). Identification of MeCP2 mutations in a series of females with autistic disorder. *Pediatric Neurology, 28*(3), 205-211.

Carothers, D. E., & Taylor, R. L. (2003). The use of portfolios for students with autism. *Focus on Autism & Other Developmental Disabilities, 18*(2), 121-124.

Carr, E. G., & Durand, V. M. (1985). Reducing behavior problems through functional communication training. *Journal of Applied Behavior Analysis, 18*(2), 111-126.

Carr, E. G., & Smith, C. E. (1995). Biological setting events for self-injury. *Mental Retardation & Developmental Disabilities Research Review, 1*(2), 94-98.

Carr, E. G., Dunlap, G., Horner, R. H., Koegel, R. L., Turnbull, A. P., Sailor, W. et al. (2002). Positive behavior support: Evolution of an applied science. *Journal of Positive Behavior Interventions, 4*(1), 4-16.

Carr, E. G., Horner, R. H., Turnbull, A. P., Marquis, J. G., McLaughlin, D. M., McAtee, M. L. et al. (1999). *Positive behavior support for people with developmental disabilities: A research synthesis*. Washington, DC: American Association on Mental Retardation.

Carr, E. G., Reeve, C. E., & Magito-McLaughlin, D. (1996). Contextual influences on problem behavior in people with developmental disabilities. In L. K. Koegel, R. L. Koegel, & G. Dunlap (Eds.), *Positive behavioral support: Including people with difficult behavior in the community* (pp. 403-423). Baltimore, MD: Paul H. Brookes.

Carr, E. G., Smith, C. E., Giacin, T. A., Whelan, B. M., & Pancari, J. (2003). Menstrual discomfort as a biological setting event for severe problem behavior: Assessment and intervention. *American Journal of Mental Retardation, 108*(2), 117-133.

Case-Smith, J., & Bryan, T. (1999). The effects of occupational therapy with sensory integration emphasis on preschool-age children with autism. *American Journal of Occupational Therapy, 53*(5), 489-497.

Castelli, F., Frith, C., Happé, F., & Frith, U. (2002). Autism, Asperger syndrome and brain mechanisms for the attribution of mental states to animated shapes. *Brain, 125*(8), 1839-1849.

Cautela, J. R., & Groden, J. (1978). *Relaxation: A comprehensive manual for adults, children, and children with special needs*. Champaign, IL: Research Press Company.

Chakrabarti, S., & Fombonne, E. (2001). Pervasive developmental disorders in preschool children. *JAMA: Journal of the American Medical Association, 285*(24), 3093-3099.

Chambers, M., & Rehfeldt, R. A. (2003). Assessing the acquisition and generalization of two mand forms with adults with severe developmental disabilities. *Research in Developmental Disabilities, 24*(4), 265-280.

Charlop-Christy, M. H., & Carpenter, M. H. (2000). Modified incidental teaching sessions: A procedure for parents to increase spontaneous speech their children with autism. *Journal of Positive Behavior Interventions, 2*(2), 98-112.

Charlop-Christy, M. H., Carpenter, M., Le, L., LeBlanc, L. A., & Kellet, K. (2002). Using the Picture Exchange Communication System (PECS) with children with autism. *Journal of Applied Behavior Analysis, 35*(3), 213-231.

Chess, S. (1971). Autism in children with congenital rubella. *Journal of Autism & Childhood Schizophrenia, 1*(1), 33-47.

Chess, S. (1977). Follow-up report on autism in congenital rubella. *Journal of Autism & Childhood Schizophrenia, 7*(1), 69-81.

Chiron, C., Leboyer, M., Leon, F., Jambaque, I., Nuttin, C., & Syrota, A. (1995). SPECT of the brain in childhood autism: Evidence for a lack of normal hemispheric asymmetry. *Developmental Medicine & Child Neurology, 37*(10), 849-860.

Christodulu, K. V., & Durand, V. M. (2004). Reducing bedtime disturbance and night waking using positive bedtime routines and sleep restriction. *Focus on Autism & Other Developmental Disabilities, 19*(3), 130-139.

Chugani, D. C., Muzik, O., Behen, M., Rothermel, R., Janisse, J. J., Lee, J. et al. (1999). Developmental changes in brain serotonin synthesis capacity in autistic and nonautistic children. *Annals of Neurology, 45*(3), 287-295.

Chugani, D. C., Muzik, O., Rothermel, R., Behen, M., Chakraborty, P., Mangner, T. et al. (1997). Altered serotonin synthesis in the dentate-thalamo-cortical pathway in autistic boys. *Annals of Neurology, 42*(2), 666-669.

Cialdella, P., & Mamelle, N. (1989). An epidemiological study of infantile autism in a French department (Rhone): A research note. *Journal of Child Psychology & Psychiatry, 30*(1), 165-175.

Clark, C. R. (1984). A close look at the standard Rebus system and Blissymbolics. *Journal of the Association for Persons with Severe Handi-caps, 9*(1), 37-48.

Cody, H., Pelphrey, K., & Piven, J. (2002). Structural and functional magnetic resonance imagine of autism. *International Journal of Developmental Neuroscience, 20*, 421-438.

Collaborative Linkage Study of Autism (1999). An autosomal genomic screen for autism. *American Journal of Medical Genetics (Neuropsychiatric Genetics), 88*(6), 609-615.

Constantino, J. N., & Todd, R. D. (2003). *Autistic traits in the general population. Archives of General Psychiatry, 60*(5), 524-530.

Cook, D. G., & Dunn, W. (1998). Sensory integration for students with autism. In R. L. Simpson & B. S. Myles (Eds.), *Educating children and youth with autism* (pp.191-239). Austin, TX: Pro-ed.

Cook, E. H. (1996). Brief report: Pathophysiology of autism: Neurochemistry. *Journal of Autism & Developmental Disorders, 26*(2), 211-225.

Cook, E. H., Courchesne, R., Cox, N. J., Lord, C., Gonen, D., Guter, S. J. et al. (1998). Linkage-disequilibrium mapping of autistic disorder, with 15q11-13. *American Journal of Human Genetics, 62*(5), 1077-1083.

Cook, E. H., Courchesne, R., Lord, C., Cox, N. J., Yan, S., Lincoln, A. et al. (1997). Evidence of linkage between the serotonin transporter and autistic disorder. *Molecular Psychiatry, 2*(3), 247-250.

Critchley, H. D., Daly, E. M., Bullmore, E. T., Williams, S. C. R., Van Amelsvoort, T., Robertson, D. M. et al. (2000). The functional neuroanatomy of social behaviour changes in cerebral blood flow when people with autistic disorder process facial expressions. *Brain, 123*(11), 2203-2212.

Croen, L. A., Grether, J. K., & Selvin, S. (2002b). Descriptive epidemiology of autism in a California population: Who is at risk? *Journal of Autism & Developmental Disorders, 32*(3), 217-224.

Croen, L. A., Grether, J. K., Hoogstrate, J., & Selvin, S. (2002a). The changing prevalence of autism in California. *Journal of Autism & Develop-*

mental *Disorders, 32*(3), 207-215.

Dadson, S., & Horner, R. H. (1993). Manipulating setting events to decrease problem behaviors. *Teaching Exceptional Children, 25*(3), 53-55.

Dawson, G., & Watling, R. (2000). Interventions to facilitate auditory, visual, and motor integration in autism: A review of the evidence. *Journal of Autism & Developmental Disorders, 30*(5), 415-421.

Dennett, D. C. (1978). Beliefs about beliefs. *The Behavioral & Brain Sciences, 1*(4), 568-570.

Dennis, M., Lockyer, L., Lazenby, Donnelly, R. E., Wilkinson, M., & Schoonheyt, W. (1999). Intelligence pattern among children with high-functioning autism, phenylketonuria, and child head injury. *Journal of Autism & Developmental Disorders, 29*(1), 5-17.

Derby, K. M., Wacker, D. P., Sasso, G., Steege, M., Northrup, J., Cigrand, K. et al. (1992). Brief functional assessment techniques to evaluate aberrant behavior in an outpatient setting: A summary of 79 cases. *Journal of Applied Behavior Analysis, 25*, 713-721.

Destefand, L., Shriner, J. G., & Lloyd, C. (2001). Teacher decision making in participation of students with disabilities in large-scale assessment. *Exceptional Children, 68*(1), 7-22.

DiLavore, P., Lord, C., & Rutter, M. (1995). Pre-Linguistic Autism Diagnostic Observation Schedule (PL-ADOS). *Journal of Autism & Developmental Disorders, 25*(4), 355-379.

Dixon, M. R., & Cummings, A. (2001). Self-control in children with autism: Response allocation during delays to reinforcement. *Journal of Applied Behavior Analysis, 34*(4), 491-495.

Dolske, M. C., Spollen, J., McKay, S., Lancashire, E., & Tolbert, L. (1993). A preliminary trial of ascorbic acid as supplemental therapy for autism. *Progress in Neuro-Psychopharmacology & Biological Psychiatry, 17* (5), 765-774.

Dugan, E., Kamps, D., Leonard, B., Watkins, N., Rheinberger, A., & Stackhaus, J. (1995). Effects of cooperative learning groups during social

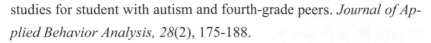
studies for student with autism and fourth-grade peers. *Journal of Applied Behavior Analysis, 28*(2), 175-188.

Duker, P. C., & Sigafoos, J. (1998). The Motivation Assessment Scale: Reliability and construct validity across three topographies of behavior. *Research in Developmental Disabilities, 19*(2), 131-141.

Duncan, J. (1986). Disorganization of behavior after frontal lobe damage. *Cognitive Neuropsychology, 3*, 271-290.

Dunlap, G., Kern-Dunlap, L., Clarke, S., & Robbins, F. R. (1991). Functional assessment, curricular revision, and severe behavior problems. *Journal of Applied Behavior Analysis, 24*(2), 387-397.

Dunlap. G., Foster-Johnson, L., Clarke, S., Kern, L., & Childs, K. E. (1995). Modifying activities to produce functional outcomes: Effects on the problem behaviors of students with disabilities. *Journal of the Association for Persons with Severe Handicaps, 20*(4), 248-258.

Dunn, H. G. (2001). Importance of Rett syndrome in child neurology. *Brain & Development, 23*(Supp. 1), S38-S43.

Dunn, W., Saiter, J., & Rinner, L. (2002). Asperger syndrome and sensory processing: A conceptual model and guidance for intervention planning. *Focus on Autism & Other Developmental Disabilities, 17*(3), 172-185.

Durand, V. M. (1990). *Severe behavior problems: A functional communication training approach*. New York: The Guilford Press.

Durand, V. M., & Crimmins, D. B. (1988). Identifying the variables maintaining self-injurious behavior. *Journal of Autism & Developmental Disorders, 18*(1), 99-117.

Durand, V. M., & Merges, E. (2001). Functional communication training: A contemporary behavior analytic intervention for problem behaviors. *Focus on Autism & Other Developmental Disabilities, 16*(2), 110-119, 136.

Dyer, K., Dunlap, G., & Winterling, V. (1990). Effects of choice making on the serious problem behaviors of students with severe handicaps. *Jour-*

nal of Applied Behavior Analysis, 23(4), 515-524.

Ebanks, M., & Fisher, W. W. (2003). Altering the timing of academic prompts to treat destructive behavior maintained by escape. *Journal of Applied Behavior Analysis,36*(3), 355-359.

Edelson, M. G., Edelson, S. M., & Jung, S. (1998). Assessing the intelligence of individuals with autism: A cross-cultural replication of usefulness of the TONI. *Focus on Autism & Other Developmental Disabilities, 13*(4), 221-227.

Edelson, S. M., Edelson, M. G., Kerr, D. C. R., & Grandin, T. (1999). Behavioral and physiological effects of deep pressure on children with autism: A pilot study evaluating the efficacy of Grandin's Hug Machine. *American Journal of Occupational Therapy, 53*(2), 145-152.

Ehlers, S., & Gillberg, C. (1993). The epidemiology of Asperger syndrome. A total population study. *Journal of Child Psychology & Psychiatry, 34*, 1327-1350.

Eikeseth, S., Smith, T., Jahr, E., & Eldevik, S. (2002). Intensive behavioral treatment at school for 4- to 7-year-old children with autism: A 1-year comparison controlled study. *Behavior Modification, 26*(1), 49-68.

Eisenberg, L., & Kanner, L. (1956). Early infantile autism, 1943-55. *American Journal of Orthopsychiatry, 26*(3), 556-566.

Elliott, J., Thurlow, M., Ysseldyke, J., & Erickson, R. (1997). *Providing assessment accommodations for students with disabilities in state and district assessments* (Policy Directions No. 7). Minneapolis, MN: University of Minnesota, National Center on Educational Outcomes. Available from: http://education.umn.edu/NCEO/OnlinePubs/Policy7.html

Emerson, E., Robertson, J., Gregory, N., Hatton, C., Kessissoglou, S. Hallam, A. et al. (2000). Treatment and management of challenging behaviours in residential settings. *Journal of Applied Research in Intellectual Disabilities, 13*(4), 197-215.

Esch, B. E., & Carr, J. E. (2004). Secretin as a treatment for autism: A re-

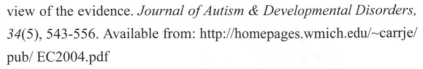
view of the evidence. *Journal of Autism & Developmental Disorders, 34*(5), 543-556. Available from: http://homepages.wmich.edu/~carrje/pub/ EC2004.pdf

Feinstein, C., & Reiss, A. L. (1998). Autism: The point of view from fragile x studies. *Journal of Autism & Developmental Disorders, 28*(5), 393-405.

Field, T., Lasko, D., Mundy, P., Henteleff, T., Kabat, S., Talpins, S. et al. (1997). Brief report: Autistic children's attentiveness and responsivity improve after touch therapy. *Journal of Autism & Developmental Disorders, 27*(3), 333-338.

Findling, R. L., Maxwell, K., Scotese-Wojtila, L., Huang, J., Yamashita, T., & Wiznitzer, M. (1997). High-dose pyridoxine and magnesium administration in children with autistic disorder: An absence of salutary effects in a double-blind, placebo-controlled study. *Journal of Autism & Developmental Disorders, 27*(4), 467-478.

Fisher, W. W., Thompson, R. H., Hagopian, L. P., Bowman, L. G., Krug, A. (2000). Facilitating tolerance of delayed reinforcement during functional communication training. *Behavior Modification, 24*(1), 3-29.

Fisher, W., Burd, L., & Kerbeshian, J. (1987). Comparisons of DSM-III defined pervasive developmental disorders in North Dakota Children. *Journal of the American Academy of Child & Adolescent Psychiatry, 26*(5), 704-710.

Folstein, S., & Mankoski, R. E. (2000). Chromosome 7q: Where autism meets language disorder? *American Journal of Human Genetics, 67*(2), 278-281.

Folstein, S., & Rutter, M. (1977). Infantile autism: A genetic study of 21 twin pairs. *Journal of Child Psychology & Psychiatry, 18*(4), 297-321.

Folstein, S., Dowd, M., Mankoski, R., & Tadevosyan, O. (2003). How might genetic mechanisms operate in autism? In G. Bock & J. Goode (Eds.), *Autism: Neural basis and treatment possibilities* (pp. 70-80). Novartis Foundation Symposium 251. Chichester, UK: John Wiley &

Sons.

Folstein, S., Santangelo, S. L., Gilman, S. E., Piven, J., Landa, R., Lainhart, J. et al. (1999). Predictors of cognitive test patterns in autism families. *Journal of Child Psychology & Psychiatry, 40*(7), 1117-1128.

Fombonne, E. (2002). Prevalence of childhood disintegrative disorder. *Autism, 6*(2), 149-157.

Fombonne, E. (2003). Epidemiological surveys of autism and other pervasive developmental disorders: An update. *Journal of Autism & Developmental Disorders, 33*(4), 365-382.

Fombonne, E., Bolton, P., Prior, J., Jordan, H., & Rutter, M. (1997b). A family study of autism: Cognitive patterns and levels in parents and siblings. *Journal of Child Psychology & Psychiatry, 38*(6), 667-683.

Fombonne, E., du Mazaubrun, C., Cans, C., & Grandjean, H. (1997a). Autism and associated medical disorders in a French epidemiological survey. *Journal of Child Psychology & Psychiatry, 36*(11), 1561-1569.

Fombonne, E., Simmons, H., Ford, T., Meltzer, H., & Goodman, R. (2001). Prevalence of pervasive developmental disorders in the British nationwide survey of child mental health. *Journal of Child Psychology & Psychiatry, 40*(7), 820-827.

Foster-Johnson, L., & Dunlap, G. (1993). Using functional assessment to develop effective, individualized interventions for challenging behaviors. *Teaching Exceptional Children, 25*(3), 44-50.

Foster-Johnson, L., Ferro, J., & Dunlap, G. (1994). Preferred curricular activities and reduced problem behaviors in students with intellectual disabilities. *Journal of Applied Behavior Analysis, 27*(3), 493-504.

Foxx, R. M., & Azrin, N. H. (1973). The elimination of autistic self-stimulatory behavior by overcorrection. *Journal of Applied Behavior Analysis, 6*(1), 1-14.

Foxx, R. M., & Shapiro, S. T. (1978). The timeout ribbon: A nonexclusionary timeout procedure. *Journal of Applied Behavior Analysis, 11*(1), 125-136.

Frederickson, N., & Turner, J. (2003). Utilizing the classroom peer group to address children's social needs: An evaluation of the circle of friends intervention approach. *Journal of Special Education, 36*(4), 234-245.

Freeman, B. J., Ritvo, E. R., Mason-Brothers, A., Pingree, C., Yokota, A., Jenson, W. R. et al. (1989). Psychometric assessment of first-degree relatives of 62 autistic probands in Utah. *American Journal of Psychiatry, 146*(3), 361-364.

Frith, U. (1991). Asperger and his syndrome. In U. Frith (ED.), *Autism and Asperger syndrome* (pp. 1-36). Cambridge, NY: Cambridge University Press.

Frith, U. (2003). *Autism: Explaining the enigma* (2nd ed.). Oxford, UK: Blackwell. （第一版出版於 1989 年）

Frith, U. (2004). Emanuel Miller lecture: Confusions and controversies about Asperger syndrome. *Journal of Child Psychology & Psychiatry, 45* (4), 672-686.

Frith, U., & Happe, F. (1994). Autism: Beyond "theory of mind." *Cognition, 50*, 115-132.

Frost, L. A., & Bondy, A. S. (2002). *The Picture Exchange Communication System: Training Manual* (2nd ed.). Newark, DE: Pyramid Education Products, Inc.

Gable, R. A., Hendrickson, J. M., & Sasso, G. M. (1995). Toward a more functional analysis of aggression. *Education & Treatment of Children, 18*(3), 226-242.

Garrison-Harrell, L., Kamps, D., & Kravits, T. (1997). The effects of peer networks on social-communicative behaviors for students with autism. *Focus on Autism & Other Developmental Disabilities, 12*(4), 241-254.

Geday, J., Gjedde, A., Boldsen, A., & Kupers, R. (2003). Emotional valence modulates activity in the posterior fusiform gyrus and inferior medial prefrontal cortex in social perception. *NeuroImage, 18*(3), 675-684.

Gelfer, J. I., & Perkins, P. G. (1998). Portfolios: Focus on young children. *Teaching Exceptional Children, 31*(2), 44-47.

Gena, A., Krantz, P., McClannahan, L. E., & Poulson, C. L. (1996). Training and generalization of affective behavior displayed by youth with autism. *Journal of Applied Behavior Analysis, 29*(3), 291-304.

Gerhardt, P., Holmes, D. L., Alessandri, M., & Goodman, M. (1991). Social policy on the use of aversive interventions: Empirical, ethical, and legal considerations. *Journal of Autism & Developmental Disorders, 21*(3), 265-277.

Ghaziuddin, M., & Butler, E. (1998). Clumsiness in autism and Asperger syndrome: A further report. *Journal of Intellectual Disabilities Research, 42*(1) 43-48.

Gilchrist, A., Green, J., Cox, A., Burton, D., Rutter, M., & Le Couteur, A. (2001). Development and current functioning in adolescents with Asperger syndrome: A comparative study. *Journal of Child Psychology & Psychiatry, 42*(2), 227-240.

Gillberg, C. (1984). Infantile autism and other childhood psychoses in a Swedish urban region. Epidemiological aspects. *Journal of Child Psychology & Psychiatry, 25*(1), 35-43.

Gillberg, C. (1990). Do children with autism have March birthday? *Acta Psychiatrica Scandinavica, 82*(2), 152-156.

Gillberg, C. (1992). The Emanuel Miller memorial lecture 1991. Autism and autistic-like conditions: Subclasses among disorders of empathy. *Journal of Child Psychology & Psychiatry, 33*(5), 813-842.

Gillberg, C. (1998). Chromosomal disorders and autism. *Journal of Autism & Developmental Disorders, 28*(5), 415-425.

Gillberg, C. (2001). Asperger syndrome and high functioning autism: Shared deficits or different disorders? *Journal of Developmental & Learning Disorders, 5*(1), 79-94.

Gillberg, C., & Coleman, M. (1996). Autism and medical disorders: A review of the literature. *Developmental Medicine & Child Neurology, 38*, 191-202.

Gillberg, C., Gillberg, I. C., & Steffenburg, S. (1992). Siblings and parents

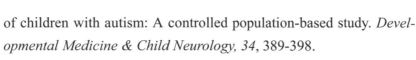

of children with autism: A controlled population-based study. *Developmental Medicine & Child Neurology, 34*, 389-398.

Gillberg, C. & Schaumann, H. (1982). Social class and infantile autism. *Journal of Autism & Developmental Disorders, 12*(3), 223-228.

Gillberg, C., Steffenburg, S., & Schaumann, H. (1991). Is autism more common now than ten years ago? *British Journal of Psychiatry, 158*, 403-409.

Gillberg, C., Wahlström, J., Johansson, R., Törnblom, M., & Albertsson-Wikland, K. (1986). Folic acid as an adjuct in the treatment of children with the autism fragile-X syndrome (AFRAX). *Developmental Medicine & Child Neurology, 28*(5), 624-627.

Gillberg, C., & Wing, L. (1999). Autism: Not an extremely rare disorder. *Acta Psychiatrica Scandinavica, 99*(6), 399-406.

Gillberg, I. C., & Gillberg, C. (1989). Asperger syndrome: Some epidemiological considerations: A research note. *Journal of Child Psychology & Psychiatry, 30*(4), 631-638.

Glaeser, B. C., Pierson, M. R., & Fritschmann, N. (2003). Comic strip conversations: A positive behavioral support strategy. *Teaching Exceptional Children, 36*(2), 14-19.

Goldstein, G., Beers, S. R., Siegel, D. J., & Minshew, N. J. (2001). A comparison of WAIS-R profiles in adults with high-functioning autism or differing subtypes of learning disability. *Applied Neuropsychology, 8*(3), 148-154.

Goldstein, H. (2000). Commentary: Intervention to facilitate auditory, visual, and motor integration: "Show me the data." *Journal of Autism & Developmental Disorders, 30*(5), 423-425.

Goldstein, H., Kaczmarek, L., Pennington, R., & Shafer, K. (1992). Peer-mediated intervention: Attending to, commenting on, and acknowledging the behavior of preschoolers with autism. *Journal of Applied Behavior Analysis, 25*(2), 289-305.

Grace, J., Velez, D. M., & Chambliss, C. (1999). *New treatments for autism:*

Effects of a gluten-free diet on rate of learning. (ERIC Document Reproduction Service No. ED436862)

Grandin, T. (1992). Calming effects of deep touch pressure in patients with autistic disorder, college students, and animals. *Journal of Child & Adolescent Psychopharmacology, 2*(1), 63-72.

Grandin, T. (n.d.). *Description and schematic details of the squeeze machine.* Retrieved April 1, 2005, from: http://www.grandin.com/inc/intro-squeeze.html

Grant, D. A., & Berg, E. A. (1948). A behavioral analysis of degree of reinforcement and ease of shifting to new responses in a Weigl-type card sorting problem. *Journal of Experimental Psychology, 32*, 404-411.

Gray, C. (1994). *Comic strip conversations: Colorful, illustrated interactions with students with autism and related disorders.* Jenison, MI: Jenison Public Schools.

Gray, C. (1995). Teaching children with autism to "read" social situations. In K. A. Quill (Ed.), *Teaching children with autism: Strategies to enhance communication and socialization* (pp. 219-241). Albany, NY: Delmar Publishers.

Gray, C. (2000). *The new social story book* (Illustrated Ed.). Arlington, TX: Future Horizons.

Gray, C., & Garand, J. D. (1993). Social stories: Improving responses of students with autism with accurate social information. *Focus on Autistic Behavior, 8*(1), 1-10.

Graziano, A. M. (1970). A group treatment approach to multiple problem behaviors of autistic children. *Exceptional Children, 36*(10), 765-770.

Graziano, A. M. (2002). Developmental disabilities: Introduction to a diverse field. Boston, MA: Allyn & Bacon.

Greenberg, D. A., Hodge, S. E., Sowinski, J., & Nicoll, D. (2001). Excess of twins among affected sibling pairs with autism: Implications for the etiology of autism. *American Journal of Human Genetics, 69*(5), 1062-1067.

Greenspan, S. I., & Wieder, S. (1997). Developmental patterns and out-
comes in infants and children with disorders in relating and communi-
cating: A chart review of 200 cases of children with autistic spectrum
diagnoses. *Journal of Developmental & Learning Disorders, 1*,
87-141.

Greenspan, S. I., & Wieder, S. (1998). *The child with special needs: Encour-
aging intellectual and emotional growth*. Reading, MA: Perseus
Books.

Greenspan, S. I., & Wieder, S. (1999). A functional developmental approach
to autism spectrum disorders. *Journal of the Association for Persons
with Severe Handicaps, 24*(3), 147-161.

Greenspan, S. I., & Wieder, S. (2000a). A developmental approach to dif-
ficulties in relating and communicating in autism spectrum disorders
and related syndromes. In A. M. Wetherby & B. M. Prizant (Eds.), *Aut-
ism spectrum disorders: A transactional developmental perspective*
(pp. 279-303). Baltimore, MD: Paul H. Brookes.

Greenspan, S. I., & Wieder, S. (2000b). Developmentally appropriate inter-
actions and practices. In S. I. Greenspan & S. Wieder (Eds.), *ICLD Cli-
nical Practice Guidelines* (pp. 261-280). Bethesda, MD: ICLD Press.
Available from: http://www.icdl.com

Gresham, F. M. (1998). Social skills training: Should we raze, remodel, or
rebuild? *Behavioral Disorders, 24*(1), 19-25.

Gresham, F. M., & Gresham, G. N. (1982). Interdependent, dependent, and
independent group contingencies for controlling disruptive behavior.
Journal of Special Education, 16(1), 101-110.

Gresham, F. M., & MacMillan, D. L. (1997). Autistic recovery? An analysis
and critique of the empirical evidence on the early intervention project.
Behavioral Disorders, 22(4), 185-201.

Gresham, F. M., Sugai, G., & Horner, R. (2001b). Interpreting outcomes of
social skills training for students with high-incidence disabilities. *Ex-
ceptional Children, 67*(3), 331-344.

Gresham, F. M., Watson, T. S., & Skinner, C. H. (2001a). Functional beha-vioral assessment: Principles, procedures, and future direction. *School Psychology Review, 30*(2), 156-172.

Grizenko, N., Zappitelli, M., Langevin, J., Hrychko, S., El-Messidi, A., Kaminester, D. et al. (2000). Effectiveness of a social skills training program using self/other perspective-taking: A nine-month follow-up. *American Journal of Orthopsychiatry, 70*(4), 501-509.

Gurney, J. G., Fritz, M. S., Ness, K. K., Sievers, P., Newschaffer, C. J., & Shapiro, E. G. (2003). Analysis of prevalence trends of autism spec-trum disorder in Minnesota. *Archives of Pediatrics & Adolescent Medicine, 157*(7), 622-627.

Gustavson, K. H., Dahlbom, K., Flood, A., Holmgren, G., Blomquist, H. K., & Sanner, G. (1985). Effect of folic acid treatment in the fragile X syn-drome. *Clinical Genetics, 27*(5), 463-467.

Gutknecht, L. (2001). Full-genome scans with autistic disorder: *A review. Behavior Genetics, 31*(1), 113-123.

Gutstein, S. E. (2005). *Preliminary evaluation of the relationship develop-ment intervention program.* Manuscript submitted for publication. Available from: http://www.rdiconnect.com/download/default.asp

Gutstein, S. E., & Sheely, R. K. (2002a). *Relationship development inter-vention with young children: Social and emotional development activi-ties for Asperger syndrome, autism, PDD and NLD*. London, England: Jessica Kingsley.

Gutstein, S. E., & Sheely, R. K. (2002b). *Relationship development inter-vention with children, adolescent and adults: Social and emotional de-velopment activities for Asperger syndrome, autism, PDD and NLD*. London, England: Jessica Kingsley.

Gutstein, S. E., & Whitney, T. (2002). Asperger syndrome and the develop-ment of social competence. *Focus on Autism & Other Developmental Disabilities, 17*(3), 161-171.

Hagberg, B. (2002). Clinical manifestations and stages of Rett syndrome.

Mental Retardation & Developmental Disabilities Research Review, 8 (2), 61-65.

Hagberg, B., Aicardi, J., Dias, K., & Ramos, O. (1983). A progressive syndrome of autism, dementia, ataxia, and loss of purposeful hand use in girls: Rett's syndrome: Report of 35 cases. *Annals of Neurology, 14*, 471-479.

Hagerman, R. J., Jackson, A. W., Levitas, A., Braden, M., McBogg, P., Kemper, M. et al. (1986). Oral folic acid versus placebo in the treatment of males with the fragile X syndrome. *American Journal of Medical Genetics, 23*(1-2), 241-262.

Hagiwara, T., & Myles, B. S. (1999). A multimedia social story intervention: Teaching skills to children with autism. *Focus on Autism & Other Developmental Disabilities, 14*(2), 82-95.

Hall, G. B. C., Szechtman, H., & Nahmias, C. (2003). Enhanced salience and emotion recognition in autism. *American Journal of Psychiatry, 160*(8), 1439-1441.

Halle, J. W., Baer, D. M., & Spradlin, J. E. (1981). Teachers' generalized use of delay as a stimulus control procedure to increase language use in handicapped children. *Journal of Applied Behavior Analysis, 14*(4), 389-409.

Hallmayer, J., Glasson, E. J., Bower, C., Petterson, B., Croen, L., Grether, J. et al. (2002). On the twin risk in autism. *American Journal of Human Genetics, 71(*4), 941-946.

Hammer, S., Dorrani, N., Hartiala, J., Stein, S., & Schanen, C. (2003). Rett syndrome in a 47, XXX patient with a De Novo MECP2 mutation. *American Journal of Medical Genetics, 122A*(3), 223-226.

Hancock, T. B., & Kaiser, A. P. (2002). The effects of trainer-implemented enhanced milieu teaching on the social communication of children with autism. *Topics in Early Childhood Special Education, 22(*1), 39-54.

Happé, F. G. E. (1995). The role of age and verbal ability in the theory of mind task performance of subjects with autism. *Child Development, 66* (3), 843-855.

Happé, F., Briskman, J., & Frith, U. (2001). Exploring the cognitive pheno-type of autism: Weak "central coherence" in parents and siblings of children with autism: I. Experimental tests. *Journal of Child Psychology & Psychiatry, 42*(3), 299-307.

Haring, T. G., & Breen, C. G. (1992). A peer-mediated social network inter-vention to enhance the social integration of persons with moderate and severe disabilities. *Journal of Applied Behavior Analysis, 25*(2), 319-333.

Haring, T. G., & Lovinger, L. (1989). Promoting social interaction through teaching generalized play initiation responses to preschool children with autism. *Journal of the Association for Persons with Severe Handi-caps, 14*(1), 58-67.

Harris, S. L., & Handleman, J. S. (2000). Age and IQ at intake as predictors of placement for young children with autism: A four- to six-year follow up. *Journal of Autism & Developmental Disorders, 30*(2), 137-142.

Hart, B., & Risley, T. R. (1975). Incidental teaching of language in the pres-chool. *Journal of Applied Behavior Analysis, 8*(4), 411-420.

Hart, B., & Rogers-Warren, A. (1978). A milieu approach to teaching lan-guage. In R. L. Schiefelbusch (Ed.), *Language intervention strategies* (pp. 193-235). Baltimore, MD: University Park Press.

Heaton, R. K., Chelune, G. J., Talley, J. L., Kay, G. G., & Curtiss, G. (1993). *Wisconsin Card Sorting Test manual: Revised and expanded*. Odessa, FL: Psychological Assessment Resources.

Heller, T. (1969). Uber dementia infantilis. In J. G. Howells (Ed.), *Modern perspective in international child psychiatry* (pp. 610-616). New York: Bruner/Mazel. (Original work published 1930)

Heydebrand, G., Weiser, M., Rabinowitz, J., Hoff, A. L., DeLisi, L. E., & Csernansky, J. G. (2004). Correlates of cognitive deficits in first epi-sode schizophrenia. *Schizophrenia Research, 68(1*), 1-9.

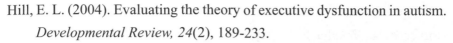
Hill, E. L. (2004). Evaluating the theory of executive dysfunction in autism. *Developmental Review, 24*(2), 189-233.

Hoffburhr, K. C., Moses, L. M., Jerdonek, M. A., Naidu, S., & Hoffman, E. P. (2002). Associations between MeCP2 mutations, X-chromosome inactivation, and phenotype. *Mental Retardation & Developmental Disabilities Research Review, 8*(2), 99-105.

Honda, H., Shimizu, Y., Imai, M., & Nitto, Y. (2005). cumulative incidence of childhood autism: A total population study of better accuracy and precision. *Developmental Medicine & Child Neurology, 47*(1), 10-18.

Honda, H., Shimizu, Y., Misumi, K., Niimi, M., & Ohashi, Y. (1996). Cumulative incidence and prevalence of childhood autism in children in Japan. *British Journal of Psychiatry, 169*(2), 228-235.

Horner, R. H. (2000). Positive behavior supports. *Focus on Autism & Other Developmental Disabilities, 15*(2), 97-105.

Horner, R. H., & Carr, E. G (1997). Behavioral support for students with severe disabilities: Functional assessment and comprehensive intervention. *Journal of Special Education, 31*(1), 84-104.

Horner, R. H., Carr, E. G., Strain, P., Todd, A. W., & Reed, H. K. (2002). Problem behavior interventions for young children with autism: A research synthesis. *Journal of Autism & Developmental Disorders, 32* (5), 423-446.

Horner, R. H., & Day, H. M. (1991). The effects of response efficiency on functionality equivalent competing behaviors. *Journal of Applied Behavior Analysis, 24*(4), 719-732.

Horner, R. H., Day, H. M., Sprague, J. R., O'Brien, M., & Heathfield, L. T. (1991). Interspersed requests: A nonaversive procedure for reducing aggression and self-injury during instruction. *Journal of Applied Behavior Analysis, 24*(2), 265-278.

Horner, R. H., Dunlap, G., Koegel, R. L., Carr, E. G., Sailor, W., Anderson, J. et al. (1990). Toward a technology of "nonaversive" behavioral support. *Journal of the Association for Persons with Severe Handicaps, 15*

(3), 125-132.

Horner, R. H., Vaughn, B. J., Day, H. M., & Ard, W. R., Jr. (1996). The relationship between setting events and problem behavior. In L. K. Koegel, R. L. Koegel, & G. Dunlap (Eds.), *Positive behavioral support: Including people with difficult behavior in the community* (pp. 381-402). Baltimore, MD: Paul H. Brookes.

Horvath, K., Stefanatos, G., Sokolski, K. N., Watchel, R., Nabors, L., & Tildon, J. T. (1998). Improved social and language skills after secretin administration in patients with autistic spectrum disorders. *Journal of the Association for Academic Minority Physicians, 9*(1), 9-15.

Howard, J. S., Sparkman, C. R., Cohen, H. G., Green, G., & Stanislaw, H. (2005). A comparison of intensive behavior analytic and eclectic treatments for young children with autism. *Research in Developmental Disabilities, 26*(4), 359-383.

Howlin, P. (2003). Outcome in high-functioning adults with autism with and without early language delays: Implications for the differentiation between autism and Asperger syndrome. *Journal of Autism & Developmental Disorders, 33*(1), 3-13.

Howlin, P., Baron-Cohen, S., & Hadwin, J. (1999). *Teaching children with autism to mind-read: A practical guide*. New York: John Wiley & Sons.

Howlin, P., & Yates, P. (1999). The potential effectiveness of social skills groups for adults with autism. *Autism, 3*(3), 299-307.

Hubl, D., Bölte, S., Feineis-Matthews, Lanfermann, H., Federspiel, A., Strik, W. et al. (2003). Functional imbalance of visual pathways indicates alternative face processing strategies in autism. *Neurology, 61*(9), 1232-1237.

Hughes, C., Leboyer, M., & Bouvard, M. (1997). Executive function in parents of children with autism. *Psychological Medicine, 27*(1), 209-220.

Hungelmann, A. M. (2001). An analysis of TEACCCH-based home programming for young children with autism (Doctoral dissertation, The Uni-

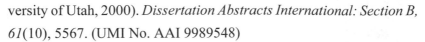

versity of Utah, 2000). *Dissertation Abstracts International: Section B, 61*(10), 5567. (UMI No. AAI 9989548)

Hutchison-Harris, J. (2004). Does first year treatment intensity predict Outcome in young autistic children Receiving Lovaas ABA intervention? (Doctoral dissertation, University of Southern California, 2003). *Dissertation Abstracts International: Section B, 65*(05), 2609. (UMI No. 3133285)

Iarocci, G. (2003). Global and local perception in autism: The role of basic and higher-order attention (Doctoral dissertation, McGill University, Montreal, 2000). *Dissertation Abstracts International: Section A, 63*(7), 2457. (UMI No. AAT NQ70046)

Icasiano, F., Hewson, P., Machet, P., Cooper, C., & Marshall, A. (2004). Childhood autism spectrum disorder in the Barwon region: A community based study. *Journal of Paediatrics & Child Health, 40*(12), 696-701.

International Molecular Genetic Study of Autism Consortium (1998). A full genome screen for autism with evidence for linkage to a region on chromosome 7q. *Human Molecular Genetics, 7*(3), 571-578.

International Molecular Genetic Study of Autism Consortium (2001). A genomewide screen for autism: Strong evidence for linkage to chromosomes 2q, 7q, and 16p. *American Journal of Human Genetics, 69*(3), 570-581.

Ivey, M. L., Heflin, L. J., & Alberto, P. (2004). The use of social stories to promote independent behaviors in novel events for children with PDD-NOS. *Focus on Autism & Other Developmental Disabilities, 19*(3), 164-176.

Iwanaga, R., Kawasaki, C., & Tsuchida, R. (2000). Brief report: Comparison of sensory-motor and cognitive function between autism and Asperger syndrome in preschool children. *Journal of Autism and Developmental Disorders, 30*(2), 169-174.

Iwata, B. A., Dorsey, M. F., Slifer, K. J., Bauman, K. E., & Richman, G. S.

(1994). Toward a functional analysis of self-injury. *Journal of Applied Behavior analysis, 27*(2), 197-209. Reprinted from *Analysis & Intervention in Developmental Disabilities, 1982, 2*(1), 3-20.

Jacob-Timm, S. (1996). Ethnical and legal issues associated with the use of aversives in the public schools: The SIBIS controversy. *School Psychology Review, 25*(2), 184-199.

Jefferson, T., Price, D., Demicheli, V., & Bianco, E. (2003). Unintended events following immunization with MMR: A system review. *Vaccine, 21*, 3954-3960.

Jolliffe, T., & Baron-Cohen, S. (1997). Are people with autism and Asperger syndrome faster than normal on the Embedded Figures Test. *Journal of Child Psychology & Psychiatry, 38*(5), 527-534.

Jolliffe, T., & Baron-Cohen, S. (2001). A test of central coherence theory: Can adults with high-functioning autism or Asperger syndrome integrate fragments of an object? *Cognitive Neuropsychiatry, 6*(3), 193-216.

Jones, C. J. (1992). *Social and emotional development of exceptional students: Handicapped and gifted.* Springfield, IL: Charles C. Thomas, Publisher.

Jordan, R., & Powell, S. (1995). *Understanding and teaching children with autism.* West Sussex, England: John Wiley & Sons.

Kadesjö, B., Gillberg, C., & Hagberg, B. (1999). Brief report: Autism and Asperger sydfrome in seven-year-year-old children: A total population study. *Journal of Autism & Developmental Disorders, 29*(4), 327-331.

Kaiser, A. P., & Hester, P. P. (1994). Generalized effects of enhanced milieu teaching. *Journal of Speech & Hearing Research, 37*(6), 1320-1340.

Kaiser, A. P., Hancock, T. B., & Nietfeld, J. P. (2000). The effects of parent-implemented enhanced milieu teaching on the social communication of children who have autism. *Early Education & Development, 11*(4), 423-446.

Kaiser, A. P., Ostrosky, M. M., & Alpert, C. L. (1993). Training teachers to

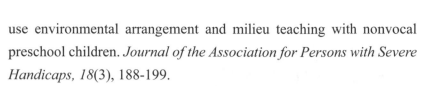

use environmental arrangement and milieu teaching with nonvocal preschool children. *Journal of the Association for Persons with Severe Handicaps, 18*(3), 188-199.

Kamps, D. M., Barbetta, P. M., Leonard, B. R., & Delquadri, J. (1994). Classwide peer tutoring: An integration strategy to improve reading skills and promote peer integractions among students with autism and general education peers. *Journal of Applied Behavior Analysis, 27*(1), 49-61.

Kamps, D. M., Dugan, E., Potucek, J., & Collins, A. (1999). Effects of cross-age tutoring networks among students with autism and general education students. *Journal of Behavioral Education, 9*(2), 97-115.

Kamps, D. M., Leonard, B., Potucek, J., & Garrison-Harrell, L. (1995). Cooperative learning groups in reading: An integration strategy for students with autism and general classroom peers. *Behavioral Disorders, 21*(1), 89-109.

Kamps, D. M., Potucek, J., Lopez, A. G., Kravits, T., & Kemmerer, K. (1997). The use of peer networks across multiple settings to improve social interaction for students with autism. *Journal of Behavioral Education, 7*(3), 335-357.

Kamps, D., Royer, J., Dugan, E., Kravits, T., Gonzalez-Lopez, A., Garcia, J. et al. (2002). Peer training to facilitate social interaction for elementary students with autism and their peers. *Exceptional Children, 68*(2), 173-187.

Kanner, L. (1943). Autistic disturbances of affective contact. *Nervous Child, 2*(3), 217-250.

Kanner, L. (1949). Problems of nosology and psychodynamics of early infantile autism. *American Journal of Orthopsychiatry, 19*, 416-426.

Kanner, L., & Eisenberg, L. (1956). Early infantile autism, 1943-1955. *American Journal of Orthopsychiatry, 26*, 55-65.

Katikireddi, V. (2004). Increase in autism is due to changes in diagnosis, study claims. *British Medical Journal, 328*(7436), 364.

Keen, D., Sigafoos, J., & Woodyatt, G. (2001). Replacing prelinguistic be-
haviors with functional communication. *Journal of Autism & Develop-
mental Disorders, 31*(4), 385-398.

Kennedy, C. H., & Meyer, K. A. (1996). Sleep deprivation, allergy symp-
toms, and negatively reinforced problem behavior. *Journal of Applied
Behavior Analysis, 29*(1), 133-135.

Kent, L., Evans, J., Paul, M., & Sharp, M. (1999). Comorbidity of autistic
spectrum disorders in children with Down syndrome. *Developmental
Medicine & Child Neurology, 41*(3), 153-158.

Kerbeshian, J., Burd, L., & Avery, K. (2001). Pharmacotherapy of autism:
A review and clinical approach. *Journal of Developmental & Physical
Disabilities, 13*(3), 199-228.

Kern, J. K. (2003). Purkinje cell vulnerability and autism: A possible etiol-
ogical connection. *Brain & Development, 25*(6), 377-382.

Kern, J. K., Miller, V. S., Cauller, L., Kendall, R., Mehta, J., & Dodd, M.
(2002). Effectiveness of N,N-Dimethylglycine in autism and pervasive
developmental disorder. *Journal of Child Neurology, 16*(3), 169-173.

Kerr, A. (2002). Annotation: Rett syndrome: Recent progress and implica-
tions for research and clinical practice. *Journal of Child Psychology &
Psychiatry, 43*(3), 277-287.

Kerr, S., & Durkin, K. (2004). Understanding of thought bubbles as mental
representations in children with autism: Implications for theory of
mind. *Journal of Autism & Developmental Disorders, 34*(6), 637-648.

Kielinen, M., Linna, S. L., & Moilanen, I. (2000). Autism in northern Fin-
land. *European Child & Adolescent Psychiatry, 9*(3), 162-167.

Kielinen, M., Rantala, H., Timonen, E., Linna, S., & Moilanen, I. (2004).
Associated medical disorders and disabilities in children with autistic
disorder. *Autism, 8*(1), 49-60.

King, B. H., Wright, M., Handen, B., Sikich, L., Zimmerman, A. W.,
McMahon, W. et al. (2001). Double-blind, placebo-controlled study of
amantadine hydrochloride in the treatment of children with autistic dis-

order. *Journal of the American Academy of Child & Adolescent Psychiatry, 40*(6), 658-665.

Klin, A. (2000). Attributing social meaning to ambiguous visual stimuli in high-functioning autism and Asperger syndrome: The social attribution task. *Journal of Child Psychology & Psychiatry, 41*(7), 831-846.

Knivsberg, A., Reichelt, K., Høien, T., & Nødland, M. (2003). Effect of a dietary intervention on autistic behavior. *Focus on Autism & Other Developmental Disabilities, 18*(4), 247-256.

Knivsberg, A., Reichelt, K., Nødland, M., & Høien, T. (1995). Autistic syndromes and diet: A follow-up study. *Scandinavian Journal of Educational Research, 39*(3), 223-236.

Koegel, L. K. (1995). Communication and language intervention. In R. L. Koegel & L. K. Koegel (Eds.), *Teaching children with autism: Strategies for initiating positive interactions and improving learning opportunities* (pp. 17-32). Baltimore, MD: Paul H. Brookes.

Koegel, L. K., Carter, C. M., & Koegel, R. L. (2003). Teaching children with autism self-initiations as a pivotal response. *Topics in Language Disorders, 23*(2), 134-145.

Koegel, L. K., Koegel, R. L., Harrower, J. K., & Cater, C. M. (1999a). Pivotal response intervention I: Overview of approach. *Journal of the Association for Persons with Severe Handicaps, 24*(3), 174-185.

Koegel, L. K., Koegel, R. L., Shoshan, Y., & McNerney, E. (1999b). Pivotal response intervention II: Preliminary long-term outcomes data. *Journal of the Association for Persons with Severe Handicaps, 24*(3), 186-198.

Koegel, R. L., Bimbela, A., & Schreibman, L. (1996). Collateral effects of parent training on family interactions. *Journal of Autism & Developmental Disorders, 26*(3), 347-359.

Koegel, R. L., Camarata, S., Koegel, L. K., Ben-Tall, A., & Smith, A. E. (1998). Increasing speech intelligibility in children with autism. *Journal of Autism & Developmental Disorders, 28*(3), 241-251.

Koegel, R. L., Koegel, L. K., & McNerney (2001). Pivotal areas in intervention for autism. *Journal of Clinical Child Psychology, 30*(1), 19-32.

Koegel, R. L., Koegel, L. K., & Surratt, A. (1992). Language intervention and disruptive behavior in preschool children. *Journal of Autism & Developmental Disorders, 22*(2), 141-153.

Koegel, R. L., Schreibman, L., Good, A., Cerniglia, L., Murphy, C., & Koegel, L. K. (1989). *How to teach pivotal behaviors to children with autism: A training manual.* Santa Barbara, CA: University of California. Retrieved from: http://www.users.qwest.net/~tbharris/prt.htm

Kohler, F. W., Strain, P. S., Hoyson, M., Davis, L., Donina, W. M., & Rapp, N. (1995). Using a group-oriented contingency to increase social interactions between children with autism and their peers. *Behavior Modification, 19*(1), 10-32.

Kohler, F. W., Strain, P. S., Maretsky, S., & DeCesare, L. (1990). Promoting positive and supportive interactions between preschoolers: An analysis of group-oriented contingencies. *Journal of Early Intervention, 14*(4), 327-341.

Kolvin, I. (1971). Psychoses in childhood：A comparative study. In M. Rutter (Ed.), *Infantile autism: Concepts, characteristics and treatment* (pp. 7-26). London: Churchill-Livingstone.

Konstantareas, M., & Homatidis, S. (1999). Chromosomal abnormalities in a series of children with autistic disorder. *Journal of Autism & Developmental Disorders, 29*(4), 275-285.

Konstantareas, M., Hauser, P., Lennox, C., & Homatidis, S. (1986). Season of birth in infantile autism. *Child Psychiatry & Human Development, 17*(1), 53-65.

Koomar, J. A., & Bundy, A. C. (2002). Creating direct intervention from theory. In A. C. Bundy, S. J. Lane, & E. A. Murray (Eds.), *Sensory integration: Theory and practice* (2nd ed., pp. 261-308). Philadelphia, PA: F. A. Davis Company.

Krasny, L., Williams, B. J., Provencal, S., & Ozonoff, S. (2003). Social skil-

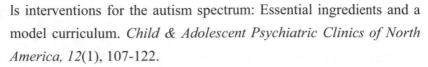
ls interventions for the autism spectrum: Essential ingredients and a model curriculum. *Child & Adolescent Psychiatric Clinics of North America, 12*(1), 107-122.

Krishnamurthy, K., & Joshi, M. R. (1989). The syndrome of infantile autism in siblings. *Child Psychiatry Quarterly, 22*(4), 107-114.

Kuoch, H., & Mirenda, P. (2003). Social story interventions for young children with autism spectrum disorders. *Focus on Autism & Other Developmental Disabilities, 18*(4), 219-227.

Kurita, H., Osada, H., & Miyake, Y. (2004). External validity of childhood disintegrative disorder in comparison with autistic disorder. *Journal of Autism & Developmental Disorders, 34*(3), 355-362.

Kuriyama, S., Kamiyama, M., Watanabe, M., Tamahashi, S., Muraguchi, I., Watanabe, T. et al. (2002). Pyridoxine treatment in a subgroup of children with pervasive development disorders. *Developmental Medicine & Child Neurology, 44*(4), 284-286.

Kuttler, S., Myles, B. S., & Carlson, J. K. (1998). The use of social stories to reduce precursors to tantrum behavior in a student with autism. *Focus on Autism & Other Developmental Disabilities, 13*(3), 176-182.

Lainhart, J. E. (1999). Psychiatric problems in individuals with autism, their parents and siblings. *International Review of Psychiatry, 11*(4), 278-298.

Landa, R., Piven, J., Wzorek, M., Gayle, J. O., Chase, G. A., & Folstein, S. E. (1992). Social language use in parents of autistic individuals. *Psychological Medicine, 22*(1), 245-254.

Landau, E. C., Cicchetti, D. V., Klin, A., & Volkmar, F. R. (1999). Season of Birth in Autism: A fiction revisited. *Journal of Autism & Developmental Disorders, 29*(5), 385-393.

Langworthy-Lam, K. S., Aman, M. G., Van Bourgondien, M. E. (2002). Prevalence and patterns of use of psychoactive medicines in individuals with autism in the autism society of North Carolina. *Journal of Child & Adolescent Psychopharmacology, 12*(4), 311-321.

Lantz, J. F., Nelson, J. M., & Loftin, R. L. (2004). Guiding children with autism in play: Applying the integrated play group model in school settings. *Teaching Exceptional Children, 37*(2), 8-14.

Larson, J. (1994). Violence prevention in the schools: A review of selected programs and procedures. *School Psychology Review, 23*(2), 151-164.

Lauritsen, M. B., & Ewald, H. (2001). The genetics of autism. *Acta Psychiatrica Scandinavica, 103*(6), 411-427.

Lauritsen, M. B., Mors, O., Mortensen, P. B., & Ewald, H. (2002). Medical disorders among inpatients with autism in Denmark according to ICD-8: A nationwide register-based study. *Journal of Autism & Developmental Disorders, 32*(2), 115-119.

Lauritsen, M. B., Pedersen, C. B., & Mortensen, P. B. (2004). The incidence and prevalence of pervasive developmental disorders: A Danish population-based study. *Psychological Medicine, 34*(7), 1339-1346.

Laushey, K. M., & Heflin, L. J. (2000). Enhancing social skills of kindergarten children with autism through the training of multiple peers as tutors. *Journal of Autism & Developmental Disorders, 30*(3), 183-193.

Le Couteur, A., Rutter, M., Lord, C., Rios, P., Robertson, S., Holdgrafer, M. et al. (1989). Autism Diagnostic Interview: A semistructured interview for parents and caregivers of autistic persons. *Journal of Autism & Developmental Disorders, 19*, 363-387.

Leboyer, M., Philippe, A., Bouvard, M., Guilloud-Bataille, M., Bondoux, D., Tabuteau, F. et al. (1999). Whole blood serotonin and plasma bata-endorphin in autistic probands and their first-degree relatives. *Biological Psychiatry, 45*(2), 158-163.

Leekam, S., Libby, S., Wing, L., Gould, J., & Gillberg, C. (2000). Comparison of ICD-10 and Gillberg's criteria for Asperger syndrome. *Autism, 4*(1), 11-28.

Leekam, S., Libby, S., Wing, L., Gould, J., & Taylor, C. (2002). The Diagnostic Interview for Social and Communication Disorders: Algorithms for ICD-10 childhood autism and Wing and Gould autistic spectrum

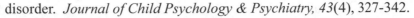
disorder. *Journal of Child Psychology & Psychiatry, 43*(4), 327-342.

Lefebvre, D., & Strain, P. S. (1989). Effects of a group contingency on the frequency of social interactions among autistic and nonhandicapped preschool children: Making LRE efficacious. *Journal of Early Intervention, 13*(4), 329-341.

Leslie, A. M., & Frith, U. (1988). Autistic children's understanding of seeing, knowing and believing. *British Journal of Developmental Psychology, 6*(4), 315-324.

Liddle, K. (2001). Implementing the Picture Exchange Communication System (PECS). *International Journal of Language & Communication Disorders, 36*(Suppl.), 391-395.

Light, J. C., Roberts, B., Dimarco, R., & Greiner, N. (1998). Augmentative and alternative communication to support receptive and expressive communication for people with autism. *Journal of Communication Disorders, 31*(2), 153-180.

Linderman, T. M., & Steward, K. B. (1999). Sensory integrative-based occupational therapy and functional outcomes in young children with children with pervasive developmental disorders: A single-subject study. *American Journal of Occupational Therapy, 53*(2), 207-213.

Lingam, R., Simmons, A., Andrews, N., Miller, E., Stowe, J., & Taylor, B. (2003). Prevalence of autism and parentally reported triggers in a north east London population. *Archives of Disease in Childhood, 88*(6), 666-670.

Liu, J., Nyholt, D. R., Magnussen, P., Parano, E., Pavone, P., Geschwind, D. et al. (2001). A genomewide screen for autism susceptibility loci. *American Journal of Human Genetics, 69*(2), 327-340.

Lord, C., & Schopler, E. (1989). The role of age at assessment, developmental level, and test in the stability of intelligence scores in young autistic children. *Journal of Autism & Developmental Disorders, 19*(4), 483-499.

Lord, C., Risi, S., Lambrecht, L., Cook, E. H. Jr., Leventhal, B. L., DiLa-

vore, P. et al. (2000). The Autism Diagnostic Observation Schedule-Generic: A standard measure of social and communication deficits associated with the spectrum of autism. *Journal of Autism & Developmental Disorders, 30*(3), 205-223.

Lord, C., Rutter, M., & Le Couteur, A. L. (1994). Autism Diagnostic Interview-Revised: A revised version of a diagnostic interview for caregivers of individuals with possible pervasive developmental disorders. *Journal of Autism & Developmental Disorders, 24*(3), 659-685.

Lord, C., Rutter, M., Goode, S., Heemsbergen, J., Jordan, H., Mawhood, L. et al. (1989). Autism Diagnostic Observation Schedule: A standardized observation of communicative and social behavior. *Journal of Autism & Developmental Disorders, 19*(2), 185-212.

Lorimer, P. A., Simpson, R. L., Myles, B. S., & Ganz, J. B. (2002). The use of social stories as a preventative behavioral intervention in a home setting with a child with autism. *Journal of Positive Behavior Interventions, 4*(1), 53-60.

Losardo, A., & Notari-Syverson, A. (2001). *Alternative approaches to assessing young children*. Baltimore, MD: Paul H. Brookes.

Lovaas, O. I. (1981). *Teaching developmentally disabled children: The me book*. Austin, TX: Pro-ed, Inc.

Lovaas, O. I. (1987). Behavioral treatment and normal educational and intellectual functioning in young autistic children. *Journal of Consulting & Clinical Psychology, 55*(1), 3-9.

Lovaas, O. I. (2003). *Teaching individuals with developmental delays: Basic intervention techniques*. Austin, TX: Pro-ed.

Lovaas, O. I., & Leaf, R. B. (1981). *Lovaas learning videotapes*. Baltimore, MD: University Park Press.

Lovaas, O. I., Schaeffer, B., & Simmons, J. Q. (1965). Building social behavior in autistic children by use of electric shock. *Journal of Experimental Research in Personality, 1*(2), 99-109.

Lovaas, O. I., Smith, T., & McEachin, J. J. (1989). Clarifying comments on

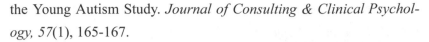
the Young Autism Study. *Journal of Consulting & Clinical Psychology, 57*(1), 165-167.

Lowe, T. L., Tanaka, K., Seashore, M. R., Young, J. G., & Cohen, D. J. (1980). Detection of Phenylketonuria in autistic and psychotic children. *Journal of the American Medical Association, 243*, 126-128.

Luce, J. B. (2003). The effects of sensory motor therapy on the stereotypic movements of children with disorders on the autistic spectrum (Doctoral dissertation, Pace University, New York). *Dissertation Abstracts International: Section B, 64*(3), 1524. (UMI No. 3086677)

Luna, B., Minshew, N. J., Garver, K. E., Lazar, N. A., Thulborn, K. R., Eddy, W. F. et al. (2002). Neocortical system abnormalities in autism. An fMRI study of spatial working memory. *Neurology, 59*(6), 834-840.

Mace, F. C., & Belfiore, P. J. (1990). Behavioral momentum in the treatment of escape-motivated stereotypy. *Journal of Applied Behavior Analysis, 23*(4), 507-514.

Madison, L. S., Wells, T. E., Fristo, T. E., & Benesch, C. G. (1986). A controlled study of folic acid treatment in three fragile X syndrome males. *Journal of Developmental & Behavioral Pediatrics, 7*(4), 253-256.

Maestrini, E., Marlow, A., Weeks, D. E., & Monaco, A. P. (1998). Molecular genetic investigations of autism. *Journal of Autism & Developmental Disorders, 28*(5), 427-437.

Magiati, I., & Howlin, P. (2003). A pilot evaluation study of the Picture Exchange Communication System (PECS) for children with autistic spectrum disorders. *Autism, 7*(3), 297-320.

Magnússon, P., & Sæmundsen, E. (2001). Prevalence of autism in Iceland. *Journal of Autism & Developmental Disorders, 31*(2), 153-163.

Malhotra, S., & Gupta, N. (2002). Childhood disintegrative disorder: Re-examination of the current concept. *European Child & Adolescent Psychology, 11*(3), 108-114.

Malone, R., Cater, J., Sheikh, R. M., Choudhury, M. S., & Edlaney, M. A. (2001). Olanzapine versus haloperidol in children with autistic disorder: An open pilot study. *Journal of the American Academy of Child & Adolescent Psychiatry, 40*(8), 887-894.

Malow, B. A. (2004). Sleep disorders, epilepsy, and autism. *Mental Retardation & Developmental Disabilities Research Review, 10*(2), 122-125.

Mancina, C., Tankersley, M., Kamps, D., Kravits, T., & Parrett, J. (2000). Brief report: Reduction of inappropriate vocalizations for a child with autism using a self-management treatment program. *Journal of Autism & Developmental Disorders, 30*(6), 599-606.

Marcus, L., Schopler, E., & Lord, C. (2001). TEACCH services for preschool children. In J. S. Handleman & S. L. Harris (Eds.), *Preschool education programs for children with autism* (2nd ed., pp. 215-232). Austin, TX: Pro-ed.

Marriage, K. J., Gordon, V., & Brand, L. (1995). A social skills group for boys with Asperger's syndrome. *Australian & New Zealand Journal of Psychiatry, 29*(1), 58-62.

Martin, A., Scahill, L., Klin, A., & Volkmar, F. R. (1999). Higher-functioning pervasive developmental disorders: Rates and patterns of psychotropic drug use. *Journal of the American Academy of Child & Adolescent Psychiatry, 38*(7), 923-931.

Martin, N. T., Gaffan, E. A., & Williams, T. (1999). Experimental functional analyses for challenging behavior: A study of validity and reliability. *Research in Developmental Disabilities, 20*(2), 125-146.

Matson, J. L., & Vollmer, T. R. (1995). *User's guide: Questions About Behavioral Function* (QABF). Baton Rouge, LA: Scientific Publishers.

Matson, J. L., Bamburg, J. W., Cherry, K. E., & Paclawskyi, T. R. (1999). A validity study on the Questions About Behavioral Function (QABF) scale: Predicting treatment success for self-injury, aggression, and stereotypies. *Research in Developmental Disabilities, 20*(2), 163-176.

Matson, J. L., Benavidez, D. A., Compton, L. S., Paclawskyj, T., & Baglio, C. (1996). Behavioral treatment of autistic persons: A review of re-

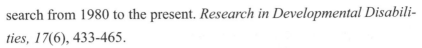
search from 1980 to the present. *Research in Developmental Disabilities, 17*(6), 433-465.

Maurice, C. (1993). *Let me hear your voice.* New York: Alfred Knopf.

Mayer-Johnson, Inc. (2001). *Introduction to the Picture Communication Symbols.* Solana Beach, CA: Author.

Mayes, S. D. & Calhoun, S. (2001). Non-significance of early speech delay in children with autism and normal intelligence and implications for DSM-IV Asperger's disorder. *Autism, 5*(1), 81-94.

Mayes, S. D., Calhoun, S. L., & Crites, D. L. (2001). Does DSM-IV Asperger's disorder exist? *Journal of Abnormal Child Psychology, 29*(3), 263-271.

McAfee, J. K. (1987). Classroom density and the aggressive behavior of handicapped children. *Education & Treatment of Children, 10*(2), 134-145.

McAfee, J. (2001). *Navigating the social world: A curriculum for individuals with Asperger's syndrome, high functioning autism and related disorders.* Arlington, TX: Future Horizons.

McAtee, M., Carr, E. G., & Schulte, C. (2004). *A Contextual Assessment Inventory for problem behavior: Initial development. Journal of Positive Behavior Interventions, 6*(3), 148-165.

McClure, M. K., & Holtz-Yotz, M. (1990). The effects of sensory stimulatory treatment on an autistic child. *American Journal of Occupational Therapy, 45*(12), 1138-1142.

McCormick, L., & Shane, H. (1990). Communication system options for students who are nonspeaking. In L. McCormick & R. L. Schiefelbusch (Eds.), *Early language intervention: An introduction* (2nd ed., pp. 427-471). Columbus, OH: Merrill.

McCoy, P. A., Shao, Y., Wolpert, C. M., Donnelly, S. L., Ashley-Koch, A., Abel, H. L. et al. (2002). No association between the WNT2 gene and autistic disorder. *American Journal of Medical Genetics (Neuropsychiatric Genetics), 114*(1), 106-109.

McEachin, J. J., Smith, T., & Lovaas, O. I. (1993). Long-term outcome for children with autism who received early intensive behavioral treatment. *American Journal of Mental Retardation, 97*(4), 359-372.

McGee, G. G., Krantz, P. J., & McClannahan, L. E. (1985). The facilitative effects of incidental teaching on preposition use by autistic children. *Journal of Applied Behavior Analysis, 18*(1), 17-31.

McGee, G. G., Krantz, P. J., Mason, D., & McClannahan, L. E. (1983). A modified incidental-teaching procedure for autistic youth: Acquisition and generalization of receptive object labels. *Journal of Applied Behavior Analysis, 16*(3), 329-338.

McGill, P., Teer, K., Rye, L., & Hughes, D. (2003). Staff reports of setting events associated with challenging behavior. *Behavior Modification, 27*(2), 265-282.

McGinnis, E., & Goldstein, A. P. (1997). *Skillstreaming the elementary school child: New strategies and perspectives for teaching prosocial skills* (Rev. Ed.). Champaign, IL: Research Press.

McGrath, A. M., Bosch, S., Sullivan, C. L., & Fuqua, R. W. (2003). Training reciprocal social interactions between preschoolers and a child with autism. *Journal of Positive Behavior Interventions, 5*(1), 47-54.

McLoughlin, J. A., & Lewis, R. B. (2001). *Assessing students with special needs* (5th ed.). Upper Saddle River, NJ: Prentice-Hall.

Mesibov, G. B. (1984). Social skills training with verbal autistic adolescents and adults: A program model. *Journal of Autism and Developmental Disorders, 14*(4), 395-404.

Mesibov, G. B., Browder, D. M., & Kirkland, C. (2002). Using individualized schedules as a component of positive behavioral support for students with developmental disabilities. *Journal of Positive Behavior Interventions, 4*(2), 73-79.

Mesibov, G., & Howley, M. (2003). *Accessing the curriculum for pupils with autistic spectrum disorders: Using the TEACCH programme to help inclusion*. London, UK: David Fulton Publishers.

Mesibov, G. B., Schopler, E., Schaffer, B., & Landrus, R. (1988). *Individualized assessment and treatment for autistic and developmentally disabled children. Vol. IV: Adolescent and Adult Psychoeducational Profile, AAPEP.* Austin, TX: Pro-ed, Inc.

Mesibov, G. B., Shea, V., & Schopler, E. (2005). *The TEACCH approach to autism spectrum disorders.* New York: Kluwer Academic/ Plenum Publishers.

Meyer, L. H., & Evans, I. M. (1989). *Nonaversive intervention for behavior problems: A manual for home and communication.* Baltimore, MD: Paul H. Brookes.

Miles, J. H., Takahashi, Haber, A., & Hadden, L. (2003). Autism families with a high incidence of alcoholism. *Journal of Autism & Developmental Disorders, 33*(4), 403-415.

Miller, J. N., & Ozonoff, S. (2000). The external validity of Asperger disorder: Lack of evidence from the domain of neuropsychology. *Journal of Abnormal Psychology, 109*(2), 227-238.

Millikin, C. C. (1997). Symbol system and vocabulary selection strategies. In S. L. Glennen, & D. C. DeCoste (Eds.), *The handbook of augmentative and alternative communication* (pp. 97-148). San Diego, CA: Singular Publishing Group.

Minton, J., Campbell, M., Green, W. H., Jennings, S., & Samit, C. (1982). Cognitive assessment of siblings of autistic children. *Journal of the American Academy of Child & Adolescent Psychiatry, 21*(3), 256-261.

Miranda-Linné, F., & Melin, L. (1992). Acquisition, generalization, and spontaneous use of color adjectives: A comparison of incidental teaching and traditional discrete-trial procedures for children with autism. *Research in Developmental Disabilities, 13*(3), 191-210.

Mirenda, P. (2003). Toward functional augmentative and alternative communication for students with autism: Manual signs, graphic symbols, and voice output communication aids. *Language, Speech, & Hearing Services in Schools, 34*(3), 203-216.

Mirenda, P., & Erickson, K. A. (2000). Augmentative communication and literacy. In A. M. Wetherby & B. M. Prizant (Eds.), *Autism spectrum disorders: A transactional developmental perspective* (pp. 333-367). Baltimore, MD: Paul H. Brookes.

Morton, R., Sharma, V., Nicholson, J., Broderick, M., & Poyser, J. (2002). Disability in children from different ethnic populations. *Child: Care, Health & Development, 28*(1), 87-93.

Mottron, L., & Belleville, S. (1993). A study of perceptual analysis in a high-level autistic subject with exceptional graphic abilities. *Brain & Cognition, 23*(2), 279-309.

Mottron, L., Burack, J. A., Iarocci, G., Belleville, S., & Enns, J. T. (2003). Locally oriented perception with intact global processing among adolescents with high-functioning autism: Evidence from multiple paradigms. *Journal of Child Psychology & Psychiatry, 44*(6), 904-913.

Mountz, J. M., Tolbert, L. C., Lill, D. W., Katholi, C. R., & Liu, H. G. (1995). functional deficits in autistic disorder: Characterization by technetium-99m-HMPAO and SPECT. *Journal of Nuclear Medicine, 36*(7), 1156-1162.

Mouridsen, S., Neilsen, S., Rich, B., & Isager, T (1994). Season of birth in infantile autism and other types of childhood psychoses. *Child Psychiatry & Human Development, 25*(1), 31-43.

Müller, R., Behen, M. E., Rothermel, R. D., Chugani, D. C., Muzik, O., Mangner, T. J. et al. (1999). Brain mapping of language and auditory perception in high-functioning autistic adults: A PET study. *Journal of Autism & Developmental Disorders, 29*(1), 19-31.

Müller, R., Chugani, D. C., Behen, M. E., Rothermel, R. D., Muzik, O., Chakraborty, P. K. et al. (1998). Impairment of dentate-thalamo-cortical pathway in autistic men: Language activation data from positron emission tomography. *Neuroscience Letters, 245*(1), 1-4.

Müller, R., Kleinhans, N., Kemmotsu, N. Pierce, K., & Courchesne, E. (2003). Abnormal variability and distribution of functional maps in autism: An fMRI study of visuomotor learning. *American Journal of Psychiatry, 160*(10), 1847-1862.

Müller, R., Pierce, K., Ambrose, J. B., Allen, G., & Courchesne, E. (2001). Atypical patterns of cerebral motor activation in autism: A functional magnetic resonance study. *Biological Psychiatry, 49*(8), 665-676.

Mullins, J. L., & Christian, L. (2001). The effects of progressive relaxation training on the disruptive behavior of a boy with autism. *Research in Developmental Disabilities, 22*(6), 449-462.

Nelson, K. B., Grether, J. K., Croen, L. A., Dambrosia, J. M., Dickens, B. F., Jelliffe, L. L. et al. (2001). Neuropeptides and neurotrophins in neonatal blood of children with autism or mental retardation. *Annals of Neurology, 49*(5), 597-606.

Nietupski, J. A., & Hamre-Nietupski, S. M. (1987). An ecological approach to curriculum development. In L. Goetz, D. Guess, & K. Stremel-Campbell, (Eds.), *Innovative program design for individuals with dual sensory impairments* (pp. 225-253). Baltimore, MD: Paul H. Brookes.

Norris, C., & Dattilo, J. (1999). Evaluating effects of a social story intervention on a young girl with autism. *Focus on Autism & Other Developmental Disabilities, 14*(3), 180-186.

Odom, S. L., & Watts, E. (1991). Reducing teacher prompts in peer-mediated interventions for young children with autism. *Journal of Special Education, 25*(1), 26-43.

Offit, P. A., & Coffin, S. E. (2003). Communicating science to the public: MMR vaccine and autism. *Vaccine, 22*, 1-6.

Ohnishi, T., Matsuda, H., Hashimoto, T., Kunihiro, T., Nishikawa, M., Uema, T., et al. (2000). Abnormal regional cerebral blood flow in childhood autism. *Brain, 123*(9), 1838-1844.

Olsson, M. B., & Hwang, C. P. (2001). Depression in mothers and fathers of children with intellectual disabilities. *Journal of Intellectual Disability Research, 45*(6), 535-543.

O'Neill, R. E., Horner, R. H., Albin, R. W., Sprague, J. R., Storey, K., &

Newton, J. S. (1997). *Functional assessment and program development for problem behavior: A practical handbook* (2nd ed.). Pacific Grove, CA: Brooks/Cole Publishing company.

O'Riordan, M. A., Plaisted, K. C., Driver, J., & Baron-Cohen, S. (2001). Superior visual search in autism. *Journal of Experimental Psychology: Human Perception & Performance, 27*(3), 719-730.

Ornitz, E. M. & Ritvo, E. R. (1968). Perceptual inconstancy in early infantile autism: The syndrome of early infant autism and its variants including certain cases of childhood schizophrenia. *Archives of General Psychiatry, 18*(1), 76-98.

Ozonoff, S. (1995). Executive functions in autism. In E. Schopler & G. B. Mesibov (Eds.), *Learning and cognition in autism* (pp. 199-219). New York: Plenum Press.

Ozonoff, S. & Cathcart, K. (1998). Effectiveness of a home program intervention for young children with autism. *Journal of Autism & Developmental Disorders, 28*(1), 25-32.

Ozonoff, S., & Jensen, J. (1999). Brief report: Special executive function profiles in three neurodevelopmental disorders. *Journal of Autism & Developmental Disorders, 29*(2), 171-177.

Ozonoff, S., & McEvoy, R. E. (1994). A longitudinal study of executive function and theory of mind development in autism. *Development & Psychopathology, 6*(3), 415-431.

Ozonoff, S., & Miller, J. N. (1995). Teaching theory of mind: A new approach to social skills training for individuals with autism. *Journal of Autism & Developmental Disorders, 25*(4), 415-433.

Ozonoff, S., South, M., & Miller, J. N. (2000). DSM-IV-defined Asperger syndrome: Cognitive, behavioral and early history differentiation from high-functioning autism. *Autism, 4*(1), 29-46.

Paclawskyi, T. (1999). Questions About Behavioral Function (QABF): A behavioral checklist for functional assessment of aberrant behavior (Doctoral dissertation, The Louisiana State University, 1998). *Disser-*

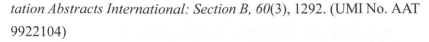
tation Abstracts International: Section B, 60(3), 1292. (UMI No. AAT 9922104)

Panerai, S., Ferrante, L., Caputo, V., & Impellizzeri, C. (1998). Use of structured teaching for treatment of children with autism and severe and profound mental retardation. *Education & Training in Developmental Disabilities, 33*(4), 367-374.

Panerai, S., Ferrante, L., & Zingale, M. (2002). Benefits of the treatment and education of autistic and communication handicapped children (TEACCH) programme as compared with a non-specific approach. *Journal of Intellectual Disability Research, 46*(4), 318-327.

Peeters, T., & Gillberg, C. (1999). *Autism: Medical and educational aspects* (2nd ed.). London: Whurr Publishers.

Perner, J., & Wimmer, H. (1985). "John thinks that Mary thinks that ..." Attribution of second-order beliefs by 5- to 10-year-old children. *Journal of Experimental Child Psychology, 39*, 437-471.

Persico, A. M., Militerni, R., Bravaccio, C., Schneider, C., Melmed, R., Conciatori, M. et al. (2000). Lack of association between serotonin transporter gene promoter variants and autistic disorder in two ethnically distinct samples. *American Journal of Medical Genetics, 96B*(1), 123-127.

Pfeiffer, S. I., Norton, J., Nelson, L., & Shott, S. (1995). Efficacy of vitamin B6 and magnesium in the treatment of autism: A methodology review and summary of outcomes. *Journal of Autism & Developmental Disorders, 25*(5), 481-493.

Philippe, A., Martinez, M., Guilloud-Bataille, M., Gillberg, C., Råstam, M., Sponheim, E. et al. (1999). Genome-wide scan for autism susceptibility genes. *Human Molecular Genetics, 8*(5), 805-812.

Pierce, K., & Courchesne, E. (2001). Evidence for a cerebellar role in reduced exploration and stereotyped behavior in autism. *Biological Psychiatry, 49*(8), 655-664.

Pierce, K., Muller, R. A., Ambrose, J., Allen, G., & Courchesne, E. (2001).

Face processing occurs outside the fusiform 'face area' in autism: Evidence from functional MRI. *Brain, 124*(10), 2059-2073.

Pilowsky, T., Yirmiya, N., Shalev, R. S., & Gross-Tsur, V. (2003). Language abilities of siblings of children with autism. *Journal of Child Psychology & Psychiatry, 44*(6), 914-925.

Piven, J., Chase, G., Landa, R., Wzorek, M., Gayle; J., Cloud, D., & Folstein, S. (1991). Psychiatric disorders in the parents of autistic individuals. *Journal of the American Academy of Child & Adolescent Psychiatry, 30*(3), 471-478.

Piven, J., Gayle, J., Chase, G., Fink, B., Landa, R., Wzorek, M., & Folstein, S. (1990). A family history study of neuropsychiatric disorders in the adult siblings of autistic individuals. *Journal of the American Academy of Child & Adolescent Psychiatry, 29*(2), 177-183.

Piven, J., Harper, J., Palmer, P., & Arndt, S. (1996). Course of behavioral change in autism: A retrospective study of high-IQ adolescents and adults. *Journal of the American Academy of Child & Adolescent Psychiatry, 35*(4), 523-529.

Piven, J., & Palmer, P. (1997). Cognitive deficits in parents from multiple-incidence autism families. *Journal of Child Psychology & Psychiatry, 38*(8), 1011-1021.

Piven, J., & Palmer, P. (1999). Psychiatric disorder and the broad autism phenotype: Evidence from a family study of multiple-incidence autism families. *American Journal of Psychiatry, 156*(4), 557-563.

Piven, J., Palmer, P., Landa, R., Santangelo, S., Jacobi, D., & Childress, D. (1997). Personality and language characteristics in parents from multiple-incidence autism families. *American Journal of Medical Genetics (Neuropsychiatric Genetics), 74*, 398-411.

Piven, J., Wzorek, M., Landa, R., Lainhart, J., Bolton, P., Chase, G. A. et al. (1994). Personality characteristics of the parents of autistic individuals. *Psychological Medicine, 24*(3), 783-795.

Plaisted, K., O'Riordan, M., & Baron-Cohen, S, (1998). Enhanced visual se-

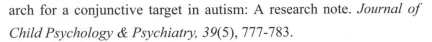
arch for a conjunctive target in autism: A research note. *Journal of Child Psychology & Psychiatry, 39*(5), 777-783.

Plumet, M., Goldblum, M., & Leboyer, M. (1995). Verbal skills in relatives of autistic females. *Cortex, 31*, 723-733.

Pontino, J. L., Schaal, K., & Chambliss, C. (1998). *Effects of a gluten-free diet on rate of learning in autistic children in an applied behavioral analysis program: Summary analysis*. (ERIC Document Reproduction Service No. ED413689)

Premack, D., & Woodruff, G. (1978). Does the chimpanzee have a 'theory of mind'? *Behavioral and Brain Sciences, 1*(4), 515-526.

Prior, M., & Hoffman, W. (1990). Neuropsychological testing of autistic children through and exploration with frontal lobe tests. *Journal of Autism & Developmental Disorders, 20*, 581-590.

Prizant, B., & Bailey, D. (1992). Facilitating the acquisition and use of communication skills. In Bailey, D. B., & Wolery, M., *Teaching infants and preschoolers with disabilities* (2nd ed., pp. 299-361). New York: Macmillan.

Prizant, B. M., Wetherby, A. M., & Rydell, P. J. (2000). Communication intervention issues for children with autism spectrum disorders. In A. M. Wetherby & B. M. Prizant (Eds.), *Autism spectrum disorders: A transactional developmental perspective* (pp. 193-224). Baltimore, MD: Paul H. Brookes.

Quenemoen, R., Thompson, S., & Thurlow, M. (2003). *Measuring academic achievement of students with significant cognitive disabilities: Building understanding of alternate assessment scoring criteria* (Synthesis Report 50). Minneapolis, MN: University of Minnesota, National Center on Educational Outcomes. Available from: http://education. umn.edu/NCEO.

Quraishi, S., & Frangou, S. (2002). Neuropsychology of bipolar disorder: A review. *Journal of Affective Disorders, 72*(3), 209-226.

Ray, T. C., King, L. J., & Grandin, T. (1988). The effectiveness of self-initiated vestibular stimulation in producing speech sounds in an autistic child. *Occupational Therapy Journal of Research, 8*(3), 186-190.

Reese, R. M., Richman, D. M., Zarcone, J., & Zarcone, T. (2003). Individualizing functional assessment for children with autism: The contribution of perseverative behavior and sensory disturbances to disruptive behavior. *Focus on Autism & Other Developmental Disabilities, 18*(2), 87-92.

Reese, R. M., Sherman, J. A., & Sheldon, J. B. (1998). Reducing disruptive behavior of a group-home resident with autism and mental retardation. *Journal of Autism & Developmental Disorders, 28*(2), 159-165.

Reeve, C. E., & Carr, E. G. (2000). Prevention of severe behavior problems in children with developmental disorders. *Journal of Positive Behavior Intervention, 2*(5), 144-160.

Reichelt, K. L., Knivsberg, A., Lind, G., & Nødland, M. (1991). Probable etiology and possible treatment of childhood autism. *Brain Dysfunction, 4*(6), 308-319.

Reichelt, K. L., Salid, G., Lindback, T., & Boler, J. B. (1986). Childhood autism: A complex disorder. *Biological Psychiatry, 21*(13), 1279-1290.

Reichle, J. (1997). Communication intervention with persons who have severe disabilities. *Journal of Special Education, 31*(1), 110-134.

Reilly, C., Nelson, D. L., & Bundy, A. C. (1983). Sensorimotor versus fine motor activities in eliciting vocalizations in autistic children. *Occupational Therapy Journal of Research, 3*(4), 199-212.

Reiss, A. L., Feinstein, C., & Rosenbaum, K. N. (1986). Autism in genetic disorders. *Schizophrenia Bulletin, 13*, 724-738.

Rendle-Short, J., & Clancy, H. G. (1968). Infantile autism. *Medical Journal of Australia, 1*(21), 921-922.

Rimland, B. (1990). *Dimethylglycine (DMG), a nontoxic metabolite, and autism*. San Diego, CA: Autism Research Institute. Available from: http://www.autismwebsite.com/arri/v042/page3.pdf

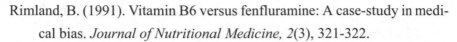

Rimland, B. (1991). Vitamin B6 versus fenfluramine: A case-study in medical bias. *Journal of Nutritional Medicine, 2*(3), 321-322.

Rimland, B. (1998). *Vitamin C in the prevention and treatment of autism.* San Diego, CA: Autism Research Institute. Available from: http://www.autismwebsite.com/arri/v122/page3.pdf

Rimland, B. (2004, August). *Parent ratings of behavioral effects of biomedical interventions* (ARI Publication 34). San Diego, CA: Autism Research Institute. Available from: http://www.autismwebsite.com/ari/treatment/form34q.pdf

Rimland, B., Callaway, E., & Dreyfus, P. (1978). The effect of high doses of vitamin B6 on autistic children: A double-blind crossover study. *American Journal of Psychiatry, 135*(4), 472-475.

Rinehart, N. J., Bradshaw, J. L., Moss, S. A., Brereton, A. V., & Tonge, B. J., (2000). Atypical interference of local detail on global processing in high-functioning autism and Asperger's disorder. *Journal of Child Psychology & Psychiatry, 41*(6), 769-778.

Ring, H. A., Baron-Cohen, S., Wheelwright, S., Williams, S. C. R., Brammer, M., Andrew, C., & Bullmore, E. T. (1999). Cerebral correlates of preserved cognitive skills in autism: A functional MRI study of Embedded Figures Task performance. *Brain, 122*(7), 1305-1315.

Risch, N., Spiker, D., Lotspeich, L., Nouri, N., Hinds, D., Hallmayer, J. et al. (1999). A genomic screen of autism: Evidence for a multilocus etiology. *American Journal of Human Genetics, 65*(2), 493-507.

Ritvo, E. R., Freeman, B. J., Mason-Brothers, A., & Mo, A. (1985). Concordance for the syndrome of autism in 40 pairs of afflicted twins. *American Journal of Psychiatry, 142*(1), 74-77.

Ritvo, E. R., Mason-Brothers, A., Freeman, B. J., Pingree, C., Jenson, W. R., McMahon, W. M. et al. (1990). The UCLA-university of Utah epidemiologic survey of autism: The etiologic role of rare diseases. *American Journal of Psychiatry, 147*(12), 1614-1621.

Rodrigue, J. R., Morgan, S. B., & Geffken, G. (1990). Families of autistic

children: Psychological functioning of mothers. *Journal of Clinical Child Psychology, 19*(4), 371-379.

Rodrigue, J. R., Morgan, S. B., & Geffken, G. (1992). Psychosocial adaptation of fathers of children with autism, Down syndrome, and normal development. *Journal of Autism & Developmental Disorders, 22*(2), 249-263.

Rogers, M. F., & Myles, B. S. (2001). Using social stories and comic strip conversations to interpret social situations for an adolescent with Asperger syndrome. *Intervention in School & Clinic, 36*(5), 310-313.

Romaniuk, C., & Miltenberger, R. G. (2001). The influence of preference and choice of activity on problem behavior. *Journal of Positive Behavior Interventions, 3*(3), 152-159.

Romano, J. P., & Roll, D. (2000). Expanding the utility of behavioral momentum for youth with developmental disabilities, *Behavioral Interventions, 15*(2), 99-111.

Roth, G. (2003). The quest to find consciousness. *Scientific American Mind, 14*(1), 32-39.

Rowe, C. (1999). Do social stories benefit children with autism in mainstream primary schools? *British Journal of Special Education, 26*(1), 12-14.

Rowland, C., & Schweigert, P. (1989). Tangible symbols: Symbolic communication for individuals with multisensory impairments. *AAC: Augmentative & Alternative Communication, 5*(4), 226-234.

Ruef, M. B., Higgins, C., Glaeser, B. J. C., & Patnode, M. (1998). Positive behavioral support: Strategies for teachers. *Intervention in School and Clinic, 34*(1), 21-32.

Rumsey, J. M. (1985). Conceptual problem-solving in highly verbal, non-retarded autistic men. *Journal of Autism & Developmental Disorders, 15*(1), 23-36.

Rutter, M. (1971). The description and classification of infantile autism. In D. W. Churchill, G. D. Alpern, & M. K. DeMyer (Eds.), *Infantile aut-

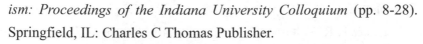

ism: Proceedings of the Indiana University Colloquium (pp. 8-28). Springfield, IL: Charles C Thomas Publisher.

Rutter, M. (1978). Diagnosis and definition. In M. Rutter, & E. Schopler (Eds.), *Autism: A reappraisal of concepts and treatment* (pp. 1-25). New York: Plenum Press.

Rutter, M. (1999). The Emanuel Miller memorial lecture 1998: Autism: Two-way interplay between research and clinical work. *Journal of Child Psychology & Psychiatry, 40*(2), 169-188.

Rutter, M., Bailey, A., Bolton, P., & Le Couteur, A. (1994). Austim and know medical conditions: Myth and substance. *Journal of Child Psychology & Psychiatry, 35*(2), 311-322.

Rutter, M., LeCouteur, A., & Lord, C. (2003). Autism Diagnostic Interview-Revised. Los Angeles, CA: Western Psychological Services. http://www.wpspublish.com

Sabaratnam, M., Murthy, N. V., Wijeratne, A., Buckingham, A., & Payne, S. (2003). Autistic-like behaviour profile and psychiatric morbidity in fragile x syndrome: A prospective ten-year follow-up study. *European Child & Adolescent Psychiatry, 12*(4), 172-177.

Saitoh, O., Karns, C. M., & Courchesne, E. (2001). Development of the hippocampal formation from 2 to 42 years: MRI evidence of smaller area dentate in autism. *Brain, 124*(7), 1317-1324.

Scattone, D., Wilczynski, S. M., Edwards, R. P., & Rabian, B. (2002). Decreasing disruptive behaviors of children with autism using social stories. *Journal of Autism & Developmental Disorders, 32*(6), 535-543.

Schilling, D. L., & Schwartz, I. S. (2004). Alternative seating for young children with autism spectrum disorder: Effects on classroom behavior. *Journal of Autism & Developmental Disorders, 34*(4), 423-432.

Schlosser, R. W., & Lee, D. L. (2000). Promoting generalization and maintenance in augmentative and alternative communication: A meta-analysis of 20 years of effectiveness research. *AAC: Augmentative & Alternative Communication, 16*(4), 208-226.

Schopler, E. (1997). Implementation of TEACCH philosophy. In D. J. Cohen & F. R. Volkmar (Eds), *Handbook of autism and pervasive developmental disorders* (2nd ed., pp. 767-795). New York: John Wiley & Sons.

Schopler, E., Mesibov, G. B., & Hearsey, K. (1995). Structured teaching in the TEACCH system. In E. Schopler, & G. B. Mesibov (Eds.), *Learning and cognition in autism* (pp. 243-268). New York: Plenum Press.

Schopler, E., Mesibov, G. B., Shibley, R. H., & Bashford, A. (1984). Helping autistic children through their parents: The TEACCH model. In E. Schopler, & G. B. Mesibov (Eds.), *The effects of autism on the family* (pp. 65-81). New York: Plenum Press.

Schopler, E., Mesibov, G., & Baker, A. (1982). Evaluation of treatment for autistic children and their parents. *Journal of the American Academy of Child & Adolescent Psychiatry, 21*(3), 262-267.

Schopler, E., Reichler, R. J., & Renner, B. R. (1988). *The Childhood Autism Rating Scale (CARS)*. Los Angeles, CA: Western Psychological Services. http://www.wpspublish.com

Schopler, E., Reichler, R. J., Bashford, A., Lansing, M. D., & Marcus, L. M. (1990). *Individualized assessment and treatment for autistic and developmentally disabled children. Vol. I: Psychoeducational Profile-Revised, PEP-R.* Austin, TX: Pro-ed, Inc.

Schopler, E., Short, A., & Mesibov, G. (1989). Relation of behavioral treatment to "normal functioning": Comment on Lovaas. *Journal of Consulting and Clinical Psychology, 57*(1), 162-164.

Schulte, A. A. G., Elliott, S. N., & Kratochwill, T. R. (2001). Effects of testing accommodations on standardized mathematics test scores: An experimental analysis of the performances of students with and without disabilities. *School Psychology Review, 30*(4), 527-547.

Schultz, R. T., Gauthier, I., Klin, A., Fulbright, R. K., Anderson, A. W., Volkmar, F. et al. (2000). Abnormal ventral temporal cortical activity dur-

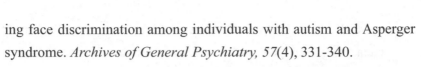
ing face discrimination among individuals with autism and Asperger syndrome. *Archives of General Psychiatry, 57*(4), 331-340.

Schwartz, I. S., Garfinkle, A. N., & Bauer, J. (1998). The Picture Exchange Communication System: Communicative outcomes for young children with disabilities. *Topics in Early Childhood Special Education, 18*(3), 144-159.

Scott, F. J., Baron-Cohen, S., Bolton, P., & Brayne, C. (2002). Brief report: Prevalence of autism spectrum conditions in children age 5-11 years in Cambridgeshire, UK. *Autism, 6*(3), 231-237.

Sears, L., Vest, C., Mohamed, S., Bailey, J., Ranson, B., & Piven, J. (1999). An MRI study of the basal ganglia in autism. *Progress in Neuro-Psychopharmacology & Biological Psychiatry, 23*(4), 613-624.

Shah, A., & Frith, U. (1983). An islet of ability in autistic children: A research note. *Journal of Child Psychology & Psychiatry, 24*(4), 613-620.

Shah, A., & Frith, U. (1993). Why do autistic individuals show superior performance on the Block Design task? *Journal of Child Psychology & Psychiatry, 34*(8), 1351-1364.

Shao, Y., Wolpert, C. M., Raiford, K. L., Menold, M. M., Donnelly, S. L., Ravan, S. A. et al. (2002). Genomic screen and follow-up analysis for autistic disorder. *American Journal of Medical Genetics (Neuropsychiatric Genetics), 114*(1), 99-105.

Shattock, P., & Lowdon, G. (1991). Proteins, peptides and autism: II. Implications for the education and care of people with autism. *Brain Dysfunction, 4*(6), 323-334.

Shea, V. (2004). A perspective on the research literature related to early intensive behavioral intervention (Lovaas) for young children with autism. *Autism, 8*(4), 349-367.

Sheinkopf, S. J., & Siegel, B. (1998). Home-based behavioral treatment of young children with autism. *Journal of Autism & Developmental Disorders, 28*(1), 13-23.

Sherer, M. R. (2003). Individual behavioral profiles and predictors of treatment effectiveness for children with autism (Doctoral dissertation, University of California, San Diego, 2002). *Dissertation Abstracts International: Section B, 63*(10), 4885. (UMI No. AAT 3069223)

Short, A. B. (1984). Short-term treatment outcome using parents as cotherapists for their own autistic children. *Journal of the American Academy of Child & Adolescent Psychiatry, 25*(3), 443-458

Shu, B. C., Lung, F. W., & Chang, Y. Y. (2000). The mental health in mothers with autistic children: A case-control study in southern Taiwan. *Kaohsiung Journal of Medical Sciences, 16*(6), 308-314.

Simeonsson, R. J., Olley, J. G., & Rosenthal, S. L. (1987). Early intervention for children with autism. In M. J. Guralnick & F. C. Bennett (Eds.), *The effectiveness of early intervention for at-risk and handicapped children* (pp. 275-296). Orlando, FL: Academic Press.

Simpson, D., Hanley, J. J., & Quinn, G. (2002). *Refrigerator mothers* [Television series episode]. Aired July 16 on PBS. Kartemquin Educational Films. Boston, MA: Fanlight Productions. Available from: http://www.fanlight.com

Simpson, R. L., Griswold, D. E., & Myles, B. S. (1999). Educator' assessment accommodation preferences for students with autism. *Focus on Autism & Other Developmental Disabilities, 14*(4), 212-219.

Slavin, R. E. (1995). *Cooperative learning: Theory, research, and practice* (2nd ed.). Boston: MA: Allyn & Bacon.

Smalley, S. L. (1998). *Autism and tuberous sclerosis. Journal of Autism & Developmental Disorders, 28*(5), 407-414.

Smalley, S. L., McCracken, J., & Tanguay, P. (1995). Autism, affective disorders, and social phobia. *American Journal of Medical Genetics, 60* (1), 19-26.

Smeets, E., Schollen, E., Moog, U., Matthijs, G., Herbergs, J., Smeets, H. et al. (2003). Rett syndrome in adolescent and adults females: Clinical and molecular genetic findings. *American Journal of Medical Gene-*

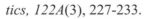
tics, *122A*(3), 227-233.

Smith, C. (2001). Using social stories to enhance behaviour in children with autistic spectrum difficulties. *Educational Psychology in Practice, 17* (4), 337-345.

Smith, M. L. (2000). Executive function in school-age children with Phenylketonuria, *Journal of Developmental & Physical Disabilities, 12* (4), 317-332.

Smith, T. (2001). Discrete trial training in the treatment of autism. *Focus on Autism & Other Developmental Disabilities, 16*(2), 86-92.

Smith, T., & Antolovich, M. (2000). Parental perceptions of supplemental interventions received by young children with autism in intensive behavior analytic treatment. *Behavioral Interventions, 15*(2), 83-97.

Smith, T., Donahoe, P. A., & Davis, B. J. (2001). The UCLA Young Autism Project. In J. S. Handleman & S. L. Harris (Eds.), *Preschool education programs for children with autism* (2nd ed., pp. 29-48). Austin, TX: Pro-ed.

Smith T., Eikeseth, S., Klevstrand, M., & Lovaas, O. I. (1997). Intensive behavioral treatment for preschoolers with severe mental retardation and pervasive developmental disorder. *American Journal of Mental Retardation. 102*(3), 238-249.

Smith, T., Groen, A. D., & Wynn, J. W. (2000). Randomized trial of intensive early intervention for children with pervasive developmental disorder. *American Journal of Mental Retardation, 105*(4), 269-285.

Smith T., Klevstrand, M., & Lovaas, O. I. (1995). Behavioral treatment of Rett's disorder: Ineffectiveness in three cases. *American Journal of Mental Retardation. 100*(3), 317-322.

Smith, T., & Wynn, J. (2003). Considerations in selecting consultants for home-based program. In O. I. Lovaas, *Teaching individuals with developmental delays: Basic intervention techniques* (pp. 327-331). Austin, TX: Pro-ed.

Sourander, A., Ellilä, H., Välimäki, M., & Piha, J. (2002). Use of holding,

restraints, seclusion and time-out in child and adolescent psychiatric in-patient treatment. *European Child & Adolescent Psychiatry, 11*(4), 162-167.

Sousa, D. A. (2001). *How the special needs brain learns*. Thousand Oaks, CA: Corwin Press.

Sparrevohn, R., & Howie, P. M. (1995). Theory of mind in children with autistic disorder: Evidence of developmental progression and the role of verbal ability. *Journal of Child Psychology & Psychiatry, 36*(2), 249-263.

Sponheim, E., & Skjeldal, O. (1998). Autism and related disorders: Epidemiological findings in a Norwegian study using ICD-10 diagnostic criteria. *Journal of Autism & Developmental Disorders, 28*(3), 217-227.

Stagnitti, K., Raison, P., & Ryan, P. (1999). Sensory defensiveness syndrome: A paediatric perspective and case study. *Australian Occupational Therapy Journal, 46*(4), 175-187.

Starr, E., Berument, S. K., Pickles, A., Tomlins, M., Bailey, A., Papanikolaou, K. et al. (2001). A family genetic study of autism associated with profound mental retardation. *Journal of Autism & Developmental Disorders, 31*(1), 89-96.

Steel, J. G., Gorman, R., & Flexman, J. E. (1984). Neuropsychiatric testing in an autistic mathematical idiot-savant: Evidence for nonverbal abstract capacity. *Journal of the American Academy of Child Psychiatry, 23*(6), 704-707.

Steele, S., Joseph, R. M., & Tager-Flusberg, H. (2003). Brief report: Developmental change in theory of mind abilities in children with autism. *Journal of Autism & Developmental Disorders, 33*(4), 461-467.

Steffenburg, S. (1991). Neuropsychiatric assessment of children with autism: A population-based study. *Developmental Medicine & Child Neurology, 33*, 495-511.

Steffenburg, S., Gillberg, C., Hellgren, L., Andersson, L., Gillberg, C., Jakobsson, G. et al. (1989). A twin study of autism in Denmark, Finland,

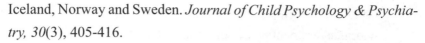
Iceland, Norway and Sweden. *Journal of Child Psychology & Psychiatry, 30*(3), 405-416.

Steffenburg, S., Steffenburg, U., & Gillberg, C. (2003). Autism spectrum disorders in children with active epilepsy and learning disability: Comorbidity, pre- and perinatal background, and seizure characteristics. *Developmental Medicine & Child Neurology, 45*(11), 724-730.

Steinhausen, H., Göbel, D., Breinlinger, M., & Wohlleben, B. (1986). A community survey of infantile autism. *Journal of the American Academy of Child & Adolescent Psychiatry, 25*(2), 186-189.

Stevens, M. C., Fein, D., & Waterhouse, L. H. (2000). Season of birth effects in autism. *Journal of Clinical & Experimental Neuropsychology, 22*(3), 399-407.

Stone, W. L., Ousley, O. Y., Yoder, P. J., Hogan, K. L., & Hepburn, S. L. (1997). Nonverbal communication in two- and three-year-old children with autism. *Journal of Autism & Developmental Disorders, 27*(6), 677-696.

Strömland, K., Sjögreen, L., Miller, M., Gillberg, C., Wentz, E., Johansson, M. et al. (2002). Mobius sequence: A Swedish multidiscipline study. *European Journal of Paediatric Neurology, 6*(1), 35-45.

Stroop, J. R. (1992). Studies of interference in serial verbal reactions. *Journal of Experimental Psychology: General, 121*(1), 15-23. Reprinted from *Journal of Experimental Psychology, 1935, 18*, 643-662.

Sturmey, P. (1995). Analog baselines: A critical review of the methodology. *Research in Developmental Disabilities, 16*(4), 269-284.

Sturmey, P. (2005). Secretin is an ineffective treatment for pervasive developmental disabilities: A review of 15 double-blind randomized controlled trials. *Research in Developmental Disabilities, 26*(1), 87-97.

Sturmey, P., & James, V. (2001). Administrative prevalence of autism in the Texas school system. *Journal of the American Academy of Child & Adolescent Psychiatry, 40*(6), 621.

Sugai, G., Horner, R. H., Dunlap, G., Hieneman, M., Lewis, T. J., Nelson,

C. et al. (2000). Applying positive behavior support and functional be-havioral assessment in schools. *Journal of Positive Behavior Interventions, 2*(3), 131-143.

Sullivan, K., Zaitchik, D., & Tager-Flusberg, H. (1994). Preschoolers can attribute second-order beliefs. *Developmental Psychology, 30*(3), 395-402.

Surfas, S. (2004). The use of developmental, individual difference, relation-ship-based "DIR" therapy with order students with severe develop-mental disabilities including autism. *Journal of Developmental & Learning Disorders, 8*, 65-76. Available from: http://www.icdl.com/publications.shtml

Swaggart, B. L., Gagnon, E., Bock, S. J., Earles, T. L., Quinn, C., Myles, B. S. et al. (1995). Using social stories to teach social and behavioral skil-ls to children with autism. *Focus on Autistic Behavior, 10*(1), 1-16.

Szatmari, P., Jones, M. B., Fisman, S., Tuff, L., Bartolucci, G., Mahoney, W. et al. (1995). Parents and collateral relatives of children with pervasive developmental disorders: A family history study. *American Journal of Medical Genetics, 60*(4), 282-289.

Szatmari, P., Jones, M. B., Tuff, L., Bartolucci, G., Fisman, S., & Mahoney, W. (1993). Lack of cognitive impairment in first-degree relatives of children with pervasive developmental disorders. *Journal of the American Academy of Child & Adolescent Psychiatry, 32*(6), 1264-1273.

Szatmari, P., Jones, M. B., Zwaigenbaum, L., & MacLean, J. E. (1998). Ge-netics of autism: Overview and new direction. *Journal of Autism & De-velopmental Disorders. 28*(5), 351-368.

Szatmari, P., MacLean, J. E., Jones, M. B., Bryson, S. E., Zwaigenbaum, L., Bartolucci, G. et al. (2000). The familial aggregation of the lesser vari-ant in biological and non-biological relatives of PDD probands: A fam-ily history study. *Journal of Child Psychology & Psychiatry, 41*(5), 579-586.

Tanguay, P. (2000). Pervasive developmental disorders: A 10-year review. *Journal of the American Academy of Child & Adolescent Psychiatry, 39*(3), 1079-1095.

Tanoue, Y., Oda, S., Asano, F., & Kawashima, K. (1988). Epidemiology of infantile autism in southern Ibaraki, Japan: Differences in prevalence in birth cohorts. *Journal of Autism & Developmental Disorders, 18*(2), 155-166.

Thiemann, K. S., & Goldstein, H. (2001). Social stories, written text cues, and video feedback: Effects on social communication of children with autism. *Journal of Applied Behavior Analysis, 34*(4), 425-446.

Thompson, S., Lazarus, S., & Thurlow, M. (2003). *Preparing educators to teach students with disabilities in an era of standards-based reform and accountability*. College Park, MD: University of Maryland, Educational Policy Research Reform Institute. Available from: http://www.eprri.org

Thurlow, M. L. (2003). *Accommodation policies and score comparability issues*. Paper presented at the annual meeting of the American Education Research Association, Chicago, IL. Available from: http://education.umn.edu/nceo/Presentations/presentations.htm

Tincani, M. (2004). Comparing the Picture Exchange Communication System and sign language training for children with autism. *Focus on Autism & Other Developmental Disabilities, 19*(3), 152-163.

Tincani, M. J., Castrogiavanni, A., & Axelrod, S. (1999). A comparison of the effectiveness of brief versus traditional functional analyses. *Research in Developmental Disabilities, 20*(5), 327-338.

Tolbert, L., Haigier, T., Waits, M. M., & Dennis, T. (1993). Brief report: Lack of response in an autistic population to a low dose clinical trial of pyridoxine plus magnesium. *Journal of Autism & Developmental Disorders, 23*(1), 193-199.

Touchette, P., MacDonald, R., & Langer, S. (1985). A scatter plot for identifying stimulus control of problem behavior. *Journal of Applied Be-*

havior Analysis, 18, 343-351.

Towbin, K. E. (2003). Strategies for pharmacologic treatment of high functioning autism and Asperger syndrome. *Child & Adolescent Psychiatric Clinics of North America, 12*(1), 23-45.

Trevarthen, C., Aitken, K., Papoudi, D., & Robarts, J. (1998). *Children with autism: Diagnosis and interventions to meet their needs* (2nd ed.). London, England: Jessica Kingsley Publishers.

Trimarchi, C. L. (2004). The implementation and evaluation of a social skills training program for children with Asperger syndrome (Doctoral dissertation, State University of New York). *Dissertation Abstracts International: Section B, 65*(5), 2655. (UMI No. AAT 3132862).

Tsai, L. Y. (1992). Diagnostic issues in high-functioning autism. In E. Schopler, & G. B. Mesibov (Eds.), *High-functioning individuals with autism* (pp. 11-40). New York: Plenum Press.

Tsai, L. Y. (2005). Medical treatment in autism. In D. Zager (Ed.), *Autism spectrum disorders: Identification, education, and treatment* (3rd ed., pp. 395-492). Mahwah, NJ: Lawrence Erlbaum Associates.

U. S. Department of Education (2002). *Twenty-fourth annual report to Congress on the implementation of the Individuals with Disabilities Education Act*. Washington, D. C.: Author. Available from: http: //www.ed. gov/offices/OSERS/OSEP

Van Krevelen, D. A. (1971). Early infantile autism and autistic psychopathy. *Journal of Autism & Childhood Schizophrenia, 1*, 82-86.

Vargas, S., & Camilli, G. (1999). A meta-analysis of research on sensory integration treatment. *American Journal of Occupational Therapy, 53* (2), 189198.

Volkmar, F. R., & Rutter, M. (1995). Childhood disintegrative disorder: Results of DSM-IV autism field trial. *Journal of the American Academy of Child & Adolescent Psychiatry, 34*(8), 1092-1095.

Vollmer, T. R. (1994). The concept of automatic reinforcement: Implications for behavioral research in developmental disabilities. *Research in*

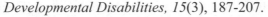

Developmental Disabilities, 15(3), 187-207.

Vourch, P., Bienvenu, T., Beldjord, C., Chelly, J., Barthélémy, C., Müh, J. P. et al. (2001). No mutations in the coding region of the Rett syndrome gene MECP2 in 59 autistic patients. *European Journal of Human Genetics, 9*(7), 556-558.

Vygotsky, L. (1978). *Mind in society: The development of higher psychological process*. Cambridge, MA: Harvard University Press.

Wakefield, A. J. (2002). Commentary on 'The new autism': One family's perspective. *Clinical Child Psychology & Psychiatry, 7*(4), 518-524.

Wakefield, A. J., Murch, S. H., Anthony, A., Linnell, J., Casson, D. M., Malik, M. et al. (1998). Ileal-lymphoid-nodular hyperplasia, non-specific colitis, and pervasive developmental disorder in children. *The Lancet, 351*(28), 637-641.

Wakefield, A. J., Puleston, J. M., Montgomery, S. M., Anthony, A., O'Leary, J. J., & Murch, S. H. (2002). Review article: The concept of enterocolonic encephalopathy, autism and opioid receptor ligands. *Alimentary Pharmacology & Therapeutics, 16*(4), 663-674.

Walker, D. R., Thompson, A., Zwaigenbaum, L., Goldberg, J., Bryson, S., Mahoney, W. J. et al. (2004). Specifying PDD-NOS: A comparison of PDD-NOS, Asperger syndrome, and autism. *Journal of the American Academy of Child & Adolescent Psychiatry, 43*(2), 172-180.

Warren, S. F., & Kaiser, A. P. (1986). Incidental language teaching: A critical review. *Journal of Speech & Hearing Disorders, 51*(4), 291-299.

Warren, S. F., McQuarter, R. J., & Rogers-Warren, A. K. (1984). The effects of mands and models on the speech of unresponsive language-delayed preschool children. *Journal of Speech & Hearing Disorders, 49*(1), 43-52.

Wassink, T. H., Piven, J., Vieland, V. J., Huang, J., Swiderski, R. E., Pietila, J. et al. (2001). Evidence supporting WNT2 as an autism susceptibility gene. *American Journal of Medical Genetics, 105B*(5), 406-413.

Watling, R. L. (2004). The effect of sensory integration on behavior and engagement in young children with autistic spectrum disorders (Doctoral dissertation, University of Washington). *Dissertation Abstracts International: Section B, 65*(5). (UMI No. 0806369).

Webb, B., Miller, S. P., Pierce, T. B., Strawser, S., & Jones, W. P. (2004). Effects of social skill instruction for high-functioning adolescents with autism spectrum disorders. *Focus on Autism & Other Developmental Disabilities, 19*(1), 53-62.

Webb, E. Morey, J., Thompsen, W., Butler, C., Barber, M., & Fraser, W. I. (2003). Prevalence of autistic spectrum disorder in children attending mainstream schools in a Welsh education. *Developmental Medicine & Child Neurology, 45*(6), 377-384.

Webster, R. A. (2001). Neurotransmitter systems and function: Overview. In R. A. Webster (Ed.), *Neurotransmitters, drugs, and brain function* (pp. 3-32). West Sussex, England: John Wiley & Sons.

Wehmeyer, M. L., Yeager, D., Bolding, N., Agran, M., & Hughes, C. (2003). The effects on self-regulation strategies on goal attainment for students with developmental disabilities in general education classrooms. *Journal of Developmental & Physical Disabilities, 15*(1), 79-91.

Wellman, H. M., Baron-Cohen, S., Caswell, R., Gomez, J. C., Swettenham, J., Toye, E. et al. (2002). Thought-bubbles help children with autism acquire and alternative to a theory of mind. *Autism, 6*(4), 343-363.

Wetherby, A. M., Woods, J., Cleary, J., Dickinson, H., & Lord, C. (2004). Early indicators of autism spectrum disorders in the second year of life. *Journal of Autism & Developmental Disorders, 34*(5), 473-493.

Wheelwright, S., & Baron-Cohen, S. (1998). The link between autism and skills such as engineering, maths, physics and computing. *Autism, 2* (3), 281-289.

Whitaker-Azmitia, P. M. (2001). Serotonin and brain development: Role in human developmental diseases. *Brain Research Bulletin, 56*(5), 479-485.

Whiteley, P., Rodgers, J., Savery, D., & Shattock, P. (1999). A gluten-free

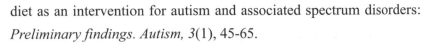
diet as an intervention for autism and associated spectrum disorders: *Preliminary findings. Autism, 3*(1), 45-65.

Wicks-Nelson, R., & Israel, A. C. (1997). *Behavior disorders of childhood* (3rd ed.). Upper Saddle River, NJ: Prentice-Hall.

Wieder, S., & Greenspan, S. I. (2003). Climbing the symbolic ladder in the DIR model through floor time/ interactive play. *Autism, 7*(4), 425-435.

Wieder, S., & Greenspans, S. I. (2005). Can children with autism master the core deficits and become empathetic, creative, and reflective? *Journal of Developmental & Learning Disorders, 9.* （尚未出刊）Available from: http://www.icdl.com/publications.shtml

Wieseler, N. A., Hanson, R. H., Chamberlain, T. P., & Thomspon, T. (1985). Functional taxonomy of stereotypic and self-injurious behavior. *Mental Retardation, 23*(5), 230-234.

Wilbarger, J., & Wilbarger, P. (2002). The Wilbarger approach to treating sensory defensiveness. In A. C. Bundy, S. J. Lane, & E. A. Murray (Eds.), *Sensory integration: Theory and practice* (2nd ed., pp. 335-338). Philadelphia, PA: F. A. Davis Company.

Williams, C. Y. (2001). A longitudinal study of cognitive, language, and social competence in adolescents and young adults with autism (Doctoral dissertation, University of California, Los Angeles, 2001). *Dissertation Abstracts International: Section B, 62*(2), 1121. (UMI No. 3005983)

Williams, K., Glasson, E. J., Wray, J., Tuck, M., Helmer, M., Bower, C. A. et al. (2005). Incidence of autism spectrum disorders in children in two Australian states. *Medical Journal of Australia, 182*(3), 108-111.

Williams, P. G., & Hersh, J. H. (1998). Brief report: The association of neurofibromatosis type 1 and autism. *Journal of Autism & Developmental Disorders, 28*(6), 567-571.

Williams, T. I. (1989). A social skills group for autistic children. *Journal of Autism and Developmental Disorders, 19*(1), 143-155.

Wimmer, H., & Perner, J. (1983). Beliefs about beliefs: Representation and constraining function of wrong beliefs in young children's understanding of deception. *Cognition, 13*(1), 103-128.

Wing, L. (1969). The handicaps of autistic children: A comparative study. *Journal of Child Psychology & Psychiatry, 10*, 1-40.

Wing, L. (1980). Childhood autism and social class: A question of selection. *British Journal of Psychiatry, 137*, 410-417.

Wing, L. (1981a). Asperger's syndrome: A clinical account. *Psychological Medicine, 11*(1), 115-129.

Wing, L. (1981b). Sex ratios in early childhood autism and related condition. *Psychiatry Research, 5*, 129-137.

Wing, L. (1988). The continuum of autistic characteristics. In E. Schopler & G. B. Mesibov (Eds.), *Diagnosis and assessment in autism* (pp. 91-110). New York: Plenum Press.

Wing, L. (1991). The relationship between Asperger's syndrome and Kanner's autism. In U. Frith (Ed.), *Autism and Asperger syndrome* (pp. 93-121). Cambridge, NY: Cambridge University Press.

Wing, L. (1997). The autistic spectrum. *Lancet, 350*, 1761-1766.

Wing, L., & Gould, J. (1979). Severe impairments of social interaction and associated abnormalities in children: Epidemiology and classification. *Journal of Autism & Developmental Disorders, 9*, 11-29.

Wing, L., & Potter, D. (2002). The epidemiology of autistic spectrum disorders: Is the prevalence rising? *Mental Retardation & Developmental Disabilities Research Reviews, 8*(3), 151-161.

Wing. L., Leekam, S. R., Libby, S. J., Gould, J., & Larcombe, M. (2002). The Diagnostic Interview for Social and Communication Disorders: Background, inter-rater reliability and clinical use. *Journal of Child Psychology & Psychiatry, 43*(3), 307-325.

Wisconsin Department of Public Instruction (2002). *Administration guidebook for the Wisconsin Alternate Assessment for students with disabilities*. Madison, WI: Author. Available from: http://www.dpi.state.wi.us/dpi/dlsea/een/assmt-waa.html

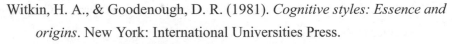
Witkin, H. A., & Goodenough, D. R. (1981). *Cognitive styles: Essence and origins*. New York: International Universities Press.

Wolery, M., Kirk, K., & Gast, D. L. (1985). Stereotypic behavior as a reinforcer: Effects and side effects. *Journal of Autism & Developmental Disorders, 15*(2), 149-161.

Wolfberg, P. J., & Schuler, A. L. (1993). Integrated play groups: A model for promoting the social and cognitive dimensions of play in children with autism. *Journal of Autism & Developmental Disorders, 23*(3), 467-489.

Wolfberg, P. J., & Schuler, A. L. (1999). Fostering peer interaction, imaginative play and spontaneous language in children with autism. *Child Language Teaching & Therapy, 15*(1), 41-52.

Wolff, S., Narayan, S., & Moyes, B. (1988). Personality characteristics of parents of autistic children: A controlled study. *Journal of Child Psychology & Psychiatry, 29*(2), 143-153.

Woods, S. P., Lovejoy, D. W., & Ball, J. D. (2002). Neuropsychological characteristics of adults with ADHD: A comprehensive review of initial studies. *Clinical Neuropsychologist, 16*(1), 12.

World Health Organization (1967). *International classification of diseases: Manual of the international statistical classification of diseases, injuries, and causes of death* (8th revision). Geneva, Switzerland: Author.

World Health Organization (1978). *Manual of the international classification of diseases, injuries, and causes of death* (9th revision). Geneva, Switzerland: Author.

World Health Organization (1992a). *International statistical classification of diseases and related health problems* (10th rev.). Geneva, Switzerland: Author.

World Health Organization (1992b). *The ICD-10 classification of mental and behavioural disorders: Clinical descriptions and diagnostic guidelines*. Geneva, Switzerland: Author.

World Health Organization (1993). *The ICD-10 classification of mental and behavioural disorders: Diagnostic criteria for research.* Geneva, Switzerland: Author.

Yamashita, Y., Fujimoto, C., Nakajima, E., Isagai, T., & Matsuishi, T. (2003). Possible association between congenital cytomegalovirus infection and autistic disorder. *Journal of Autism & Developmental Disorders, 33*(4), 455-459.

Yang, N. K., Schaller, J. L., Hung, T., Wang, M. H., & Tsai, S. (2003). Enhancing appropriate social behaviors for children with autism in general education classrooms: An analysis of six cases. *Education & Training in Developmental Disabilities, 38*(4), 405-416.

Yang, T., Wolfberg, P. J., Wu, S., & Hwu, P. (2003). Supporting children on the autism spectrum in peer play at home and school. *Autism, 7*(4), 437-453.

Yazbak, K. (2002). The new autism: One family's perspective. *Clinical Child Psychology & Psychiatry, 7*(4), 505-517.

Yeargin-Allsopp, M. (2002). Past and future perspectives in autism epidemiology. *Molecular Psychiatry, 7*(3), S9-S11.

Yeargin-Allsopp, M., Rice, C., Karapurkar, T., Doernberg, N., Boyle, C., & Murphy, C. (2003). Prevalence of autism in a US metropolitan area. *JAMA: Journal of the American Medical Association, 289*(1), 49-55.

Yeates-Frederikx, M. H. M., Nijman, H., Logher, E., & Merckelbach, H. L. G. J. (2000). Birth patterns in mentally retarded autistic patients. *Journal of Autism & Developmental Disorders, 30*(3), 257-262.

Yonan, A. L., Alarcon, M., Cheng, R., Magnusson, P. K., Spence, S. J., Palmer, A. A. et al. (2003). A genomewide screen of 345 families for autism-susceptibility loci. *American Journal of Human Genetics, 73*(4), 886-897.

Ysseldyke, J. E., Olsen, K. R., & Thurlow, M. L. (1997). *Issues and considerations in alternate assessments* (Synthesis Report No. 27). Minneapolis, MN: University of Minnesota, National Center on Educational Outcomes. Available from: http://education.umn.edu/NCEO/

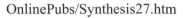
OnlinePubs/Synthesis27.htm

Zappella, M. (1993). Autism and hypomelanosis of Ito in twins. *Developmental Medicine & Child Neurology, 35*, 826-832.

Zarcone, J. R., Rodgers, T. A., Iwata, B. A., Rourke, D. A., & Dorsey, M. F. (1991). Reliability analysis of the Motivation Assessment Scale: A failure to replicate. *Research in Developmental Disabilities, 12*(4), 349-360.

Zeev, B. B., Yaron, Y., Schanen, N. C., Wolf, H., Brandt, N., Ginot, N. et al. (2002). Rett syndrome: Clinical manifestations in males with MeCP2 mutations. *Journal of Child Neurology, 17*(1), 20-24.

Zilbovicius, M., Boddaert, N., Belin, P., Poline, J., Remy, P., Mangin, J. et al. (2000). Temporal lobe dysfunction in childhood autism: A PET study. *American Journal of Psychiatry, 157*(12), 1988-1993.

Zilbovicius, M., Garreau, B., Samson, Y., Remy, P., Barthélémy, C., Syrota, A. et al. (1995). Delayed maturation of the frontal cortex in childhood autism. *American Journal of Psychiatry, 152*(2), 248-252.

Zirpoli, T. J., & Melloy, K. J. (2001). *Behavior management: Applications for teachers* (3rd ed.). Upper Saddle River, NJ: Prentice-Hall.

Zissermann, L. (1991). The effects of deep pressure on self-stimulating behaviors in a child with autism and other disabilities. *American Journal of Occupational Therapy, 46*(6), 547-551.

Lovaas, O. I., & Smith, T. (1989). A comprehensive behavioral theory of autistic children: Paradigm for research and treatment. *Journal of Behavior Therapy and Experimental Psychiatry, 20*(1), 17-29.

Carothers, D. E., & Taylor, R. L. (2004). How teachers and parents can work together to teach daily living skills to children with autism. *Focus on Autism and Other Developmental Disabilities, 19*(2),

附　　錄

附錄一　自閉症相關資源

自閉症綜合資訊

■ 中文網站

➤ 中華民國自閉症基金會　*http://www.fact.org.tw/*

➤ 中華民國自閉症總會　*http://www.autism.org.tw/*

➤ 香港自閉症聯盟　*http://www.autism-hongkong.com/*

■ 英文網站

➤ 自閉症廣泛性發展障礙資源網（Autism-PDD Resources Network）

　http://www.autism-pdd.net/

➤ 自閉症研究所（Autism Research Institute）

　http://www.autismwebsite.com/ari/index.htm

➤ 自閉症研究中心（Center for the Study of Autism）

　http://www.autism.com

➤ 美國自閉症學會（The Autism Society of America, ASA）

　http://www.autism-society.org

➤ 迷宮（The Maze）　*http://www.isn.net/%7Ejypsy/autilink.htm*

➤ 加拿大自閉症治療服務（Autism Treatment Services of Canada）

　http://www.autism.ca/

➤ 即刻治療自閉症（Cure Autism Now）

　http://www.cureautismnow.org

➤ 國際自閉症研究聯盟（National Alliance for Autism Research, NAAR）　*http://www.naar.org*

➤ 談治療自閉症（Talking About Curing Autism）

　　http://www.tacanow.com/default.htm

➤現今的自閉症（Autism Today）　*http://www.autismtoday.com/*

➤線上亞斯伯格症資訊和支持（Online Asperger Syndrome Information & Support）　*http://www.udel.edu/bkirby/asperger/*

➤國際雷特症協會（International Rett Syndrome Association）
　　http://www.rettsyndrome.org/

自閉症訓練或治療中心

■綜合訓練課程

➤駱發斯早期介入協會（Lovaas Institute for Early Intervention）
　　http://www.lovaas.com/

➤自閉症和相關溝通障礙兒童之處遇與教育（TEACCH）
　　http://www.teacch.com/

➤地板時間（Floor Time）
　　http://www.floortime.org/　*http://www.stanleygreenspan.com/*

➤亞斯伯格症快捷（The Asperger's Express）（運用 DIR 和地板時間）　*http://www.aspergersexpress.com/*

➤米勒法（The Miller Method）　*http://www.millermethod.org/*

➤LEAP（Lifeskills and Education for Students with Autism and other Pervasive Developmental Disorders）
　　http://www.kennedykrieger.org/kki_school.jsp?pid=1422

➤亞當家庭服務（The Eden Family of Services）
　　http://www.edenservices.org/index.jsp

➤子起計畫（The Son-Rise Program）
　　http://www.autismtreatmentcenter.org/

➤關係發展介入法（Relationship Development Intervention）
　　http://www.connectionscenter.com

➢自閉症治療科學協會（Association for Science in Autism Treatment）

http://www.asatonline.org/index.html

■ 感覺統合

➢感覺統合網路（Sensory Integration Network）

http://www.sinetwork.org

➢國際感覺統合（Sensory Integration International）

艾爾絲臨床中心（The Ayres Clinic）

https://mmm1106.verio-web.com/sensor/index.htm

➢永春文教基金會台灣學障研究所　*http://www.everspring.org.tw/*

➢洽各大醫院復健科

■ 聽覺統合

➢聽覺介入技術學會（The Society for Auditory Intervention Techniques）　*http://www.autismwebsite.com/saitwebsite/index.html*

■ 音樂治療

➢韻律傳送介入協會（The REI Institute）

http://www.reiinstitute.com/

身心障礙中文資訊

➢無障礙全球資訊網　*http://www.batol.net/*

➢e 能網　*http://www.enable.org.tw/*

➢身心障礙者服務資訊網　*http://disable.yam.com/*

➢有愛無礙　*http://www.dale.nhctc.edu.tw/*

➢阿寶的天空　*http://spe3a.aide.gov.tw/index_redir.jsp*

➤台北市早期療育綜合服務網　*http://www.tpscfddc.gov.tw/*

➤喜憨兒社會福利基金會　*http://www.careus.org.tw/*

➤中華民國智障者家長總會　*http://www.papmh.org.tw*

➤中華民國過動兒協會　*http://www.ionet.net.tw/~adhd*

➤中華民國學習障礙協會　*http://ald.daleweb.org/*

➤中華民國腦性麻痺協會　*http://www.cplink.org.tw/*

➤國民健康局螢火蟲 e 學園（罕見疾病）

　http://health99.doh.gov.tw/rare_dis/index.html

➤財團法人罕見疾病基金會　*http://www.tfrd.org.tw/cindex.php*

網路期刊、字典或手冊

■ 中文資料

➤教育部特殊教育小組網站（政府出版品、特殊教育統計年報、特教法規、特教中心論文集、各縣市研習資料等供免費下載）

　http://www.edu.tw/EDU_WEB/Web/SPECIAL/index.htm

➤全國特殊教育資訊網　*http://140.122.65.63/special/index.html*

➤教育資料館引經據典（身心障礙期刊論文）

　http://w3.nioerar.edu.tw/longlife/newsite/source/class_2.htm

■ 英文資料

➤藥物手冊（The Merck Manuals）　http://www.merck.com/pubs/

擴大及替代溝通系統

■ 溝通符號

➤ 布里斯符號（Blissymbolics）

Blissymbolics Communication International

http://www.blissymbolics.org/

http://home.istar.ca/~bci/

➤ 里巴斯符號（Rebus Symbols）

由英國 Widgit Software Ltd 發行威吉特里巴斯符號（Widgit Rebus Symbols），乃是修改原始的里巴斯符號，並研發新字彙，以及彩色圖片。　*http://www.widgit.com/*

➤ 圖片溝通符號（Picture Communication Symbols, PCS）

由美國 Mayer-Johnson, Inc. 發行

http://www.mayerjohnson.com/about/index.html

➤ 圖片兌換溝通系統（Picture Exchange Communication System, PECS）

包括訓練手冊、錄影帶／DVD、圖片軟體、教材和溝通簿，由美國 Pyramid Educational Products 發行

http://www.pyramidproducts.com/index.html

http://www.pecs.com/

■ 免費圖片下載

➤ 做中學（Do To Learn）　http://www.dotolearn.com/

➤ 特殊需求兒童（Children with Special Needs）

http://childrenwithspecialneeds.com/downloads.html

➤ PECS 圖片　http://trainland.tripod.com/pecs.htm

➤ 三腳架（Tripod）　　http://build.tripod.lycos.com/imagebrowser/index.html

■ 免費圖案字典

➢迷人的學習（Enchanted Learning）

http://www.enchantedlearning.com/Dictionary.html

➢網路圖案字典（The Internet Picture Dictionary）

http://pdictionary.com/

■ 運用符號寫成之小故事舉例

➢符號世界（SymbolWorld）

http://www.symbolworld.org/index.htm

■ 電腦軟體

➢Boardmaker

為一圖形資料庫，包括圖片溝通符號（PCS）黑白和彩色圖片
3,000 幅以上，並附有設計範本，可以編輯和列印教材或作業單，
由美國 Mayer-Johnson 出版。中文版由朋笛國際有限公司代理銷
售，詳見溝通輔具出版公司。

➢Writing with Symbols 2000

可以列印兩種符號系統，包括圖片溝通符號（PCS）共 3,800 幅
以上圖片，每個符號包括黑白和彩色圖片，以及威吉特里巴斯符
號 4,000 幅以上黑白圖片，由 Mayer-Johnson 出版。

➢Speaking Dynamically Pro

為一多媒體語音溝通軟體，可以用文字或圖形編輯句子，亦可錄
音和輸入文字後，產生數位或合成語音輸出，可和 Boardmaker 合
用，由 Mayer-Johnson 出版，中文版由朋笛國際有限公司代理銷
售。

➢Pics for PECS 2005 CD

此光碟包含 1,000 幅以上黑白或彩色圖片，運用於 PECS 教學，
由 Pyramid Educational Products 出版。

➤Picture This

此光碟所包含的圖片非線條圖，乃拍攝實物之照片。標準版包括 2,700 幅圖片，專業版包括 5,000 幅圖片，由 Silver Lining Multi-media 出版，網址：http://www.silverliningmm.com。Picture This 亦出版運用於 Boardmaker 之圖片（採購見 Mayer-Johnson）。

■ 英文溝通輔具出版公司

以下只列出本書文中舉例之溝通輔具出版公司

➤BIGmack

AbleNet　*http://www.ablenetinc.com/*

➤Partner/One

AMDi, Advanced Multimedia Devices　*http://www.amdi.net/*

➤DynaVox

DynaVox Systems　*http://www.dynavoxtech.com*

➤Scanning LighWRITER SL87

Zygo Industries　*http://www.zygo-usa.com/*

■ 中文溝通輔具資源和出版公司

➤內政部資訊科技輔具資源推廣中心

http://ciat.moi.gov.tw/web/web.asp

➤科技輔具文教基金會

http://www.unlimiter.com.tw/default.htm

台北市仁愛路三段 18-1 號 5 樓之 1

電話：(02)27047620　傳真：(02)27034723

代理進口國外常用之溝通輔具，並出版國人研發之 AAC 溝通板、無障礙電腦系統，以及 AAC 書籍及教材。

➤朋笛國際有限公司

http://home.kimo.com.tw/zhi112233/

地址：台北市民生東路 5 段 34 號 2F

電話：(02)27620234　傳真：(02)27616310

代理進口國外常用之溝通輔具包括電腦軟體和微電腦語音溝通版，例如 Boardmaker、Speaking Dynamically Pro、Partner/One/Two/Four、Tech/Talk、Tech/Scan、Tech/Speak 等。

➤第一社會福利基金會（第一輔具中心）

http://www.diyi.org.tw/tool.htm

地址：台北市信義路五段 150 巷 2 號 2 樓之一

電話：(02)27207364　傳真：(02)27239464

附錄二　自閉症兒童的發展特徵

年齡	感覺動作	語言溝通	社會互動
出生至六個月	• 安靜或哭鬧 • 堅持要搖 • 對刺激顯得驚訝或沒反應 • 不尋常的睡眠習慣	• 沒聲音或很少聲音 • 哭鬧和需求無關 • 難以了解哭泣的原因	• 不會期待社會反應 • 缺乏微笑反應 • 視覺接觸很差或沒有 • 當母親注意時，沒反應
六至十二個月	• 無法建立吃飯和睡覺之作息 • 動作發展參差不齊 • 難以餵食 • 不會握東西或依戀不尋常的東西 • 像聾子 • 被玩指頭占有 • 對刺激過分反應或沒反應	• 停止牙牙學語發出聲音 • 不會模仿聲音、手勢或表情	• 缺乏感情 • 不會玩嬰兒遊戲如躲貓貓 • 不會揮手說再見 • 對玩具沒興趣 • 將東西撥開 • 不高興時很難安撫下來
一至三歲	• 有睡眠作息問題 • 喪失先前已學會之技能 • 走路活動經常變成重複的動作 • 對刺激敏感 • 尋求重複的刺激 • 具有重複動作的癖好，例如擺動手、扭轉手 • 對環境不好奇，不會探索環境	• 不會說話或偶爾會說單字 • 會說第一個字，但經常用在沒意義的地方 • 停止說話 • 經常大哭但難以了解原因 • 重複某聲音不是為了溝通的目的 • 會說的字少於十五個字 • 不會用手勢，很少指物品	• 退縮 • 開始爬或走路，社會性反而減少 • 沒有分離焦慮 • 用不尋常的方式玩玩具如轉動、拍動、將物品排直線 • 能夠區辨父母，但很少有表情 • 對成人漠不關心 • 喜歡獨處

（續）

年齡	感覺動作	語言溝通	社會互動
二至三歲	• 有睡眠作息的問題 • 像會做一些事但拒絕做 • 自助技巧發展遲緩 • 對刺激有不尋常的敏感反應，有重複動作的問題 • 過動或過分安靜	• 會說少於十五個字 • 不會說話或只會間些發出聲音 • 鸚鵡式的仿說 • 有特殊的智能，例如具有好的記憶力、很會拼圖 • 不會用手勢，很少指物	• 不會和人玩 • 喜歡獨處 • 用不尋常的方式玩玩具
三至五歲	• 喜歡咬東西 • 三歲時不會玩假裝的遊戲 • 有重複動作問題，例如搖身體、看燈光 • 具有良好的視覺能力，例如會拼圖 • 四歲時開始會功能性地使用物品 • 若玩假裝遊戲，只會很簡單、重複的內容 • 不會將玩具混在一起玩 • 五歲時不會玩角色	• 很少將字結合成詞句 • 鸚鵡式的仿說 • 模仿電視廣告詞 • 說話時有異常的音調和節奏 • 牽成人的手來溝通需要 • 代名詞用反 • 不會對話 • 很少發問	• 仍然有上述的問題 • 不接納其他兒童 • 改變環境會顯現挫折的反應 • 易怒、挫折忍受力低 • 不了解處罰的意義 • 不了解同儕的遊戲規則 • 較喜歡成人，較不喜歡同年齡的小孩 • 有些社會互動，但互動經常是奇怪和單方面的

資料來源：Simeonsson, R. J., Olley, J. G., & Rosenthal, S. L. (1987). Early intervention for children with autism. In M. J. Guralnick & F. C. Bennett (Eds.), *The effectiveness of early intervention for at-risk and handicapped children* (pp. 275-296). Orlando, FL: Academic Press.
Peeters, T., & Gillberg, C. (1999). *Autism: Medical and educational aspects* (2nd ed., pp. 10-14). London: Whurr Publishers.

附錄三　克氏行為量表

姓名：　　　　　　　　性別：　　　　　　　年齡：足　　　歲
填寫人（與兒童關係）：

下列十四項兒童行為，請您詳細閱讀後，根據您的孩子最近一個月內的情況，在題目右邊之空格打勾，請不要漏掉任何一題。

	從不	偶爾	經常
1. 不易與別人混在一起玩			
2. 聽而不聞，好像是聾子			
3. 強烈反抗學習，譬如拒絕模仿、說話或做動作			
4. 不顧危險			
5. 不能接受日常習慣之變化			
6. 以手勢表達需要			
7. 莫名其妙的笑			
8. 不喜歡被人擁抱			
9. 活動量過高			
10. 避免視線的接觸			
11. 過度偏愛某些物品			
12. 喜歡旋轉東西			
13. 反覆怪異的動作或玩			
14. 對周圍漠不關心			
題數			
×加權	1	2	3
總分			

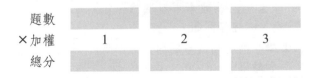

資料來源：宋維村（1993）：幼兒自閉症的行為與教育矯治。台北市：財團法人中華民國自閉症基金會。

附錄四　學科替代測驗：閱讀

閱讀題目	IEP目標 ☑	證明資料						精熟評量				
		作業樣本	出版之測驗	觀察	晤談	錄影帶或照片	錄音帶	不適用 ☑	不存在	浮現	發展中	精熟／類化
1. 學生能將文字和實物配對。									0	①	2	3
2. 學生用圖片作為內容線索。								✔	⓪	1	2	3
3. 學生可以讀短的便條，並遵從書面指令。									0	1	2	3
4. 學生可以口語讀出教室時間表和書面指令。									⓪	1	2	3
5. 學生學習新字根據字的屬性（如mat、bat；江、河）。	✔			✔			✔		0	①	2	3
6. 學生可以配對字和聲音，並且聽聲音後能夠指出字。	✔		✔	✔			✔		0	1	②	3
7. 學生藉由口語、書寫、手語、符號或輔具來和個人的經驗相連結，證明能夠了解新字或短文的意義。									⓪	1	2	3
8. 學生能從資訊中（如報紙或電話號碼簿）找到和個人有關的訊息。									⓪	1	2	3
9. 學生能回答故事中有關誰、什麼、哪裡等問題。									⓪	1	2	3
10. 學生能指出故事的開始、中間和結束。									⓪	1	2	3
11. 當老師讀文章時，學生能注意聽。									0	①	2	3
12. 當老師讀文章時，學生能問相關的問題。									⓪	1	2	3

						0	1	2	3
13. 學生能回答如何和為什麼的問題。							⓪	1	2	3
14. 學生能適當地回答理解問題，藉由點頭或口語表達。							0	1	②	3
15. 學生能從他所讀或聽到的文章中預測將發生的事件。							⓪	1	2	3
16. 學生能判斷故事中角色的行動。							⓪	1	2	3
17. 學生能將情緒圖片例如高興、難過、害怕與文字配對。						✓	0	1	2	3
18. 學生能藉由圖片或口語，將故事中的主要情節，按照發生的先後次序說出。							⓪	1	2	3
19. 學生能說出理由，為何他所讀或聽到的是事實或虛構。							⓪	1	2	3
20. 學生能證明了解與安全有關的文字、符號或圖片。							0	①	2	3
21. 學生能配對學校或社區情境中常見的文字和圖片。	✓	✓		✓		✓	0	1	②	3
22. 當呈現學生的個人資料時，學生能夠找到。	✓		✓		✓		0	①	2	3
23. 學生能從印刷品中複述文中訊息。							⓪	1	2	3
閱讀個別精熟原始分數：							0	5	6	0
							=11			

閱讀整體表現分數摘要

先備技能第一級	先備技能第二級	先備技能第三級	先備技能第四級
學生目前在閱讀領域，呈現非常少的先備技能和知識，學生無法表現出簡單的技	在大量的協助下（如身體、口語或手勢協助），學生能夠專注閱讀教學，並參與	學生能證明對文章的解碼和理解具有浮現能力，閱讀題目中大部分的技能，學生	學生能一致地證明了解閱讀題目中的概念和技能，但是他的功能顯著低於他的

（續）

能或證明有知識，除非在高度結構的情境中，並給予全面性的肢體的提示。	活動，並且在有限的情境下，學生能夠反應或表現出一些技能。	的概念理解和表現不一致，需要中度的協助去證明所學。	年級和所預期的發展，需要少量的協助去證明所學。
• 證明很少了解最基本的閱讀知識和技能。	• 當老師或同學讀給他聽時，他會注意聽並有反應。 • 會注意文中的圖片，並用圖片作推論和預測。 • 認識環境中常用的或基本的一些字。	• 當老師或同學讀時，他會注意和有反應。	
第一級： ✓	第二級：＿＿＿	第三級：＿＿＿	第四級：＿＿＿

閱讀信度

㈠只包括 IEP 的題目（標準：一致性 80%）

　　評分者甲和評分者乙之間的一致性＿＿＿＿＿% 原先

　　評分者甲和評分者乙之間的一致性＿＿＿＿＿% 經過討論以後

㈡整體表現水準（標準：一致性 100%）

　　評分者甲和評分者乙之間的一致性＿＿＿＿＿% 原先

　　評分者甲和評分者乙之間的一致性＿＿＿＿＿% 經過討論以後

評語：

資料來源：Wisconsin Department of Public Instruction (2002). *Administration guidebook for the Wisconsin Alternate Assessment for students with disabilities*. Madison, WI: Author. From: http://www.dpi.state.wi.us/dpi/dlsea/een/assmt-waa.html

附錄五　學科替代測驗：數學

數學題目	IEP目標 ☑	證明資料					精熟評量			
		作業樣本	出版之測驗	觀察	晤談	錄影帶或照片	錄音帶	不適用 ☑ 不存在	浮現	發展中	精熟／類化
1. 當呈現某作業時，學生能指認出其間的樣式不同。								0	①	2	3
2. 學生能夠用適當的辭彙反應數學概念。								⓪	1	2	3
3. 學生能正確地使用簡單的數字概念。								0	①	2	3
4. 學生能將簡單的數學運算運用在日常活動中。	✓			✓		✓		0	①	2	3
5. 學生對日常的數學問題，能說出正確的解決方案。								⓪	1	2	3
6. 學生能正確地指認數字 1 到 10。								0	①	2	3
7. 學生能正確地認出個位、十位、百位的位值。								⓪	1	2	3
8. 學生能正確地按照數字的次序排列三個整數。								⓪	1	2	3
9. 學生能正確地讀出具有二位和三位小數的數字。								⓪	1	2	3
10. 學生能根據不同上下文正確地寫出數字。								⓪	1	2	3
11. 當需要解決問題時，學生能用計算機或具體物品進行加法或減法運算的題目。								⓪	1	2	3
12. 學生能適當地使用分數。								⓪	1	2	3
13. 學生在日常活動中，能夠正確地使用錢。	✓			✓		✓		0	①	2	3

（續）

項目					0	1	2	3
14. 學生能正確地指認基本形狀。					0	1	②	3
15. 學生能正確地按照形狀分類。					0	①	2	3
16. 學生能正確地指認空間位置的字詞（如下一個、中間、上下）。	✓		✓	✓	0	1	②	3
17. 學生能正確地指認基本測量單位。					⓪	1	2	3
18. 學生能證明了解基本的測量概念。					1	①	2	3
19. 學生能估算測量的大小、長度和重量。					⓪	1	2	3
20. 學生能說出某種計時工具的時間。	✓		✓	✓	0	①	2	3
21. 學生能正確地使用尺、皮尺或碼尺進行測量。					⓪	1	2	3
22. 學生證明能夠了解溫度的概念。					0	①	2	3
23. 學生能在不同的日常情境中正確地測出容量。					⓪	1	2	3
24. 學生能正確地讀出和解釋統計圖形和表格。					⓪	1	2	3
25. 學生能正確地使用一對一對應。					0	1	②	3
26. 學生能正確地使用加法和減法的符號和詞彙。					0	①	2	3
27. 學生能根據上下文適當地使用字詞「相等」或「相似」。					0	①	2	3
28. 學生能正確地使用乘法和除法的符號和詞彙。					⓪	1	2	3
29. 學生能根據上下文正確地區辨多或少的概念。					0	①	2	3
數學個別精熟原始分數：					0	12	6	0
=18								

數學整體表現分數摘要

先備技能 第一級	先備技能 第二級	先備技能 第三級	先備技能 第四級
學生目前在數學領域，呈現非常少的先備技能和知識，學生無法表現出簡單的技能或證明有知識，除非在高度結構的情境中，並給予全面性的肢體提示。	在大量的協助下（如身體、口語或手勢協助），學生能夠專注數學教學，並參與活動，並且在有限的情境下，學生能夠證明其知識或表現技能。	學生能證明對數學運算和解決問題具有浮現能力，學生數學題目中的概念理解和技能表現不一致，需要中度的協助去證明所學。	學生能一致地證明了解數學題目中的概念和技能，但是他的功能顯著低於他的年級和所預期的發展，需要少量的協助去證明所學。
・證明非常有限地了解最基本的數字和數學概念。	・證明基本了解數字和數數。 ・在大人協助下，能夠執行簡單的計算。 ・能夠區辨物品的大小、顏色和形狀。	・能夠獨立地指出和使用數字。 ・在大人少量的協助下，能夠進行簡單運算。 ・能夠指認和說出一些形狀。 ・在大人的支持下，能夠使用測量工具。	・對期望的知識概念和技能，只有很少的成就。 ・能夠獨立地執行基本運算。 ・能夠持續地認出和描述形狀。 ・能夠獨立地使用測量工具。
第一級：＿＿＿＿	第二級：✓	第三級：＿＿＿＿	第四級：＿＿＿＿

數學信度

㈠只包括 IEP 的題目（標準：一致性 80%）

　　評分者甲和評分者乙之間的一致性＿＿＿＿＿＿＿% 原先

　　評分者甲和評分者乙之間的一致性＿＿＿＿＿＿＿% 經過討論以後

㈡整體表現水準（標準：一致性 100%）

　　評分者甲和評分者乙之間的一致性＿＿＿＿＿＿＿% 原先

　　評分者甲和評分者乙之間的一致性＿＿＿＿＿＿＿% 經過討論以後

評語：

資料來源：Wisconsin Department of Public Instruction (2002). *Administration guidebook for the Wisconsin Alternate Assessment for students with disabilities*. Madison, WI: Author. From: http://www.dpi.state.wi.us/dpi/dlsea/een/assmt-waa.html

附錄六　功能評量與行為支持計畫

一、學生背景資料描述

1. 學生的醫學診斷名稱為何？

自閉症、中度智能障礙。

2. 學生是否服用藥物？藥物的作用為何？對他有何影響？

無，只有營養品。

3. 學生的社會溝通能力如何？平時用哪種方式溝通？理解能力如何？

溝通能力差，平時用單字、短句（5 個字以內）、手勢溝通。有時
在某情境問別人：「（他）為什麼這樣？」即使別人已回答問題，
或情境改變，還是一直問：「為什麼這樣？」能聽懂簡單的指令，
教學時需要逐步示範才能理解。

4. 學生的社會互動情形如何？平時主要和哪些人互動？

學生缺乏社會互動技能，缺乏應對禮節，例如想要東西，都是直接
行動，不會問別人是否可以拿。在學校主要是和同學和老師互動，
在家中則是母親和弟弟，弟弟正常，爸爸較少管，全家大都是讓
他。

5. 學生有哪些固執、重複行為？或特別喜歡或不喜歡的活動或物品？

喜歡自言自語、無故傻笑；不喜歡別人拿他的東西，會亂發脾氣。

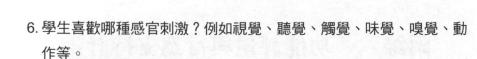

6. 學生喜歡哪種感官刺激？例如視覺、聽覺、觸覺、味覺、嗅覺、動作等。

　　喜歡重複的聲音。

7. 學生在什麼情況下會出現退縮或焦慮反應？

　　高噪音的情境會出現焦躁的反應；不喜歡陌生人，會一直問：「他是誰？」「為什麼來？」

8. 學生情緒特徵為何？

　　挫折忍受力低、缺乏耐性、容易生氣，對新教的課程內容常不肯配合執行；若老師要求，會亂發脾氣，常打自己的頭。

二、問題行為描述

9. 學生的問題行為是什麼？請列出各項問題行為，然後指出在什麼時間、情境、地點、活動和人員在場時最常發生？

問題行為	時間	情境	地點	活動	人員
打頭	下課	發現同學拿他的東西，很生氣；和同學起糾紛，很生氣	教室	無	同學
打頭	放學	母親來接學生，母親和老師在說話	校門口	無	母親、老師
打頭	放學後	當母親要求學生練習或做事	家中	寫作業或做事	母親
亂發脾氣	上課	老師要同學練習，學生拒絕配合	教室	實用語文課、實用數學	老師、同學

10. 請列出和以上相似的情境，但該情境學生不會出現上述的問題行為？

問題行為	時間	情境	地點	活動	人員
打頭	下課	老師在教室時，若發生紛爭，學生會來告狀，不會打頭	教室	教學	老師、同學
打頭	放學	母親直接帶學生回家	校門口	無	母親、老師、同學
亂發脾氣	上課	學生喜歡的內容	教室	休閒教育	老師、同學

三、前因事件

11. 哪些前因事件（包括前因刺激、情境因素）最常引發問題行為？

問題行為	前因刺激	情境因素
打頭	東西拿不回來很生氣	別人拿他的東西
	生氣，無法溝通自己的需要	和人起紛爭
	學生不願等待，家長沒立即答應	要求學生等待，等待時間超過五分鐘
	繼續要求學生完成	當學生拒絕要求，開始亂發脾氣
亂發脾氣	要求學生練習	學習新事物
	要求學生練習	作業較難

四、後果事件

12. 問題行為發生後，一般都如何處理？學生最後的結果如何？

　　(1)家長如何處理？

問題行為	處理	學生最後的結果
放學時打頭	停止談話，帶學生回家	帶學生回家
打頭	停止要求學生練習或做事	允許學生休息

(2)老師或學校如何處理？

問題行為	處　理	學生最後的結果
下課時打頭	當學生打頭時，同學會去叫老師，老師來了以後，學生會停止打頭，但會很生氣，一直說個不停，無法說清楚事件，只是複述一些短句	老師叫同學將東西還給學生
亂發脾氣	不再堅持，讓學生只做部分，沒有完成工作	減少工作

五、問題行為的功能

13. 學生出現問題行為的目的為何？（見下表）

14. 有哪些適當的行為，和問題行為具有相同的功能，可以讓學生達到相同的目的？

問題行為	目的（功能）	替代技能
下課打頭	生氣、想拿回東西	去跟老師講：「我的東西被同學拿走了。」 跟同學說：「這是我的東西，還給我。」
放學打頭	生氣、不願等待、引起注意	跟母親說：「我們快回家，等太久了。」
亂發脾氣	工作較難、避免工作	跟老師說：「我不會，請老師幫忙。」

15. 替代技能和問題行為比起來，哪種行為效率高？亦即哪種行為學生比較容易達到目的？（替代技能的效率必須比問題行為高，若沒有，回到上一題，修改替代技能。）

　　替代技能的句子太長，將長句改為短句以增加效率，例如：

　　「我的東西被同學拿走了」改成「東西被拿走」

「這是我的東西，還給我」改成「東西還我」

「我們快回家，等太久了」改成「等太久」

「我不會，請老幫忙」改成「我不會」

六、行為支持計畫

16. 學生是否會上述的替代技能？請列出需要教導的技能。

學生具有口語溝通能力，但常講不清楚，經常重複某句話，讓人不易了解。進行功能性溝通訓練，以經常出現問題行為的情境，進行對話練習。

17. 學生的問題行為是否導因於缺乏某種能力？請列出需要教導的能力。

增加挫折忍受力、情緒控制能力、功能性溝通訓練。

18. 請列出教導以上技能所用的增強方式。

全班實施增強制度，每答對一題或做完工作，給予加分。

19. 哪些情境因素，例如生理因素、嫌惡事件、課程和教學、相關人員、物理環境等，可能引發導火線，使學生出現問題行為？哪些可以事先預防，以免學生出現問題行為？

情境因素	調整或修改
生理因素	
嫌惡事件	• 訂定班規禁止彼此拿別人的東西。 • 避免要求學生等待超過時間。 • 對全班同學進行功能性溝通訓練，對經常發生糾紛的情境，進行對話練習。 • 對全班同學進行社會技巧訓練，例如要拿別人的東西時，需要先得到別人的同意等，以避免發生糾紛。

（續）

課程因素	・教新單元時，將一些過去學過的內容，穿插在新單元中，降低難度，增加學生的學習動機。
相關人員	・選能力較好、人際關係較好的同學當班長，當同學拿別人的東西時，由他負責提醒同學違反班規；若該生不聽，增強板上扣點數。 ・跟家長溝通，避免負增強學生的問題行為，建議家長修改對學生的要求內容，例如每次只要求一部分，分批要求學生；實施增強制度，當學生完成工作時，給予獎勵。
物理環境	・經常和學生起衝突的同學，掉換位置，讓兩人不坐在一起。 ・讓能力較好、人際關係較好的同學坐在學生的旁邊，每當學生出現問題行為時，負責提醒學生如何說。

20. 若情境因素出現，引發前因刺激，哪些方法可以避免引發問題行為？

問題行為	前因事件	事先預防方法
下課打頭	和同學起糾紛，無法溝通自己的需要，很生氣。	當學生起紛爭時，請旁邊的同學提醒學生去跟老師說，避免生氣打頭。
放學打頭	當學生等超過五分鐘後，不願等，若沒達到目的，即打頭。	當需要學生等待的時候，事先告訴學生需要等多久，時間到時，來跟母親說，從十分鐘開始練習。 當學生等待時，母親每隔數分鐘給學生鼓勵，跟學生說他表現很好。
亂發脾氣	教新單元或作業較難，需要花時間時，學生不願意做。	教新單元時，先練習學生會的內容，並誇獎他，然後再教新的單元。 將簡單作業穿插在困難作業中，增加完成動機，可以得到增強物。 當練習較難的作業時，增加增強的點數。

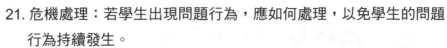

21. 危機處理：若學生出現問題行為，應如何處理，以免學生的問題
　　行為持續發生。

問題行為	事後處理方案
下課打頭	1. 當學生生氣打頭時，請旁邊的同學提醒學生：「去跟老師說」，等學生到辦公室後，老師才和學生一起去教室處理。 2. 老師延長去教室處理的時間，學生到辦公室說明情形後，學生先和同學回教室，老師上課時才進教室處理。 3. 訓練班長處理學生問題，若老師不在時，由他處理。
放學打頭	1. 當學生生氣打頭時，提醒學生用口語說：「等太久」，等學生用口語說後，才帶學生回家。 2. 當學生說「等太久」後，若需要等待的時間尚未到，媽媽跟學生說：「再等五分鐘」；若學生能做到，給學生增強物。
亂發脾氣	1. 當學生亂發脾氣時，老師提醒學生說：「我不會」，直到學生用口說：「我不會」，才允許他只做會的部分。 2. 分派作業時，若學生說：「我不會」，允許他先做會的部分，做完後，老師再教他不會的部分。

附錄七　行為功能觀察表

學生姓名：_____　　觀察者姓名：_____

日期：____年____月____日　　時間：_____

時間	不適當行為					適當行為				問題行為之功能						問題行為處理
										獲得			避免			
	尖叫	拒絕參與	亂發脾氣	擅自離座	和同學吵架	合作	保持安靜	舉手發言	寫作業	注意	物品	內在刺激	工作	指令	環境刺激	
8:00-8:15						✓	✓									
8:15-8:30		✓	✓											✓		忽視
8:30-8:45			✓						✓							忽視
8:45-9:00																
9:00-9:15																
9:15-9:30																
9:30-9:45																
9:45-10:00																
10:00-10:15																
10:15-10:30																
10:30-10:45																
10:45-11:00																
11:00-11:15																
11:15-11:30																
11:30-11:45																
11:45-12:00																
總計																

索 引

自閉症學生之教育

七　畫

十　畫

十二畫

十三畫

十五畫

國家圖書館出版品預行編目資料

自閉症學生之教育／楊蕢芬著．--初版
--臺北市：心理，2005（民 94）
面；　公分.--（障礙教育系列；63039）
參考書目：面
含索引

ISBN 978-957-702-840-2（平裝）

1.特殊教育　2.自閉症

529.6　　　　　　　　　　　　94020060

障礙教育系列 63039

自閉症學生之教育

作　　者：楊蕢芬
責任編輯：許經緯
執行編輯：李晶
總　編　輯：林敬堯
發　行　人：洪有義
出　版　者：心理出版社股份有限公司
地　　址：231 新北市新店區光明街 288 號 7 樓
電　　話：(02) 29150566
傳　　真：(02) 29152928
郵撥帳號：19293172　心理出版社股份有限公司
網　　址：http://www.psy.com.tw
電子信箱：psychoco@ms15.hinet.net
排　版　者：龍虎電腦排版股份有限公司
印　刷　者：次禮彩色印刷有限公司
初版一刷：2005 年 12 月
初版八刷：2020 年 10 月
I S B N：978-957-702-840-2
定　　價：新台幣 600 元

國家圖書館出版品預行編目資料

自閉症學生之教育／楊蕢芬著. --初版.--
臺北市：心理，2005（民 94）
面；　公分.--（障礙教育系列；63059）
參考書目：面
含索引

ISBN 978-957-702-840-2（平裝）

1.特殊教育　　2.自閉症

529.6　　　　　　　　　　　　　94020068

障礙教育系列 63059

自閉症學生之教育

作　　者：楊蕢芬
責任編輯：許經緯
執行編輯：李　晶
總　編　輯：林敬堯
發 行 人：洪有義
出 版 者：心理出版社股份有限公司
地　　址：231 新北市新店區光明街 288 號 7 樓
電　　話：(02) 29150566
傳　　真：(02) 29152928
郵撥帳號：19293172　心理出版社股份有限公司
網　　址：http://www.psy.com.tw
電子信箱：psychoco@ms15.hinet.net
排 版 者：龍虎電腦排版股份有限公司
印 刷 者：東縉彩色印刷有限公司
初版一刷：2005 年 12 月
初版八刷：2020 年 10 月
I S B N：978-957-702-840-2
定　　價：新台幣 600 元